广告

苏州绿的谐波传动科技股份有限公司成立于2011年，并于2020年8月在科创板上市，是一家从事精密传动装置研发、设计和生产的高新技术企业，主要产品包括谐波减速器、机电一体化执行器及精密零部件。产品广泛应用于工业机器人、数控机床、医疗器械、半导体设备、新能源等领域。

公司经过多年自主研发，成功实现了精密谐波减速器的技术突破，打破了国际品牌在行业内的垄断，逐步实现了对产品的进口替代，是国内谐波减速器领域的领军企业。公司曾荣获国家专精特新小巨人企业、国家制造业单项冠军示范企业等多项称号。产品获得"第二十二届中国国际工业博览会CIIF机器人奖""第二十一届中国国际工业博览会大奖（首届大奖）"等多项大奖。

销售热线：0512-66362298　　　　　　　地址：江苏省苏州市吴中区木渎镇尧峰西路68号
http://www.leaderdrive.cn　　　　　　　E-mail：sales@leaderdrive.com
微信公众号：绿的谐波

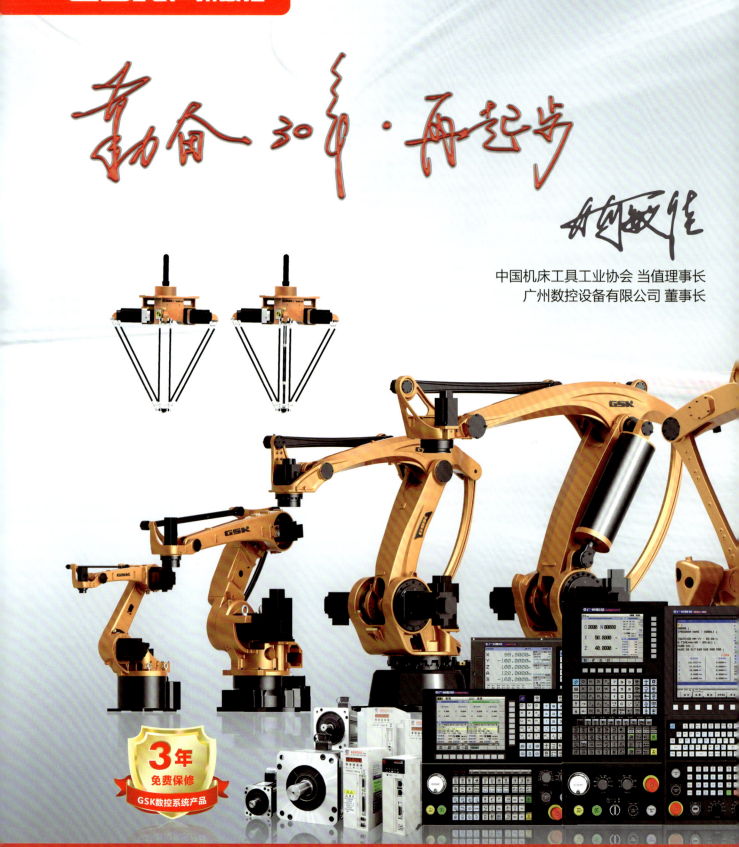

广告

# 广州数控 中国南方数控产业基地
## CHINA SOUTHERN CNC INDUSTRIAL BASE

广州数控设备有限公司(简称"广州数控")成立于1991年，拥有员工2700人，是高新技术企业、国家规划布局内重点软件企业、国家创新型试点企业、中国机床工具工业协会当值理事长单位，荣获国家科学进步奖二等奖，拥有国家企业技术中心、博士后科研工作站，组建了广东工业大学联合研发中心、广州数控设备有限公司－上海交通大学、广州数控设备有限公司－哈尔滨工业大学联合研发中心等研发合作机构。

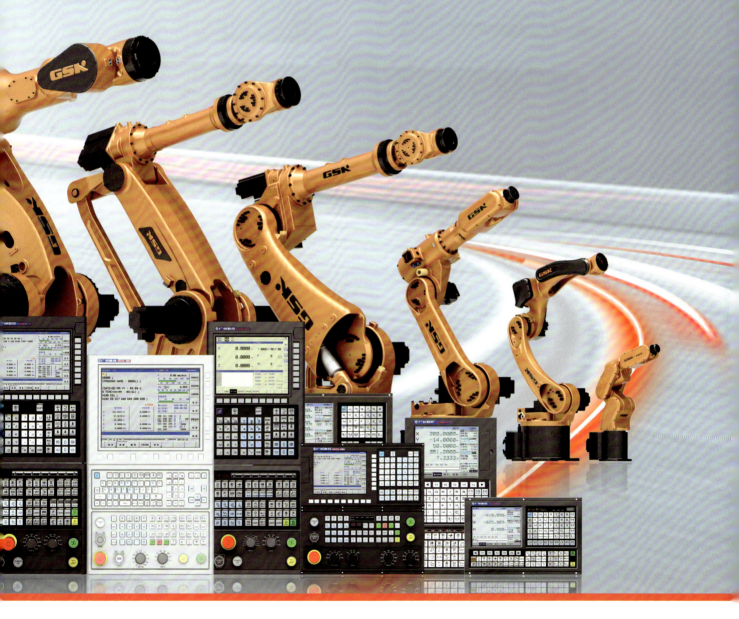

广州数控微信服务号　　广州数控微信订阅号

股票代码：000837

# 秦川机床
## 匠心智造　用户先赢

## 关于我们 | ABOUT OUR COMPANY

秦川集团BX机器人关节减速器智能生产线

秦川机床工具集团股份公司（简称"秦川机床"，股票代码：000837），拥有权属企业秦川机床本部、宝鸡机床、汉江机床、汉江工具、沃克齿轮等多家子公司，是我国精密数控机床与复杂工具研发制造基地，以产业链完整、产品线众多、系统集成能力强大、综合竞争优势显著等实力，跻身全球知名机床工具企业集团行列。

作为国家高新技术企业和创新型试点企业，集团建有国家企业技术中心、院士专家工作站、博士后科研工作站。先后获得"国家科技进步奖一等奖"一项，"国家科技进步奖二等奖"四项，"中国工业大奖项目表彰奖"一项。公司荣获"中国机械工业百强企业""陕西百强企业""中国产学研合作创新奖""中国齿轮行业最具影响力品牌"等荣誉。

电话：0917—3670665　　销售电话：0917—3158495　　邮箱：qinchuan@qinchuan.com

# 全球化视野
# 国际化竞争

广告

　　集团确立"坚持主机带动，打造高端制造、核心零件强力支撑，突破智能制造及数控关键技术，主动承担国家重大专项研发任务"发展战略和"5221"发展目标，矢志把秦川集团打造成为我国高端装备制造业头部企业。

　　秦川机器人关节减速器产品，以服务于中高端工业机器人为目标，研发工作先后得到国家相关项目多方面支持。秦川集团是中国机器人产业联盟《机器人用精密摆线行星齿轮减速器》标准（CRIA 0001-2018）主持起草单位。"秦川"牌机器人关节减速器产品，多次荣获中国机器人产业联盟"机器人减速器好产品"奖，并入选中国机器人核心零部件（减速器）十大竞争力品牌，是集团致力精密制造、跻身国家先进制造基地行列的又一力作。

　　目前，减速器已有四大系列（E\C\F\RD）25种型号、86种规格，是国内规格齐全，系列、速比多的生产制造商，可满足5～800kg不同负载机器人对高精度减速器的需求及自动化应用选配。产品已销往国内外350余家机器人企业，广泛应用于工业机器人、变位机、机械手、冲压、焊接、教育、包装、码垛、3C等行业。

机器人关节减速器数字化车间

http://www.qinchuan.com　　地址：陕西省宝鸡市渭滨区姜谭路22号

广告

# CRIA
China Robot Industry Alliance

## 中国机器人产业联盟
（China Robot Industry Alliance，英文缩写CRIA，以下简称"联盟"）

于2013年4月21日由中国机械工业联合会牵头在北京成立，并于2021年6月成立中国机械工业联合会机器人分会。联盟是我国机器人产业全国性产、学、研、用行业协同工作平台，目前已有成员单位470余家。

联盟紧紧围绕我国机器人行业发展的特点、重点、难点问题开展工作，围绕中心，凝聚力量，通过统筹行业资源，拓展应用行业合作渠道等，加快机器人产业化发展进程，服务国民经济转型升级的迫切需要。

联盟将积极推动中国机器人行业与国际机器人同行之间的深入合作与交流，合作共赢、共同促进中国机器人产业的发展。

## 联合 · 创新 · 服务

联系人：杨茜 | 联系电话：010-85153208 | 电子邮箱：CRIA@mei.net.cn | 地　址：北京市东城区东四西大街46号

中国机械工业年鉴系列

# 中国机器人工业年鉴

# 2021

中国机器人产业联盟　　　编
中国机械工业年鉴编辑委员会

本书主要内容包括综述篇、大事记、行业篇、地区篇、园区篇、标准检测认证篇、产教融合篇、企业篇、应用篇、英才篇、政策篇、国际篇、统计资料和附录，集中反映了2020年我国机器人行业发展状况，记载了机器人行业企业的发展情况，为读者提供了准确的统计数据。

本书主要读者对象为政府决策机构、机器人相关企业决策者和从事市场分析、企业规划的中高层管理人员，以及国内外投资机构、贸易公司、银行、证券、咨询服务部门和科研单位的机器人项目管理人员等。

**图书在版编目（CIP）数据**

中国机器人工业年鉴．2021/中国机器人产业联盟，中国机械工业年鉴编辑委员会编．—北京：机械工业出版社，2021.10
（中国机械工业年鉴系列）
ISBN 978-7-111-69508-0

Ⅰ．①中… Ⅱ．①中… ②中… Ⅲ．①工业机器人—年鉴—中国—2021 Ⅳ．①F426.67-54

中国版本图书馆CIP数据核字（2021）第218951号

机械工业出版社（北京市西城区百万庄大街22号　邮政编码100037）
策划编辑：任智惠
责任编辑：任智惠　李　菁
责任校对：李　伟
责任印制：罗彦成
北京宝昌彩色印刷有限公司印制
2021年11月第1版第1次印刷
210mm×285mm · 17 印张 · 12 插页 · 688 千字
标准书号：ISBN 978-7-111-69508-0
定价：460.00元

购书热线电话（010）88379838、68326294
封底无机械工业出版社专用防伪标均为盗版

# 中国机械工业年鉴编辑委员会

**名誉主任** 于 珍 何光远

**主 任** 王瑞祥 第十一届全国政协提案委员会副主任、
中国机械工业联合会会长

**副 主 任** 薛一平 中国机械工业联合会执行副会长
陈 斌 中国机械工业联合会执行副会长
于清笈 中国机械工业联合会执行副会长
杨学桐 中国机械工业联合会执行副会长
赵 驰 中国机械工业联合会执行副会长兼秘书长
宋晓刚 中国机械工业联合会执行副会长
张克林 中国机械工业联合会执行副会长
李 奇 机械工业信息研究院院长、机械工业出版社社长

**委 员**（按姓氏笔画排列）
才 华 中国航天科技集团有限公司集团办公室党组工作处处长
石 勇 机械工业信息研究院副院长
李 冶 国家能源局监管总监
张卫华 国家统计局普查中心副主任
张京旭 中国机械工业联合会副秘书长
周卫东 中国国际贸易促进委员会机械行业分会会长
侯立宏 国家科学技术奖励工作办公室主任
洪方智 中国船舶集团有限公司政策法规部政策研究处处长
姚 平 中国航空工业集团有限公司航史办主任
郭 锐 机械工业信息研究院党委书记、机械工业出版社总编辑
蔡惟慈 中国机械工业联合会专家委员会副主任

中国机械工业年鉴系列

作为"工业发展报告"记录企业成长的每一阶段

# 中国机器人工业年鉴执行编辑委员会

| 主　　任 | 王天然 | 中国科学院沈阳自动化研究所研究员、中国工程院院士 |
|---|---|---|
| 副 主 任 | 朱森第 | 中国机械工业联合会专家委员会名誉主任、国家制造强国建设战略咨询委员会委员 |
| | 汪　宏 | 工业和信息化部装备一司副司长 |
| | 曲道奎 | 中国机器人产业联盟理事长、新松机器人自动化股份有限公司总裁 |
| | 宋晓刚 | 中国机械工业联合会执行副会长、中国机器人产业联盟执行理事长 |
| 委　　员 | 叶　猛 | 工业和信息化部装备一司智能制造处处长 |
| | 赵奉杰 | 工业和信息化部装备一司智能制造处二级调研员 |
| | 于海斌 | 中国科学院沈阳自动化研究所所长 |
| | 陈　丹 | 机械工业信息中心中小企业研究处副处长、中国机器人产业联盟副秘书长 |
| | 杨伟杰 | 中国机械工业联合会机器人工作部副主任 |
| | 雷　蕾 | 中国机械工业联合会机器人工作部处长、中国机器人产业联盟副秘书长 |
| | 李晓佳 | 中国机械工业联合会统计信息工作部处长、中国机器人产业联盟副秘书长 |
| | 高立红 | 中国机械工业联合会国际合作部主任 |
| | 许礼进 | 埃夫特智能装备股份有限公司董事长 |
| | 杨　漾 | 湖南中南智能装备有限公司董事长兼总经理 |
| | 左　晶 | 苏州绿的谐波传动科技有限公司总经理 |
| | 吴业华 | 上海电器科学研究所（集团）有限公司董事长 |
| | 马立新 | 欧德神思集团中国首席执行官 |
| | 杨书评 | 北京机械工业自动化研究所有限公司研究员 |
| | 李宪政 | 中国焊接协会焊接设备分会秘书长 |
| | 郑军奇 | 上海机器人产业技术研究院董事长 |
| | 卢　昊 | 江苏省机器人专业委员会秘书长 |
| | 赵连玉 | 天津市机器人产业协会秘书长 |
| | 孙立宁 | 苏州大学机电工程学院院长、苏州市机器人产业协会会长 |
| | 瞿卫新 | 苏州大学相城机器人与智能装备研究院副院长 |
| | 周　忻 | 重庆市机器人与智能装备产业联合会副会长 |

| 梁万前 | 广州工业机器人制造和应用产业联盟常务副秘书长 |
| 魏绍炎 | 湖北省机器人产业创新战略联盟秘书长 |
| 毕亚雷 | 深圳市机器人协会秘书长 |
| 李庆党 | 青岛科技大学中德科技学院院长、青岛市机器人产业协会会长 |
| 高 谦 | 北京生产力促进中心党委书记、副主任 |
| 周 恢 | 北京智能机器人产业技术创新联盟副秘书长 |
| 张学群 | 浙江省机器人产业发展协会副秘书长 |
| 李鹏飞 | 上海添唯教育科技有限公司总经理 |

## 中国机器人工业年鉴执行编辑委员会办公室

**主　　任**　宋晓刚　中国机械工业联合会执行副会长、中国机器人产业联盟执行理事长

**副 主 任**　陈　丹　机械工业信息中心中小企业研究处副处长、中国机器人产业联盟副秘书长

　　　　　　雷　蕾　中国机械工业联合会机器人工作部处长、中国机器人产业联盟副秘书长

**成　　员**　牟金平　中国机器人产业联盟秘书处成员

　　　　　　杨　茜　中国机器人产业联盟秘书处成员

　　　　　　刘　勰　中国机器人产业联盟秘书处成员

　　　　　　贾彦彦　机械工业信息中心中小企业研究处经济分析师

## 中国机器人工业年鉴特约顾问单位特约顾问

| 特约顾问单位 | 特约顾问 |
|---|---|
| 沈阳新松机器人自动化股份有限公司 | 曲道奎 |
| 埃夫特智能装备股份有限公司 | 许礼进 |
| 广州数控设备有限公司 | 何敏佳 |
| 欧德神思软件系统（北京）有限公司 | 马立新 |
| 湖南工业智能体创新研究院有限公司 | 高 狄 |
| 威腾斯坦（杭州）实业有限公司 | 海 雷 |
| 苏州绿的谐波传动科技股份有限公司 | 左 晶 |
| 秦川机床工具集团股份公司 | 高 勃 |
| 上海电器科学研究所（集团）有限公司 | 吴业华 |

## 中国机器人工业年鉴特约顾问单位特约编辑

| 特约顾问单位 | 特约编辑 |
|---|---|
| 沈阳新松机器人自动化股份有限公司 | 哈恩晶 |
| 埃夫特智能装备股份有限公司 | 陈 青 |
| 欧德神思软件系统（北京）有限公司 | 李晓溦 |
| 湖南工业智能体创新研究院有限公司 | 胡靓菲 |
| 威腾斯坦（杭州）实业有限公司 | 张佳伊 |
| 苏州绿的谐波传动科技股份有限公司 | 孙远帆 |
| 秦川机床工具集团股份公司 | 高润林 |
| 上海电器科学研究所（集团）有限公司 | 许 雯 |

# 创 刊 语

机器人是实现工业生产自动化、数字化、网络化、智能化的重要装备，是现代经济社会发展的重要生产力，是改善和提升人民生活质量的重要手段，其发展对于推动国民经济转型升级、满足人民美好生活需要、实现经济社会高质量发展具有重要意义。

我国机器人技术研发起步于 20 世纪 70 年代，经过 50 余年的发展，目前已进入快速发展期。我国机器人技术创新能力持续增强，新产品、新技术加速迭代，企业加速成长，"小巨人""专精特新"企业不断涌现。机器人应用行业及场景不断拓展，从以汽车、电子行业应用为主，快速拓展至冶金、轻工、纺织电力、农业、建筑以及公共安全、应急救援、医疗康养、公共服务、智能家居等领域，自 2013 年起连续八年成为全球最大的工业机器人消费国，2020 年制造业机器人密度达到 246 台/万人。2020 年，面对突如其来的新冠肺炎疫情的不利影响，我国机器人行业仍逆势增长，机器人行业全年营业收入首次突破千亿元。

机器人行业已发展成为我国战略性新兴产业的重要组成部分。为适应机器人行业的蓬勃发展，我们启动了《中国机器人工业年鉴》编辑出版工作，目标是记录我国机器人行业和区域年度发展状况、产品与技术取得的突破、应用取得的成效，介绍在推动机器人事业发展中做出突出贡献的专家学者和企业家，加深业内外对我国机器人行业发展情况的了解，引导行业和企业的发展，为政府相关部门科学决策提供重要依据。

《中国机器人工业年鉴 2021》作为我国机器人行业正式出版发行的首部年鉴，凝聚了业内外学者、行业企业专家、相关地区行业组织等的智慧和力量，以翔实的资料和丰富的统计数据，全面、系统、准确地记录 2020 年我国机器人行业的发展状况，展示行业和企业发展成就，是国内外了解我国机器人行业和企业的重要载体。

《中国机器人工业年鉴》作为记录行业发展进步的重要工具，将与广大关心机器人行业发展的读者一起，共同见证中国机器人行业不断发展壮大的历程！

中国工程院院士

# 广告索引

| 序号 | 单位名称 | 页码 |
|---|---|---|
| 1 | 沈阳新松机器人自动化股份有限公司 | 封面 |
| 2 | 湖南工业智能体创新研究院有限公司 | 封二 |
| 3 | 苏州绿的谐波传动科技股份有限公司 | 扉页 |
| 4 | 广州数控设备有限公司 | 前特联版 |
| 5 | 秦川机床工具集团股份公司 | 前特联版 |
| 6 | 中国机器人产业联盟 | 前特页 |
| 7 | 智能制造 | 后特页 |
| 8 | 中国战略性新兴产业发展蓝皮书 | 封三联版 |
| 9 | 埃夫特智能装备股份有限公司 | 封底 |

## 企 业 风 采

| | | |
|---|---|---|
| 10 | 威腾斯坦（杭州）实业有限公司 | A1 |
| 11 | 欧德神思软件系统（北京）有限公司 | A2～A3 |
| 12 | 上海电器科学研究所（集团）有限公司 | A4～A5 |
| 13 | 雄克精密机械贸易（上海）有限公司 | A6 |

广告

企业风采

准双曲面齿轮箱系列

Galaxie银河齿轮箱

SP+行星齿轮箱

TP+行星齿轮箱

TPM+伺服执行器

Cynapse
会"说话"的智能齿轮箱

齿轮齿条系统

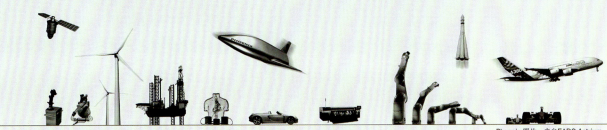

Phoenix 照片：来自EADS Astrium

威腾斯坦 — 应用无边界。高精密传动系统服务于各行各业：驱动技术·电子系统·机床·制造系统·机器人、自动化与机械手·纺织机械、印刷机械和造纸设备·激光、玻璃及木材加工机械·食品和包装机械·气动系统·半导体工业·直线驱动技术·航空航天工业·极端环境条件（如高温、超高真空）·石油勘探·医疗技术·制药业·赛车比赛·汽车工业和轮胎制造业·光学介质·汽车技术·国防技术

威腾斯坦（杭州）实业有限公司
www.wittenstein.cn　info@wittenstein.cn

杭州市天目山西路355号
Tel.0571-8869 5852　Fax.0571-8869 5850

WITTENSTEIN
威腾斯坦®

# CODESYS
## 机器人及智能装备控制系统开发平台软件

**CODESYS 软件平台技术优势：**

- 支持使用统一标准语言对不同硬件厂商的设备进行编程
- 符合IEC 61131-3国际标准
- 支持多种CPU：如X86/ARM/PowerPC；支持多种操作系统以及无操作系统，如Windows、Linux、VxWorks、QNX等；
- 2019年开始，已完成与多家国产CPU和操作系统的适配和测试，如天津飞腾CPU、翼辉SylixOS操作系统等
- 支持多种主流现场总线，如EtherCAT、EtherNet/IP、CANopen、Modbus、Profinet、Profibus等
- 支持多核CPU方案
- 支持PLCopen Part1、Part2、Part4，提供CNC数控系统模块、多轴机器人复杂控制模块，支持CNC数控系统、多轴机器人的开发（机器人控制算法功能模块，如SCARA、DELTA、四轴机器人、六自由度多功能机器人等）
- 提供3D仿真的机器人数字孪生技术
- 支持对控制系统和产线设备实现云管理，提供IT和OT融合方案

CODESYS（欧德神思）软件集团　　　联系电话：010-85888936 / 0531-88822695　　　官方网站：www.codesys.com

# CODESYS SoftMotion CNC + Robotics

## 功能强大，用于开发机器人控制器以及运动控制器（Motion Control）

- CODESYS 软件集成丰富的运动学算法库，比如用于路径预处理和调整的辅助功能块（如平面刀具补偿、圆弧平滑和带有三阶或五阶样条曲线的样条平滑）、用于根据速度曲线计算路径点的插补器（包含用于控制前进和后退运动的双向插补器）和用于轴组的运动学转换功能块
- 软件支持G代码，用户可在G代码中编写子程序和表达式
- 具有配套程序功能块的可视化模板
- 在编程环境中有相关功能块的示例和模板，使用IEC 61131-3开发CNC，机器人和运动控制工程
- 符合DIN 66025（G-Code）的3D CNC编辑器
- 现场总线配置界面中包含轴、伺服驱动器、步进驱动器和编码器的组态
- 适用于不同运动系统的轴组配置器（可针对个性化运动学需求进行定制）

支持直接配置的机器人模型：

- 5轴gantry机器人
- 2/3轴gantry机器人
- 2/3轴H gantry机器人
- 2/3轴T gantry机器人
- Bipod机器人
- 带有线性或旋转轴的Tripod机器人
- Polar运动学模型
- 2/3臂带有辅助轴的SCARA机器人
- 4轴码垛机器人
- 6自由关节机器人
- ……

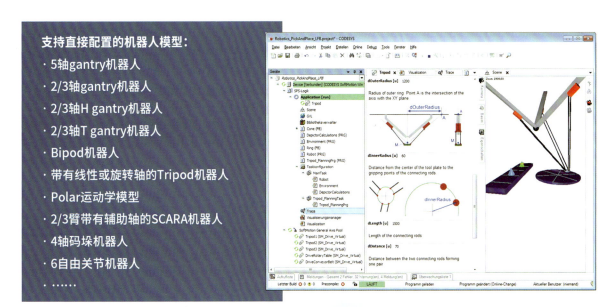

## 平台架构开放
## 实现代码共享

销售邮箱：sales@codesys.cn　　线上商城：store.codesys.cn　　微信公众号

# 上海电器科学研究所（集团）有限公司

上海电器科学研究所(集团)有限公司(简称"上电科")，创建于1953年，是一个集科技创新服务、产品检测、系统集成解决方案提供和高新技术产品生产为一体的高科技企业集团。业务领域涵盖智能电网用户端与能源互联网、智慧节能、智慧城市与智能交通、智能制造与工业互联网、船用电气、检测评估等。以前沿技术与服务引领电工行业数字化转型发展，赋能社会和经济高效运行,为推动传统产业转型升级和战略性新兴产业的健康有序发展做出了积极贡献。上电科围绕机器人产业进行综合一体化布局，从标准、检测、认证、共性技术研究、培训等方面,助力机器人产业高质量发展，服务国家战略。

## 国家机器人检测与评定中心（总部）

2015年，国家机器人检测与评定中心（简称"国评中心"）成立,包括1个总部(由上电科作为总部单位承建)、3个分中心(分别由中国科学院沈阳自动化研究所、广州机械科学研究院有限公司、重庆德新机器人检测中心有限公司承建)以及2个公共服务平台(分别由中国软件评测中心、芜湖赛宝机器人产业技术研究院有限公司承建)。国评中心功能设置为集机器人整机/部件标准制修订、检测、认证、共性技术研究、培训、合作交流、信息服务为一体的社会第三方服务机构。国评中心体系的建立，充分发挥各方优势形成功能互补，完成机器人产业全国范围内区域布局。

## 上海市机器人研发与转化功能型平台

作为上海科创中心建设"四梁八柱"之一的研发与转化功能型平台，由上海电器科学研究所(集团)有限公司、上海大学等联合出资组建。该平台通过共性技术研发、成果转化、人才集聚及行业资源融合，汇聚机器人产业及人才资源，培育科技型企业，打造产业创新生态圈，成为国内领先、国际知名的机器人技术研发、服务和成果转化高地。

## 国家机器人标准化平台

作为国家机器人标准化总体组联合秘书处，主导开展《国家机器人标准体系建设指南》《中国机器人标准化白皮书》等顶层文件的制定，组织编制机器人产业急需的机器人国家、行业/团体标准。作为IEC/CISPR副主席单位，牵头开展机器人电磁兼容国际标准化顶层设计，先后草拟并推动国际组织发布了CISPR/1412/INF、CISPR/1421/INF、CISPR/1438/INF三份国际文件，协调CISPR各分会开展机器人电磁兼容标准的补充。

【联系我们】　上海电器科学研究所（集团）有限公司　　上海市普陀区武宁路505号　www.seari.com.cn　021-6257499

# 企业风采

广告

## 检测服务

**上海电器设备检测所有限公司** STIEE

**6个国家中心**
- 国家低压电器质量检验检测中心
- 国家中小电机质量检验检测中心
- 国家智能电网用户端产品（系统）质量检验检测中心
- 国家机器人质量检验检测中心
- 国家汽车电气化产品与质量检验检测中心
- 国家工业互联网系统与产品质量检验检测中心

**4个专业实验室**
- 电磁兼容
- 安全
- 可靠性
- 通信

## 认证服务

**上海添唯认证技术有限公司** TILVA

认证服务范围：
- 机器人产品CR认证
- 新能源产品认证
- 电动汽车充电桩及产品认证
- 电子电器产品认证（CCC）
- 上海品牌认证
- 苏州制造品牌认证
- EMC认证
- 绝缘结构及材料认证

### 机器人综合一体化布局

## 上海电科智能装备科技有限公司

业务范围涵盖低压电器、汽车、机器人、电力电子、智能电网、矿用等多个领域，是一家能为多行业提供整体试验室设计建设及配套检测设备、智能产线系统设计建设及其配套装备、EMC仪器设备及系统的专业化服务供应商。

- 综合实验室建设
- 智能化车间
- 智能检测装备
- 自动化产线

## 研发与转化

**上海市机器人产业技术研究院**

提供智能化评价服务、可靠性评价服务、标准化服务和智能创新应用服务。

打造2大核心服务平台：
- 机器人可靠性平台
- 机器人智能化评价平台

## 培训服务

**上海添唯教育科技有限公司**

**课程体系建设：**
- 基础课程
- 应用型课程
- 产业课程
- 企业课程

**学院基地建设：**
**中国机器人CR产业学院**
- 中国机器人产教融合示范基地
- 高技能人才培养基地
- 智能工厂实训基地

---

国家机器人质量检验检测中心　021-62574990-640　　市场部　021-62574990-644

扫码关注公众号　　扫码关注视频号

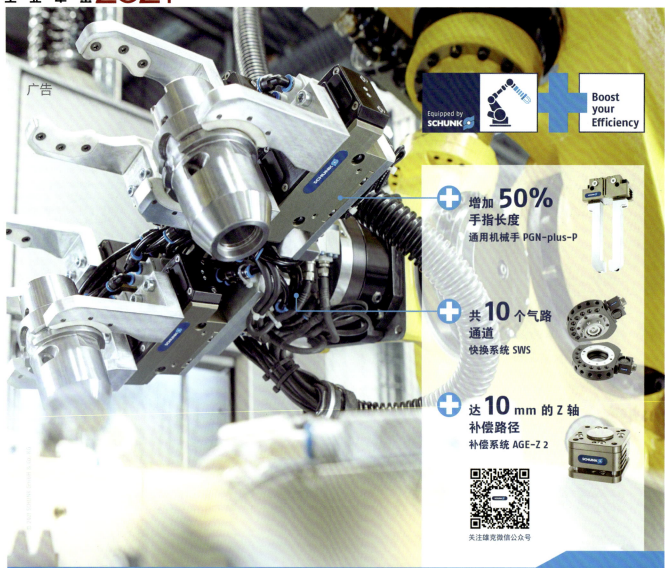

# 综合索引

"鉴"证行业发展 挖掘企业亮点

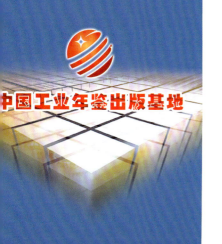

---

概述中国机器人行业2020年发展情况

P3～18

综述篇

---

记载2020年机器人行业的重大事件

P21～26

大事记

---

从生产发展情况、市场及销售、科技成果及新产品等方面，阐述机器人行业典型产品领域发展情况

P29～58

行业篇

---

从重大举措及事件、产业现状、发展规划及战略等方面，阐述我国机器人行业各省份的发展情况

P61～92

地区篇

---

从机器人行业发展优势、服务平台建设、政策支持等方面，介绍我国几大机器人产业园区的发展情况

P95～108

园区篇

---

介绍机器人行业标准化及认证证书发布情况

P111～130

标准检测认证篇

---

介绍机器人行业产教融合发展情况

P133～140

产教融合篇

---

记录机器人行业主要骨干企业、联盟优秀会员单位发展情况

P143～156

企业篇

---

以案例的形式介绍机器人在典型行业、典型领域的应用情况

P159～186

应用篇

---

介绍在中国机器人行业领域具有一定影响力，为行业发展做过突出贡献的人物

P189～198

英才篇

---

介绍机器人行业发展相关政策

P201～204

政策篇

---

介绍2020年主要国家机器人行业发展情况

P207～220

国际篇

---

公布我国工业机器人产量及产品进出口数据

P223～226

统计资料

---

公布机器人相关行业组织、中国机器人产业联盟成员单位名录，对中国机器人工业主要行业组织进行简要介绍

P229～266

附录

## 中国机械工业年鉴系列

《中国机械工业年鉴》
《中国电器工业年鉴》
《中国工程机械工业年鉴》
《中国机床工具工业年鉴》
《中国通用机械工业年鉴》
《中国机械通用零部件工业年鉴》
《中国模具工业年鉴》
《中国液压气动密封工业年鉴》
《中国重型机械工业年鉴》
《中国农业机械工业年鉴》
《中国石油石化设备工业年鉴》
《中国塑料机械工业年鉴》
《中国齿轮工业年鉴》
《中国磨料磨具工业年鉴》
《中国机电产品市场年鉴》
《中国热处理行业年鉴》
《中国电池工业年鉴》
《中国机械工业集团有限公司年鉴》
《中国工业车辆年鉴》
《中国机器人工业年鉴》

# 编辑说明

一、《中国机械工业年鉴》是由中国机械工业联合会主管、机械工业信息研究院主办、机械工业出版社出版的大型资料性、工具性年刊,创刊于 1984 年。

二、根据行业需要,中国机械工业年鉴编辑委员会于 1998 年开始出版分行业年鉴,逐步形成了"中国机械工业年鉴系列"。该系列现已出版了《中国电器工业年鉴》《中国工程机械工业年鉴》《中国机床工具工业年鉴》《中国通用机械工业年鉴》《中国机械通用零部件工业年鉴》《中国模具工业年鉴》《中国液压气动密封工业年鉴》《中国重型机械工业年鉴》《中国农业机械工业年鉴》《中国石油石化设备工业年鉴》《中国塑料机械工业年鉴》《中国齿轮工业年鉴》《中国磨料磨具工业年鉴》《中国机电产品市场年鉴》《中国热处理行业年鉴》《中国电池工业年鉴》《中国机械工业集团有限公司年鉴》和《中国工业车辆年鉴》。

三、《中国机器人工业年鉴》主要记述了我国机器人行业发展概况;全面、详细地分析了我国机器人行业的市场情况;收录了与机器人行业发展相关的政策举措;系统地提供了我国机器人行业统计数据。2021 年版设置综述篇、大事记、行业篇、地区篇、园区篇、标准检测认证篇、产教融合篇、企业篇、应用篇、英才篇、政策篇、国际篇、统计资料和附录。

四、统计资料中的数据来源于中华人民共和国国家统计局和中华人民共和国海关总署,数据截至 2020 年 12 月 31 日。因统计口径不同,有些数据难免出现不一致的情况。

五、在年鉴编撰过程中得到了行业联盟、行业协会、相关企业和专家的大力支持和帮助,在此深表感谢。

六、未经中国机械工业年鉴编辑部的书面许可,本书内容不允许以任何形式转载。

七、由于作者水平有限,难免出现错误及疏漏,敬请读者批评指正。

中国机械工业年鉴编辑部
2021 年 10 月

# 目 录

## 综 述 篇

2020年中国机器人行业发展概况 ············· 3
2020年中国工业机器人市场概况 ············· 6
2020年中国工业机器人进出口贸易情况 ······· 11
2020年机器人主要用户行业运行情况分析 ····· 15
2020年全球机器人行业发展概况 ············ 16

## 大 事 记

2020年中国机器人行业大事记 ·············· 21

## 行 业 篇

2020年焊接机器人发展情况 ················ 29
2020年协作机器人发展情况 ················ 34
2020年移动机器人发展情况 ················ 37
2020年建筑机器人发展情况 ················ 40
2020年农业机器人发展情况 ················ 43
2020年医疗机器人发展情况 ················ 48
2020年家用服务机器人发展情况 ············ 51
2020年安防机器人发展情况 ················ 54
2020年水下机器人发展情况 ················ 56

## 地 区 篇

2020年北京市机器人行业发展概况 ·········· 61
2020年天津市机器人行业发展概况 ·········· 63

2020年上海市机器人行业发展概况 ·········· 65
2020年江苏省机器人行业发展概况 ·········· 68
2020年浙江省机器人行业发展概况 ·········· 70
2020年湖北省机器人产业发展概况 ·········· 71
2020年重庆市机器人行业发展概况 ·········· 73
2020年台湾省机器人行业发展概况 ·········· 76
2020年青岛市机器人行业发展概况 ·········· 77
2020年广州市机器人行业发展概况 ·········· 80
2020年深圳市机器人行业发展概况 ·········· 82
2020年苏州市机器人行业发展概况 ·········· 90

## 园 区 篇

2020年常州市机器人及智能装备产业园
发展概况 ······························ 95
2020年青岛国际机器人产业园发展概况 ······ 97
2020年芜湖机器人产业集聚区发展概况 ······ 99
2020年长沙雨花经济开发区发展概况 ······· 104
2020年海安机器人及智能制造产业园发展
概况 ································ 105

## 标准检测认证篇

2020年中国机器人行业标准化工作情况 ····· 111
2020年中国机器人产业联盟标准工作
情况 ································ 116
2020年中国机器人认证证书发布情况 ······· 119

I

2020年国家机器人检测与评定中心工作
情况·····125

## 产教融合篇

2020年中国机器人行业产教融合发展概况·····133
 产教融合赋能"库卡机器人江苏应用与培训
  中心",培养高技能应用人才·····134
 共建"数字经济产业学院 + 产教融合实训基地",
  产教融合培养数字化应用型人才·····136
 智能制造数字化产业学院助力人才培养·····137
 智能焊接产教融合基地培养复合应用人才·····139

## 企业篇

2020年机器人上市公司运行概况·····143
符合《工业机器人行业规范条件》的企业
 名单·····147
拥抱数字时代　蝶变赢得未来
 ——新松机器人自动化股份有限公司·····148
奋进机器人　独具匠人心
 ——武汉奋进智能机器有限公司·····150
以创新驱动高质量发展助力中国制造数字化转型
 ——广州瑞松智能科技股份有限公司·····152
以自主创新为根本，以智能强国为己任
 ——创泽智能机器人集团股份有限公司·····153
从制造到"智造"数字化转型助力制造业高质量发展
 ——湖南工业智能体创新研究院有限公司·····155

## 应用篇

工匠机器人在酿酒行业的应用案例·····159

汽车白车身四门两盖机器人智能柔性生产线·····160
机器人在光伏电池片生产行业的应用·····165
基于智能感知及控制技术的配网带电作业
 机器人解决方案·····166
保温杯自动化生产线·····168
发动机关键零部件混合铸造生产线·····170
基于数字孪生和工业大数据分析的白车身
 自动化焊装产线·····173
机器人在大尺寸面板涂胶工艺的应用·····174
动车组入所在线智能检测系统·····177
机器人在车底检查中的应用·····182
核燃料元件制造智能车间·····183

## 英才篇

把数学引进人工智能
 ——中国科学院院士张钹·····189
新时代机器人发展的若干问题
 ——中国科学院院士熊有伦·····190
开启我国工业机器人腾飞之旅
 ——中国工程院院士蔡鹤皋·····191
开拓我国水下机器人事业
 ——中国工程院院士封锡盛·····192
我国机器人和自动化工程技术界学科带头人
 ——中国工程院院士王天然·····193
以热忱与专注探索行业发展之路
 ——全国劳动模范曲道奎·····193
合作谋发展　真诚铸品牌
 ——全国政协委员许礼进·····195
打造综合技术服务平台　赋能机器人行业创新发展
 ——国家机器人质量检验检测中心主任
  王爱国·····196

## 政 策 篇

部委出台的与机器人行业发展相关的政策······201
部分重点地区出台的与机器人行业发展
　相关的政策··························202

## 国 际 篇

2020年美国机器人行业发展情况············207
2020年日本机器人行业发展情况············209
2020年德国机器人行业发展情况············212
2020年韩国机器人行业发展情况············214
2020年俄罗斯机器人行业发展情况··········217

## 统 计 资 料

2020年中国工业机器人月度产量情况········223
2015—2020年中国工业机器人年度产量
　完成情况··························223
2020年工业机器人产品进口情况············224
2020年工业机器人产品出口情况············225

## 附 录

机器人相关行业组织名录····················229

中国机器人产业联盟成员单位名录··········230
　理事长单位··························230
　执行理事长单位······················231
　副理事长单位························231
　理事单位····························233
　成员单位····························245
中国机器人工业主要行业组织简介··········261
　中国机器人产业联盟··················261
　北京智能机器人产业技术创新联盟······261
　天津市机器人产业协会················262
　天津市智能制造产业技术创新战略联盟····262
　吉林省机器人协会····················262
　江苏省机器人专业委员会··············263
　湖北省机器人产业创新战略联盟········263
　广东省机器人协会····················263
　深圳市机器人协会····················264
　广州工业机器人制造和应用产业联盟····264
　重庆市机器人与智能装备产业联合会····264
　成都市机器人产业技术创新联盟········265
　青岛市机器人产业协会················265
　苏州市机器人产业协会················265

# Contents

## Overview

Overview of Development of China Robot Industry in 2020 · · · · · 3

Overview of Markets of China Industrial Robot in 2020 · · · · · 6

Situation of Import and Export of China Industrial Robot in 2020 · · · · · 11

Analysis of the Operation of Main Users of Robot in 2020 · · · · · 15

Overview of Development of Global Robot Industry in 2020 · · · · · 16

## Important Events

Important Events in Robot Industry in 2020 · · · · · 21

## General Situation of the Industry

Situation of Development of Welding Robot in 2020 · · · · · 29

Situation of Development of Cooperative Robot in 2020 · · · · · 34

Situation of Development of Mobile Robot in 2020 · · · · · 37

Situation of Development of Construction Robot in 2020 · · · · · 40

Situation of Development of Agricultural Robot in 2020 · · · · · 43

Situation of Development of Medical Robot in 2020 · · · · · 48

Situation of Development of Home service Robot in 2020 · · · · · 51

Situation of Development of Security Robot in 2020 · · · · · 54

Situation of Development of Underwater Robot in 2020 · · · · · 56

## General Situation of Related Areas

Overview of Development of Robot Industry in Beijing in 2020 · · · · · 61

Overview of Development of Robot Industry in Tianjin in 2020 · · · · · 63

Overview of Development of Robot Industry in Shanghai in 2020 · · · · · 65

Overview of Development of Robot Industry in Jiangsu in 2020 · · · · · 68

Overview of Development of Robot Industry in Zhejiang in 2020 · · · · · 70

Overview of Development of Robot Industry in Hubei in 2020 · · · · · 71

Overview of Development of Robot Industry in Chongqing in 2020 · · · · · 73

Overview of Development of Robot Industry in Taiwan, China in 2020 · · · · · 76

Overview of Development of Robot Industry in Qingdao in 2020 · · · · · 77

Overview of Development of Robot Industry in Guangzhou in 2020 · · · · · 80

Overview of Development of Robot Industry in Shenzhen in 2020 · · · · · 82

Overview of Development of Robot Industry in Suzhou
in 2020 ·········································· 90

## General Situation of Related Park

Overview of Development of Changzhou Robot and
Intelligent Manufacturing Industrial Park
in 2020 ·········································· 95
Overview of Development of Qingdao International
Robot Park in 2020 ······························ 97
Overview of Development of Wuhu Robot Industrial Park
in 2020 ·········································· 99
Overview of Development of Changsha Yuhua Economic
Zone in 2020 ···································· 104
Overview of Development of Hai'an Robot and Intelligent
Manufacturing Industrial Park in 2020 ·········· 105

## Standard, Testing & Certification

Standardization of China Robot Industry
in 2020 ·········································· 111
Standard Formulation (Revision) of China Robot Industry
Alliance in 2020 ································ 116
Release of Robot Certification Certificate in China
in 2020 ·········································· 119
Work of National Robot Testing and Evaluation Center
in 2020 ·········································· 125

## Integration of Industry and Education

Overview of Development of Integration of Industry and
Education in China Robot Industry in 2020 ······ 133

## Company profile

Overview of Listed Robot Company in 2020 ········ 143

List of Enterprises Conforming to 《Industrial Robot
Industr Specification Conditions》 ·············· 147
Embrace the Digital Age, Change to Win the Future
—SIASUN Robot & Automation Co.,Ltd. ········ 148
Endeavour Robot, Unique Ingenuity
—Wuhan Fenjin Intelligent Machine
Co.,Ltd. ······································ 150
Drive High-quality Development with Innovation to
Help Digital Transformation of Chinese Manufacturing
—Guangzhou Risong Techology
Co.,Ltd. ······································ 152
Take Independent Innovation as the Foundation, and
Take Intelligent Power as Our Mission
—Chuangze Intelligent Robot Group
Co.,Ltd. ······································ 153
From Manufacturing to "Smart Manufacturing", the
Digital Transformation Helps the High-Quality
Development of Manufacturing Industry
—Hunan Industrial Agent Innovation Research
Institute Co.,Ltd. ························· 155

## Application

Application of Craftsman Robot in Brewing
Industry ········································ 159
Intelligent Flexible Production Line of Robot with Four
Doors and Two Covers for Automobile Body in
White ·········································· 160
Application of Robot in Photovoltaic Cell
Production Industry ····························· 166
Robot Solution for Live Working in Distribution
Network Based on Intelligent Perception and
Control Technology ····························· 168
Automatic Production Line of Vacuum Flask ········ 170
Mixed Casting Production Line for Key Engine
Parts ············································ 173

Automated Body-in-white Welding Production Line Based on Digital Twin and Industrial Big Data Analysis ······ 174

Application of Robots in the Glue Coating Process of Large-size Panels ······ 174

Online Intelligent Detection System for EMU Entry ······ 177

Application of Robot in Vehicle Bottom Inspection ······ 182

Intelligent Workshop for Nuclear Fuel Component Manufacturing ······ 183

## Personages

Introducing Mathematics into Artificial Intelligence
—Zhang Bo, Academician of Chinese Academy of Sciences ······ 189

Some Problems in the Development of Robots in the New Era
—Xiong Youlun, Academician of Chinese Academy of Sciences ······ 190

Start the Journey of Industrial Robots in China
—Cai Hegao, Academician of Chinese Academy of Engineering ······ 191

Developing the Cause of Underwater Robots in China
—Feng Xisheng, Academician of Chinese Academy of Engineering ······ 192

Disciplinary Leader in the Field of Robotics and Automation Engineering Technology in China
—Wang Tianran, Academician of Chinese Academy of Engineering ······ 193

With Enthusiasm and Focus to Explore the Road of Industry Development
—Qu Daokui, National Model Worker ······ 193

Cooperation for Development and Sincere Brand Building
—Xu Lijin, Member of the CPPCC National Committee ······ 195

Build a Comprehensive Technical Service Platform to Enable the Innovation and Development of the Robot Industry
—Wang aiguo, Director of National Robot Test and Assessment Center ······ 196

## Policies

Policies Related to the Development of the Robot Industry Issued by Ministries and Commissions ···· 201

Policies Related to the Development of the Robotics Industry Introduced in Some Key Regions ······ 202

## General Situation of International

Development of American Robot Industry in 2020 ··· 207
Development of Japan Robot Industry in 2020 ······ 209
Development of German Robot Industry in 2020 ····· 212
Development of Korea Robot Industry in 2020 ······ 214
Development of Russian Robot Industry in 2020 ····· 217

## Statistics

Monthly Output of China Robot Industry in 2020 ····· 223
Annual Output completion of China Robot Industry from 2015 to 2020 ······ 223
Situation of Product Import of Robot Industry in 2020 ······ 224
Situation of Product Export of Robot Industry in 2020 ······ 225

## Appendix

Directory of Robot Related Industry Organizations ······ 229
List of Member units of China Robot Industry Alliance ······ 230
Introduction to Major Industrial Organizations of China Robot Industry ······ 261

# 中国机器人工业年鉴 2021

## 综述篇

概述中国机器人行业 2020 年发展情况

2020年中国机器人行业发展概况
2020年中国工业机器人市场概况
2020年中国工业机器人进出口贸易情况
2020年机器人主要用户行业运行情况分析
2020年全球机器人行业发展概况

中国机器人工业年鉴 2021

综述篇

# 2020年中国机器人行业发展概况

2020年是实施《机器人产业发展规划（2016—2020年）》的收官之年，也是新冠肺炎疫情"大考"的特殊之年，我国机器人行业经受住了各种考验，产业规模快速增长，技术水平显著提升，新科技成果不断涌现，产品应用领域进一步拓展，骨干企业市场竞争力大幅提升。2020年，我国机器人行业营业收入突破千亿元大关，达到1 061亿元，同比增长17.5%。

## 一、行业动态及发展特点

### 1.生产规模快速增长，应用领域稳步拓展

2020年，面对新冠肺炎疫情带来的严峻考验和复杂多变的国内外环境，我国机器人企业积极响应国家号召，共同努力、共克时艰，全年生产规模保持较高速度增长。数据显示，2020年全国规模以上企业工业机器人产量达到21.2万台，同比增长20.7%；全国规模以上服务机器人制造企业实现营业收入529.2亿元，同比增长31.9%。

2015—2020年我国工业机器人生产情况见图1。

随着我国经济的不断发展、工业转型升级的深入推进及机器人技术水平的持续提升，机器人应用正从汽车、电子、冶金、化工、家居、教育、娱乐等领域，逐步向矿山、电力、农业、助老助残、医疗康复、公共安全等领域拓展，应用场景不断丰富。

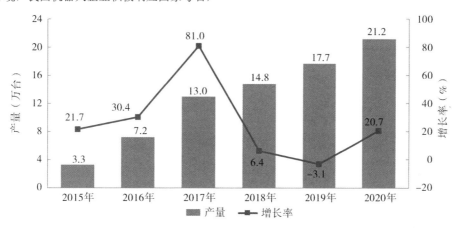

**图1　2015—2020年我国工业机器人生产情况**

注：数据来源于国家统计局。

### 2.市场需求旺盛，消费量快速增长

2020年，国内机器人市场需求旺盛，机器人消费量快速增长。国际机器人联合会（IFR）和中国机器人产业联盟（CRIA）数据显示，2020年，中国市场工业机器人消费量达到17.2万台，同比增长19.2%，在全球总消费量中的占比超过40%。

然而，在国内机器人市场蓬勃发展的背景下，我国自主品牌机器人国内市场占有率却有所下降，据国际机器人联合会（IFR）和中国机器人产业联盟（CRIA）联合统计，2020年，自主品牌工业机器人消费量为4.9万台，在我国市场工业机器人总消费量中的占比为28.3%，较2019年下降了2.6个百分点，由此可见，目前我国自主品牌机器人市场竞争力与外资品牌仍存在较大差距。

### 3.技术水平显著提升，新科技成果不断涌现

伴随产业创新能力的不断提升，我国机器人技术水平显著提升，新产品、新技术不断涌现，产业结构向中高端水平迈进。

在工业机器人领域，遨博（北京）智能科技有限公司（简称"遨博"）、上海节卡机器人科技有限公司（简称"节卡"）等企业新研制出多款协作机器人产品，产品性能和可靠性大幅提升，部分产品重复精度达到±0.01mm以内；新松机器人自动化股份有限公司（简称"新松"）推出我国首台零售业RFID（射频识别技术）盘点机器人，通过搭载RFID射频识别技术，可实时盘点全品类产品库存，准确率高达99.2%，无须人工输入可直接上传更新数据，并通过AI技术与系统对接，完成库存管理并对商业

销售引发的库存应对进行预测分析；杭州凯尔达机器人科技股份有限公司（简称"凯尔达"）开发了正逆运动学计算、前瞻运动规划和振动抑制等高效算法，通过多关节伺服电动机增益参数自适应、变加速柔顺化控制方式，使弧焊机器人高速作业轨迹的运动稳定性和低速作业轨迹下运动精确性得到提升，重复定位精度小于±0.08mm，接近国际先进水平；埃夫特智能装备股份有限公司（简称"埃夫特"）基于PCB行业收放板应用开发了ER15-1400机型，产品具有高节拍、高惯量、高刚性、轻量化、高易用、高防护等特点，其节拍和惯量耐用性均超过外资品牌。

在服务机器人领域，北京天智航医疗科技股份有限公司（简称"天智航"）推出的天玑骨科手术机器人，操作精度已达到0.8mm，领先于全球同类产品1.5～2.0mm的精度，已在多家医院实现应用；在新冠肺炎疫情大背景下，深圳市优必选科技有限公司（简称"优必选"）推出紫外线消毒机器人ADIBOT净巡士，可实现对环境物表和空气的智能精准消毒，360°覆盖消毒目标，具备消毒效率高、消毒速度快、简单易用、安全环保等优势；北京康力优蓝机器人科技有限公司（简称"康力优蓝"）在2020年国际消费类电子产品展览会（CES）推出轮步复合场景自适应机器人"小哪吒"，它能够根据地面环境的不同自动采取轮式或步态的行进方式，自如应对台阶、石子路、减速带、电梯门、路缘石、门槛等多种地形和障碍，大幅提升了机器人运动潜力，其搭载的多自由度灵巧手不仅可以表现丰富的姿态，能够进行抓取，还具有力矩、触觉和温度等多种感知功能，高度拟人；科沃斯机器人科技有限公司（简称"科沃斯"）全新高端AI扫地机器人地宝T8 AIVI上市，其除能够利用AI技术识别障碍物外，具备AI清洁管家功能、AI视频管家功能，产品智能性较以往的扫地机器人实现了明显提升；达闼科技有限公司（简称"达闼科技"）发布了5G云端高扩展性室内移动机器人Ginger Lite，它是一款模块化云端机器人，可灵活更换如托盘、货柜、消毒器械、电视大屏、机械臂、摄像头等模块配件，能够在多元化岗位上自由转换，可服务于营业厅、门诊、机场、酒店、餐厅、社区、学校、政府等各类场所，被评为"2020年度ICT十大创新产品"。

同时，我国在机器人前沿技术研究上也取得了重大突破。例如，2020年初，中科院深圳先进技术研究院医工所纳米调控研究中心研发出受章鱼启发的多功能微型软体机器人，其集成多模态运动、可控变形、光学伪装、可视化感知环境等功能于一体，极大提升了软体机器人在复杂限域空间内运动与执行多重任务的能力。2020年1月，中科院沈阳自动化研究所研制出一种结合水下滑翔机和水下蛇形机器人特点的水下滑翔蛇形机器人，该机器人可以实现净浮力驱动的滑翔运动和关节力矩驱动的多种游动步态，具有续航能力强和机动性强的优点。2020年7月，北京航空航天大学和中国科学院自动化研究所联合研制出一款可应用于近浅海等自然环境的3自由度水下软体操作机器人，建立了运动学模型与逆运动学的快速求解方法，实现了实时运动学控制，最终实现了机器人在近浅海等自然环境中的水下抓取作业，为海参、海胆等水下非结构化物体的无损抓取作业提供了解决方案。

4.关键零部件研制取得进一步突破

高精密减速器、高精度伺服电动机及驱动器、控制器等关键零部件研制取得进一步突破，部分产品已实现批量生产及应用，国内市场满足度不断提高。苏州绿的谐波传动科技有限公司（简称"绿的谐波"）谐波减速器的精度、寿命、稳定性、噪声等技术指标均已达到国际先进产品水平，在自主品牌工业机器人中的市场占有率达到60%。绿的谐波在2020年日本东京机器人展览会上发布了面向未来的新一代Y系列（model Y）谐波减速器，其拥有全新的结构和齿形设计，以及专有柔轮及轴承的材料和热处理工艺，扭转刚度提升1倍、传动精度提升2倍以上，并且从根本上解决了振动耦合问题。浙江环动机器人关节科技有限公司（简称"环动科技"）开发出可信度极高的成套检测系统，包括减速器传动精度、扭转刚度、倾覆刚度、效率、回差、齿隙检测系统及疲劳寿命加速试验台等，自主开发的14个型号的RV减速器的主要技术指标达到国际先进水平，年产能达到6万台。固高科技（深圳）有限公司（简称"固高"）的控制器产品已实现从三轴到八轴各类型机器人。上海新时达机器人有限公司（简称"新时达"）在2020年成功开发了Sigriner伺服Ω6系列高端伺服产品，该产品利用V型抑制振动控制、末端振动控制、自适应陷波滤波器等技术，实现了工业机器人全频段的振动抑制，能够轻松治愈机器人的"帕金森症"。清能德创电气技术（北京）有限公司（简称"清能德创"）针对大负载工业机器人推出高性能大功率多轴一体伺服驱动器CoolDrive RA，其采用全新的技术平台，应用复杂的伺服控制算法，加入机器人机械振动抑制技术和负载扰动抑制技术，可有效抑制振动，提高机器人的效率和安全性，有效消除机器人带重力负载启动时的点头现象，减小由摩擦和间隙导致的轨迹跟踪误差。

5.优势企业发展势头良好

在国家政策大力支持及市场需求的拉动作用下，国内机器人优势企业，如新松、新时达、武汉华中数控股份有限公司（简称"华中数控"）、广东拓斯达科技股份有限公司（简称"拓斯达"）、深圳市大疆创新科技有限公司（简称"大疆创新"）、科沃斯等发展势头良好。新松2020年工业机器人业务实现营业收入11.6亿元，同比增长19.9%，在公司总营业收入中的占比为43.8%，较上年提高8.4个百分点。新时达2020年机器人与运动控制类产品业务实现营业收入25.2亿元，同比增长11.3%，在公司总营业收入中的占比达到63.7%。华中数控2020年机器人与智能产线业务实现营业收入4.2亿元，同比增长1.2%，在公司总营业收入中的占比为32.0%。拓斯达2020年工业机器人及自动化应用系统实现营业收入19.3亿元，同比增长141.7%，在公司总营业收入中的占比达到70.2%，较上年提高22个百分点。无人机企业大疆创新经过十几年的发展，已成为消费级无人机领域的"领跑者"，同时其凭借产品性能及价格优势不断扩张服务领域，如今，在农业、航空植保、电力、警用等市场也占有重要的一席之地。家用服务机器人行业的引领者科沃斯2020年营业收入达到72.3亿元，同比增长36.2%。

为了借助资本力量进一步促进企业成长，埃夫特、广州瑞松智能科技股份有限公司（简称"瑞松科技"）、天智航、绿的谐波等行业内发展良好的企业争相登陆科创板。2020年2月17日，瑞松科技在上海证券交易所科创板成功上市，证券简称"瑞松科技"，证券代码为"688090"；2020年2月21日，北京石头世纪科技股份有限公司在科创板正式挂牌交易，证券简称"石头科技"，证券代码为"688169"；2020年7月7日，天智航在上海证券交易所科创板挂牌上市，证券简称"天智航"，证券代码为"688277"；2020年7月15日，埃夫特成功登陆科创板并上市发行，证券简称"埃夫特"，证券代码为"688165"；2020年8月28日，绿的谐波在上海证券交易所鸣锣上市，登陆科创板，证券简称"绿的谐波"，证券代码为"688017"；2020年10月29日，九号机器人有限公司在上海证券交易所科创板成功上市，证券简称"九号公司"，证券代码为"689009"。

**二、影响因素分析**
**1. 有利因素**

（1）政策频发推动产业发展。2020年，国家陆续出台多项支持政策，有力地推动了我国机器人工业的发展。例如，2020年3月，科学技术部发布《"智能机器人"重点专项2020年度项目申报指南》，通过重点专项加速推进我国智能机器人技术与产业的快速发展；2020年8月，国家发展和改革委员会、工业和信息化部等十四部门联合印发《推进物流业制造业深度融合创新发展实施方案》，提出鼓励制造业企业适应智能制造发展需要，开展物流智能化改造，推广应用物流机器人、智能仓储、自动分拣等新型物流技术装备；2020年9月，国家发展和改革委员会、科学技术部等四部门联合发布《关于扩大战略性新兴产业投资 培育壮大新增长点增长极的指导意见》，提出要加快高端装备制造产业补短板，重点支持工业机器人、建筑、医疗等特种机器人，以及高端仪器仪表等高端装备生产，实施智能制造、智能建筑试点示范。

（2）经济社会高质量发展需要机器人提供重要支撑。近年来，我国经济发展已由高速增长阶段逐步转入高质量发展阶段，提高质量效益、转变发展方式成为各行各业亟须解决的问题。大力发展智能制造、智能矿山、智慧农业、智能建筑等"智慧产业"正当其时，完全符合我国经济高质量发展的内在要求。机器人作为高端智能装备的代表，其在国民经济中的广泛应用不仅可以提高工作效率和产品质量，更能够改善作业环境、减轻劳动强度、保障人身安全，在促进传统产业升级、推进我国经济结构战略性调整等方面具有重大意义。同时，作为人类生活的得力助手和应对人口老龄化的利器，机器人的应用在提升生活品质、满足人民美好生活需求等方面也具有重要作用。

（3）新兴技术赋能机器人的新一轮发展。近年来，新一轮科技革命和产业变革孕育兴起，带动了新一代信息通信技术、人工智能、新材料等新兴技术的加速发展，促进了产业深度融合，机器人工业迎来了快速变革升级的风口。机器人目前大多应用于结构化环境，缺乏自主感知、自学习、自主决策等能力，难以满足柔性制造、智能制造、智能服务的需求。新一代信息技术、人工智能、新型感知等技术的快速发展，可以让机器人拥有聪明的"大脑"和敏锐的"感觉器官"，可以与复杂的真实环境进行"自然"的交互，可以使机器人应用于更为广泛的领域与场景，为我国机器人工业在新一轮发展中提供了新的机遇。

**2. 不利因素**

（1）新冠肺炎疫情形势依然严峻复杂。2020年初发生的新冠肺炎疫情及在全球的蔓延，给全球社会经济发展造成严重冲击。虽然国内疫情已基本得到控制，但是国外疫情形势依然严峻复杂。疫情带来的经济不振、投资意愿下降、产业链供应不畅等问题，使机器人产业面临的压力与风险加剧。

（2）低质低价竞争扰乱市场秩序。机器人作为近几年的热门产业吸引了众多企业加入，部分企业为了快速占领市场，采取低价竞争策略，大打价格战或制定低于成本价的售价，扰乱了国内机器人市场秩序，影响了国产品牌形象。目前，自主品牌机器人企业还未树立起优质的品牌形象和良好的口碑，这种低价竞争则进一步加深了用户对于国产品牌理应低价的错误认识，这也导致国内机器人企业在市场竞争中不得不以降低价格的方式来获取用户。这种低价竞争不仅挤压了企业正常的利润空间，更会因为产品价格的降低迫使企业压缩采购成本，最终造成产品质量下降，影响品牌声誉，阻碍产业做大做强。

（3）各类专业人才紧缺。当前，伴随机器人产业的快速发展，无论是掌握多领域专业知识的高素质研发设计型高端人才，还是具备丰富项目管理和行业经验的系统集成人才和市场营销人才，抑或是熟练操作、调试、维护等技能型人才均存在较大缺口。一方面，机器人产业是近几年快速发展起来的新兴产业，国内现有人才队伍不能满足产业发展需求;另一方面,当前学校人才教育与企业应用存在脱节现象,学校教育与实际的机器人应用场景差距较大,联系不紧密,致使从学校走出去的人才不能满足企业需求,而且还加大了企业的再次培养成本。随着我国机器人产业持续发展和制造业智能化程度的进一步加深,相关专业人才缺口或将进一步扩大。

### 三、发展趋势分析与预测

**1. 工业机器人将保持快速增长**

近两年,受汽车、电子产品等主要应用行业经济运行不景气以及贸易摩擦不断加剧等因素的影响,工业机器人的发展出现了一定波动。中国机器人产业联盟(CRIA)数据显示,2018年和2019年中国工业机器人市场消费量分别同比下降0.9%和8.6%。2020年,虽然新冠肺炎疫情的发生对人民群众的生产生活和社会经济发展带来了一定程度的影响,但也加快了国内企业转型升级、智能化改造的步伐,使得中国工业机器人市场需求高涨。2020年,中国市场工业机器人消费量同比增长19.2%。

**2. 服务机器人有望超越工业机器人**

近年来,随着人工智能和多传感器信息融合等技术的快速突破,服务机器人智能化水平及环境适应能力显著提升,这进一步促进了服务机器人的商业化落地。2020年,新冠肺炎疫情的发生给服务机器人带来了更多的应用场景和发展机遇,消毒机器人、测温机器人和送餐机器人等无接触、高效率的服务机器人逐步走进了人们的视野并得到了社会的广泛认可。随着技术的升级,产品的创新以及医疗、教育、助老和应急救援等领域智能化需求的持续释放,2021年,服务机器人行业营业收入将继续保持高速增长,并有望超过工业机器人。

**3. "轻小柔" "人机协作"成为机器人新的发展方向**

随着机器人应用场景不断扩展,不同的应用场景对机器人的重量、灵活度和体积等方面都提出了新的要求,得益于工艺水平的不断提升和新材料的不断涌现,机器人向轻量化、小型化和柔性化发展成为可能。此外,随着制造业生产模式不断向个性化定制和柔性化生产转变,相应的制造方式也必然需要更高的灵活性和自动化程度,而协作机器人具有轻量化、成本低和安全性高等优点,使其可以在生产线上快速部署、编程和重构。协作机器人"人机协作"的应用模式更加符合未来智能制造柔性化、智能化的特点,能够与人类一起安全工作的协作机器人将成为机器人行业新宠,而"人机协作"模式也将成为机器人的重要发展方向。

〔撰稿人:中国机器人产业联盟贾彦彦〕

# 2020年中国工业机器人市场概况

### 一、我国工业机器人市场情况

据中国机器人产业联盟与国际机器人联合会联合统计,2020年,我国工业机器人市场销量快速增长,销量达到历史新高,全年累计销售17.2万台,由连续两年下降转为同比增长19.2%。2013—2020年我国工业机器人市场销售情况见图1。

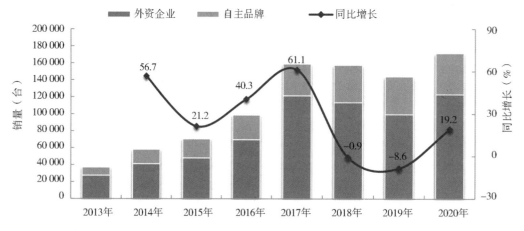

**图1 2013—2020年我国工业机器人市场销售情况**

注:1. 数据来源于中国机器人产业联盟、国际机器人联合会。

2. 未包括工厂用物流机器人和圆柱坐标机器人。

1. 按机械结构分类的分布特点

按机械结构分类,多关节机器人仍是我国工业机器人市场中销量最多的机型,占比保持高位。2019年我国工业机器人市场多关节机器人销售量短暂下降后,2020年超过10.8万台,同比增长13.4%。平面多关节机器人(SCARA机器人)销量位居第二,达到4.1万台,同比增长50.3%,我国市场SCARA机器人销量已创下新的高点。高增速一方面是因为2019年销量下降、基数较低,另一方面更是基于市场导向。直角坐标机器人销量保持第三位,销售超过1.4万台,同比增长5.1%,此前,直角坐标机器人销量已连续两年下降,2020年得到恢复,但距离2.1万台的高位还有较大差距。并联机器人2020年销量有所下降,降幅为4.7%。2013—2020年我国工业机器人市场销售情况(按机械结构分类)见图2。

**图2 2013—2020年我国市场工业机器人销售情况**(按机械结构分类)

注:1. 数据来源于中国机器人产业联盟、国际机器人联合会。
2. 未包括工厂用物流机器人和圆柱坐标机器人。

2. 按应用领域分类的分布特点

我国工业机器人市场整体销售上行,搬运与上下料、焊接和钎焊、装配及拆卸和洁净室领域的销量增速由负转正。搬运和上下料依然是工业机器人首要应用领域,2020年,搬运和上下料机器人销量为7.3万台,同比增长18.6%;焊接机器人销量为3.5万台,同比增长4.7%;装配及拆卸机器人销量近3.2万台,同比增长58.8%;用于洁净室的机器人销量增长3.6%;用于涂层与胶封和加工的机器人销量大幅下降,其中,用于加工的机器人销量由上年成倍增长转为同比下降27.9%,但销量仍高于2018年水平,用于涂层与胶封的机器人销量继续下降,同比下降35%。2019—2020年我国工业机器人市场销售情况(按应用领域分类)见图3。

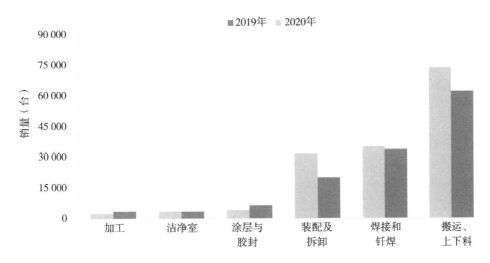

**图3 2019—2020年我国工业机器人市场销售情况**(按应用领域分类)

注:数据来源于中国机器人产业联盟、国际机器人联合会。

3. 应用行业分布特点

从应用行业看,2020年电气电子设备和器材制造(国际机器人联合会行业分类)是我国工业机器人市场的首要应用行业。复工复产以来,我国电子信息产业快速恢复,加上5G渗透率的快速提升、5G换机热潮的开启、智能手表体验的日益丰富、真无线蓝牙耳机的快速渗透、第三代半导体成为市场热点等原因,电气电子设备行业对机器人的需求持续增长,用于电气电子设备和器材制造行业的机器人全年销量接近6.4万台,同比增长50.2%,占我国市场总销量的37%,占比较上年提高7.7个百分点。

汽车制造业仍然是十分重要的应用行业，2020年，全球汽车市场低迷、产销量也延续了2018年以来的下降趋势，从2017年的产销量2 901.5万辆和2 887.9万辆连续下降至2020年的2 522.5万辆和2 531.1万辆，因此，汽车制造业仅新增2.8万台机器人，销量在上年较低基数的基础上继续下降15.7%，在我国工业机器人市场总销量中的占比下降至16.2%，较2019年下降6.7个百分点。总体来说，2020年汽车市场情况好于预期，得益于国家和地方政府政策的扶持和精准有效的消费激励，汽车行业作为国民经济中的重要支柱产业，其拥有强大的发展动力和抗风险能力，基本消除了新冠肺炎疫情的影响。我国汽车产销量降幅比上年减少，乘用车市场中豪华品牌及纯电动车、SUV和交叉型乘用车市场表现较为出色，商用车同比增长明显，货车产销创历史新高，总体表现出了强大的发展韧性和内生动力。2021年，我国宏观经济政策将保持连续性、稳定性和可持续性，国民经济将迎来强劲复苏的大好局面。汽车市场需求也有望结束下降、企稳回升。

金属加工业（含机械制造）新购置机器人近2万台，同比增长15.4%，增速加快，在我国工业机器人市场总销量中占比为11.5%，比2019年下降0.4个百分点；塑料及化工用品制造业购买工业机器人近6 700台，同比增长29.2%，占我国工业机器人市场总销量的3.9%，比2019年提高了0.3个百分点。此外，随着食品制造业生产自动化的推进，机器人在该行业的需求持续增长，作为我国机器人市场的第五大应用行业，全年购买机器人超过3 200台，同比增长12.7%，增速加快。应用于农业、林业、渔业、木材加工及家具制造、电力和热力生产供应等大门类的机器人有所下降，应用于其他各制造业门类总体表现出增长态势。2019—2020年我国工业机器人市场销售情况（按应用行业分类）见图4。

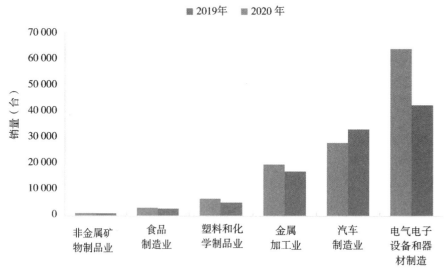

**图4　2019—2020年我国工业机器人市场销售情况（按应用行业分类）**
注：数据来源于中国机器人产业联盟、国际机器人联合会。

**二、自主品牌工业机器人市场情况**

据中国机器人产业联盟统计，2020年，我国自主品牌工业机器人共销售48 639台，同比增长9.1%。其中，三轴及三轴以上的工业机器人销售近45 751台，同比增长8.8%，占自主品牌工业机器人总销量的94.1%；工厂用物流机器人销售近2 900台，同比增长13.1%，占总销量的5.9%。

**1. 按机械结构分类的分布特点**

近年来，我国自主品牌工业机器人产品结构调整在持续推进。2020年，多关节机器人销售2 500台，同比增长1.6%，但在我国自主品牌工业机器人中的占比在经历连续五年提升的背景下有所下降，占总销量的50.7%，占比较上年下降3.7个百分点，连续四年在各结构类型工业机器人中销量排名第一；直角坐标机器人以1.2万台的销量位居第二，销量同比增长11.4%，在我国自主品牌工业机器人中的占比为24.3%，占比较上年增长0.5个百分点；SCARA机器人销量超过7 000台，同比增长41.7%，位居第三，在我国自主品牌工业机器人市场中占比为14.8%，占比较上年增长3.4个百分点；工厂用物流机器人销量近2 900台，同比增长13.1%，位居第四，在我国自主品牌工业机器人市场中占比为5.9%，占比较上年增长0.2个百分点；并联机器人销量为1 000余台，同比下降8.1%，在我国自主品牌工业机器人市场中占比为2.2%，占比较上年下降0.4个百分点；圆柱坐标型机器人销量为600余台，同比增长41.1%，占比为1.3%，占比较上年增长0.3个百分点。2019—2020年自主品牌工业机器人销量比较（按机械结构分类）见图5。

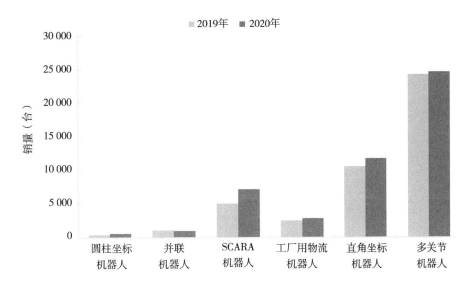

**图 5　2019—2020 年自主品牌工业机器人销量比较（按机械结构分类）**

注：数据来源于中国机器人产业联盟。

### 2. 按应用领域分类的分布特点

从应用领域看，2020 年，近六成的自主品牌工业机器人应用在搬运与上下料领域，销售总量达到 2.8 万台，较上年增长 26.5%，增速由负转正；焊接与钎焊是自主品牌工业机器人的第二大应用领域，2020 年的销售总量为 7 700 余台，较上年增长 3.6%；用于装配领域的自主品牌工业机器人销量 5 400 余台，同比增长 18.6%，占自主品牌工业机器人总销量的 11.2%，占比较 2019 年增长了 0.9 个百分点；用于涂层与封胶的自主品牌工业机器人共计销售 2 000 余台，同比下降 45.9%，占自主品牌工业机器人总销量的 4.2%；用于加工（激光切割、机械切割、去毛刺、抛光等）的机器人年销量近年来一直波动明显，在 2015 年及以前增速逐年提升，2016 年到 2018 年，小幅下降和大幅增长交替出现，2019 年销售近 2 600 台，同比增长 189.8%，而 2020 年销量再次下降，同比下降 46.4% 占总销量的 2.9%；用于洁净室的机器人有 300 余台，同比下降 29.3%，占总销量的 0.7%。2019—2020 年自主品牌工业机器人销量比较（按应用领域分类）见图 6。

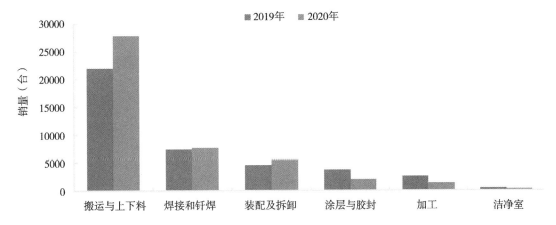

**图 6　2019—2020 年自主品牌工业机器人销量比较（按应用领域分类）**

注：数据来源于中国机器人产业联盟。

### 3. 按应用行业分类的分布特点

2020 年，我国自主品牌工业机器人应用范围已扩展到了国民经济 52 个行业大类中的 143 个行业中类，较上年分别增加了 7 个行业大类和 8 个行业中类，在越来越广泛的行业中实现市场价值，对推动我国工业机器人市场的发展具有积极意义。2020 年，我国自主品牌工业机器人应用行业除了在传统的食品制造业、医药制造业、有色金属冶炼和压延工业、非金属矿物制品业、化学原料和化学制品制造业、专用设备制造业、电气机械和器材制造业、金属制品业、汽车制造业、橡胶和塑料制品业等行业外，还新增了建筑安装和化学纤维制造等行业。

从销量看，计算机、通信和其他电子设备制造业、通用设备制造业、橡胶和塑料制品业、汽车制造业及电气机械和器材制造业使用工业机器人的数量最多，分别占 2020 年我国自主品牌工业机器人总销量的 22.5%、15.0%、9.1%、7.8% 和 7.0%；其他行业机器人使用量共计占总销量的

38.5%。2020年自主品牌工业机器人销售情况（按应用行业分类）见图7。

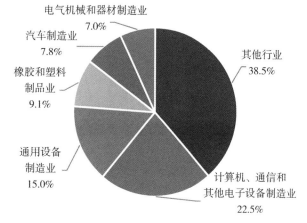

**图7　2020年我国自主品牌工业机器人销售情况**
（按应用行业分类）
注：数据来源于中国机器人产业联盟

其中，计算机、通信和其他电子设备制造业使用自主品牌工业机器人接近1.1万台，同比增长37.4%；通用设备制造业共使用自主品牌工业机器人约7 300台，同比下降9.2%；橡胶和塑料制品业共使用约4 400台，同比增长73.3%；汽车制造业使用3 800台，同比下降10.8%；约3 400台自主品牌工业机器人销往电气机械和器材制造业，同比增长14.7%；在金属制品业的销量约为3 200台，同比下降14.2%；以家具制造、食品制造、农副食品加工业等为代表的轻工行业共使用自主品牌工业机器人约4 200台，同比增长148.7%。

4. 按产品流向分类的分布特点

从产品流向来看，2020年，有33.2%和20.8%的自主品牌工业机器人分别销往华东和华南地区，华北地区销量占比为10.3%，而华中、西南、东北和西北地区销量占比总计为16.6%，另有部分销量未实现统计。

从增速看，华北、华中、华南、西北和东北地区保持增长，增速分别为121.7%、35.9%、32.8%、21.5%和0.5%；其他地区都有不同程度的下降，其中，华东地区的降幅最大，达到11.3%，同时，由于基数大，华东地区也是销售份额下降最大的区域。

从应用领域来看，2020年，华中地区以用于装配和拆卸的机器人为主，其他各地区则均以用于搬运与上下料的机器人为主，其中华北、华东和华南地区用于搬运与上下料的机器人比例超过60%；西北地区用于搬运与上下料的机器人比例也在50%以上；东北和西南地区用于搬运与上下料的机器人比例虽未过半，但也分别占到了47.3%和36.1%。

### 三、自主品牌机器人市场份额略有下降

从市场份额看，2020年我国工业机器人市场总销量中，外资品牌机器人的占有率为71.7%，较上年有所上升；自主品牌机器人的市场占有率为28.3%，较上年下降2.6个百分点。

从机械结构上看，2020年，各主要机型中，我国自主品牌占据优势的直角坐标机器人占比较2019年回升4.7个百分点，增至81.9%。其他各类机型中，自主品牌机器人占比均有所下降，其中多关节机器人占比比2019年下降2.6个百分点；SCARA机器人占比降至17.7%，比2019年下降1.1个百分点；并联机器人占比降至61%，比2019年下降2.3个百分点。2020年我国工业机器人市场内外资品牌占比情况（按机械结构分类）见图8。

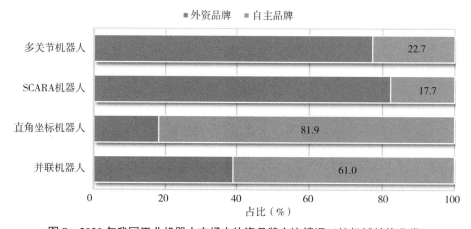

**图8　2020年我国工业机器人市场内外资品牌占比情况**（按机械结构分类）
注：1. 数据来源于中国机器人产业联盟、国际机器人联合会。
　　2. 未包括工厂用物流机器人和圆柱坐标机器人。

从应用领域看，外资品牌在洁净室、焊接等领域仍占据绝对优势，且市场占有率较上年有所提高。我国自主品牌机器人在搬运与上下料领域的占比略有提高，在其他各领域的占比均有不同程度的下降，其中在加工领域的最为明显。

在搬运与上下料领域中，自主品牌市场占有率比2019年提高2.4个百分点，为38.1%；在焊接和钎焊领域，自主品牌市场占有率为22.0%，下降0.2个百分点；在装配及拆卸领域，自主品牌市场占有率为17.1%，下降5.8个百分点；在涂层与胶封领域，自主品牌市场占有率为47.5%，下降9.6

个百分点；在洁净室领域，自主品牌市场占有率为8.5%，下降4.0个百分点；在加工领域，自主品牌市场占有率为51.8%，比2019年下降17.9个百分点。2020年我国工业机器人市场内外资品牌占比情况（按应用领域分类）见图9。

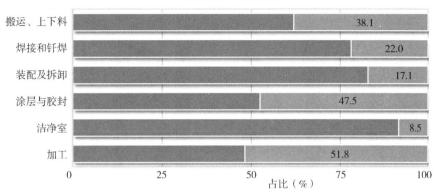

图9 2020年我国工业机器人市场内外资品牌占比情况（按应用领域分类）

注：数据来源于中国机器人产业联盟、国际机器人联合会。

从应用行业看，2020年，我国自主品牌工业机器人在食品制造、塑料和化学制品、非金属矿物制品和汽车制造业中的占比有所提高，在金属加工和电气机械和器材制造行业的占比有所下降。其中，自主品牌工业机器人在食品制造业中的占比较上年提高23.2个百分点，升至56.6%；在塑料和化学制品业中的占比较2019年提高10.6个百分点，升至78.7%；在非金属矿物制品业中的占比较上年提高7.7个百分点，为74.7%；在汽车制造业中的占比提高0.7个百分点，为13.6%；在金属加工业中的占比下降13.5个百分点，为58.0%；在电气电子设备和器材制造业中的占比下降3.5个百分点，为22.6%。2020年我国工业机器人市场内外资品牌占比情况（按应用行业分类）见图10。

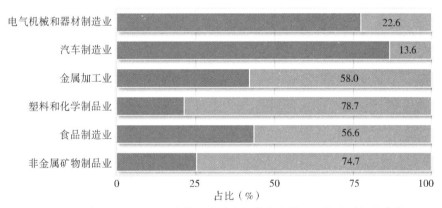

图10 2020年我国工业机器人市场内外资品牌占比情况（按应用行业分类）

注：数据来源于中国机器人产业联盟、国际机器人联合会。

〔撰稿人：中国机械工业联合会李晓佳、符玲、赵明〕

# 2020年中国工业机器人进出口贸易情况

## 一、行业总体运行情况

### 1. 进出口总量

据海关总署统计数据，2020年我国工业机器人进出口总额为19.57亿美元，同比下降2.8%，降幅较上年度收窄1.84个百分点，低于全国外贸进出口总额增速4.3个百分点。其中出口额为3.94亿美元，同比下降5.53%，增速由上年的正增长转为负增长，较上年同期下降9.04个百分点，低于全国外贸出口总额增速9.13个百分点；进口额为15.63亿美元，同比下降2.09%，较上年同期收窄4.48个百分点，低于全国外贸进口总额增速1个百分点。全年累计贸易逆差11.69亿美元，比上年减少0.1亿美元。2015—2020年我国工业机器人进出口总额见图1。

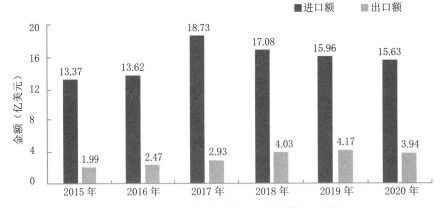

**图1　2015—2020年我国工业机器人进出口总额**

注：数据来源于海关总署。由于四舍五入，由图中数据计算得出的增长率与文中数据略有出入。

2.产品类型

海关总署统计的工业机器人产品共涉及8个税号商品，分别为喷涂机器人、搬运机器人、多功能工业机器人、集成电路工厂专用的自动搬运机器人、电阻焊接机器人、电弧焊接机器人、激光焊接机器人和其他未列名工业机器人。2020年除电阻焊接机器人继续为贸易顺差外，其余工业机器人产品均为贸易逆差。

2020年我国工业机器人产品进出口贸易情况见表1。

**表1　2020年我国工业机器人产品进出口贸易情况**

| 序号 | 产品名称 | 进口额（亿美元） | 进口额占比（%） | 出口额（亿美元） | 出口额占比（%） | 贸易差额（出口额-进口额）（亿美元） |
|---|---|---|---|---|---|---|
| 1 | 多功能工业机器人 | 9.73 | 62.3 | 1.98 | 50.3 | 7.75 |
| 2 | 搬运机器人 | 1.83 | 11.7 | 1.02 | 25.9 | 0.81 |
| 3 | 未列名工业机器人 | 0.68 | 4.4 | 0.46 | 11.7 | 0.23 |
| 4 | 喷涂机器人 | 1.11 | 7.1 | 0.24 | 6.1 | 0.86 |
| 5 | 电弧焊接机器人 | 0.13 | 0.8 | 0.12 | 3.0 | 0.01 |
| 6 | 集成电路工厂专用的自动搬运机器人 | 1.99 | 12.7 | 0.05 | 1.3 | 1.94 |
| 7 | 激光焊接机器人 | 0.15 | 1.0 | 0.05 | 1.3 | 0.11 |
| 8 | 电阻焊接机器人 | 0.01 | 0.1 | 0.02 | 0.5 | -0.01 |

注：数据来源于海关总署。

2020年，多功能工业机器人进出口额均居于首位，其中进口额和出口额分别实现9.73亿美元和1.98亿美元，在工业机器人进出口总额中的占比分别为62.3%和50.3%，较上年分别提高4.7个和4.9个百分点，实现贸易逆差7.75亿美元，较上年扩大0.45亿美元。从增速情况看，2020年多功能工业机器人进口额同比增长5.9%，高于工业机器人进口平均增速；出口额同比增长4.6%，高于工业机器人出口平均增速。

2020年，搬运机器人进出口总额排名第二，其中进口额大幅下降，出口额同比增长。全年实现进口额1.83亿美元，在进口总额中的占比为11.7%，较上年降低6.5个百分点；实现出口额1.02亿美元，在出口总额中的占比为25.9%，较上年提高2.8个百分点。全年贸易逆差近0.80亿美元，较上年减少1.13亿美元。从增速情况看，2020年搬运机器人进口额同比大幅下降37.09%，远低于工业机器人进口平均增速；出口额同比增长6.03%，高于工业机器人出口平均增速。

2020年，集成电路工厂专用的自动搬运机器人进出口总额排名第三，其中进口额持续增长，首次成为进口额第二的工业机器人产品，但数值上仍远不及多功能工业机器人。2020年实现进口额、出口额分别为1.99亿美元和0.05亿美元，在进出口总额中的占比分别为12.7%和1.3%，较上年分别提高2.2个和下降0.8个百分点。全年贸易逆差1.94亿美元，较上年增加0.35亿美元。从增速情况看，2020年集成电路工厂专用的自动搬运机器人进口额同比大幅增长18.1%，位居增速第一；出口额同比大幅下降41.42%，远低于工业机器人出口平均水平。

2020年，喷涂机器人进出口增速均有所下降。2020年实现进口额1.11亿美元，同比下降6.91%；实现出口额0.24亿美元，同比下降45.68%。全年贸易逆差0.86亿美元，较上年增加0.12亿美元。

2020年，电弧焊接机器人的进口额和出口额同比均出现下降，降幅分别为1.90%和16.08%；激光焊接机器人进口额同比增长17.36%，出口额同比大幅增长189.04%，位列工业机器人出口增速第一位，但由于其体量较小，对整体影响不大；电阻焊接机器人进口额和出口额同比分别下降79.96%和81.1%。这三类机器人的贸易逆差合计为0.11亿美元，其中电阻焊接机器人表现为贸易顺差。

2019—2020年我国工业机器人进口额完成情况见图2。2019—2020年我国工业机器人出口额完成情况见图3。

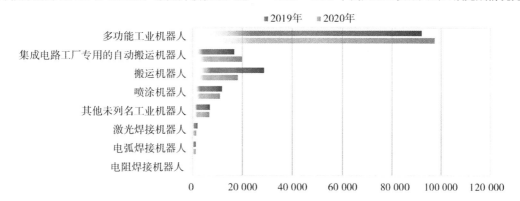

**图2 2019—2020年我国工业机器人进口额完成情况**

注：数据来源于海关总署。

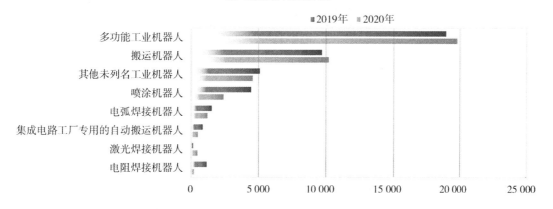

**图3 2019—2020年我国工业机器人出口额完成情况**

注：数据来源于海关总署。

## 二、主要贸易国家（地区）

### 1. 进口主要贸易伙伴

据海关总署统计数据，2020年我国市场进口工业机器人的国家和地区相对集中，主要来源于45个国家和地区，进口金额虽有所下降，但仍维持在高位。从进口来源上看，日本排在第一，进口额为91 549万美元，同比增长12.86%；德国处于第二位，进口额17 005万美元，同比下降36.54%；韩国排名第三，进口额8 022万美元，同比下降30.45%。此外，来源于中国台湾地区及法国、丹麦、新加坡、美国的进口额也均在3 000万美元以上，其中来源于法国、新加坡的进口额同比增长，来源于中国台湾地区及丹麦、美国的进口额同比下降。2020年我国工业机器人进口来源情况见表2。

**表2 2020年我国工业机器人进口来源情况**

| 产品类别 | 第一位 | | 第二位 | | 第三位 | |
| --- | --- | --- | --- | --- | --- | --- |
| | 国家或地区 | 进口额（万美元） | 国家或地区 | 进口额（万美元） | 国家或地区 | 进口额（万美元） |
| 多功能工业机器人 | 日本 | 72 708 | 德国 | 5 506 | 法国 | 4 149 |
| 集成电路工厂专用的自动搬运机器人 | 日本 | 6 036 | 中国台湾 | 3 461 | 韩国 | 3 298 |
| 搬运机器人 | 日本 | 7 786 | 德国 | 4 473 | 韩国 | 2 097 |

(续)

| 产品类别 | 第一位 | | 第二位 | | 第三位 | |
| --- | --- | --- | --- | --- | --- | --- |
| | 国家或地区 | 进口额（万美元） | 国家或地区 | 进口额（万美元） | 国家或地区 | 进口额（万美元） |
| 喷涂机器人 | 德国 | 5 327 | 日本 | 3 279 | 美国 | 1 751 |
| 未列名工业机器人 | 德国 | 1 541 | 法国 | 989 | 日本 | 931 |
| 激光焊接机器人 | 马来西亚 | 964 | 日本 | 208 | 俄罗斯 | 157 |
| 电弧焊接机器人 | 奥地利 | 603 | 日本 | 590 | 韩国 | 84 |
| 电阻焊接机器人 | 韩国 | 33 | 美国 | 29 | 日本 | 11 |

注：数据来源于海关总署。

**2. 出口主要贸易伙伴**

2020年我国工业机器人出口市场仍较为分散，主要出口到111个国家和地区。从出口目的地来看，韩国位居第一，出口额4 078万美元，同比下降4.04%；日本超过越南排名第二，出口额3 642万美元，同比增长4.02%；越南排名第三，出口额3 269万美元，同比下降18.85%。此外，对印度、美国、德国、泰国、摩洛哥、马来西亚以及中国香港和台湾地区的出口额也都超过了1 000万美元，其中，除对中国香港地区和摩洛哥的出口额同比增长外，其他国家或地区的出口额均有不同程度的下降。2020年我国工业机器人出口目的地情况见表3。

**表3 2020年我国工业机器人出口目的地情况**

| 产品类别 | 第一位 | | 第二位 | | 第三位 | |
| --- | --- | --- | --- | --- | --- | --- |
| | 国家或地区 | 出口额（万美元） | 国家或地区 | 出口额（万美元） | 国家或地区 | 出口额（万美元） |
| 多功能工业机器人 | 韩国 | 3 024 | 中国香港 | 2 075 | 印度 | 1 450 |
| 搬运机器人 | 日本 | 1 873 | 越南 | 1 029 | 摩洛哥 | 742 |
| 喷涂机器人 | 印度 | 594 | 美国 | 407 | 越南 | 182 |
| 电弧焊接机器人 | 塞尔维亚 | 263 | 泰国 | 100 | 韩国 | 100 |
| 集成电路工厂专用的自动搬运机器人 | 中国台湾 | 304 | 马来西亚 | 56 | 韩国 | 48 |
| 激光焊接机器人 | 越南 | 176 | 印度 | 148 | 泰国 | 80 |
| 电阻焊接机器人 | 马来西亚 | 105 | 越南 | 31 | 摩洛哥 | 18 |
| 未列名工业机器人 | 越南 | 666 | 印度 | 425 | 日本 | 269 |

注：数据来源于海关总署。

### 三、主要地区分布及贸易方式情况

从进口规模来看，2020年我国进口机器人规模最大的省市是上海市，进口额达74 461万美元，同比增长15.05%，占全国机器人进口总额的47.64%。其余四大进口省和直辖市分别为江苏省、广东省、北京市和天津市，进口额分别为19 078万美元、13 901万美元、11 144万美元和8 510万美元。其中，江苏省、天津市分别同比下降13.72%和0.29%，广东省、北京市分别同比增长24.54%和23.7%。上述五个省市的进口额合计占全国工业机器人进口总额的81.32%。从贸易方式来看，一般贸易进口体量最大，进口额达135 602万美元，同比下降2.76%；海关特殊监管区域物流货物次之，进口额为10 677万美元，同比增长7.26%；海关特殊监管区域进口设备排名第三，进口额为2 843万美元，同比下降1.35%。

从出口规模来看，2020年我国出口机器人规模最大的省市也是上海市，出口额达13 055万美元，同比下降17.95%，占全国机器人出口总额的33.12%。其余四大出口省市分别为广东省、江苏省、北京市和浙江省，出口额分别为8 111万美元、5 463万美元、3 513万美元和2 206万美元。其中，江苏省、浙江省分别同比下降13.05%和5.55%，广东省、北京市分别同比增长0.61%和26.03%。上述五个省市的出口额占全国工业机器人出口总额的82.07%。从贸易方式来看，一般贸易出口体量最大，出口额达25 311万美元，同比下降4.09%；进料加工贸易次之，出口额为9 927万美元，同比下降19.46%；海关特殊监管区域物流货物排名第三，出口额为2 126万美元，同比增长104.35%。

〔撰稿人：中国机械工业联合会赵明〕

# 2020年机器人主要用户行业运行情况分析

## 一、主要用户行业运行概况及特点

国家统计局数据显示，受新冠肺炎疫情的影响，2020年机器人主要用户行业经济运行总体呈现前低后高的走势，至年底各用户行业的运行形势存在较大差别。

2020年，计算机、通信和其他电子设备制造业在远程办公、居家教学等需求的带动下，市场需求大幅增长，全年营业收入同比增长8.3%，利润总额增长17.2%。专用设备制造业、电气机械和器材制造业在各类投资的带动下运行形势恢复较快，全年营业收入分别实现7.6%和4.5%的较高增速；特别是专用设备制造业实现利润总额同比增长24.4%。此外，农副食品加工业和食品制造业由于提供的是生活必需品，行业运行基本稳定，全年营业收入同比分别增长2.2%和1.6%，利润同比分别增长5.9%和6.4%。2020年机器人主要用户行业经济运行情况见表1。

表1  2020年机器人主要用户行业经济运行情况

| 行业 | 营业收入 | | 利润总额 | |
| --- | --- | --- | --- | --- |
| | 金额（亿元） | 同比增长（%） | 金额（亿元） | 同比增长（%） |
| 采矿业 | 38 812.3 | -8.2 | 3 553.2 | -31.5 |
| 煤炭开采和洗选业 | 20 001.9 | -8.4 | 2 222.7 | -21.1 |
| 农副食品加工业 | 47 900.0 | 2.2 | 2 001.2 | 5.9 |
| 食品制造业 | 19 598.8 | 1.6 | 1 791.4 | 6.4 |
| 酒、饮料和精制茶制造业 | 14 829.6 | -2.6 | 2 414.0 | 8.9 |
| 家具制造业 | 6 875.4 | -6.0 | 417.7 | -11.1 |
| 化学原料和化学制品制造业 | 63 117.4 | -3.7 | 4 257.6 | 20.9 |
| 橡胶和塑料制品业 | 24 763.3 | -1.0 | 1 681.6 | 24.4 |
| 金属制品业 | 36 814.1 | 1.8 | 1 687.1 | 4.1 |
| 通用设备制造业 | 40 065.7 | 3.2 | 2 858.8 | 13.0 |
| 专用设备制造业 | 32 726.5 | 7.6 | 2 827.6 | 24.4 |
| 汽车制造业 | 81 557.7 | 3.4 | 5 093.6 | 4.0 |
| 电气机械和器材制造业 | 67 831.7 | 4.5 | 3 999.8 | 6.0 |
| 计算机、通信和其他电子设备制造业 | 120 992.1 | 8.3 | 5 919.2 | 17.2 |
| 仪器仪表制造业 | 7 660.0 | 3.5 | 819.7 | 11.6 |

注：数据来源于国家统计局。

2020年汽车制造业复苏比投资类产品相对滞后，但在政策带动、特别是在地方消费政策的支持下，三季度后出现了明显的回升走势。全年实现营业收入和利润总额同比增长分别为3.4%和4.0%，好于年初的预期。

化学原料和化学制品制造业、橡胶和塑料制品业经济运行恢复较慢，2020年营业收入仍处于同比下降的状态，降幅分别为3.7%和1%。但由于2020年国际油价总体低迷，原油期货价曾一度跌至负值，使得这两个行业的生产成本处于低位，实现利润远超过产销完成情况，全年这两个行业实现利润总额的增速分别为20.9%和24.4%。

采矿业、煤炭开采和洗选业及家具制造业遭受新冠肺炎疫情的冲击剧烈且恢复缓慢。2020年行业运行总体处于相对低迷的状态，全年营业收入同比下降分别为8.2%、8.4%和6.0%，利润总额同比分别下降31.5%、21.1%和11.1%。

## 二、全国及主要用户行业投资完成情况

受新冠肺炎疫情影响，2020年1—2月全国固定资产投资下降24.5%。此后，为应对疫情对经济及社会运行的

冲击，中央及地方政府加大了基础建设投资力度，全国固定资产投资降幅逐月收窄，上半年收窄至3.1%，三季度实现增速由负转正，全年投资增速回升至2.9%。

在三大领域的投资中，基础设施投资平稳增长，同比增长0.9%；制造业投资降幅较年初显著收窄，全年投资同比下降2.2%；房地产开发投资较快增长，同比增长7.0%。

从投资构成成分看，与机器人行业密切相关的设备及工器具购置的投资仍处于明显的下降状态，全年同比下降7.1%；而建筑安装工程和其他费用两类投资则分别增长3.9%和6.7%。

2020年机器人主要用户行业固定资产投资完成情况见表2。

表2 2020年机器人主要用户行业固定资产投资完成情况

| 行业 | 固定资产投资同比增速（%） | 行业 | 固定资产投资同比增速（%） |
| --- | --- | --- | --- |
| 采矿业 | -14.1 | 金属制品业 | -8.2 |
| 煤炭开采和洗选业 | -0.7 | 通用设备制造业 | -6.6 |
| 农副食品加工业 | -0.4 | 专用设备制造业 | -2.3 |
| 食品制造业 | -1.8 | 汽车制造业 | -12.4 |
| 酒、饮料和精制茶制造业 | -7.8 | 电气机械和器材制造业 | -7.6 |
| 家具制造业 | -15.8 | 计算机、通信和其他电子设备制造业 | 12.5 |
| 化学原料和化学制品制造业 | -1.2 | 仪器仪表制造业 | -7.1 |
| 橡胶和塑料制品业 | -1.2 | | |

注：数据来源于国家统计局。

2020年机器人主要用户行业固定资产投资总体呈现下降的走势，仅计算机、通信和其他电子设备制造业投资逆势大幅增长，全年投资同比增长12.5%，是机器人主要用户行业中唯一一个固定资产投资实现同比增长的行业。该行业是工业机器人的首要用户行业，其投资的增长对2020年我国工业机器人生产的快速回暖具有积极的带动作用。

受新冠肺炎疫情导致的生产停滞、消费疲软、产业链供应不畅等问题的影响，汽车行业生产经营形势恢复较慢，由此也导致固定资产投资的停滞。特别是全球疫情蔓延对汽车制造产业链的冲击由2020年延续至2021年，使得汽车产业的复苏走势尚不十分坚实，这也进一步影响了业内企业投资的信心和意愿。作为机器人第二大应用行业的汽车制造业，2020年固定资产投资同比下降12.4%。

此外，金属制品业、通用设备制造业、电气机械和器材制造业、家具制造业等机器人重要的应用行业固定资产投资也处于较低水平，同比分别下降8.2%、6.6%、7.6%、15.8%。而煤炭开采和洗选业、农副食品加工业、食品制造业、化学原料和化学制品制造业以及橡胶和塑料制品业，运行形势虽有所差异，但固定资产投资均实现了较为明显的恢复，全年固定资产投资的降幅已收窄至2%以内的水平。

〔撰稿人：中国机械工业联合会李晓佳〕

# 2020年全球机器人行业发展概况

全球经济运行低迷、贸易摩擦不断加剧、汽车和电子行业不景气，再加上新冠肺炎疫情的影响，2020年全球工业机器人发展面临严峻的市场挑战。与工业机器人相比，全球服务机器人市场则表现亮眼。伴随着人工智能、物联网等技术的不断发展，服务机器人产品类型愈加丰富，智能化水平显著提升，应用领域更加广泛，产业化进程持续加速。

**一、发展情况**

1.工业机器人消费量小幅增长

根据国际机器人联合会（IFR）初步统计，2020年，全球工业机器人消费量为38.4万台，同比增长2.9%。2010—2020年全球工业机器人市场情况见图1。

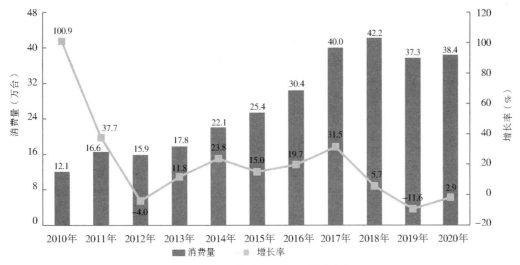

**图1 2010—2020年全球工业机器人市场情况**

注：数据来源于国际机器人联合会（IFR）。

从地区分布看，亚洲地区依然是工业机器人的主要消费市场。根据国际机器人联合会（IFR）初步统计，2020年，亚洲地区工业机器人消费量为26万台，同比增长4.0%，约占全球工业机器人总消费量的68%；欧美地区工业机器人市场表现不甚乐观，其中欧洲地区工业机器人消费量为6.7万台，同比下降9.5%；美洲地区工业机器人消费量为3.9万台，同比下降18.8%。

从机械结构看，多关节机器人仍是消费量最高的机型，2020年，全球多关节机器人消费量为23.1万台，同比下降8.3%，占全球工业机器人总消费量的60.2%；平面多关节机器人（SCARA）消费量逆势增长，同比增长27.8%，消费量为6.9万台，占全球工业机器人总消费量的18.0%，位居第二位；坐标机器人消费量为5.8万台，与上年基本持平，占全球工业机器人总消费量的15.1%，位居第三位；并联机器人消费量位居第四位，与前三位相比规模较小，消费量仅为0.6万台。

从应用行业看，电子行业和汽车行业是工业机器人的两大传统应用行业，两个行业的消费量之和约占全球工业机器人总消费量的一半。2020年，电子行业消费工业机器人10.7万台，比2019年增长20.2%，占全球工业机器人总消费量的27.9%，为工业机器人首要应用行业；受行业发展低迷影响，汽车行业对工业机器人的消费持续下降，2020年消费量降至8万台，比2019年下降21.6%，占全球工业机器人总消费量的20.8%，为第二大应用行业；金属加工业消费工业机器人4.1万台，比2019年下降10.9%，占全球工业机器人总消费量的10.7%，为第三大应用行业。

2．服务机器人产业化进程加速

随着服务机器人技术的不断进步与成熟，其服务领域和服务对象不断拓展，从扫地、送餐向教育、医疗、陪护、配送等多个维度延伸，逐渐覆盖家庭、商场、学校、医院、银行、酒店等多个应用场景。例如，在居家服务领域，以iRobot公司、科沃斯机器人科技有限公司等为代表的室内清洁机器人已走入大众家庭，代替人们完成扫地、擦窗等家务劳动；在商场、酒店等公共服务领域，具有人机交互、面部识别、自动避障等功能的迎宾机器人、导购机器人等已实现商业化；在医疗领域，手术机器人临床应用日益活跃，最为典型的产品为美国直觉外科（Intuitive Surgical）公司的达芬奇手术机器人，截至2019年，全球达·芬奇机器人安装量已达到5 582台，累计参与手术720万台。另外，2020年，突如其来的新冠肺炎疫情席卷全球，无接触式服务成为日常刚需，促使消毒机器人、测温机器人、配送机器人等服务机器人加速落地。

3．机器人技术日新月异

随着各国在机器人领域的持续投入，以及在人工智能、物联网、仿生材料、智能传感等高新技术领域的不断突破，机器人技术发展日新月异。例如，在协作机器人领域，日本的安川电机株式会社、发那科株式会社，德国的库卡机器人有限公司，丹麦的优傲机器人公司，我国的遨博（北京）智能科技有限公司等企业积极响应市场需求，不断推出新型协作机器人产品。其中优傲机器人公司作为协作机器人的优秀代表，于2019年9月推出了协作机器人新品UR16e，其负重可达16kg，重复精度达到±0.05mm，工作半径达到900mm，可用于重型物料搬运、重型零件搬运和机器维护。在仿人机器人领域，以美国、日本和韩国为代表的仿人机器人技术已达到较高水准，在自主作业、智能感知、人机交互等技术领域取得了突破性进展，例如，日本丰田汽车公司根据东京奥运会需求对其研发的第三代人形机器人T-HR3进行了技术更新，使其可以更加自然地行走，能够跟运动员及游客进行击掌、交流等互动。在仿生机器人领域，以欧美和日本为代表的双足、四足、扑翼、水下等仿生机器人在功能仿生与机构设计、高功率作动与柔顺控制、智能感知与自主导航等方面取得了积极进展，其中美国波士顿动力公司研制的Spot机器人采用激光雷达导航，增加了机器人对环境的理解和认知能力，可实现在复杂的室内和室外环境中操作，其膝关节采用像山羊腿一样的折角向后设计，可在崎岖不平的道路上坡下坡，拥有十分强大的平衡能力。2020年，Spot机器人已在美国正式开售，目前仅用于商业和工业用途。

## 二、重大活动

### 1. 2020年机器人与自动化国际会议（ICRA）

2020年5月31日至8月31日，2020年机器人与自动化国际会议（IEEE International Conference on Robotics and Automation，简称ICRA）成功举行。受新冠肺炎疫情影响，本次会议转为线上会议。这是全世界机器人领域的顶级学术会议，会议主要为机器人等行业专家、学者、企业提供沟通交流的平台。本次会议收到了来自64个国家和14 665名作者的3 512篇论文。最终，ICRA2020收录了2 456篇论文，其中，获奖论文达到36篇，主要集中在自动化、人机交互、多机器人系统、机器视觉等12个方向。

### 2. 2020年国际奥林匹克机器人竞赛（WRO）

由于新冠肺炎疫情持续蔓延，原定于在加拿大举行的2020年国际奥林匹克机器人竞赛（World Robot Olympiad，简称WRO）国际决赛被取消。2020年11月12—15日，加拿大主办方以线上形式举行了WRO 2020-X，多国选手参加了此次线上比赛。WRO开始于1997年，是国际机器人重要赛事之一，先后在法国、瑞典、德国、英国、澳大利亚、加拿大、美国、日本和意大利等二十多个国家举办。每年，从世界各地举行的区域赛到全球总决赛，都有50多万青少年选手参加，因此，WRO是一项拥有全球影响力及权威性的青少年机器人赛事和具有综合教育性与科技性的国际性活动。WRO每年发布一个挑战主题，根据参与选手的年龄来定制具体的挑战内容。此次竞赛以"季节"为主题，常规类别的参赛团队将开发机器人以帮助我们适应并克服日益频繁的气候危害；开放类别的参赛团队将创建机器人解决方案来帮助我们克服多样化的气候挑战。

### 3. 第16届机器人与自动化创新创业奖（IERA）

2020年12月15日，第16届机器人与自动化创新创业奖（IERA）公布了2020年获奖名单，获奖者为Photoneo公司的高分辨率动态3D相机MotionCam-3D。作为机器人技术领域十分重要的奖项之一，IERA是由国际机器人联合会（IFR）和IEEE机器人与自动化协会（IEEE/RAS）联合发起的，主要表彰科学界与产业界在机器人领域的创新合作。此次的获奖产品，可以捕捉到高速移动的物体，是能够为机器人提供超高分辨率和精确度的"眼睛"。机器人凭借这双"眼睛"，可以在食品加工、垃圾分类、物流分类等多个领域大显身手。凭借精确的机器视觉，机器人还可以分析具有高分辨率图像的物体，这在质量控制中非常重要。

### 4. 先进机器人学与机构学国际学术论坛（IFARM-2020）

2020年12月15日，由国际机器人联合会（IFR）和先进机器人学与机构学国际联合研究中心（IRCARM）共同主办的首届IFR先进机器人学与机构学国际学术论坛（IFARM-2020）在我国举行。本届论坛主题为"后疫情时代下机器人学与机构学研究发展"，论坛邀请了来自美国、英国、德国、日本和中国的8位海内外知名专家学者作了主题报告，与会人员围绕后疫情时代下先进机器人学与机构学研发工作展开了学术交流，以促进在相关领域的国际科技交流与合作。活动同期还开展了线上直播，线上线下共有近3 000人参加了此次论坛。

## 三、发展趋势

### 1. 工业机器人市场经历调整后将逐步复苏

虽然当前全球工业机器人市场需求出现一定波动，但是世界主要经济体推动本国制造业自动化、现代化转型的步伐并未停止，新一代信息技术、生物技术、新能源、新材料等与机器人技术也在加速融合。新冠肺炎疫情更激发了企业加快产业升级的决心，企业向自动化、数字化、智能化发展的主动性和需求快速增长。可以预见，工业机器人市场在经历调整之后将逐步复苏，国际市场未来依然可期。

### 2. 服务机器人市场继续保持高速增长

随着人工智能、物联网等技术的不断突破，服务机器人正在逐步走进人们的生活。在商场、酒店、医院和家庭等应用场景，导购机器人、送餐机器人、养老机器人、教育机器人、扫地机器人等各种各样的服务机器人正在不断突破机器人范畴，带给人们更便捷的生活。当前，全球服务机器人市场增速明显高于工业机器人，随着服务机器人智能化水平的进一步提升，以及医疗、教育、助老、应急救援等领域需求的不断增长，在未来一段时间内，服务机器人市场仍将保持高速增长。

### 3. 机器人变得更加聪明、易用

随着新一代信息通信技术、人工智能、新材料、新型传感等新兴技术在机器人上深度应用，机器人将实现感知、学习、决策等功能，从只能执行一项简单重复性的工作进化为可以执行各种复杂多样化的工作。例如，人工智能、视觉传感等技术的进步，使机器人能够执行无序抓取，而过去这是只有人工才能完成的工作；通信协议技术的进步，使机器人更容易安装和编程，更易于集成到不同的工作单元或生产线。

### 4. 机器人将成为未来智慧工厂的标配

当前，以信息物理系统技术为核心的工业4.0浪潮正在席卷全球。而作为工业4.0的最大主题，智慧工厂可谓贯穿产业升级全过程。智慧工厂作为继自动化工厂、信息化工厂、智能化工厂之后的一种更加高级的工厂运作模式，在汽车、电子、金属加工、纺织、食品、化工等各个行业的转型升级过程中具有非常重要的影响与作用。机器人作为智能化装备，其广泛的应用不仅能够提高生产效率与生产质量、改善劳动环境、保障人身安全、降低生产成本，还可以满足消费者日益增长的个性化、多元化需求。可以说，在实现以智慧工厂为主题的工业4.0时代进程中，机器人将扮演不可替代的角色。

### 5. 机器人将进入新的应用领域

持续的数字化转型将带来全新的商业模式，企业比以往任何时候都更容易实现多样化生产与服务。伴随互联互通技术的不断突破，机器人不仅能够进入陶瓷、卫浴、家具等更多制造领域，还可以应用在餐饮、按摩、零售等诸多服务领域。例如，伴随新零售的不断发展，冰激凌机器人、咖啡机器人等产品在新零售终端的应用也将逐步增加。机器人的应用不仅可以减少服务人员的数量，还能够提升零售业的自动化水平。未来伴随相关技术的进一步突破，机器人将进入更加广泛的应用领域。

〔撰稿人：机械工业信息中心贾彦彦〕

中国机器人工业年鉴 2021

大事记

记载2020年机器人行业的重大事件

2020年中国机器人行业大事记

# 2020 年中国机器人行业大事记

## 1月

**月内** 科学技术部高技术研究发展中心在北京组织召开2017年国家重点研发计划智能机器人专项指南3.4"混联机构加工机器人"二次评估择优检查会。由北京卫星制造厂有限公司牵头承担的"混联机构加工机器人关键技术与装备"项目顺利通过择优评估检查，继续获得资助。

## 2月

**7日** 由中国大洋矿产资源研究开发协会办公室牵头，中国科学院沈阳自动化研究所为技术总体责任单位，联合自然资源部第二海洋研究所、国家深海基地管理中心等共同研制的4 500m自主潜水器"潜龙二号"安全回收至"大洋一号"船。这是"潜龙二号"第四次挺进西南印度洋，也是其在完成潜水器技术升级后的首次航行应用，为我国多金属硫化物区勘探和科学问题的研究提供勘测、探测、数据取样提供支撑。

**8日** 面对新冠肺炎疫情影响，中国机器人产业联盟积极开展工作，发布《团结一心 积极应对 坚定信心 共克时艰》倡议书，携手成员单位共同应对新冠肺炎疫情对行业带来的影响，共克时艰，推动机器人行业高质量发展。

**17日** 国家自然科学基金委员会发布通知，面向新冠肺炎疫情防控重大需求，围绕"共融机器人基础理论与关键技术研究"重大目标，对2020年年度指南补充了重点支持项目拟资助的研究方向，支持相关单位通过医工交叉开展基础性、前瞻性研究，为发挥机器人在重大疫情有效防控中的作用提供理论及技术支撑。

**17日** 广州瑞松智能科技股份有限公司首次公开发行股票并在上海证券交易所"科创板"正式挂牌上市（股票简称：瑞松科技，股票代码：688090）。

**21日** 北京石头世纪科技有限公司首次公开发行股票并在上海证券交易所"科创板"正式挂牌上市（股票简称：石头科技，股票代码：688169）。

**27日** 深圳市优必选科技有限公司的三款"战"疫机器人解决方案在深圳市新冠肺炎患者唯一定点收治医院——第三人民医院成功部署，分别服务于室内体温监测与消杀（智巡士）、室外疫情管控与消杀（安巡士）、宣传与导诊（克鲁泽）等场景。

## 3月

**7日** 达闼科技有限公司联合中国移动通信集团有限公司、中国普天信息产业集团有限公司携手打造的全国首个"智能方舱医院"——武昌方舱医院项目实现整体交付。这是全国首个投入实战的智能方舱医院，主要以智能设备为基础，4G/5G网络为支撑，为数字化运营、医生护士人机协作、与病人互动等提供全套的信息化和数字化的运营方案。

**9日** 由钟南山院士团队、中国科学院沈阳自动化研究所联合紧急研发的"咽拭子采样智能机器人项目"取得阶段性进展。该机器人系统被认为可避免医务人员感染、提升生物样本采集的规范性，保证标本的质量。

**18日** 青岛市政府办公厅印发《关于支持机器人产业加快发展若干政策措施的通知》。这是山东省省内出台的首个机器人产业政策。

**23日** 科学技术部发布国家重点研发计划"智能机器人"等重点专项2020年度项目申报指南通知。2020年，基础研究类启动不少于11个项目，拟安排国拨经费总概算约6 600万元。

**24日** 机器人控制器厂商上海智殷自动化科技有限公司某自主控制器20 000hMTBF评定工作在上海电器设备检测所有限公司（国家机器人质量监督检验中心）启动。

**25日** 中国机器人产业联盟根据国家相关政策和制度，结合我国机器人行业企业特点，编写并发布《我国机器人行业企业复工复产服务手册》。

**月内** 为推进《中国机器人产业发展规划（2021—2025年）》编制工作，受工业和信息化部委托，中国机器人产业联盟组织召开了专家研讨会，对未来五年机器人发展方向、指导思想、发展目标、主要任务及政策措施等进行交流和探讨。

**月内** 中国机器人产业联盟与台湾智慧自动化与机器人协会商定，将《室内物流机器人安全要求》作为2020年两岸共通标准立项，开展相关工作。目前，该标准牵头单位已完成适用范围、安全要求、保护措施、编写框架的讨论。

## 4月

**24日** 上海微创医疗器械（集团）有限公司旗下微创（上海）医疗机器人有限公司自主研发的用于新冠肺炎诊

疗的支气管手术机器人，在上海市胸科医院完成了首例机器人辅助支气管肺泡灌洗术。这是首个用于新冠肺炎诊疗的支气管手术机器人系统，通过机器人进行新冠肺炎诊疗手术远端遥控操作。

**25日** 江苏哈工智能机器人股份有限公司与浙江合众新能源汽车有限公司签署合作框架协议，拟在产品、商务、投融资、商业信息资源领域展开全方位的合作，共同开拓机器人新能源汽车市场。

**30日** 由上海电器科学研究所（集团）有限公司主办的《移动搬运机器人（AGV）认证技术规范》标准专家预审查会议成功召开。

**月内** 由国家机器人检测与评定中心（总部）和上海市机器人研发与转化功能型平台共同举办的7期"如何赋能机器人产业质量提升"线上培训累计参训人数超过10 000人次。

**月内** 中国机器人产业联盟牵头组织研究的"面向2035年的机器人发展技术路线图"在《中国工程科技2035发展战略研究——技术路线图卷（一）》一书中正式对外发布。该技术路线图是中国工程院和国家自然科学基金委员会联合组织开展的"中国工程科技2035发展战略研究"的成果之一，是对中国机器人产业未来20年发展路线的积极探索。

**月内** 国家重点研发计划"智能机器人"重点专项"水下机器人近底精细目标检测与避障控制共性技术及验证"项目启动会暨实施方案论证会顺利举行。

## 5月

**8日** 哈尔滨工业大学牵头承担的国家重点研发计划"智能机器人"重点专项"高性能仿生足式机器人研究"项目启动暨实施方案论证会顺利举行。

**14日** 成都圭目机器人有限公司牵头承担的国家重点研发计划"智能机器人"重点专项"机场跑道道面安全检测机器人"项目启动暨实施方案评审会顺利举行。

**16日** 中国工程物理研究院激光聚变研究中心牵头承担的国家重点研发计划"智能机器人"重点专项"复杂微器件高精度柔性检测装配一体化机器人系统"项目启动暨实施方案论证会顺利召开。

**17日** 南京埃斯顿自动化股份有限公司发布公告，公司与颐中烟草（集团）有限公司签订战略合作协议，合力推进工业机器人在烟草行业的应用。

**17日** 招商局重庆交通科研设计院有限公司牵头承担的国家重点研发计划"智能机器人"重点专项"大跨度桥梁检测作业机器人"项目启动暨实施方案论证会顺利召开。

**18日** 北京理工华汇智能科技有限公司牵头承担的国家重点研发计划智能机器人专项"面向结肠检查的磁控主动胶囊机器人系统"项目启动会暨实施方案评审会顺利召开。

**19日** 天津大学牵头承担的国家重点研发计划"智能机器人"重点专项"面向消化道早癌的诊疗一体化手术机器人关键技术及系统"项目启动暨实施方案论证会顺利举行。

**19日** 遨博（江苏）机器人有限公司牵头承担的国家重点研发计划"智能机器人"重点专项"面向汽车典型零部件装配的协作机器人系统应用示范"项目启动暨实施方案评审会顺利举行。

**20日** 北京康力优蓝机器人科技有限公司牵头承担的国家重点研发计划"智能机器人"重点专项"面向服务和工业领域的实用多指灵巧手研制"项目启动会暨实施方案评审会顺利召开。

**20日** 广州一康医疗设备实业有限公司组织召开国家重点研发计划项目"智能机器人"重点专项"脊髓损伤康复机器人研制与应用示范"项目启动暨实施方案论证会顺利举行。

**21日** 埃夫特智能装备股份有限公司牵头承担的国家重点研发计划"智能机器人"重点专项"基于视觉与电子皮肤的机器人安全控制技术"项目启动会暨实施方案评审会顺利召开。

**21日** 西安交通大学牵头承担的国家重点研发计划"智能机器人"重点专项"飞秒激光微创手术机器人系统"项目启动会暨实施方案评审会顺利召开。

**22日** 珠海市一微半导体有限公司牵头承担的国家重点研发计划"智能机器人"重点专项"机器人环境建模与导航定位专用芯片及软硬件模组"项目启动会暨实施方案评审会顺利召开。

**25日** 北京航空航天大学牵头承担的国家重点研发计划"智能机器人"重点专项"不同介质表面的攀附机理与机器人仿生创新设计"项目启动暨实施方案评审会顺利召开。

**26日** 浙江大学牵头承担的国家重点研发计划"智能机器人"重点专项"面向我国工业机器人职业培训的教育机器人系统"项目启动暨实施方案评审会顺利召开。

**26日** 成都成发泰达航空科技有限公司组织召开国家重点研发计划"智能机器人"重点专项"发动机高温合金构件修复及磨抛机器人系统"项目启动暨实施方案论证会顺利举行。

**27日** 世界首套"大断面矩形煤巷盾构式快速掘进机器人系统"下线仪式在沈抚改革创新示范区天安科技股份有限公司举行。该装备成功下线后将逐渐打破现有煤矿掘进的作业格局，有效辐射和推动相关产业的智能化、无人化发展，是我国掘进装备领域的一次重大升级，在国内掘进装备发展历程中具有重要意义。

**28日** 由哈工大机器人集团股份有限公司投资，湖南航天建筑工程有限公司承建的哈工大机器人（岳阳）军民融合创新中心项目的主体结构正式开工建设。该项目将构建"机器人+智能制造+商业航天"产业集群,打造岳阳市乃至湖南省军民融合领域标准化示范典型。

**28日** 北京航空航天大学牵头承担的国家重点研发计划"靶向药物输送场控微纳机器人精准化技术与医用基础研究"项目启动暨实施方案论证会顺利召开。

**30日** 成都飞机工业(集团)有限责任公司牵头承担的国家重点研发计划"智能机器人"重点专项"飞机复杂狭窄部件舱内结构探测清除作业机器人"项目启动暨实施方案评审会顺利召开。

**月内** 南京埃斯顿自动化股份有限公司正式启动"领航计划",携手优秀合作伙伴,优势互补、深化合作、共享资源、紧密协同,共建机器人产业生态链。

**月内** 中国科学院沈阳自动化研究所联合中国科学院声学研究所、哈尔滨工程大学等国内十余家优势单位共同研制的"海斗一号"全海深自主遥控潜水器,在马里亚纳海沟成功完成其首次万米海试与试验性应用任务,取得多项重大突破,填补了我国万米级作业型无人潜水器的空白。

**月内** 国家机器人检测与评定中心(总部)、国家机器人检测与评定中心(重庆)等单位与中国人民财产保险股份有限公司签订战略合作协议,推动机器人、无人机首台(套)产品等检测认证结果在保险行业中的采信,推动智能制造及机器人行业的发展。

# 6月

**10日** 工业和信息化部发布符合《工业机器人行业规范条件》的企业名单(第三批)。宁夏巨能机器人股份有限公司、青岛科捷机器人有限公司、中国电器科学研究院股份有限公司、西安航天精密机电研究所、机械工业第九设计研究院有限公司、一汽模具制造有限公司、厦门航天思尔特机器人系统股份公司、长沙长泰机器人有限公司和安徽瑞祥工业有限公司入选。

**19日** 工业和信息化部科技司公布在科技支撑抗击新冠肺炎疫情中表现突出的人工智能企业名单。其中,北京猎户星空科技有限公司、深圳市优必选科技股份有限公司等十八家企业凭借"疫情防控机器人",安徽科大讯飞医疗信息技术有限公司、阿里云计算有限公司等十三家企业凭借"疫情防控外呼机器人"入选。

**22日** 福布斯中国发布"2020中国最具创新力企业榜",榜单涵盖12个领域的50家创新企业。南京埃斯顿自动化股份有限公司、深圳市大疆创新科技有限公司、科大讯飞股份有限公司、北京石头世纪科技股份有限公司等我国机器人领域企业登上该榜单。

**22日** 国内食品机器人领域首个团体标准《食品领域机器人系统安全认证技术规范》发布,该规范由上海添唯认证技术有限公司联合碧桂园旗下千玺机器人餐饮集团等行业企业共同制定,将有力推动食品领域机器人的应用与发展。

**23日** 机器人检测认证联盟在上海电器科学研究所(集团)有限公司召开2020年机器人检测认证联盟技术委员会暨联盟成员大会第一次会议。联盟理事长吴业华出席现场会议,国家市场监督管理总局认可与检验检测监督管理司消费品认证处徐秋媛处长、联盟副理事长郝玉成在北京通过视频方式参加会议。

**月内** 在国家出版基金的支持下,由中国机器人产业联盟组织编写的《中国战略性新兴产业研究与发展·工业机器人》图书正式出版发行。

**月内** 国内首台出口海外的大型港口重载移动机器人,在青岛智能无人系统创新研究院完成出厂前测试,并于青岛港装船起运,发往新加坡港。

**月内** 在第22届中国国际工业博览会上,KUKA公司正式发布了机器人KR4 AGILUS。这是KUKA进入我国市场以来首个由我国团队自主研发并在全球销售的机器人产品。

**月内** 多家获得中国机器人(CR)认证的机器人企业在抗击新冠肺炎疫情期间表现突出,获得工业和信息化部科技司奖励。上海高仙自动化科技发展有限公司生产的获证产品疫情期间在医院、商圈等区域开展地面清洁、消毒等工作;上海钛米机器人股份有限公司生产的智能消毒机器人在ICU、负压病房等高危场所代替人员从事消毒作业等。

# 7月

**1日** 上海电器科学研究院与Underwriters Laboratories签署合作备忘录,宣布在低压电器、工业自动化、电机、机器人和新兴技术等领域开展标准合作。

**1日** 由国家标准化管理委员会发布的3项有关机器人技术的国家推荐标准《GB/T 38260-2019 服务机器人功能安全评估》《GB/T 38326—2019 工业、科学和医疗机器人电磁兼容 抗扰度试验》和《GB/T 38336—2019 工业、科学和医疗机器人电磁兼容 发射测试方法和限值》正式实施。

**3日** 中国机器人产业联盟为满足联盟成员及机器人行业相关单位查阅联盟标准文本的需求,将2019年发布的联盟标准文本全文公开。

**7日** 北京天智航医疗科技股份有限公司A股股票在上海证券交易所"科创板"上市交易(股票简称:天智航,股票代码:688277)。

**15日** 埃夫特智能装备股份有限公司(股票代码:688165,股票简称:埃夫特)首次公开发行A股并在"科创板"挂牌上市,上市仪式在上海证券交易所举行。

**17日** 上海机器人协会首个团体标准《移动服务机器人 通用技术条件》在立项评审会上通过。该标准主要涉及产品的安全、运动性能、人机交互、可靠性、通信等方面的要求及测试方法，助力上海机器人产品质量及整体技术水平提升。

**18日** 秦川机床工具集团股份公司机器人减速器数字化项目正式投用。减速器数字化项目计划总投资3.96亿元，项目达标达产后，年产能将达到18万套。

**27日** 南京埃斯顿自动化股份有限公司与广州弘亚数控机械股份有限公司签署战略合作协议。双方将在智能家具机械行业共同研发和推广运动控制与伺服、机器人等自动化产品及服务。

## 8月

**3日—6日** 北京卫星制造厂有限公司牵头的国家重点研发计划"智能机器人"专项"复杂曲面壁板结构搅拌摩擦焊机器人技术与系统"项目组在南通振康机械有限公司对搅拌摩擦焊机器人系统进行了现场验证与测试。

**5日** 中国机器人产业联盟执行理事长宋晓刚会见上海合作组织秘书长诺罗夫·弗拉基米尔及副秘书长卓农·谢拉利等一行4人，就我国数字化、智能化领域的发展情况做了交流。双方一致认为在机器人等领域具有很大的合作潜力，今后要加强联系，促进实质性合作项目的有序开展和进一步落实。

**5日** 国内首个大件物流智能无人仓在日日顺物流（即墨）产业园正式启用。该无人仓应用全景智能扫描站等多项定制智能设备，采用5G和视觉识别、智能控制算法等人工智能技术，可实现24h不间断作业，每天自动进出库大件商品2.4万件。

**7日** 埃夫特数字化工厂仿真软件ER_Factory V3.0发布。该软件集成了埃夫特智能装备股份有限公司自主研发的控制系统虚拟控制器及人机界面，虚拟控制器与机器人物理控制系统紧密连接，可用于工业机器人抛光、打磨、点焊、弧焊、喷涂、雕刻、激光切割、搬运和码垛等应用仿真。

**8日** 由中信重工机械股份有限公司牵头，山东大学、天津理工大学等单位参与的"智能机器人"专项"液压重载机械臂关键技术研究与应用验证"项目关键单元及伺服系统评审会在南京晨光集团有限责任公司召开。科学技术部"智能机器人"专项总体专家组、项目技术专家，中信重工、南京晨光等单位相关领导及项目各参研单位代表参加会议。

**9日** 我国自主研发的首台商用水下智能清洗机器人"海若01"在山东青岛港正式投入商用。该水下智能清洗机器人具有高效、安全、节能、环保和可视五大优势，清洗效率是人工清理效率的40倍，不伤船体漆模，可在船舶靠港或锚地短暂停留期间，完成清洗和检测服务。

**15日** 天津新松工业机器人智慧产业园项目启动会于天津市空港保税区盛大召开。该园区是沈阳新松机器人自动化股份有限公司设立的聚焦新一代工业机器人、全面提高智能技术与服务的大型研发生产基地，占地面积62 000m²，建筑面积43 000m²。

**18日** 中国机器人检测认证联盟扫地机器人CR认证技术专家组会议在国家机器人检测与评定中心（总部）单位上海电器科学研究所（集团）有限公司成功召开，并对《扫地机器人通用技术规范》及《扫地机器人CR认证实施规则》进行了审议。

**19日** 在常泰长江大桥6号主塔墩施工现场，国内首个智能绞吸机器人开展水下取土作业。这是我国首次使用智能机器人进行大型沉井水下取土，解决了传统设备"束手无策"的盲区取土问题，实现沉井可控、可测、可视安全高效下沉，开创大型水中沉井基础施工新纪元。

**24日** 杭州申昊科技股份有限公司（股票代码：300853，股票简称：申昊科技）在深圳证券交易所挂牌上市。申昊科技本次募集资金总额6.21亿元，主要用于投资研发中心建设及智能机器人生产建设项目和补充营运资金。

**25—28日** 上海电器科学研究所（集团）有限公司联合SGS TUV SARR举办为期4天的ISO 13849/IEC 61508机器人及智能制造功能安全工程师培训，来自国内外知名机器人企业的近20名安全经理、技术开发人员参加了培训。

**27日** 南京埃斯顿自动化股份有限公司发布公告，Burt上肢康复机器人取得医疗器械注册证。Burt上肢康复机器人是埃斯顿携手美国Barrett为康复治疗领域打造的科学、安全、省心的康复机器人。

**27—28日** 全国电力机器人应用与创新发展论坛暨第四届电力机器人专家工作委员会年会在贵州贵阳举行。会议基于国家电网公司和南方电网公司电力机器人技术应用现状，探索"新基建"态势下电力机器人行业应用前景及机遇，深入探讨输电、变电、配电三个领域机器人的研究与应用。

**28日** 苏州绿的谐波传动科技股份有限公司A股股票在上海证券交易所"科创板"上市交易（股票简称：绿的谐波，股票代码：688017）。

**月内** 北京极智嘉科技股份有限公司与浙江国自机器人技术股份有限公司签署战略合作协议，双方将共同建立涵盖产品方案、技术研发和市场拓展的全方位战略合作关系。

## 9月

**7日** 上海市发布《上海市建设100+智能工厂专项行动方案（2020—2022年）》，计划三年共推动建设100家智能工厂，打造10家标杆性智能工厂，新增机器人应用10 000台。

**15日** 工业和信息化部装备工业一司赴北京机械工业自动化研究所有限公司调研，听取了智能制造、机器人等方面的工作情况，并就下一步推进智能制造工作思路、全国机器人标委会筹建工作等进行了交流。

**16日** 在2020年中国国际工业博览会上，上海添唯认证技术有限公司（TILVA）为库卡机器人颁发工业机器人CR认证证书，涵盖7个型号产品。

**18日** 中国机器人控制装置CR认证技术专家组会议在国家机器人检测与评定中心（总部）单位上海电器科学研究所（集团）有限公司成功召开。来自机器人控制装置、整机及集成应用企业，科研院所，联盟成员单位，国内外知名检测认证机构的近60名专家出席会议。

**18日** 在2020年中国国际工业博览会上，上海电器科学研究所（集团）有限公司联合上海市机器人协会共同举办"机器人企业海外布局"培训，就国际市场准入、国外知识产权保护策略等内容对机器人及相关行业企业人员进行了培训。

**22日** 第十三届国际水中机器人大赛在青岛拉开帷幕。这是水中机器人技术领域规模最大、水平最高的赛事之一。大赛包括11个组别，共36个比赛科目。来自清华大学、北京大学、哈尔滨工业大学等60余所高校、400多支参赛队伍参与奖项角逐。

**23日** 中国机器人产业联盟执行理事长宋晓刚与台湾智慧自动化与机器人协会新任理事长丝国一等召开视频会议。宋理事长对丝国一理事长的当选表示祝贺，双方就两岸机器人发展现状进行了交流，确定了2020两岸机器人及智慧自动化产业发展论坛的规划方案，并就如何强化两会合作进行深入探讨。

**23—25日** 第二届中国研究生机器人创新设计大赛在西安交通大学举办。大赛主要围绕机器人技术及其应用等领域展开，分为仿真组、部件组和集成组3个类别，来自清华大学、浙江大学等69所高校和研究所的500余名学子参加。

**25日** 国家发展改革委等四部门联合发布《关于扩大战略性新兴产业投资培育壮大新增长点增长极的指导意见》，提出要加快高端装备制造产业补短板，重点支持工业机器人，建筑、医疗等特种机器人，高端仪器仪表等高端装备生产，实施智能制造、智能建筑试点示范。

**25日** 广东省工业和信息化厅等五部门联合发布《广东省培育智能机器人战略性新兴产业集群行动计划（2021—2025年）》，加快培育智能机器人产业集群，促进产业迈向全球价值链高端。

**27日** 中国机器人检测认证联盟召开认证实施规则修订审议会，会议审议了由上海添唯认证技术有限公司提交的关于CR-1-01：2020《工业机器人认证实施规则》等5项认证实施规则修订稿。

**28日** 青岛市机器人产业协会在青岛市府新大厦正式成立。青岛市副市长耿涛与中国机器人产业联盟执行理事长宋晓刚共同为协会揭牌。青岛市机器人产业协会分别与全国机器人与机器人装备技术委员会、青岛市中小企业服务中心及青岛市工程咨询院签署战略合作协议。

**月内** 北京卫星制造厂有限公司牵头承担的国家重点研发计划"智能机器人"专项"大型舱体类复杂薄壁构件多移动机器人协同原位加工技术与系统"关键装备——可移动混联加工机器人，已完成装备的装配集成，正在进行系统联合调试与关键指标标定测试。

**月内** 中国科学院沈阳自动化研究所自主研制的"云雀"自主飞行机器人在青藏高原开展高海拔冰川与湖泊智能化科考工作，实现我国首次机器人化高海拔环境科考。

## 10月

**14日** 国家发展改革委等六部委联合发布《关于支持民营企业加快改革发展与转型升级的实施意见》。《意见》提出，实施机器人及智能装备推广计划，扩大机器人及智能装备在医疗、助老助残、康复、配送以及民爆、危险化学品、煤矿、非煤矿山、消防等领域应用。加快高危行业领域"机器化换人、自动化减人"行动实施步伐，加快自动化、智能化装备推广应用及高危企业装备升级换代。

**29日** 九号有限公司（股票简称：九号公司，证券代码：689009）在上海证券交易所科创板上市，成为我国上市企业中"VIE+CDR第一股"。

## 11月

**4日** 由中国机器人产业联盟和中国机械通用零部件工业协会指导、机械工业信息研究院产业与市场研究所和汉诺威米兰展览（上海）有限公司主办的"2020工业机器人产业发展与技术应用高峰论坛"在上海新国际博览中心举办。论坛以"工业机器人的应用与企业转型升级"为主题，探讨交流工业机器人产业发展现状及发展趋势，工业机器人在汽车制造、电气电子设备制造及金属加工等行业的应用与发展情况。会议同期举行了《中国战略性新兴产业研究与发展·工业机器人》新书发布仪式。

**4日** 由新松机器人自动化股份有限公司作为承担单位的国家技术标准创新基地（机器人）顺利通过国家市场监督管理总局组织的验收。

**11日** 中国机器人产业联盟与台湾智慧自动化与机器人协会（TAIROA）在南京举办的"2020两岸机器人及智慧自动化产业发展论坛"取得圆满成功。论坛以"新基建、新愿景、新商机"为主题，来自两岸的近200位企业家代表深入交流和探讨了新形势下智能制造与机器人面临的新机遇和新挑战，并就两岸加强合作、促进互利共赢、打造共同市场等议题进行了研讨。

**12日** 由中国机器人产业联盟、国家机器人检测与评定中心（总部）、上海机器人研发与转化功能性平台共同牵头，35家单位联合发起的中国机器人产教融合联盟成立大会暨一届一次理事会，在国家机器人检测与评定中心（总部）召开。

**20—22日** 2020中国机器人大赛在青岛市即墨区经济开发区举办。大赛共设水下机器人、救援机器人、助老服务机器人、医疗机器人等18个大项49个子项，共有来自清华大学、浙江大学、上海交通大学等200所全国知名高校的780支队伍参与。

**22—24日** 2020中国机器人产业发展大会在青岛举行。大会由中国机器人产业联盟、青岛市工业和信息化局共同主办，青岛高新技术产业开发区管理委员会承办，中国机械工业联合会（CMIF）、国际机器人联合会（IFR）等共同支持。大会以"应对新挑战 拥抱新技术 抓住新机遇"为主题，设置2020中国机器人产业发展大会主论坛，工业机器人主题论坛、服务及特种机器人主题论坛和机器人产教融合推进论坛3个分论坛。2020中国机器人企业家峰会，机器人行业应对贸易摩擦与维护产业安全工作座谈会、统计信息工作会和青岛机器人重点企业交流咨询座谈会等十余场主题会议论坛及2016—2020年机器人成果展示，工业强基工程重点产品、工艺"一条龙"应用计划成果展示，《工业机器人行业规范条件》企业名单展示，中国机器人产业联盟标准展示等一系列配套活动同期举办。大会旨在共同分享合作机遇、探讨合作路径、聚焦机器人行业发展的主要问题，持续推动跨领域合作，构建中国机器人产业生态圈。结合机器人产业发展态势，大会发布了《走高质量发展之路（青岛倡议）》，引导行业和企业高质量发展。

**22—23日** 为推进机器人产业健康发展，深入了解机器人企业发展情况及面临困难，工业和信息化部装备工业一司赴山东省青岛市调研，实地走访了青岛高新区机器人重点企业，组织召开机器人产业链上下游骨干企业座谈会，就推动机器人产业高质量发展与企业进行了讨论交流。

**23日** 沈阳新松机器人自动化股份有限公司与法国达索系统公司签署战略合作协议，共同探讨面向未来的工业机器人新一代研发体系，打造国际一流的工业机器人的正向研发体系和数字化产品运营平台，促进我国工业机器人行业的整体发展。

**24日** 工业和信息化部公布2020年中国优秀工业设计奖金奖产品（作品）名单。深圳市大疆创新科技有限公司的"御MAVIC AIR 2无人机"、中信重工开诚智能装备有限公司的"RXR-MC200BD消防灭火侦察机器人"获产品设计金奖。

**24—26日** 由中国机器人产业联盟、德国机械设备制造业联合会机器人与自动化协会（VDMA(R+A)）和香港讯通展览公司共同举办的"2020年中德机器人与自动化高峰论坛暨2020年中德机器人专家论坛"在深圳2020 DMP大湾区工业博览会期间举行。论坛以"数字化与智能化"为主题，深入探讨了数字化与智能化，机器人在焊接、打磨、搬运等领域的新技术及应用方案，机器人在汽车、3C、金属加工行业的解决方案和疫情为机器人产业带来的机遇和挑战等议题，对于加强中德企业交流与合作，共同应对新挑战、拓展新机遇，助推机器人产业健康快速发展起到积极促进作用。

**28日** 联想集团发布首款自研辰星工业机器人，该款机器人在国产大飞机的制造中从事专项工作，具备自主模式和人机协同模式。

**28日** 由哈工大机器人集团股份有限公司与北京市大兴区合作共建的"哈工大机器人（北京）科技创新中心"项目在国家新媒体产业基地正式签约落地。

**30日** 国家发展改革委产业司副司长李忠娟带队到中国机器人产业联盟开展调研，详细了解了当前机器人产业的发展形势和市场走势，并与联盟就"十四五"进一步提高我国智能机器人产业的技术水平和核心竞争力进行了深入研讨。

**月内** 国际电气与电子工程师协会公布了2021年度IEEE Fellow（会士）名单。北京理工大学郭书祥教授凭借其在微创手术机器人和仿生水下机器人方向做出的突出贡献，成功当选2021年度IEEE Fellow。

## 12月

**2日** 上海发那科智能工厂三期项目开工奠基仪式在上海机器人产业园举行。该项目是2020年上海市重大建设项目，由全球机器人巨头发那科株式会社和上海电气集团股份有限公司合作。该工厂是发那科在日本之外最大的机器人基地。

**2日** 国家机器人检测与评定中心（总部）与中国石油化工集团有限公司旗下易派客工业品电商平台签订服务协议，直接采信CR认证结果。

**3—6日** 2020中国（佛山）国际智能机器人博览会暨2020全球智能机器人产业峰会、2020世界机器人大赛总决赛在佛山潭洲国际会展中心顺利举行。大会以"全球变局下的合作与共赢"为主题，汇集了国内外优秀机器人制造企业，全面展示机器人各领域的前沿产品、核心技术以及最新的应用解决方案。

**15日** 首届IFR先进机器人学与机构学国际学术论坛（IFARM-2020）在中国科学院沈阳自动化研究所举行。本届论坛由国际机器人联合会和先进机器人学与机构学国际联合研究中心发起主办，沈阳自动化所和国家机器人创新中心承办。

**19日** 首届上海市工业机器人技术应用技能大赛暨第四届全国工业机器人技能应用大赛正式开幕。大赛由上海市经济和信息化委员会、上海市人力资源和社会保障局、上海市教育委员会、上海市总工会和共青团上海市委员会五部门联合主办，上海电器科学研究所（集团）有限公司承办。

**26日** 第三届国际医用机器人创新发展论坛在北京举办。会议研讨了我国医疗机器人产业发展现状及未来趋势，分享了医疗机器人国际前沿技术、临床应用与创新发展成果，并就构建产业创新生态新服务、新模式等进行了探讨与交流。

中国机器人工业年鉴 2021

行业篇

从生产发展情况、市场及销售、科技成果及新产品等方面，阐述机器人行业典型产品领域发展情况

2020年焊接机器人发展情况
2020年协作机器人发展情况
2020年移动机器人发展情况
2020年建筑机器人发展情况
2020年农业机器人发展情况
2020年医疗机器人发展情况
2020年家用服务机器人发展情况
2020年安防机器人发展情况
2020年水下机器人发展情况

# 2020年焊接机器人发展情况

## 一、概念及范畴

焊接机器人是工业机器人的一个大类，主要应用于金属焊接制造领域，是代替手工焊焊工或焊接设备操作工进行实际焊接作业的工业机器人。

按照焊接方法的不同，焊接机器人主要分为弧焊机器人、点焊机器人、钎焊机器人、激光焊机器人和其他焊接机器人。

按照机械结构划分，焊接机器人主要包括多关节焊接机器人、坐标焊接机器人和其他类别的焊接机器人。

按照应用行业划分，焊接机器人可分为应用于国民经济的汽车制造业、3C（计算机、通信设备和其他电子设备）制造业、通用设备制造业、专用设备制造业、金属制品业、金属家具制造业、电气机械和器材制造业、其他运输设备（铁路、船舶、航空航天等）制造业、仪器仪表制造业等10多个行业大类、70多个行业中类。

## 二、全球市场情况

自2013年以来，全球制造业自动化、智能化持续发展，工业机器人包括焊接机器人技术不断创新，劳动力成本的增长，尤其是以中国为代表的亚洲市场劳动力成本的快速增长，焊接机器人成本的大幅下降等因素，促使焊接机器人应用行业和应用场景持续扩展，市场对焊接机器人的需求大幅增长。

2019年，受到下游需求市场收缩、国际贸易摩擦加剧等因素的影响，全球焊接机器人销售出现下滑，销售量为7.5万台，同比下降16.3%，销售量排在搬运和上下料机器人之后，位居第二。其中，点焊机器人销售量为3.5万台，同比下降18.5%；弧焊机器人与点焊机器人比较接近，销售3.4万台，同比下降16.5%；钎焊机器人销量小幅下降；激光焊机器人和其他焊接机器人虽然销量不大，占比不高，但在焊接机器人整体销量下降16.3%的背景下仍然有20%以上的增长，表明优质、高效、先进的机器人焊接新技术应用逆势增长。2018—2019年全球各类焊接机器人销售情况见图1。

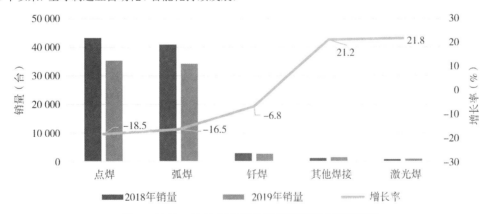

**图1 2018—2019年全球各类焊接机器人销售情况**

注：数据来源于国际机器人联合会（IFR）。

汽车制造业是焊接机器人应用市场中最大的传统行业，2020年，受到新冠肺炎疫情的影响，汽车制造业投资下降，对焊接机器人的需求明显下降。焊接机器人在汽车制造行业应用中最多的是点焊机器人和弧焊机器人。钎焊机器人主要应用于3C电子行业，该行业应用的焊接机器人也主要是三轴坐标钎焊机器人。

## 三、中国市场情况

根据初步统计，2020年，焊接机器人在我国市场的销售量约为3.5万台，同比增长4.7%，是全球最大的焊接机器人市场。其中，弧焊机器人销量超过1.9万台，同比增长22.1%，成为销量最大的细分品类；相反，点焊机器人需求大幅下降，销量仅为1.1万台，同比下降20.6%；激光焊机器人仍是小众市场，销量同比下降36.8%；钎焊机器人和其他焊接机器人销量大幅增长，分别同比增长43.2%和40.0%。2019—2020我国市场各类焊接机器人销售情况见图2。

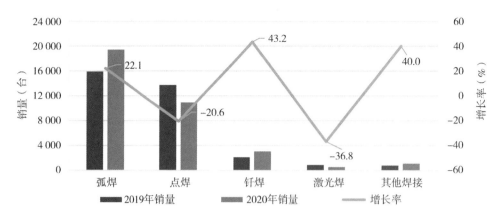

**图 2　2019—2020 我国市场各类焊接机器人销售情况**

注：数据来源于中国机器人产业联盟（CRIA）、国际机器人联合会（IFR）。

### 四、进出口情况

据海关统计，涉及焊接的机器人共 3 个税号的商品，即电阻焊接机器人、电弧焊接机器人和激光焊接机器人，分别对应通常所说的点焊机器人、弧焊机器人和激光焊机器人。

1．进口情况

2020 年，我国焊接机器人进口额 2 937 万美元，同比下降 3%。其中，弧焊机器人进口额同比下降 1.9%，点焊机器人进口额同比下降 80%，激光焊机器人进口额同比增长 17.4%，2019—2020 年我国焊接机器人进口情况见图 3。

2．出口情况

2020 年，我国焊接机器人出口额 1 909 万美元，同比下降 31.1%。其中，弧焊机器人出口额同比下降 16.1%，点焊机器人出口额同比下降 81.1%，激光焊机器人出口额同比增长 189%，2019—2020 年我国焊接机器人出口情况见图 4。

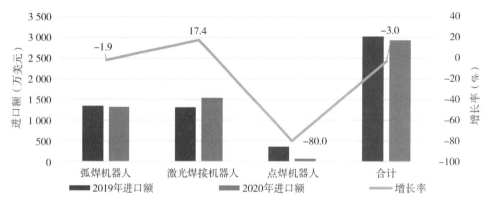

**图 3　2019—2020 年我国焊接机器人进口情况**

注：数据来源于海关总署。

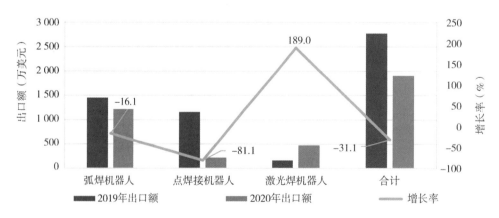

**图 4　2019—2020 年我国焊接机器人出口情况**

注：数据来源于海关总署。

### 五、新技术新产品进展

**1. 免示教智能焊接机器人系统**

新松机器人自动化股份有限公司研制了由智能3D扫描系统、智能焊接专家系统、机器人协同控制系统、在线控制系统和边缘控制系统五部分组成,以3D视觉识别技术自动获取待加工对象特征标识,并嵌有焊接工艺的自适应编程的免示教智能焊接机器人系统。该产品实现了对单件产品的焊缝直接进行智能化自主焊接作业,无须精确定位工件、导入3D图样、人工编程及示教,解决了单件小批产品柔性化焊接的难题。系统融合了数字化、自动化、信息化,可配合完成软件化、可视化和权限化管控。该产品已在工程现场得到完整的验证及应用。新松免示教智能焊接机器人系统见图5。

**图 5　新松免示教智能焊接机器人系统**

**2. 高精度弧焊机器人**

南通振康焊接机电有限公司研发成功重复定位精度小于0.03mm、轨迹精度小于0.3mm、作业半径1.9m的6kg高精度弧焊机器人,并实现了焊接硬件系统(焊丝盘、送丝机、焊枪、防碰撞装置)与机器人本体一体化嵌入式设计。南通振康高精度弧焊机器人见图6。

**图 6　南通振康高精度弧焊机器人**

**3. 激光焊接新技术及机器人专用激光焊接新产品**

唐山松下产业机器有限公司推出了基于在焊接过程中更有益于金属吸收的975nm波长,额定输出功率4 000W的激光焊接新技术及机器人专用激光焊接新产品。唐山松下激光机器人焊接系统见图7。

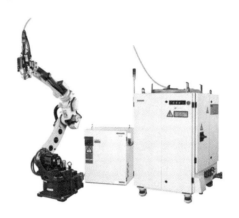

**图 7　唐山松下激光机器人焊接系统**

该产品采用波长合成专利技术,开发出了新一代直接二极管激光器,打破了传统的激光器设计原理,直接将光束空间耦合到一起,半导体既是增益介质也是谐振腔,该产品具有良好的光束品质和高效率的电光转化率。激光头可以扫描出9种特殊的图形。在激光点焊时可以方便选择焊点图形,方便示教。同时在激光熔焊焊接时,可以一边焊接一边进行螺旋扫描并可实现独特的螺旋焊接工法。激光自带9种焊接图形和独有的螺旋焊接工艺见图8。

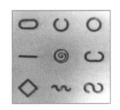 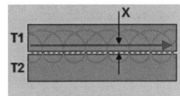

**图 8　激光自带9种焊接图形和独有的螺旋焊接工艺**

**4. 轻量化材料搅拌摩擦焊装备及工艺**

广州瑞松智能科技股份有限公司成功自主研发了轻量化材料搅拌摩擦焊装备及工艺。该公司开发了适用于不同焊接场景需求的搅拌头、高转速大转矩的电主轴、立位倾角传感、R-SSTOOL静轴肩技术、视觉技术和智能工装等,实现了空间三维焊接、压力控制、力位混合控制、离线编程、自动检测焊缝寻找、实时过程控制等功能,同时开发了搅拌摩擦焊数据库专家系统和具有领先水平的智能化搅拌摩擦焊技术及工艺。目前,该工艺已在新能源汽车、航天航空、轨道交通、5G通信等行业得到成熟应用。瑞松科技龙门式与机器人式搅拌摩擦焊智能装备见图9。

图 9　瑞松科技龙门式与机器人式搅拌摩擦焊智能装备

5. 薄壁构件空间位置智能机器人激光焊装备

无锡汉神电气股份有限公司成功研发一种薄壁构件空间位置智能机器人激光焊装备，包括高精度焊接机器人、激光焊接系统、空间位置检测工作平台、在线检测系统、CCD 实时监测系统、安全防护辅助系统等，实现薄壁构件空间自动寻位装配、位置度在线检测、主体与挂件的对接装配、圆度与直线度在线检测和多姿态精密激光焊接等功能。薄壁构件空间位置智能机器人激光焊工作站见图 10。

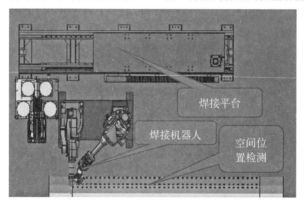

图 10　薄壁构件空间位置智能机器人激光焊工作站

6. 新能源汽车电池托盘生产线

江苏北人机器人系统股份有限公司成功研发制造了新能源汽车电池托盘生产线。新能源汽车电池托盘是新能源汽车动力来源系统中的关键部件，也是电池系统安全性的重要保障。新能源汽车电池托盘生产线融合弧焊、点焊、搅拌摩擦焊、激光焊、FDS（热熔自攻丝）、SPR（自穿刺铆接）、涂胶、机加工、气密性检测、清洗等多种生产工艺，同时，该生产线具有物流输送及自动搬运、焊接工艺参数自适应、自动寻位与引导、涂胶检测、质量在线检测、工艺参数追溯等智能功能，能够实现新能源汽车电池托盘的全自动化生产，显著提升电池托盘的生产效率和质量稳定性。电池托盘数模见图 11。电池托盘自动化生产线见图 12。

图 11　电池托盘数模　　图 12　电池托盘自动生产线

7. 伺服焊接机器人系统

杭州凯尔达焊接机器人股份有限公司成功研发伺服焊接机器人系统。该系统应用了基于工业计算机（由 WinOS、RTOS 及 EtherCAT 构成）的机器人控制器及专用伺服送丝系统，可实现高速循环周期内的高精度控制、主从机器人快速切换的机器人协同控制。伺服焊接机器人系统提升了机器人运动控制精度，能够精确控制送丝过程，改变原单方向送丝，达到 100 次/s 以上的抽送丝速度，再配合焊接电流波形控制，可实现更为精确的能量控制。伺服焊接机器人系统适用于铝合金、碳钢、镀锌板、不锈钢超薄板（厚度最低可达0.5mm）焊接，相比于传统焊接，具有飞溅量更低、能量更可控、焊接速度更快、成本降低更明显的特点。凯尔达伺服焊接机器人系统见图13。

8. 高集成化驱控一体焊接机器人

成都卡诺普自动化控制技术有限公司潜心于弧焊机器人技术研究及其产业化工作，其生产的弧焊机器人采用层叠安装新技术实现高度集成化且体积更小的六轴机器人驱控一体机芯，结合其在弧焊工艺软件包（包括焊缝识别技术、智能管板焊接技术、自适应跟踪焊接方法、多层多道焊接方法、角钢切割新技术等）、激光位移传感器和电弧跟踪传感器等方面的研究成果，成功研制了6kg、10kg、20kg负载的常用弧焊机器人，并实现了规模产业化。六轴机器人驱控一体机芯见图14。卡诺普焊接机器人见图15。

图13 凯尔达伺服焊接机器人系统

图14 六轴机器人驱控一体机芯

图15 卡诺普焊接机器人

9. 长臂展弧焊机器人

埃夫特智能装备股份有限公司开发了全新的2m长臂展弧焊机器人（多关节型）产品，并基于自主控制器开发了功能完备的弧焊工艺软件包。同时埃夫特智能装备股份有限公司还开发了智能焊接系统ArcWelding系统，能够通过3D相机自动识别焊缝实现智能焊接。埃夫特2m展臂弧焊机器人焊接机器人见图16。

图16 埃夫特2m展臂弧焊机器人焊接机器人

六、趋势分析与预测

受焊工人力成本快速增长、工作环境差难以招聘到年轻的焊接工作者、焊接制造的数字化智能化的发展需求增加、焊接机器人技术的进步和机器人应用成本下降等因素的影响，我国正走向焊接机器人快速发展的阶段。我国作为焊接机器人应用大国，未来一段时间将会继续占据全球焊接机器人的近半数市场。

在我国，焊接机器人的应用主要集中在汽车制造业、3C电子行业、装备制造业（工程机械、煤矿机械、农业机械等）等行业，近几年，焊接机器人的应用正逐渐向其他行业的细分行业拓展。焊接技术作为制造业涉及金属加工必不可少的方法和手段，涉及十几个大行业。未来，焊接机器人在我国的应用将进一步加速向各细分行业扩展。

在追求低碳、优质、高效、低成本制造的社会环境下，各种焊接方法结合新材料、新工艺、新技术的应用，例如将一些低碳、绿色、优质、高效的焊接技术与机器人技术的有效融合，形成的其他焊接机器人技术和产品，将是未来焊接机器人发展的一个重要方向。

自主品牌的焊接机器人技术不断进步，产品性能不断提高，特别是在弧焊机器人和激光焊机器人领域，预计在未来几年将保持快速发展。在量大面广的弧焊机器人应用领域，满足不同应用场景和复杂应用场景的自主品牌弧焊机器人技术，例如中厚板弧焊机器人、七轴弧焊机器人等需要加大研发力度，让自主品牌进入弧焊机器人中高端市场。

焊接机器人应用技术的发展重点主要体现在以下几个方面：

（1）快速高效的示教编程、离线编程、自主编程等机器人编程技术。

（2）适用于复杂场景、复杂构件、复杂焊缝的机器人焊接传感技术。

（3）机器人焊接工艺大数据技术。

（4）优质、高效焊接新技术的机器人化应用。

（5）机器人焊接质量的高效在线检测技术。

焊接机器人应用与服务人才短缺，一定程度上也制约着焊接机器人的应用质量和效率。随着有关焊接机器人应用人才职业标准的建立和完善，培训教材的发行，行业相应培训、考核、认证、使用等工作的推进，预计人才短缺情况会不断改善。

2020年初以来，新冠肺炎疫情席卷全球，给全世界的各个方面都带来了短期和长期的影响。新冠肺炎疫情也促使着焊接行业加快向焊接自动化、数字化、智能化方向转型升级以提升企业应对风险的能力和综合竞争力，焊接机器人的发展和市场空间巨大。预计2021年全球焊接机器人市场将复苏并重回增长模式，我国焊接机器人市场销量预计将有两位数的增长，自主品牌焊接机器人将有更大幅度的增长。

〔撰稿人：中国焊接协会焊接设备分会专家委员会主任李宪政〕

# 2020年协作机器人发展情况

## 一、概念及范畴

### 1. 概念及定义

协作机器人（collaborative），简称cobot或co-robot，是一种可以安全地与人类进行直接交互/接触的机器人。与传统工业机器人相比，协作机器人打破了只能应用于工业场景的限制，凭借低自重、高灵活、易编程、可快速配置、作业空间局限性小等特色优势，在医疗、教育培训、新零售等服务业场景中同样具有广阔的应用前景。

与传统工业机器人不同，协作机器人拓展了机器人功能内涵中"人"的属性，具备一定的自主行为和协作能力，可在非结构环境下与人配合完成复杂的动作和任务，使机器人真正成为人的合作伙伴。协作机器人结合人的智力、灵巧性和机器的力量和准确性，人机协作可完成诸如精密装配等工作，克服传统工业机器人应用的局限性。

### 2. 分类

主流协作机器人目前有两种分类方法，一是按照结构分类，二是按照负载能力分类。

按照结构分类，主要可分为双臂协作机器人和单臂协作机器人。其中，双臂协作机器人作业范围相对较广，可适应相对复杂的工作场景，但其生产及应用成本较高；单臂协作机器人则在生产及应用成本和安置空间上具备较大优势。

按照负载能力分类，主要分为有效负载<5kg、5kg≤有效负载≤10kg、有效负载>10kg三类。

### 3. 产业链结构

协作机器人产业链与工业机器人基本一致，主要包括上游核心零部件、中游本体制造、系统集成及下游应用等四大环节。协作机器人产业链全景见图1。

在核心零部件方面，由于协作机器人在运行过程中要与人工密切接触，人身安全保障对协作机器人的运行精度、操作灵活度及力矩控制与碰撞检测技术等方面提出了更高要求，因此，协作机器人核心零部件的产品类型与工业机器人略有差异，主要包括中空直流电动机、安全控制器、力矩传感器、减速器、制动器和编码器等。

中游本体制造环节主要是指机器人本体和机械臂制造。

系统集成主要是指机器人本体与喷涂、焊接、上下料、装配等生产环节的集成应用，综合解决方案供应商以机器人本体制造商为主。

下游应用主要指协作机器人在3C电子、汽车、家电、机械装备、物流、食品饮料、商业服务等行业的应用。

### 4. 应用场景

随着技术的发展，协作机器人在准确性、灵活性、安全性等方面能够满足更细致工作的需求，商业应用领域不断扩展。目前，协作机器人在3C电子、半导体、日化品、机械加工等领域中已广泛应用，主要用于上下料、装配、检测、搬运和装卸等作业，也可用于仓储物流、医疗、智慧零食等商业服务领域，实现物料、物品的自动搬运、上下料、分拣等操作，应用边界逐渐扩大。协作机器人主要应用场景见表1。

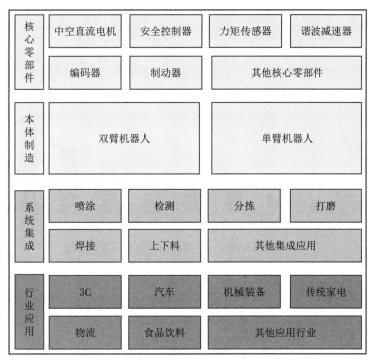

**图 1　协作机器人产业链全景**

注：资料来源于赛迪顾问智能装备产业研究中心。

**表 1　协作机器人主要应用场景**

| 所属领域 | 所属行业 | 应用场景 |
| --- | --- | --- |
| 工业领域 | 3C电子 | 产品检测、取料、PCB板焊接、撕膜、贴膜、点胶 |
| | 汽车 | 变速器齿轮装配、喷涂、焊接、上下料 |
| | 机械装备 | 上下料、零部件打磨抛光、喷涂、检测 |
| | 传统家电 | 组装、上下料、螺丝锁附、贴签 |
| | 食品饮料/医药/化妆品等 | 搬运、包装、分拣、贴签 |
| 商业/服务业领域 | 医疗 | 手术辅助、康复训练 |
| | 教育培训 | 编程培训、机器人教具 |
| | 物流 | 搬运、分拣 |
| | 新零售 | 无人取货、货物分类、摆放 |

注：资料来源于赛迪顾问智能装备产业研究中心。

## 二、行业现状

协作机器人行业自2017年开始高潮迭起，无论资本投入还是企业规划，协作机器人成为炙手可热的机器人方向。经过多年的发展，协作机器人市场增速一直领跑行业，产业化进程不断加快，新进厂商不断增加，应用领域不断延伸和扩展，创新商业模式不断涌现。

**1. 全球协作机器人市场概况**

据统计，2020年全球协作机器人厂商数量超过120家，我国协作机器人厂商数量超过75家。协作机器人已经深入人心并获得广泛认可和应用。区别于前几年资本的高热度，从2019年开始协作机器人领域的资本热度有所降低，只有少数厂商获得资本的持续注入，不少新进厂商成长迅速，同时也有个别厂商面临破产出局的命运。

据高工机器人产业研究所估算，2019年全球协作机器人销量为2.55万台，占全球工业机器人市场的6.4%，同比提升1.3个百分点，市场规模达44.1亿元。从2014年到2019年，全球协作机器人销量年均复合增长率为50%。预计到2023年，全球协作机器人销量将达8万台，市场规模将接近120亿元。2014—2023年全球协作机器人销量及预测见图2。

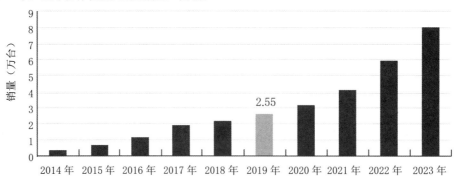

**图2　2014—2023年全球协作机器人销量及预测**

注：数据来源于高工机器人产业研究所。

2. 我国协作机器人市场概况

2019年我国协作机器人市场持续增长，国内厂商相继增添了新品，以发那科、安川为代表的外资巨头也相继推出了新型协作机器人，在国内外企业不断加码下，协作机器人市场已经开始进入真正的高速市场化阶段。我国市场经过多年的培育，已逐渐成为全球协作机器人增长的引擎之一，越来越多的协作机器人厂商进入我国。

据高工机器人产业技术研究所数据，2019年我国协作机器人销量为8 200台，同比增长29.75%；市场规模10.7亿元，同比增长15.05%。2014—2019年，协作机器人销量及市场规模年均复合增长率分别为68.71%和53.39%。

预计未来几年，随着技术的进步和产品价格的下行，协作机器人的接受度将获得进一步提升，真正实现量产应用的厂商逐年增加，市场竞争日趋激烈，协作机器人销量及市场规模将进一步扩大。预计到2023年，协作机器人销量将达26 500台，市场规模将突破27.1亿元。

3. 我国协作机器人竞争格局分析

从整体竞争格局来看，内资厂商市场占比逐年提升，外资厂商主要以优傲为代表，其他厂商贡献的份额较小。传统的工业机器人巨头虽然都推出了协作机器人产品，但并未将其作为主打产品，只是作为战略产品，在市场上并未重点推广。此外，新进入我国市场的外资厂商普遍水土不服，过度强调产品本身，在市场渠道布局及应用开发层面偏弱。国内厂商通过成本控制将产品的性价比提升，快速打开市场并获得市场份额的提升。

2018—2019年我国协作机器人内外资企业市场份额见图3。

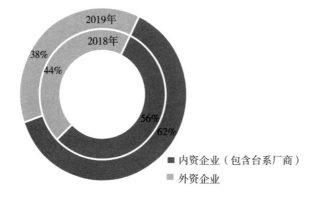

**图3　2018—2019年我国协作机器人内外资企业市场份额（以销量计）**

注：数据来源于高工机器人产业研究所。

## 三、技术成果

1. 核心技术要素

协作机器人区别于传统工业机器人的核心技术特点在于其安全性、灵活性、易用性和共融性更高。安全性是人机协作系统的基础和前提；灵活性和易用性是人机协作系统的重点，是快速适应柔性、复杂生产方式的必要技术；共融性是协作机器人全面深入市场的核心。

协作机器人要实现易用性，涉及的具体技术包含各类图形化编程、工艺包、示教方式、指令丰富程度、二次开发平台、系统扩展性（硬接口、软协议）、离线编程软件等。协作机器人要实现共融性，涉及的具体技术主要包括视觉技术、力控技术、移动操作技术及AI技术等。

2. 专利申请情况

截至2019年年末，我国协作机器人相关专利共申请1 277件。其中，发明专利为793件，占比62.10%；实用新型专利为229件，占比17.93%；发明授权专利为169件，占比13.23%，外观专利为86件，占比6.73%。

四、趋势分析与预测

未来协作机器人的主要发展趋势如下：

1. 工业场景逐渐成为存量市场，商业服务场景是增量市场

从应用分布来看，目前协作机器人在工业场景的应用主要集中在3C电子、汽车及其零部件、家电等行业，工业场景逐渐成为存量市场，厂商之间的竞争日趋激烈与残酷；商业服务场景将是协作机器人未来的增量市场，尤其是物流仓储、医疗、智慧零售等细分场景，未来将有更多的厂商进入，抢占增量市场。

协作机器人在工业及商业服务场景中的核心价值差异在于：工业领域以利用机器人替代人从而实现降本增效为主要目的；商业服务领域则更多地强调机器人带来的额外价值，替代人并非首要目的，更重要的是打造创新型的服务业态。

随着协作机器人技术的不断进步，其易用性、安全性和智能性有望获得提升，届时协作机器人在各领域的应用边界也将日趋模糊。协作机器人将不仅是机器人，更是智能工具和智能伙伴。

2. 协作机器人生态日益丰富，周边可配套的设备越来越多

当前协作机器人生态圈已经涵盖上游零部件、本体、集成商、视觉系统、传感器和末端执行器等，越来越多的创新型产品的诞生又将大大促进协作机器人生态的丰富。为进一步提高协作机器人的安全性、灵活性和易用性，视觉系统、传感器以及软件的应用将日益广泛，在应用中也将会使用越来越多的柔性夹具，而末端执行器则将成为机器人应用的核心部件，配备不同的末端执行器可实现更多的新功能。

在这个发展趋势下，国内外企业都更加关注协作机器人快速更换夹具的功能，机器人能够全自动更换并识别任意工具和夹爪，操作者则可以通过拖拽式一次性编校机器人运动路径及所有对接的工具夹或夹爪的运作，无须使用手持式示教器，真正实现手把手编校。

3. 深耕细分领域应用，工艺积累+创新产品是企业发展之道

协作机器人作为工业机器人的一种新产品类型，产品仍处于迭代升级中。同时，协作机器人的功能、技术参数尚未完全定型，仍满足不了一些特殊应用场景的实际需求。例如：一些偏软性的物料的组装和插拔，以及复杂工件的拆卸与装配等，协作机器人还不能完全胜任。

在未来的市场竞争中，协作机器人厂商之间的较量还是要回归到产品技术与应用积累上。深耕细分应用领域及生产环节，全面打磨产品的功能并与应用工艺相结合，形成可复制的工艺包，将会是协作机器人企业长足发展之道。

〔撰稿人：上海机器人产业技术研究院 廖霞〕

# 2020年移动机器人发展情况

一、概念及范畴

1. 定义

移动机器人是集环境感知、动态决策与规划、行为控制与执行等多功能于一体的综合系统，汇集了传感器、信息处理、电子工程、计算机工程、自动化控制工程以及人工智能等多学科的研究成果，代表机电一体化的最高成就，是目前机器人研究最活跃的细分领域之一。在一个移动机器人系统中，会用到很多种技术，如导航、传感、运动控制、网络通信、人工智能、大数据等技术。

2. 分类

移动机器人按移动方式可分为轮式移动机器人、履带式移动机器人及足式移动机器人、步进式移动机器人、蠕动式移动机器人、蛇行式移动机器人和混合式移动机器人，以适应不同的工作环境和场合。按工作环境可分为室内移动机器人和室外移动机器人。按用途可分为工业移动机器人和服务移动机器人。其中，工业移动机器人包括自动导引车（Automated Guided Vehicles，AGV）、自主移动机器人（Autonomous Mobile Robot，AMR）等，服务移动机器人包括扫地机器人、配送机器人、消毒杀菌机器人、巡检机器人等。随着技术的发展，移动机器人的应用场景大为拓展，不仅在工业、农业、医疗、服务等行业中得到广泛应用，而且在城市安全、国防、航空航天等领域发挥了重要作用。因此，移动机器人已经得到世界各国的普遍关注。

二、市场概况

2020年是我国移动机器人行业不平凡的一年。2020年上半年，受新冠肺炎疫情影响，市场对移动机器人的需求大幅减少甚至几乎停滞，企业面临着市场竞争加剧、工程验收延期、回款周期变长等一系列问题，不少企业的海

外项目实施也受到了阻碍。但随着我国疫情得到有效防控，2020年下半年移动机器人市场很快恢复了增长态势，无论是数量需求还是工程部署都迅速增长，传统行业和新兴产业都实现了快速反弹，释放了因疫情而积压的需求。移动机器人市场热度攀升，在工业应用领域稳中求进，在商用应用领域加速推广。在行业的发展过程中，资本也起着举足轻重的作用，企业融资规模不断扩大，加速了移动机器人市场的快速发展与变革，进一步推动了移动机器人产品的规模化应用。

**1. 全球市场情况**

2018—2020年，全球工业移动机器人销售数量和销售额逐年增长。2020年，全球工业移动机器人出货量为70 602台，销售额为23.588亿美元，分别同比增长42%和25%；从平均单价来看，2018—2020年呈现逐年递减的态势，随着市场和技术日益完善，产品单价逐渐下降。2018—2020年全球移动工业机器人市场规模情况见表1。

2020年，从销售产品结构来看，AGV销售额为12.685亿美元，占比53.8%；AMR销售额为10.903亿美元，占比46.2%。从占比变化趋势来看，AMR销售规模增长较快，市场份额从2018年的29.9%增长到2020年的46.2%。

表1 2018—2020年全球工业移动机器人市场规模情况

| 项目 | 2018年 | 2019年 | 2020年 |
| --- | --- | --- | --- |
| 销售额（亿美元） | 14 896 | 18 918 | 23 588 |
| 出货量（台） | 33 916 | 49 800 | 70 602 |
| 平均单价（美元/台） | 43 922 | 37 988 | 33 409 |

注：数据来源于Interact Analysis，前瞻产业研究院整理。

**2. 中国市场情况**

2020年，由于受到疫情影响，国外市场需求明显放缓，但国内市场仍然保持着较高的发展速度，特别是在电子商务、物流、新能源、半导体和制药等行业增长迅速。以特斯拉为代表的"造车新势力"，有意将移动机器人导入汽车生产制造线上。根据中国移动机器人产业联盟及新战略移动机器人产业研究所的调研，2020年我国市场新增工业移动机器人达41 000台，同比增长22.75%，市场销售额达到76.8亿元，同比增长24.4%。由此可见，尽管受到了疫情影响，2020年我国工业移动机器人行业仍保持了较好的整体增长态势。2015—2020年我国工业移动机器人市场新增量与增长率见图2。2015—2020年我国工业移动机器人市场规模与增长率见图3。

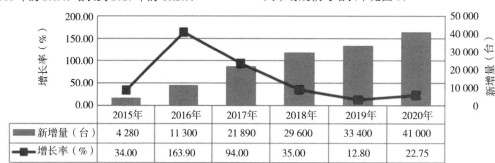

图2 2015—2020年我国工业移动机器人市场新增量与增长率

注：数据来源于中国移动机器人产业联盟、新战略移动机器人产业研究所。

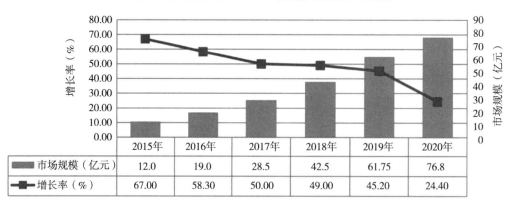

图3 2015—2020年我国工业移动机器人市场规模与增长率

注：数据来源于中国移动机器人产业联盟、新战略移动机器人产业研究所。

**三、融资情况**

2020年，80%左右的移动机器人投融资事件集中在A、B轮。可以看出，目前移动机器人行业融资的主力军来自拥有新技术或新产品、开拓新市场的初创型移动机器人企业。从业务方向来看，商用移动机器人与工业应用移动机器人的融资规模不相上下。受疫情影响，商用移动机器人市场备受资本关注,企业融资规模从数千万到数亿元不等。而在工业应用领域,自主移动机器人AMR备受资本市场青睐,"移动机器人+机器视觉+AI算法"概念是资本竞相追捧的对象。通过资本市场对移动机器人行业的重视可以预见,移动机器人未来拥有广阔的发展空间,值得相关企业继续深挖各种应用场景并实现应用落地。2020年移动机器人企业融资情况见表2。

**表2 2020年移动机器人企业融资情况**

| 企业名称 | 所在地区 | 融资轮次 | 主要投资方 | 技术方向 | 日期 |
| --- | --- | --- | --- | --- | --- |
| 上海擎朗智能科技有限公司 | 上海 | B轮 | 源码资本 | 商用移动机器人 | 2020年3月 |
| 白犀牛智达(北京)科技有限公司 | 北京 | Pre-A轮 | 辰韬资本 | 无人配送车 | 2020年3月 |
| 新石器慧通(北京)科技有限公司 | 北京 | A+轮 | 理想汽车、毅达资本、云启资本、耀途资本 | 商用移动机器人 | 2020年3月 |
| 苏州坤厚自动化科技有限公司 | 苏州 | Pre-A轮 | 高捷资本 | 工业无人叉车 | 2020年3月 |
| 云鲸智能科技(东莞)有限公司 | 东莞 | B轮 | 源码资本、字节跳动 | 清洁机器人 | 2020年4月 |
| 灵动科技(北京)有限公司 | 北京 | B+轮 | 中白产业投资基金 | 视觉AMR机器人 | 2020年4月 |
| 大扬智能科技(北京)有限公司 | 北京 | A+轮 | 红杉资本中国基金 | 物流AMR自主移动机器人 | 2020年5月 |
| 浙江凯乐士科技有限公司 | 嘉兴 | D轮 | 中金资本旗下基金 | 物流机器人 | 2020年5月 |
| 未来机器人(深圳)有限公司 | 深圳 | B1轮 | 联想创投 | 视觉无人叉车 | 2020年6月 |
| 苏州牧星智能科技有限公司 | 苏州 | A1轮 | 鼎晖投资 | AI算法+仓储智能机器人 | 2020年6月 |
| 深圳优地科技有限公司 | 深圳 | B+轮 | 雪球资本 | 商用移动机器人 | 2020年6月 |
| 北京极智嘉科技股份有限公司 | 北京 | C1+C2轮 | 云晖资本、鸿为资本、祥峰成长基金 | AMR机器人及解决方案 | 2020年6月 |
| 苏州艾吉威机器人有限公司 | 苏州 | B轮 | 联想创投、苏州市科创投 | 无人叉车 | 2020年6月 |
| 西安优艾智合机器人科技有限公司 | 西安 | A轮 | SIG海纳亚洲基金、真格基金、HAX、常见投资 | 复合型移动机器人 | 2020年6月 |
| 深圳市普渡科技有限公司 | 深圳 | B轮 | 美团 | 智能配送机器人 | 2020年7月 |
| 斯坦德机器人(深圳)有限公司 | 深圳 | B轮 | 光速中国、源码资本 | 激光导航AMR | 2020年7月 |
| 深圳市海柔创新科技有限公司 | 深圳 | B轮 | 源码资本、华登国际、零一创投 | 箱式仓储机器人 | 2020年9月 |
| 隆博科技(常熟)有限公司 | 常熟 | 未披露 | 常熟新动能产业、常熟东之星 | AMR | 2020年9月 |
| 上海高仙自动化科技发展有限公司 | 上海 | B+轮 | 博华资本、中信建投资本 | 清洁机器人 | 2020年9月 |
| 禧涤智能(北京)科技有限公司 | 北京 | A轮 | Star VC | 清洁机器人 | 2020年10月 |
| 上海快仓智能科技有限公司 | 上海 | C+轮 | 凯傲集团、Prosperity7 Ventures、交银国际、申万宏源、建信基金等 | 仓储机器人 | 2020年12月 |
| 丰疆智能科技股份有限公司 | 襄阳 | A轮 | 腾讯投资 | 智慧农业机器人、港口AGV | 2020年12月 |

注:本表根据2020年国内部分移动机器人企业公开投融资信息整理。

### 四、发展趋势

目前,制造业对智能化、柔性化制造的需求越来越高。一方面,产品迭代速度不断加快,产品个性化和定制化趋势明显,企业需要以更加精益、高效、灵活的方式生产多样化的产品;另一方面,劳动力成本不断上升,制造业及物流业必须具备快速应变的能力以及更高的工作效率。自主移动机器人等高度自动化的柔性搬运设备将是未来产业升级的一大趋势。

**1. 基于SLAM技术的AMR是未来移动机器人的主流趋势**

随着应用场景的不断复杂化,人们对于移动机器人的要求也水涨船高,满足智能化、柔性化生产的AMR应运而生。传统AGV需要沿着预设轨道、依照预设指令执行任务,现场出现变化时不能够灵活应对,多机作业时容易在导引线上阻塞,影响工作效率。在大量柔性化生产场景中,AGV满足不了应用端的需求。与AGV相比,AMR在导航、系统调度和业务模式等方面都有独特优势。随着深度学习算法的成熟商业化,AMR还有进一步的增长空间。根据Interact Analysis预测,制造业柔性化的需求、产品周期缩短、降低成本以及对人身安全的需求增加等因素将驱动AMR市场近五年持续保持两位数增长,并且预计到

2022年，全球移动机器人市场AMR的需求量、销售收入和销量将超过AGV。

2. 基于视觉和多传感器融合的导航方式是未来主流发展方向

与磁条、二维码和激光等传统导航方式相比，视觉导航方式优势明显，主要体现在以下三个方面：

（1）成本低。视觉导航的低成本主要体现在传感器本身和运维的低成本，用户无须在环境中使用标志物，降低了现场运维成本，进而缩短了用户投资回报周期。

（2）性能高。视觉捕获的图像信息不仅包含物体轮廓信息，还包含颜色信息，这是不能通过其他传感器获得的。而颜色信息对移动机器人自主定位、运动控制、避撞纠偏都很有价值。通过丰富的视觉信息，移动机器人可以实现高精度、高稳定性、高效率地自主导航。

（3）无须改造现场环境。视觉导航方式不需要磁条、激光反射板等人工标记，仅通过自然特征即可实现高效的定位导航，客观降低了项目实施难度，节约了项目实施时间。

与此同时，不管是基于激光还是视觉实现的机器人自主导航，都不是单一应用，还需要融合诸如超声、惯性导航、GPS等其他导航方式，以满足鲁棒性要求非常高的应用场景需求，让机器人能够更加稳定高效地运行。

3. 人工智能技术的加持让移动机器人更智能

现代化制造业的特点决定了移动机器人必须高效、智能、灵活地完成物料运输任务，特别是在一些新兴制造领域，机器人需要和人密切配合，才能进入更广阔的应用领域和场景之中。在未来工厂中，人机协同将是大势所趋。随着AI技术的发展，机器人的交互能力会进一步提升，机器人与机器人、机器人与人、机器人与环境之间可以进行高效地信息交互，对不同类型的障碍物做出反应，无须停止或人工为其重新规划路线，而是可以自动重构最优的路径来获得高效的导航。移动机器人发展的下一步将是发挥人工智能技术优势，扩大机器人可执行任务的范围，提升机器人对工作环境的感知能力和自主决策能力，最终使机器人获得更高的效能。

4. 复合机器人让移动机器人应用更广泛

复合机器人不仅仅是AGV与各类机械臂的简单组合，未来的工业生产需要新型的、模块化的、移动式的解决方案，不但自动化程度要高，而且要具备更短的反应时间和更高的灵活度。复合机器人将是机器人未来的一个重要发展趋势，它替代了人的腿、手、眼，可以从事更加柔性、更灵活的工作，可快速布局于自动化工厂、仓储分拣、自动化货物超市等诸多场景，为物料的自动搬运、物品的上下料及物料的分拣提供自动化、柔性化的作业支持。自2015年开始，越来越多的机器人厂商或AGV厂商加入到复合机器人的市场行列中，推动了一个全新市场的出现与发展。未来，复合机器人将是实现智能制造及智慧物流不可或缺的重要工具。

〔撰稿人：上海机器人产业技术研究院 刘凤义〕

# 2020年建筑机器人发展情况

一、概念及范畴

1. 定义

机器人的诞生，源自人们想摆脱"危、繁、脏、重"工作的本能，而建筑业几乎集这些弊端于一身：工作强度大，工作环境差，危险大。由此，建筑机器人应运而生。建筑机器人的开发应用始于20世纪80年代，先后经历了机械传动、液压传动和现在的机器人化的工程机械三个阶段。建筑机器人的应用不仅能提升效率、提质增效，而且能保障建筑工人的安全，缓解建筑业招工难、用工难的矛盾，助力建筑业数字化转型。

从广义上来说，建筑机器人是用于建设工程方面的机器人，囊括建筑全生命周期（包括勘测、施工、维护、检修、清拆等）的所有机器人设备。从狭义上来说，建筑机器人特指与建筑施工作业密切相关的机器人设备，通常是指在建筑预制或施工工艺中执行具体建造任务的装备系统。

2. 分类

按照建筑全生命周期的使用环节和用途，建筑机器人可分为勘测机器人、施工机器人、维护机器人、检修机器人和清拆机器人五大类。

勘测机器人包括地面调研机器人和空中调研机器人等，主要用于建筑工地的前期调研、场地踏勘、施工现场安全、结构构件定位和尺寸复核等勘测工作。结合激光扫描技术、倾斜摄影技术和大数据，可对施工场地、建筑结构进行精细化3D模型重建。

施工机器人按使用场景可分为预制加工机器人和现场施工机器人。预制加工机器人按结构类别可分为钢结构加工机器人、混凝土加工机器人和木结构加工机器人；现场施工机器人按施工工艺可分为新型工艺机器人和传统工艺机器人。新型工艺机器人主要指建筑3D打印机器人，传统工艺机器人按施工对象可分为地基基础施工机器人、主体结构施工机器人和围护结构施工机器人。施工机器人分类见表1。

表1 施工机器人分类

| 分类方式 | 产品名称 | 分类方式 | 产品名称 |
| --- | --- | --- | --- |
| 按应用场景划分 | 预制加工机器人 | 按结构类别划分 | 钢结构加工机器人 |
| | 现场施工机器人 | | 混凝土加工机器人 |
| | | | 木结构加工机器人 |
| 按施工工艺划分 | 新型工艺机器人 | 按施工对象划分 | 地基基础施工机器人 |
| | 传统工艺机器人 | | 主体结构施工机器人 |
| | | | 围护结构施工机器人 |

维护机器人包括立面清洁机器人、智能家居机器人和屋面维护机器人等。

检修机器人包括立面检修机器人、管理检测机器人等。

清拆机器人包括主体破拆机器人、石棉去除机器人等。

3．技术特征

作为机器人技术在建筑领域的应用，建筑机器人具备以下四大技术特征：

（1）较大的承载能力和作业空间。在建筑领域，幕墙玻璃、混凝土模块等较大构件的操作都对机器人的承载能力提出较高要求，建筑机器人需要具备较大的承载能力和作业空间。

（2）较高智能性及广泛的适应性。建筑工地非结构化的环境，要求机器人具备复杂导航能力等高智能性能，机器人传感器需具备针对恶劣天气条件和复杂施工环境的广泛适应性。

（3）现场实时监测和预警能力。建筑施工现场作业的复杂性，要求机器人具备完善的预警系统，以避免碰撞、磨损和偏移等情况发生，机器人现场作业质量需要及时监测和检验。

（4）离线编程，实时连接反馈。建筑机器人应能够离线编辑并能与高度智能化的现场建立实时连接和反馈，以适应复杂的现场环境。

二、行业现状

目前，日本的建筑机器人处于领先地位，韩国、美国、德国和西班牙等国家的建筑机器人发展迅速，我国的建筑机器人虽然起步较晚，但也已经有一些突出的行业企业和建筑机器人产品。美国市场研究机构Tractica在2019年5月的一份报告中指出，越来越多的建筑公司计划大规模使用建筑机器人，预计至2025年，将有超出7 000台建筑机器人被应用到建造和破拆领域，市场规模将达到2.26亿美元。

如今，建筑机器人已经初步发展成了包括测绘机器人、砌墙机器人、预制板机器人、施工机器人、钢梁焊接机器人、混凝土喷射机器人、施工防护机器人、地面铺设机器人、装修机器人、清洗机器人、隧道挖掘机器人、拆除机器人、巡检机器人等在内的庞大家族。

我国是建筑大国，拥有世界上最大的建筑市场。据国家统计局数据，2015—2020年我国建筑行业总产值稳步增长。2020年，我国建筑业总产值达到263 947亿元，同比增长6.24%。2015—2020年我国建筑业总产值及增速见图1。

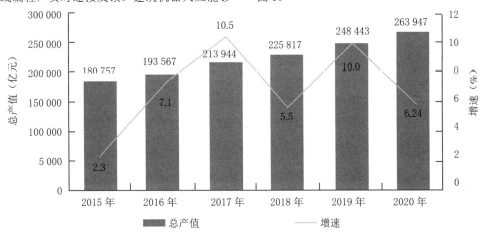

图1 2015—2020年我国建筑业总产值及增速

注：数据来源于国家统计局。

根据公开资料整理出来的数据，2016—2019年我国建筑机器人行业市场规模由0.3亿元增长至1.0亿元。2016—2019年我国建筑机器人行业市场规模见图2。

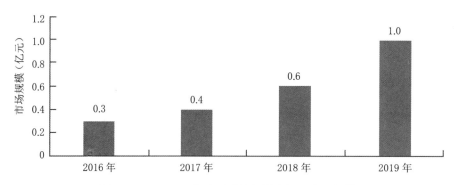

**图 2　2016—2019 年中国建筑机器人行业市场规模**

注：数据来源于公开资料。

当前，我国建筑机器人行业代表企业主要有广东博智林机器人有限公司、上海大界机器人科技有限公司等。但是，由于国内针对建筑行业的机器人厂家没有很强的建筑行业背景和机器人应用技术的长期积累为前提，和成熟工业领域机器人及新兴物流等领域机器人相比，建筑机器人产品的研发及行业拓展才刚起步。

### 三、技术成果

据统计，2019 年我国建筑机器人专利数量实现爆发式增长，达到 63 项，较 2018 年增加 39 项。2020 年，截至 10 月 19 日，我国建筑机器人专利数量为 23 项。2016 年至 2020 年 10 月我国建筑机器人专利申请数量见图 3。

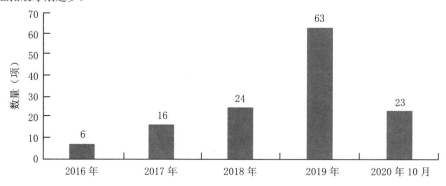

**图 3　2016 年至 2020 年 10 月我国建筑机器人专利数量**

注：资料来源于佰腾网、华经产业研究院，数据截至 2020 年 10 月 19 日。

目前，建筑机器人领域主要的技术成果包括 BIM 技术、3D 打印技术等。

#### 1. BIM 技术

建筑信息模型（BIM）技术在建筑行业得到了广泛应用。BIM 技术主要是通过计算机技术建立包含建筑物完整数据信息的三维参数化模型，克服了二维图纸专业间相互割裂、信息表达直观性和交互性差等弊端。BIM 技术不仅仅是建筑建设手段的变革，而且是整个工程建设行业的一次变革。采用 BIM 技术能够对建筑物构件的几何信息、状态信息和专业属性进行详细描述，满足各种数据信息调取需求。目前，BIM 技术应用于建筑测量放样，它能够对测点三维信息进行快速抽取，建立三维立体建筑模型，并将模型数据通过计算机上传至机器人，很好地解决了机器人在异形建筑空间结构中的精确定位问题，从而为机器人实现路径的科学规划提供了强有力的技术支撑。

#### 2. 3D 打印建筑机器人

3D 打印建筑技术是一项新兴的建筑构筑技术，它以"轮廓工艺"为基础，通过喷墨黏稠粉末和熔融挤出等成形方式，采用工业机器人逐层重复铺设材料来构建房屋。与传统建筑施工方式相比，3D 打印建筑具有环保、节能、质优、高效、成本低及施工安全等优势。

2019 年，上海机器人产业技术研究院与中国建筑第八工程局合作开发的行走式建筑 3D 打印机器人（见图 4）。将 3D 打印技术应用于建筑机器人中。行走式建筑 3D 打印机器人可类比大型、重载类工程机械，但其智能化程度要高于常见的工程机械。该机器人具有典型的移动机器人的安全机制，具备激光传感器、超声波传感器、安全触边等多类型传感器。机器人通过传感器数据融合实现多维度的安全监控。在不同的监控区域内发现闯入者（物）时，系统可根据设定实现减速、停止以及急停等操作，且这些区域均是可设置的，满足不同场景下机器人作业的柔性需求。

业高质量发展方向，已经成为世界建筑业大国不断加大投入、积极探索的前沿领域，特别是建筑机器人应用前景广阔、市场巨大，已经成为全球建筑业的关注热点。

目前，全球智能建造整体水平仍处于起步阶段。业内专家介绍，日本、澳大利亚、韩国、美国等发达国家（或地区）在建筑机器人方面取得了单点研发和小批量试用部分成果，但均未实现建筑全周期、系统化应用的目标。我国建筑机器人应用也处于起步阶段，还没有实现大规模应用。

建筑机器人产品的技术性要求非常高，需要基于建筑信息模型及多种建造工艺，整合机器人技术、机器人运动路径规划、传感技术和建造流程控制等。

建筑机器人未来将向人机协作、信息化、网络化和自主化方向发展。在可见的未来，软硬件的高度整合将为建筑工厂提供有力的数字孪生技术，实现少人化、无人化、智能化的柔性生产。同时，机器人底层技术与计算机视觉的快速突破，会让机器人运动控制更加精准、实时且操作简易。加上来自社会、产业、龙头企业以及大量优秀人才的关注，建筑机器人必将带动新一轮建造智能化的发展。

**图4　行走式建筑3D打印机器人**

行走式建筑3D打印机器人解决了建筑物3D打印无法在真实环境中快速部署这一痛点，可基于反光柱的双激光定位算法，快速部署现场打印环境，提高打印效率。

**四、趋势分析与预测**

当前，科技创新正在重塑全球经济结构。机器人研发、制造、应用是衡量一个国家科技创新和高端制造业水平的重要标志。智能建造与建筑工业化协同发展，代表了建筑

〔撰稿人：上海机器人产业技术研究院廖霞〕

# 2020年农业机器人发展情况

**一、概念及范畴**

1. 定义

农业机器人是指用于农业领域的机器人，即用在农业领域中的一种可编程和多功能的操作机，或是为了执行不同的任务而可用计算机改变和可编程的专门系统，可以由不同程序软件控制，能适应各种农业作业环境的新一代无人自动操作机械。

2. 特点

同工业机器人相比，农业机器人具有四大特点：

（1）作业的季节性。由于农业机器人大都针对农业生产某一环节，功能单一，因此，农业机器人的使用具有较强的季节性，利用率较低，从而增加了农业机器人使用成本。

（2）作业环境的复杂性。由于农业生产环境多变且无法预知，农业机器人无法同工业机器人一样具有比较固定的作业环境。因此，农业机器人需具有适应不同环境的能力，并且能够在不同环境中智能地完成任务。

（3）作业对象的娇嫩性和复杂性。由于农作物的娇嫩性与复杂性，农业机器人在完成任务时，必须能适应形状复杂、大小迥异的农作物变化情况，并且需对农作物进行柔性处理。

（4）使用者的特殊性。农业机器人的使用者是农民。一方面，农业机器人必须操作简单、可靠。另一方面，由于农业生产总体利润不高，因此，农业机器人的价格不能超出一般农民的承受能力。

3. 分类

目前研发出的农业机器人有两种分类方法。

（1）根据解决问题的侧重点不同，农业机器人大致可以分为两类：一类是行走系列农业机器人，主要用于在大面积农田中进行作业；另一类是机械手系列机器，主要用于在温室或植物工场中进行作业。农业机器人分类与功能简介见表1。

表 1　农业机器人分类与功能简介

| 类别 | 名称 | 功能简介 |
| --- | --- | --- |
| 行走系列机器人 | 自行走耕作机器人 | 在拖拉机上增加传感系统与智能控制系统,实现自动化、高精度的田间作业 |
| | 作业机器人 | 利用自动控制机构、陀螺罗盘和接触传感器,从而自动进行田间作业 |
| | 施肥机器人 | 根据土壤和作物种类的不同自动按不同比例配备营养液,实现变量施肥 |
| | 除草机器人 | 依托图像处理系统、定位系统实现杂草识别及定位,从而根据杂草种类数量自动进行除草剂的选择和喷洒 |
| | 喷雾机器人 | 依托病虫害识别系统和控制系统,可根据害虫的种类与数量进行农药的喷洒 |
| 机械手系列机器人 | 嫁接机器人 | 用于蔬菜和水果的嫁接,可以把毫米级直径的砧木和芽坯嫁接为一体,提高嫁接速度 |
| | 采摘机器人 | 通过视觉传感器来寻找和识别成熟果实 |
| | 育苗机器人 | 把种苗从插盘移栽至盆状容器中,以保证适当的空间,促进植物的扎根和生长 |
| | 育种机器人 | 采用机械手对种子进行无损切割并进行基因分析,指导育种过程 |

（2）根据工作内容不同,农业机器人可分为设施农业机器人、大田生产机器人和农产品加工机器人三类。设施农业机器人包括蔬菜嫁接机器人、花卉插枝机器人、果蔬收获机器人、植物工厂机器人等；大田生产机器人包括播种机器人、植保机器人、收获机器人等；农产品加工机器人包括肉类加工机器人、挤奶机器人、剪毛机器人等。

二、行业现状

农业机器人是推动农林业现代化的关键技术装备,随着设施农业、精准农业等新型农业的出现,计算机、传感器和自动化技术越来越多地被应用于农林业生产中,我国作为农林业大国,自然也不例外。

经过50多年的研究与发展,农林业收获装备经历了从半自动化的采摘机械到全自动化的采摘机器人的演变过程。20世纪90年代中期,我国开始农业机器人的技术研发。随着工业化、城镇化和现代化的快速发展,我国农业机器人的研发范围逐步扩大,包括耕作机器人、除草机器人、施肥机器人、喷药机器人、蔬菜嫁接机器人、收获机器人、采摘机器人等方面。目前,全世界已经有三类农业机器人实现了大规模的商业化应用,分别是无人驾驶拖拉机、挤奶机器人和农业无人机。挤奶机器人在欧洲养殖业应用广泛,而农业无人机则以我国的深圳大疆创新科技有限公司和广州极飞科技股份有限公司等企业的产品为代表。

尽管我国机器人技术与发达国家相比差距明显,农用机器人的技术差距更大,但随着我国科技和经济的快速发展,尤其是国家不断加大对农业机械化发展扶持力度,我国农业机械化事业进入了前所未有的良好发展时期,这也为农业机器人提供了良好发展机遇。农业机器人技术的先进性和先导性决定了其必将成为未来我国农业技术装备研发的重要内容之一。

1. 农业机器人市场规模

数据显示,我国农业机器人市场规模2014年为0.91亿元,2019年增长至4.97亿元,2014年以来的复合增长率为40.43%。2014—2019年我国农业机器人市场规模走势见图1。

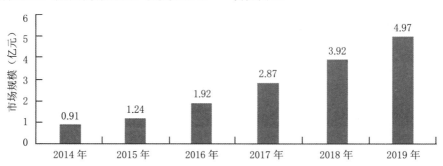

图 1　2014—2019年我国农业机器人市场规模走势

注：数据来源于智研咨询。

从细分市场规模来看,2019年国内行走系列农业机器人市场规模为3.85亿元,同比增长25.41%;机器手系列机器人及其他农业机器人市场规模为1.12亿元,同比增长31.76%。2014—2019年我国农业机器人细分市场规模情况见图2。

**图2 2014—2019年我国农业机器人细分市场规模情况**

注:数据来源于智研咨询。

### 2. 农业机器人产量

近年来,我国农业机器人产量快速增长,从2014年的2 000台增长到了2019年的17 000台。2014—2019年我国农业机器人产量情况见图3。

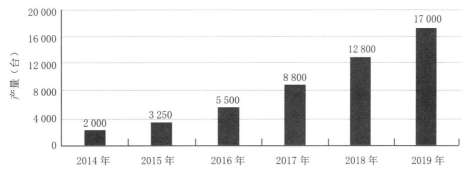

**图3 2014—2019年我国农业机器人产量情况**

注:数据来源于智研咨询。

### 3. 农业机器人需求量

与国外相比,我国农业机器人的研究与开发尚处于起步阶段。我国大力推动农业机械化发展为农业机器人创造了非常可观的市场需求。数据显示,2019年我国农业机器人需求量为17 273台,同比增长32.42%。2014—2019年我国农业机器人需求情况见图4。

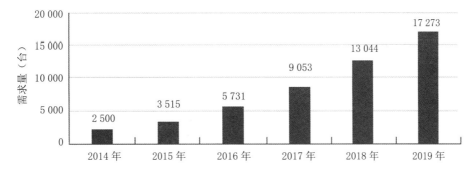

**图4 2014—2019年我国农业机器人需求情况**

注:数据来源于智研咨询。

从细分产品需求来看,2019年我国行走系列农业机器人需求量为15 098台,机械手系列农业机器人及其他农业机器人需求量为2 175台。2014—2019年我国农业机器人应用市场需求结构见图5。

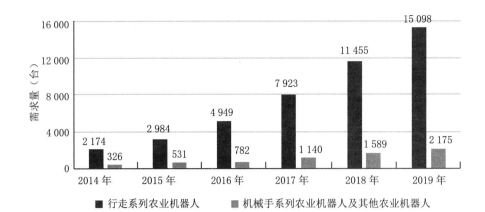

**图5 2014—2019年我国农业机器人应用市场需求结构**

注：数据来源于智研咨询。

**4.农业机器人价格走势**

近年来，随着我国农业机器人技术的不断进步，农业机器人产量不断增加，产品价格呈下降趋势。数据显示，2019年我国行走系列农业机器人均价为2.55万元/台，机器手系列农业机器人及其他农业机器人均价为5.15万元/台。2014—2019年我国农业机器人细分产品价格走势见图6。

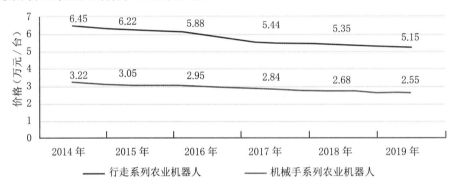

**图6 2014—2019年我国农业机器人细分产品价格走势**

注：数据来源于智研咨询。

### 三、技术成果

目前，全球农业机器人的专利申请量已超过1万件。1940年农业机器人开始首件专利申请；1940—1981年是农业机器人领域专利申请的萌芽期，专利申请量较少；1982—1999年是农业机器人领域专利申请的缓慢增长期，专利申请量开始逐年缓慢增长；自2000年起专利申请量开始飞速增长；至2016年专利申请量持续攀升。由农业机器人专利申请的变化趋势可以看出，农业机器人为目前较热的技术领域。

在全球范围内，我国是农业机器人专利申请量最多的国家，美国在本领域的专利申请量全球排名第二，韩国排名第三，日本排名第四，德国排名第五。农业机器人专利全球地域颁布情况见表2。

**表2 农业机器人专利全球地域分布情况**

| 国别 | 专利数量（项） | 国别 | 专利数量（项） |
| --- | --- | --- | --- |
| 中国 | 3 518 | 俄罗斯 | 125 |
| 美国 | 2 000 | 加拿大 | 123 |
| 韩国 | 1 327 | 澳大利亚 | 109 |
| 日本 | 1 172 | 法国 | 100 |
| 德国 | 479 | | |

注：资料来源于《智能农机传感器和机器人专利分析》，农业工程，2018年11期。

## 四、前景预测

应用农业机器人提高资源利用率和农业产出率，提高经济效益是现代农业发展的必然趋势。据预测，到2025年全球农业机器人市场规模将达到206亿美元，年复合增长率约22.8%。

随着"中国制造2025"的实施，我国已经全面推行制造强国战略，农机装备作为其中一个重要领域，发展高端农业机器人装备是当前及以后相当长一段时间的一项重要任务。预计到2026年我国农业机器人市场规模将达到10.44亿元。2020—2026年我国农业机器人市场规模预测见图7。

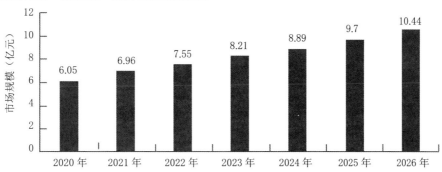

图7　2020—2026年我国农业机器人市场规模预测

注：数据来源于智研咨询。

从技术发展来看，在未来较长一段时期内，农业机器人大致有以下三个发展趋势，即实现最佳作业方法，结构更加简单、价格更为合理，以及用途日益广泛。农业机器人发展趋势见表3。

表3　农业机器人发展趋势

| 趋势 | 具体内容 |
| --- | --- |
| 实现最佳作业方法 | 为了合理利用农业资源，给农作物创造最佳生长环境，必须寻求和应用最合适的作业，包括作业的种类和作业的程度。理想的农业机器人应能根据作物的生长环境和生长状况，自动选择最佳作业内容 |
| 结构简单，价格合理 | 不仅需要机器人能模仿人的运作，还要用机器人易于实现的运作代替人的运作，而且要求机器人能与农艺相配合。要防止机器人机构过于复杂，价格要合情合理，便于推广 |
| 用途日益广泛 | 农业机械的特点是使用时间短、间隔周期长。因此，应该做到更换机械手的终端执行器和软件，农业机器人就可以改作他用，做到一机多用，以提高使用效率，降低使用成本 |

注：资料来源于前瞻产业研究院《服务机器人行业分析报告》。

具体来说，主要有以下两方面的发展方向：

（1）开放式的结构及控制系统。目前的农业机器人根据其要实现的功能，大都采用专用执行机构及专用的控制系统，构成一个封闭式结构。这样的农业机器人具有特定的功能、适应于特定的环境，无法通过更换执行机构、增加传感器等功能模块进行功能扩充。比如，把草莓采摘机器人功能扩充到苹果采摘机器人，在目前封闭式结构下工作量基本等同于重新设计与开发。因此，通过研究与设计开放式的结构及控制系统，农业机器人将不仅具有良好的扩展性、通用性，还将具有柔性作业的能力，这样无疑可以缩短农业机器人的开发周期，降低生产成本，提高利用率及性价比，从而达到促进推广使用的目的。

（2）农业生产标准化研究与机器人技术研究紧密结合。我国地域辽阔，地理条件千差万别，不同区域农业生产环境变化较大，对开发农业机器人的技术要求不统一，给农业机器人的研发带来巨大挑战。因此，农业生产的标准化可以有效地推动农业机器人的发展与应用。另外，农业机器人技术研究不仅包括自动化控制、人工智能、机械制造等多个学科，更应包括农学。这样，农学与机器人学科才能相互促进、共同发展，农业机器人在功能上才能更符合农业生产需求。

总之，未来农业机器人将向更简单易用、更智能的方向发展。

〔撰稿人：上海机器人产业技术研究院　廖霞〕

# 2020年医疗机器人发展情况

## 一、概念及范畴

### 1. 定义

医疗机器人是集医学、生物力学、机械学、机械力学、材料学、计算机图形学、计算机视觉、数学分析、机器人等诸多学科为一体的新型交叉研究领域，具有重要的研究价值，在军用和民用方面有着广泛的应用前景，是目前机器人领域的一个研究热点。

### 2. 分类

医疗机器人一般可分为手术机器人、康复机器人、医疗辅助机器人、医疗服务机器人四大类。医疗机器人分类见图1。

手术机器人集多种现代高科技于一体，技术门槛高、精度高、附加值高，且应用风险大、开发周期长。手术机器人可以克服人的生理局限，具有操作精度高、操作可重复性高和操作稳定性高等特点，被用于高精度要求的微创手术中，可显著提升患者临床体验。手术机器人按应用类型可分为腹腔镜手术机器人、骨科手术机器人、神经外科手术机器人、血管介入手术机器人、口腔手术机器人等。其中，系统最复杂的是腹腔镜手术机器人，危险系数最高的是神经外科和血管介入手术机器人，精度要求最高的是神经外科和骨科手术机器人。

康复机器人可分为辅助替代型机器人和训练治疗型机器人，主要针对失能及失智人群，如瘫痪、阿尔兹海默症等。其中，辅助替代型机器人主要面向老年群体和残疾群体，针对患有老年慢性病以及永久残疾患者等存在行动障碍的人群，主要包括外骨骼机器人、上下肢康复机器人和移动式机器人。训练治疗型机器人主要面向术后康复群体，针对四肢、脊椎等术后康复人群的需求，包括辅助运动和锻炼的上下肢康复机器人和肢体训练机器人。其中，外骨骼机器人为康复机器人的发展趋势和研发创新的热门领域。

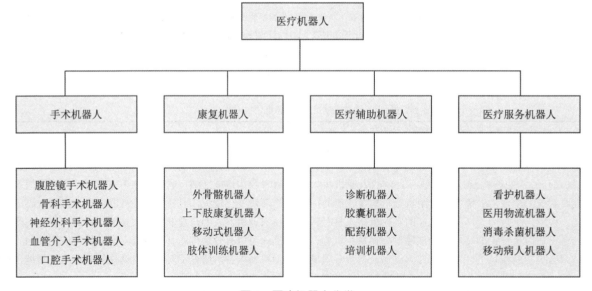

图1 医疗机器人分类

医疗辅助机器人主要用于扩展医护人员能力，按类别可分为诊断机器人、胶囊机器人、配药机器人、培训机器人等。未来，与人工智能深度结合的辅助诊断机器人将成为该领域技术和应用的爆发点。

医疗服务机器人的应用从医院拓展到家庭，拥有更为广泛的使用场景，具有医院服务、健康护理、情感陪伴等功能，技术门槛较低，在老年人及青少年儿童人群中需求激增。按类别可分为看护机器人、医用物流机器人、消毒杀菌机器人、移动病人机器人。

## 二、市场概况

近年来，世界各国不断加强对医疗的重视，智慧医疗、精准医疗等概念趁势而兴，医疗机器人也迎来飞速发展。作为医疗机器人重要组成之一，手术机器人凭借自身展现出的学科交叉性、技术密集性、发展带动性和市场成长性而受到高度关注。目前，不少国家和地区都已将手术机器人视为关键战略型产业。

随着达芬奇手术机器人的上市，全球手术机器人的商业化进程拉开帷幕，创新企业纷纷进入手术机器人领域并以骨科和神经外科为产品创新的细分赛道。2010年以后，跨国医疗器械巨头纷纷开始布局手术机器人领域，美国医疗科技巨头美敦力（Medtronic）、强生（Johnson& Johnson）、史赛克（Stryker）和捷迈（Zimmer）等企业，或自主研发，或与科技公司联合开发，或直接收购创新型医疗机器人企业，国外手术机器人市场全面开花。直觉外科公司（Intuitive Surgical, Inc.）作为专业的手术机器人龙头企业一枝独秀，它旗下的达芬奇手术机器人以适应科室广（包括心脏外科、胸外科、泌尿外科、妇科、普外科、小儿外科、血管外科及耳鼻喉科等）、上市时间久（1996年推出，1999年获CE认证并上市）、使用地区广（产品已遍布全球60多个国家）等先发优势，成为当前全球市场占有率最高、应用最广泛的手术机器人。

我国手术机器人虽然起步较晚，但发展迅速。目前，我国手术机器人在神经外科、骨科、心脑血管和口腔科方面与国外团队已基本处于同一起跑线，有望实现全球领先。"十四五"期间，国家政策导向将继续支持医疗健康行业，并持续推动整个产业的快速发展。随着社会经济的发展和"健康中国"战略规划的实施，国家持续加强医疗改革力度和医疗投入，医疗健康产业已经成为国家支柱型战略产业。国家政策的支持、居民消费能力和健康意识的提升、人口老龄化加速以及医疗服务消费结构升级促进了国内医疗健康服务需求的快速增长，医疗与健康产业市场总量持续扩大，根据《"健康中国2030"规划纲要》，2030年我国健康服务产业规模将达到16万亿元以上。

三、融资情况

据浩悦资本统计，2020年国内创新医疗器械私募融资事件合计为293起，全年私募融资额同比增长超30%。其中，医疗机器人领域累计融资事件超过30起，融资额超43亿元。最引人注目的是上海微创医疗机器人（集团）股份有限公司完成30亿元的战略融资，其中包括15亿元的直接增资以及15亿元的股权转让，引入包括高瓴资本、中信产业基金、贝霖资本、远翼投资、易方达资本等在内的多家知名战略投资机构。本轮融资投后，该公司估值高达225亿元，是2020年我国机器人行业规模最大的融资事件。2020年医疗机器人企业融资情况见表1。

表1 2020年医疗机器人企业融资情况

| 企业名称 | 所在地区 | 融资轮次 | 主要投资方 | 技术方向 | 日期 |
| --- | --- | --- | --- | --- | --- |
| 深圳市鑫君特智能医疗器械有限公司 | 深圳 | A轮 | 晨兴创投、弘晖资本 | 骨科手术机器人、智能骨科微创手术系统 | 2020年1月 |
| 华志微创医疗科技（北京）有限公司 | 北京 | B轮 | 国投创合、联想创投 | 神经外科手术机器人研发 | 2020年4月 |
| 杭州三坛医疗科技有限公司 | 杭州 | 股权融资 | 索道投资 | 新型手术导航设备 | 2020年7月 |
| 元化智能科技（深圳）有限公司 | 深圳 | 天使轮 | 深创投 | 骨科手术机器人研发 | 2020年7月 |
| 深圳智触计算机系统有限公司 | 深圳 | 天使轮 | 洪泰智造、元真价值 | 消化内镜仿真系统 | 2020年7月 |
| 北京天智航医疗科技股份有限公司 | 北京 | 定向增发 | 科创板IPO | 计算机辅助手术导航和医疗机器人 | 2020年8月 |
| 深圳市迈步机器人科技有限公司 | 深圳 | A轮 | 联想创投、珠海科溢投资、浙江德宁实业 | 下肢外骨骼机器人、医疗康复机器人 | 2020年8月 |
| 上海微创医疗机器人（集团）股份有限公司 | 上海 | 战略融资 | 高瓴资本、中信产业基金、远翼投资、易方达、贝霖资本 | 微创伤手术的一体化智能手术解决方案 | 2020年9月 |
| 深圳健行仿生技术有限公司 | 深圳 | A轮 | UTEC、东大IPC、JST | 机器人式智能假肢研发 | 2020年9月 |
| 杭州键嘉机器人有限公司 | 杭州 | B轮 | 高瓴创投、复星医药、BV百度风投 | 手术机器人能为关节外科提供整体解决方案 | 2020年9月 |
| 上海奥朋医疗科技有限公司 | 上海 | A轮 | 未披露 | 高端医疗机器人研发 | 2020年9月 |
| 上海傅利叶智能科技有限公司 | 上海 | C轮 | 元璟资本、前海母基金 | 康复机器人研发 | 2020年10月 |
| 北京罗森博特科技有限公司 | 北京 | Pre-A+轮 | 雅惠投资 | 骨科手术机器人系统 | 2020年10月 |
| 远也科技（苏州）有限公司 | 苏州 | Pre-A轮 | BV百度风投、高瓴创投、线性资本 | 新型可穿戴机器人 | 2020年10月 |
| 深圳柳叶刀机器人有限公司 | 深圳 | 天使轮 | 元生创投、前海母基金 | 骨科手术机器人服务 | 2020年11月 |
| 上海睿触科技有限公司 | 上海 | A轮 | 新丝路金控、溪林投资 | 精准穿刺手术机器人 | 2020年11月 |
| 北京柏惠维康科技有限公司 | 北京 | D轮 | 中关村龙门基金、经纬中国、中信建投、新鼎资本、合音资本 | 神经外科手术导航定位系统等 | 2020年12月 |

（续）

| 企业名称 | 所在地区 | 融资轮次 | 主要投资方 | 技术方向 | 日期 |
|---|---|---|---|---|---|
| 华科精准（北京）医疗科技有限公司 | 北京 | 战略融资 | 高瓴创投、北极光创投、凯风创投、华创资本 | 神经外科手术机器人、3D结构光手术机器人、神经外科手术导航 | 2020年12月 |
| 中航创世机器人（西安）有限公司 | 西安 | A轮 | 西安军融电子卫星基金、西交一八九六创投基金、西安环大校地融合创业投资基金 | 人工智能、康复医疗和机器人领域 | 2020年12月 |

注：根据2020年国内部分医疗机器人企业公开的投融资信息整理。

从2020年的融资情况看，医疗机器人企业80%左右的投融资事件集中在天使轮、A轮及B轮。

从企业成立时间上看，我国的手术机器人企业一般成立于2010年以后，且大量集中于2015年以后。2015年以来成立的手术机器人企业数量占比超过60%，其中2015年和2018年成立的较多。由此可以看出，目前医疗机器人行业融资的主力军来自拥有新技术或新产品、开拓新市场的初创型企业。骨科手术机器人和专注康复领域的外骨骼机器人是当前最热门的领域。此外，口腔种植手术机器人的发展空间也很大。我国人均种植牙数量有5～15倍的发展空间，手术机器人可有效缓解牙齿种植方面依赖医生经验及医生资源不足的问题。

从企业分布区域看，医疗机器人企业地域集中度很高，分布于北京、深圳、杭州、苏州和上海等一线城市，其中又以北京的企业集中度最高，占总量的56%。医疗机器人企业对区域资源及城市产业发展能力要求颇高，在研发过程中需要与大型三级医院合作实施大量临床试验，对临床资源提出了很高的要求。当前我国医疗机器人领域呈现显著的"产学研医"高度结合的产品开发及行业发展特征，对地区的临床资源和以生物医药、人工智能、电子信息、软件开发、系统集成、智能装备、新材料等为代表的高精尖产业的发展能力都提出了很高的要求，这也是医疗机器人企业高度集中在发达城市的原因所在。

**四、发展特点**

当前，医疗机器人在全球范围内都处于市场高速增长期，全球市场年均复合增长率约为30%。从地域层面来看，北美、欧洲等地区的医疗机器人市场已经较为成熟，医疗机器人应用普及率较高。但包括我国在内的亚太地区尚处于起步阶段，在技术、政府投入等方面尚存在较大差距。不过，在市场增长和发展速度方面，亚太地区比北美和欧洲地区更具潜力，我国市场年均复合增长率超过50%。我国医疗机器人起步较晚，当前我国市场的国产化率不足5%，其中手术机器人超过80%的市场被达芬奇手术机器人垄断，康复及辅助机器人则以中低端产品为主，包括直觉外科手术公司、美敦力旗下的Mazor Robotics公司、捷迈邦美旗下的Medtech公司在内的国外机器人公司均已布局我国市场。除了国外成熟产品瞄准我国市场之外，国内机器人创业公司的数量也在显著增加。目前，我国有100多家医疗机器人创业公司，其中不少公司是由工业机器人或医疗器械公司延伸出来的，还有很多上市公司如复星医药、博实股份、科远股份等也陆续涉足医疗机器人领域。而诸如真格基金、IDG资本、启迪系基金、纪源资本等大型知名风投机构，则早已在医疗机器人领域布局并加快步伐，医疗机器人行业发展的风口已来，并将持续下去。

从第七次全国人口普查数据来看，我国60岁及以上人口有2.6亿人，占总人口的18.70%，较2010年上升了5.44个百分点。其中，65岁及以上人口有1.9亿人，占比为13.50%，较2010年上升了4.63个百分点。随着人口老龄化程度持续加剧，预计"十四五"期间，我国老年人口将超过3亿人，从轻度老龄化进入到中度老龄化阶段。这将进一步加剧医护人员供给不足的问题，对高质量医疗服务的需求将更加迫切。未来我国医疗机器人市场增长空间及国产替代空间将非常广阔，我国有望成为全球医疗机器人市场增长最快的地区。专用化、智能化、小型化、集成化和远程化是未来医疗机器人的发展趋势，同时，医疗机器人的精准、微创、安全、稳定等性能将不断完善。国内市场对微创化、快速化、精准化的手术需求以及便携化、轻量化的康复产品需求都将进一步增加，我国市场必将成为全球竞争的主战场。

从产品层面来看，当前在医疗机器人系统、配件耗材和培训检修服务三大组成部分中，手术机器人系统占行业规模的比重较高。欧洲和亚洲等地区正成为手术机器人的新兴市场，甚至未来很长一段时间都将是手术机器人发展的主要地区。人工智能作为一剂强有力的催化剂，将提高手术机器人的水平，保障手术的精确性与安全性，成为手术机器人发展的方向之一。计算机视觉领域的技术进步也将提升手术过程中的影像质量，从而使机械运作更灵活、精确，提高微创手术的成功率。未来更多的智能手术机器人将会应用在医疗行业中，构建完善的前端诊断、影像、术中、术后及整个服务体系。

从应用方面来看，目前各国医疗机器人的应用主要集中于泌尿外科、妇科以及普通外科等领域，在这些领域的辅助手术和微创手术中的应用较为成熟。而随着接受度和渗透率的不断攀升，未来医疗机器人在其他领域如骨科、心血管外科、神经外科等的应用也有望逐步普及，医疗机器人应用的广度和深度将升级。

从人才培养方面来看，医疗机器人研发涉及医学、计算机科学、数据科学、生物力学等多学科知识，对具有多学科背景的复合型人才的需求日益迫切。部分高校已经增设相关专业和科研平台,如2017年12月,上海交通大学成立了医疗机器人研究院;2018年,天津大学率先开设了"智能医学工程"专业;2019年,上海理工大学新申请的"康复工程"专业获批,我国成为国际上首个设置专门本科专业以培养康复工程人才的国家。培养高端人才将是行业重点工作之一。

〔撰稿人:上海机器人产业技术研究院刘碧珊、刘凤义、王昶茹〕

# 2020年家用服务机器人发展情况

## 一、概念及范畴

### 1. 概念介绍

服务机器人是指用于非制造业、以服务为核心的自主或半自主机器人,可从事清洁、陪护、导览、运输、售货、安保等工作,在休闲娱乐、商业服务、医疗、教育等领域应用广泛。服务机器人主要包括个人/家庭服务机器人和专业服务机器人两大类。个人/家庭服务机器人包括家务机器人、教育娱乐机器人以及养老助残机器人等,而专业服务机器人则包括物流机器人、医疗机器人、商用服务机器人等。

### 2. 本文范畴

鉴于目前扫地机器人作为家务机器人的主要组成部分,在家庭服务机器人中的市场规模和销量份额占比最大,因此,本篇文章重点以扫地机器人为研究分析对象。

## 二、行业现状

### 1. 市场总量

2020年,我国扫地机器人市场销售量达到455.6万台,同比增长5.36%;销售额达到85.49亿元,同比增长36.22%。

扫地机器人市场可划分为线上、线下两大市场。其中,2020年扫地机器人线上销售额占比为97.49%,销量占比为95.68%;线下销售额占比为2.51%,销量占比为4.32%。2020年扫地机器人线上、线下市场增长情况见表1。

表1 2020年扫地机器人线上、线下市场增长情况

| 扫地机器人市场 | 销售量同比增长(%) | 销售额同比增长(%) |
| --- | --- | --- |
| 线上市场 | 6.5 | 38.8 |
| 线下市场 | -28.7 | -20.9 |

注:数据来源于中怡康时代市场研究有限公司。

产品价格方面,2020年扫地机器人线上市场的产品整体均价为1870元,同比增长31.0%;线下市场整体均价为2149元,同比增长11.4%。2020年扫地机器人线上市场分价格段销售额占比见图1。

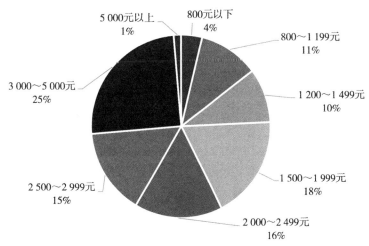

图1 2020年扫地机器人线上市场分价格段销售额占比

注:数据来源于中怡康时代市场研究有限公司。

2. 产品类别

扫地机器人的产品结构可以按照拖地功能和清扫模式来进行划分。

按照拖地功能划分，可以划分为扫拖一体机器人、纯吸地机器人、纯拖地机器人和纯洗地机器人，2020年扫地机器人按拖地功能细分品类的市场占比见表2。其中，市场表现最为亮眼的是纯洗地机器人，线上销售额同比增长1 885%，线下销售额同比增长4 632%。

表2　2020年扫地机器人按拖地功能细分品类的市场占比

| 扫地机器人品类 | 销量占比（%） | 销售额占比（%） |
| --- | --- | --- |
| 扫拖一体机器人 | 77.4 | 75.9 |
| 纯吸地机器人 | 7.7 | 5.6 |
| 纯拖地机器人 | 4.0 | 3.9 |
| 纯洗地机器人 | 11.9 | 14.6 |

注：数据来源于中怡康时代市场研究有限公司。

按照清扫模式划分，扫地机器人可以划分为随机类、路径规划类、LDS全局规划类和Vslam全局规划类，此分类基于扫地机器人产品的导航方式。扫地机器人导航方式介绍见表3。

表3　扫地机器人导航方式介绍

| 扫地机器人品类 | 导航原理 |
| --- | --- |
| 随机类 | 发生碰撞后随机为机器人选定前进方向，又称随机碰撞式 |// (续)
| 路径规划类 | 利用由陀螺仪和加速度计组成的惯性导航系统计算位移 |
| LDS全局规划类 | 利用激光测距的原理进行多点位、多角度的测量来进行定位 |
| Vslam全局规划类 | 利用摄像头获取信息，配合SLAM算法进行定位和导航 |

2020年扫地机器人按清扫模式细分品类的市场占比见表4。

表4　2020年扫地机器人按清扫模式细分品类的市场占比

| 扫地机器人品类 | 销量占比（%） | 销售额占比（%） |
| --- | --- | --- |
| 随机类 | 12.2 | 6.9 |
| 路径规划类 | 29.3 | 20.7 |
| LDS全局规划类 | 51.2 | 64.8 |
| Vslam全局规划类 | 7.3 | 7.7 |

注：数据来源于中怡康时代市场研究有限公司。

3. 主要品牌

2020年，扫地机器人线上市场中，销售额排名前三位的品牌分别来自科沃斯机器人股份有限公司（简称"科沃斯"），北京石头世纪科技股份有限公司（简称"石头科技"）和小米科技有限责任公司（简称"小米"），3家企业合计占有全国70.8%的市场份额，比2019年下降1.8个百分点。2019—2020年扫地机器人线上市场销售额排名前三位品牌占比情况见图2。

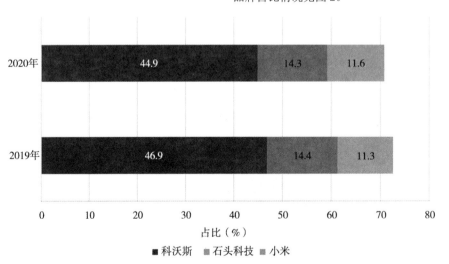

图2　2019—2020年扫地机器人线上市场销售额排名前三位品牌占比情况

注：数据来源于中怡康时代市场研究有限公司。

据上市公司年报，2020年科沃斯总营业收入达72.34亿元，同比增长36.17%。其中，服务机器人销售收入达42.36亿元，占全部收入的58.55%，同比增长17.30%。

2020年石头科技实现营业收入45.30亿元，同比增长7.74%；实现利润总额15.56亿元，同比增长68.24%。其中，扫地机器人销量达238.47万台，实现销售收入43.49亿元，同比增长 11.08%。

4. 产业链分析

家庭服务机器人产业链包括上游的核心零部件供应商，中游的技术模块供应商和本体制造商，以及下游的终端用户。

（1）核心零部件供应商。提供服务机器人生产所需功能组件的供应商，主要包括芯片、传感器、控制器、减速器、伺服电动机等。

（2）技术模块供应商。基于底层硬件，通过相关算法和程序开发，赋予服务机器人智能化行为功能的方案商，主要包括导航定位、运动控制、人工智能等核心技术。

1）导航定位。机器人通过激光雷达、毫米波雷达、超声波传感器、摄像头等传感设备来感知周围环境，并依托 SLAM 等技术进行实时定位与路线规划。

2）运动控制。依托伺服电动机、控制器、减速器等零部件，赋予服务机器人位置、速度、加速度等的控制能力。

3）人工智能。运用机器视觉、语音交互、深度学习等技术，赋予机器人图像识别、语言沟通、情感交流和逻辑计算等能力。

（3）本体制造商。以服务机器人的设计和加工制造为主营业务的综合性厂商。

（4）终端用户。主要为个人/家庭消费者。

5. 业务模式

在家庭服务机器人产业上下游企业中，根据其主营业务的不同，存在跨产业链上下游的情况，并采取了不同的业务模式，部分汇总如下：

（1）以家庭服务机器人的设计、研发和销售为主营业务，以委托外部加工生产方式实现生产。如小米、石头科技和美国品牌 iRobot。

（2）主营业务为机器人的设计、研发、生产和销售。如科沃斯。

（3）主营业务为机器人的设计和生产，不涉及品牌运营的ODM模式。如深圳市银星智能科技股份有限公司（简称"银星"）。

（4）主营业务为核心技术研发，位于产业链上中游的科技型企业。如中科寒武纪科技股份有限公司（简称"寒武纪"），上海依图网络科技有限公司（简称"依图"）。部分科技型企业的主营业务涉及产业上中游的多个部分，如北京猎户星空科技有限公司（简称"猎户星空"）和珠海市一微半导体有限公司（简称"一微"）。其中，猎户星空主营业务涉及产业上游的核心零部件 AI 芯片，以及产业中游的机器人本体制造；一微主营业务涉及产业上游的核心零部件机器人专用芯片，以及中游的移动机器人导航定位技术核心模组。

**三、技术成果**

1. 发明专利

家庭服务机器人行业部分企业专利数量见表5。

**表 5　家庭服务机器人行业部分企业专利数量**

| 公司名称 | 发明专利（个） | 实用新型专利（个） | 外观设计专利（个） |
|---|---|---|---|
| 科沃斯 | 447 | 433 | 286 |
| 石头科技 | 146 | 140 | 60 |
| 银星 | 205 | 200 | 140 |
| 一微 | 445 | 146 | 2 |
| 寒武纪 | 406 | 9 | 14 |

注：数据来源于企查查，截至 2020 年 12 月 31 日。

2. 核心技术

扫地机器人的核心技术是自主导航，涉及定位、路径规划和传感器技术等。随着技术不断进步，导航方式从最初的随机碰撞开始向局部规划类陀螺仪＋加速度计，以及全局规划类激光导航 LDS-SLAM 和视觉导航 V-SLAM 演进。

2020 年，科沃斯推出新品扫地机器人地宝 T8 系列，首次在扫地机器人上应用搭载 dToF 传感器的导航系统、3D 结构光避障技术、高频振动擦地系统、自动集尘座等。2020 年双十一电商促销节期间，科沃斯 T 系列扫地机器人累计成交突破 23 万台。

石头科技将激光雷达技术及相关算法应用于扫地机器人领域。2020 年，石头科技推出新品扫地机器人 T7 和 T7Pro。石头科技的核心技术见表 6。

**表 6　石头科技的核心技术**

| 技术领域 | 技术名称 |
|---|---|
| 激光雷达与定位算法 | 激光雷达 |
|  | SLAM 算法 |
|  | 人工智能技术 |
| 运动控制 | 运动控制模块 |

注：信息来源于石头科技 2020 年报。

**四、趋势分析与预测**

1. 技术趋势

家庭服务机器人是技术密集型行业。导航定位、运动控制、人机交互等技术的积累，可以帮助企业有效提升研发成本效率和版本迭代速度，在相关产品市场竞争中占据先发优势。语音交互、深度学习等技术的突破，能够推动语言沟通和情感交流相关产品智能化水平的提升。物联网、大数据和人工智能平台的开发和应用，可以提升产品的智能化水平，有效探索用户习惯。专门应用于特定算法的专用芯片的设计，能有效利用硬件算力，降低核心零部件的成本，为相关产品提供市场竞争优势。

2. 应用场景趋势

家庭服务机器人以服务为核心，产业发展的核心逻辑是用户需求驱动。以客户需求为主导，为具体场景制定个性化、可执行、可持续的解决方案，并实现商业化落地与推广，将成为行业重要的商业模式。家庭服务机器人厂商为客户提供完整的机器人应用开发框架、丰富的业务模版、人机交互框架和终端软硬件环境，并在业务应用和场景模板之间引入工作流的调度模式，帮助客户通过简单的工作流参数配置，实现快速、便捷的个性化深度定制。

3. 国际竞争趋势

在随机清扫阶段，国内企业起步较晚。但在规划清扫阶段，国内头部扫地机器人企业已经逐步赶上并超过国外企业。在导航和避障技术上，国内头部企业率先在2019年推出配备AI视觉的旗舰产品。2020年3月，科沃斯推出T8系列扫地机器人，将航天级的dToF导航技术首次应用于扫地机器人上。同时，国内其他品牌，如云鲸智能科技（东莞）有限公司和石头科技，则分别在自清洁和LDS导航上进行研发创新，也已经领先于国外品牌。国内头部企业正逐步成为行业技术引领者。

〔撰稿人：苏州大学相城机器人与智能装备研究院 瞿卫新〕

# 2020年安防机器人发展情况

## 一、概念及范畴

### 1. 定义

安防行业是社会公共安全体系的重要组成部分，在维护国家安全和社会稳定方面发挥着至关重要的作用。随着5G、人工智能（AI）、大数据、云计算产业的发展，作为实现动态安防的重要载体，安防机器人越来越多地出现在人们的生产和生活之中。安防机器人是集结构力学、机械动力学、无线通信、自动控制、自主导航等重要技术于一身的多功能机器人，是半自主、自主或者在人类完全控制下协助人类完成安全防护工作的机器人。

随着社会人口老龄化加重、劳动力成本飙升、安保人员流失率高等问题不断涌现，传统的"人防+物防+技防"模式已经难以适应现代安防需求，安防机器人迎来新的发展契机。安防机器人不仅能把人类从繁重的劳动中解放出来，代替传统的人力劳动完成巡检安防任务，发现典型问题，而且能提高巡逻质量，扩大巡逻范围，丰富监测指标。安防机器人从单一功能类型发展到多种功能类型，应用领域也从工业生产扩大到巡检安保、楼宇监控、反恐应急和智能家居等多个方面，发展速度和探索进度不断加快。

### 2. 分类

作为机器人行业的一个细分领域，安防机器人作用在于多场景、全方位守护和保障公共安全。安防机器人在应用场景上可分为室内、室外两种类型，在产品形态上有轮式和轨道式两种基本形态，在应用功能上可分为监控类、巡检类、侦察类、排爆类和武装打击类等多种类型，以满足各类行业客户在不同应用场景下的公共安全需求，如变电站、发电厂、开放式或半开放式广场和全封闭式或半封闭式园区等，立足于实际生产生活需要，用来解决安全隐患、巡逻监控及灾情预警等，从而减少安全事故的发生，减少生命财产损失。

目前，安防行业中机器人主要可以分为以下几类：

（1）监控类机器人。监控机器人在化工、交通、电力、社区、园区等场所有广泛的应用场景。目前，监控机器人逐步走进千家万户，可以及时发现入室盗窃、老人及儿童的异常行为并发出警报，还可以集成更多功能，为普通家庭提供更加全面的安全监控服务。

（2）智能巡检类机器人。智能巡检机器人主要携带红外热像仪、可见光摄像机、危害气体传感器等检测装备，可以将画面和数据实时传输至远端监控中心。经过机器学习训练后，智能巡检机器人可对现场事故隐患和故障先兆自动判定和报警。由于智能巡检机器人在环境应对方面具有人所不及的优势，越来越多的智能巡检机器人被应用到安防巡检、电力巡检、轨道巡检等特殊场所，让特殊场所的巡检工作更安全。

（3）侦察类机器人。侦察机器人主要用于对敌目标探测、识别等，通过远程操控装置可以在山地、丛林等多种场景下实时传送画面和语音信息。

（4）排爆类机器人。通常分为大型排爆机器人和小型排爆机器人，属于作业型机器人，可替代人接近可疑物，进行爆炸物识别、转移和销毁等作业，保障排爆警察的人身安全。一般通过有线或无线遥控操作，具备跨越一定障碍的能力。

（5）武装打击类机器人。武装打击类机器人一般具备监控、侦查、打击等功能，主要用于各类反恐及战斗现场。

## 二、市场概况

2020年，新冠肺炎疫情以迅雷不及掩耳之势席卷全球，给很多行业造成巨大影响，安防行业也不例外。我国安防行业发展与国家经济形势紧密相连，呈现"V"形反转态势。一季度安防行业出现不同程度的断崖式下滑，二季度出现较大幅度回升，三、四季度持续平稳回升。与此同时，企业也面临经营成本增加、主要原材料价格上涨等挑战。受疫情蔓延以及各行业数字化转型影响，社会管控类、测温类门禁、通道类、停车场类安防机器人需求显著增长,在社区、校园、园区等商业、民生市场遍地开花,每家单位的用量虽小,但整体规模可观。

在这场疫情阻击战中,人工智能及安防企业发挥了重要作用。面对疫情,安防企业快速响应,杭州海康威视数字技术股份有限公司、浙江大华技术股份有限公司(简称"大华股份")、华为技术有限公司、阿里巴巴集团、天地伟业技术有限公司、浙江宇视科技有限公司、苏州科达科技股份有限公司、高新兴科技集团股份有限公司(简称"高新兴")、商汤科技开发有限公司、依图网络科技有限公司、云从科技集团股份有限公司、北京旷视科技有限公司、深圳云天励飞技术股份有限公司、上海钛米机器人股份有限公司、重庆紫光华山智安科技有限公司、武汉高德红外股份有限公司、深圳市优必选科技股份有限公司(简称"优必选")等众多人工智能及安防企业积极发挥自身优势,强化技术创新,纷纷研制新产品、新装备,为疫情防控工作提供各种智能检测产品及解决方案,积极助力疫情防控工作,很多基于AI的智能化产品和解决方案成为疫情防控"黑科技"。其中,最受关注的包括红外热成像技术及相关产品、人脸识别系统、AI影像分析诊断系统、车辆轨迹大数据查询系统、视频图像大数据轨迹查询系统、视频会议系统、AI防疫机器人、安防机器人、无人机等一系列自动化设备,为这场疫情防控战提供了强大的技术支持。

目前,国内大华股份、高新兴、优必选、深圳市中智科创机器人有限公司、深圳煜禾森科技有限公司等30多家企业布局安防机器人市场。我国部分安防机器人企业及其产品见表1。

表1 我国部分安防机器人企业及其产品

| 企业名称 | 所在地区 | 主要产品 |
| --- | --- | --- |
| 浙江大华技术股份有限公司 | 杭州 | 安防巡检机器人、消防机器人 |
| 高新兴科技集团股份有限公司 | 广州 | 室外巡逻机器人、室内巡检机器人、特种巡逻机器人 |
| 中智科创机器人有限公司 | 深圳 | 安防巡逻机器人 |
| 深圳市优必选科技股份有限公司 | 深圳 | ATRIS安巡士智能巡检机器人 |
| 深圳煜禾森科技有限公司 | 深圳 | 排爆机器人、巡检机器人 |
| 新松机器人自动化股份有限公司 | 沈阳 | 5G智能巡检机器人 |
| 广州澳博机器人技术有限公司 | 广州 | 机器人小安 |
| 南京苏京智能机器人科技有限公司 | 南京 | 巡检机器人、智能安检机器人 |
| 大陆智源科技(北京)有限公司 | 北京 | Andi安防巡检机器人 |
| 湖南万为智能机器人技术有限公司 | 长沙 | 智能安保机器人ANBOT |
| 深圳市璞数技术有限公司 | 深圳 | 巡检机器人 |
| 深兰科技(上海)有限公司 | 上海 | 安防机器人 |
| 北京海风智能科技有限责任公司 | 北京 | 特种机器人EOD ROBOT |
| 苏州智伟达机器人科技有限公司 | 苏州 | 智能巡检机器人 |
| 浙江国自机器人技术股份有限公司 | 杭州 | 智能巡检机器人、IDC智能运维机器人、智能安防机器人 |
| 深圳市道智创科技有限公司 | 深圳 | "e巡"机器警长 |
| 上海柔克智能科技有限公司 | 上海 | 巡检机器人 |
| 松灵机器人(深圳)有限公司 | 深圳 | 安防巡检机器人 |
| 广州市君望机器人自动化有限公司 | 广州 | 安防巡检机器人 |
| 苏州博众机器人有限公司 | 苏州 | 博巡5G安防机器人 |
| 青岛克路德机器人有限公司 | 青岛 | 物业安保机器人 |

### 三、技术成果

众多企业纷纷进入安防机器人行业,推动了安防机器人相关技术的发展。安防机器人主要技术包括:

1) 无线通信技术。安防机器人由于其自身应用场景的特殊性,对于通信的稳定性和同步性要求较高,安全可靠的通信技术可以保证巡检安防的实时性,对于安防机器人发现问题和解决问题有很大的帮助。

2) 自主定位技术。安防机器人需要实时探测场景的变化及自身的位置。近年来,移动机器人SLAM技术获得了显著进步,随着激光雷达造价逐步走低,采用

Lidar-SLAM技术来实现安防机器人自主导航和定位或将成为行业的趋势。在室外应用场景中，SLAM与GPS融合的自主定位技术发挥着重要作用。

3）自主避障和路径规划技术。在实际应用中，安防机器人应尽量避开人群及各种潜在障碍物，自主规划巡逻路线，自主避障和路径规划技术可以帮助安防机器人完成更智能、更可靠的巡逻任务。

4）图像处理技术。在多种传感器中，摄像头以其低廉的价格和可获取更多直观信息而被人们广泛应用，与机器学习、神经网络等技术结合的图像处理技术将给安防机器人带来更大的进步空间和发展机会。

5）智能语音交互技术。安防机器人通过内置的麦克风接受外界声音，并对人声进行识别和理解，一旦读懂"人声"背后有类似危险的行为存在，将自动触发报警系统进入防御状态，从而对目标人物起到安全防护的作用。

6）红外测温技术。安防机器人搭载的红外测温仪可对设定测温点进行定点测温，自动对设备进行多方位、多角度的检测和诊断，测温精确度更高。针对同一设备可确保在位置、角度、配置参数方面的高度一致性，结果可对比性强，系统可自动保存测温数据，形成历史分析曲线和多样化的分析报表，便于运维人员进行诊断分析，保证了温度检测的精确性和有效性。

四、发展趋势

近年来，随着技术的发展，人工智能开始进入工业大生产阶段并实现了大规模的产业应用落地，智能安防的时代亦悄然到来。在国家"强化国家战略科技力量"和"增强产业链供应链自主可控能力"发展中，安防行业将迎来诸多利好。

2021年"十四五"规划开启，更高水平的平安中国建设、社会治理体系和治理能力现代化建设、新基建、智慧城市建设和各行业的数字化转型等的深入推进将给大安防带来更多机遇。从AI发展落地应用看，疫情促使"AI+安防"加速落地，比如AI测温摄像机、安防机器人、安检门等产品在2020年的智能抗疫、智能交通、机场、火车站等场景发挥了巨大优势，在大数据整合应用、人脸识别无接触应用、智能巡检等方面实现了应用突破。

一直以来，安防机器人被宣称为可以"替代人"的产品。安防机器人的制造成本逐年下降，当其与人力成本相同时，机器人规模化替代人工的现象也将爆发。尤其是对于非结构化的场景需求来说，随着机器人的智能化水平不断提高，安防机器人正为业界提供一种解决问题的新思路。智能安防机器人是"5G+AI+机器人+安防"的落地产品，5G是保障，使数据传输安全、实时、高效；AI是大脑，负责数据的处理和反馈；机器人是躯体，负责与场景的交互与协作；安防是目标，是"AI+机器人"的行为导向。科学的结合是1+1＞2的结果，智能安防机器人有望解决当下困扰安防行业的痛点。在国家"天网工程"和"雪亮工程"的大环境下，结合我国机器人完善的产业链条，可以说，安防机器人站在了产业和行业两个风口上。虽然安防机器人尚处于起步阶段，但在巨大的安防市场需求下，其发展潜力巨大，未来前景广阔。

〔撰稿人：上海机器人产业技术研究院刘凤义〕

# 2020年水下机器人发展情况

一、概述

近年来，世界各国越来越重视水下机器人（unmanned underwater vehicle，UUV）的发展，水下机器人在海洋科学研究、海洋工程作业以及国防军事等领域得到了广泛应用。

水下机器人通常可分为：自主水下机器人（autonomous underwater vehicle，AUV）、有缆遥控水下机器人（remotely operated vehicle，ROV）和自主/遥控水下机器人（autonomous & remotely operated vehicle，ARV）。AUV自带能源自主航行，可执行大范围探测任务，但作业时间、数据实时性、作业能力有限；ROV依靠脐带电缆提供动力，水下作业时间长，数据实时性和作业能力较强，但作业范围有限；ARV是一种兼具AUV和ROV特点的混合式水下机器人，它结合了AUV和ROV的优点，自带能源，通过光纤微缆实现数据实时传输，既可实现较大范围探测，又可实现水下定点精细观测，还可以携带轻型作业工具完成轻型作业，是信息型AUV向作业型AUV发展过程中的新型水下机器人。

水下机器人通过水下目标探测和识别、水下导航定位、水下通信等高新科学技术，可实现水下打捞救援、水下探测、水下资源开采等功能。20世纪70年代末期，为了使我国的水下机器人技术早日跻身国际先进行列及适应海洋开发的需要，我国开始着手水下机器人的研制工作。40多年来，我国水下机器人快速发展，尤其是进入21世纪以来，以"海翼"系列水下滑翔机、"潜龙"系列自主水下机器人、"海星/海龙/海马"遥控水下机器人、"蛟龙"号和"深海勇士"号载人潜水器、"海斗/海极"自主遥控水下机器人等为代表的深海技术装备的成功研制与应用，特别是"十三五"部署的万米系列潜水器研发，带动了一大批深海技术的进展，同时也极大地推动了我国深海科学研究与深海资源勘探水平。

## 二、2020年典型产品技术成果

2020年是我国"十三五"收官之年，在我国科技工作者的不懈努力下，深远海装备领域硕果累累，捷报频传。回首2020年，"海斗一号"完成万米海试、"奋斗者"号成功坐底等，不胜枚举。下面重点介绍2020年我国水下机器人的技术成果。

### 1. 全海深潜水器加速实现我国进入万米科考新时代

2020年，我国全面进入万米深潜新时代，多个标志性的事件举世瞩目。

（1）"海斗一号"自主遥控水下机器人成功万米海试。2020年5月14日，我国自主研制的"海斗一号"自主遥控水下机器人在马里亚纳海沟成功完成首次万米海试与试验性应用任务，最大下潜深度10 907m，为我国开展深渊科考获取了首批重要数据和样品，填补了我国万米级作业型无人潜水器的空白。该项目在国内率先突破了全海深无人潜水器核心关键技术，使我国具有了万米深海装备自主研发能力。

（2）"海燕"万米级水下滑翔机再破工作潜深世界纪录。2020年7月，在万米深渊观测科学考察航次中，我国万米级深海水下滑翔机最大下潜深度首次达到10 619m，获得了大量深渊的温盐、声学及影像等同步调查资料。两台万米级"海燕-X"水下滑翔机开展了连续6天的综合调查，共获得观测剖面45个，其中万米级剖面3个，充分验证了"海燕-X"水下滑翔机在深渊环境下的工作可靠性，标志着我国在万米级水下滑翔机关键技术方面取得重大突破。

（3）"奋斗者"号载人潜水器完成万米深潜作业。自2020年10月10日起，"奋斗者"号载人潜水器赴马里亚纳海沟开展万米海试，成功完成13次下潜，8次突破万米。11月10日8时12分，"奋斗者"号创造了10 909m中国载人深潜新纪录，并多次在马里亚纳海沟完成深潜作业，获取了大量生物、地质等深渊海底样品，标志着我国在大深度载人深潜领域达到世界领先水平。

（4）全海深视频直播系统完成万米海底4K视频直播。2020年11月，全海深视频直播系统中的"沧海"号视频着陆器开展了6次万米试验，其中"沧海"号与"奋斗者"号在万米海底开展了三次联合作业，建立并实现了"奋斗者"号载人潜水器→"沧海"号视频着陆器→"探索二号"船水面控制中心→卫星→中央广播电视总台演播室的实时通信链路。

以"奋斗者"号、"海斗一号"等为代表的系列万米级潜水器的成功研制，标志着我国深海潜水器跨入了一个可覆盖全海深探测与作业的新时代，将为我国海洋强国战略发挥不可替代的作用。

### 2. 系列长续航潜水器连创佳绩

（1）"海翼"水下滑翔机和"海燕"水下滑翔机再创佳绩。"海翼"水下滑翔机和"海燕"水下滑翔机的无故障工作时间、续航力、剖面数再创我国水下滑翔机新纪录，标志着我国水下滑翔机具备跨年作业的能力。

（2）"海鲸1000"自主水下机器人圆满完成海上验收试验。"海鲸1000"AUV是一种面向海洋环境多参数自主观测需求而研制的新型AUV观测系统，其特点是重量轻、续航时间长、智能。2020年，两台"海鲸1000"AUV开展海上验收试验，经受了多次台风过境的高海况考验，完成了温跃层智能跟踪观测、湍流自主观测、中尺度涡自主观测等功能验证和试验性应用，验证了AUV高效的中小尺度海洋过程精细观测能力和良好的海洋环境适应能力。

### 3. 异构无人潜水器组网系统圆满完成海上验收试验及应用示范

面向海洋观测实际需求，完成了"探索100"自主水下机器人和"海翼"水下滑翔机的适应性改造与小批量生产，由18台"探索100"AUV和水下滑翔机组成的异构无人潜水器组网观测系统开展了多项海洋特征组网观测海上试验及应用示范，圆满完成海上验收试验。在历时100余天的海上验收试验和示范应用中，18台（套）潜水器平台性能可靠，获得的观测数据准确、有效。

### 4. 新概念潜水器深海多位点着陆器与漫游者潜水器系统成功研制

"鹿岭号"深海多位点着陆器通过2个潜次的试验，完成了海上试验考核。"鹿岭号"最大下潜深度为3 252m，单个潜次完成了11个位点、累计10.3km的近海底移动，深海蓄能式浮力调节、基于浮标中继的组合通信、浮游/爬行双模新型ROV、声学引导自主回坞、镁/海水燃料电池及组合能源管理等系列关键技术得到全面验证。

### 5. 系列自主水下机器人圆满完成我国大洋和极地科考任务

2020年初，"探索1000"自主水下机器人成功应用于我国第36次南极科考，完成了17个剖面的科学观测，获得了海流、温度、盐度、浊度、溶解氧及叶绿素等大量水文探测数据，也充分验证了我国自主水下机器人在极端海洋环境下开展科学探测的实用性和可靠性，为极地冰盖冰架下科学研究取得突破进展提供了重要手段。

"潜龙二号"在大洋58航次的西南印度洋典型热液区开展了4个潜次的科学考察任务。经过技术升级后的"潜龙二号"，续航能力大幅提高，具备超短基线在线校正和无船值守能力，增加了水样采集功能，成功采集了保压近底水样。首次搭载了自然电位仪，获得了质量良好的数据，为我国多金属硫化物资源勘查提供了支撑。

"潜龙一号"和"潜龙四号"两台"潜龙"家族的深海AUV，搭乘"大洋号"科考船圆满完成2020年太平洋调查航次任务。这是交付后的"潜龙四号"首次开展科考应用，同时，对"潜龙一号"技术升级后的技术性能进行了全面验证，并开展了试验性应用。

## 三、趋势分析与预测

据市场统计分析，2014—2018年，我国水下机器人行业市场规模由12.4亿元增长至40.7亿元，年均复合增长率为34.6%。未来五年，预计我国水下机器人行业将呈现稳定增长的趋势，水下机器人智能化趋势及核心硬件国产化趋势将促进水下机器人行业进一步发展。

未来，从提升深渊综合作业效率和提升影响力的角度，多个水下机器人平台协同作业，将是一个重要的应用趋势。集群异构体系有望在深渊综合科考、资源勘探等领域发挥重要作用。

深海深渊重大装备的普及化应用及其取得的重大科技成果，将带动与之相关的基础材料、单元器件、传感器设备等基础学科或单元技术的发展，引领深海探测与作业单元技术与设备的发展和深渊技术体系的建立，带动万米相关领域设备的产业化进程，推动我国全海深科学研究与技术装备的跨越式前进和发展。

从水下机器人装备、作业及科考模式和应用领域的角度考虑，水下机器人未来有以下发展趋势：

一是水下机器人装备从单次科考作业模式向水下长期驻留式发展。针对深渊科考、深海采矿等技术需求，实现对深海区域的海底开展长时间连续的科考与作业。为此，需开展水下能源供应、水下设备模块化更换、科考区域全场景监控等关键技术研究。

二是在深海科考模式与水下作业控制模式方面，在未来应构建无人或少人科考船，以及基于远程遥控操纵的水下科考与作业体系，以缩小海上科考队规模，减少人员、补给及航渡恶劣海况对科考进度的影响，使科学家能够基于远程遥控参与深海科考，提高科考效率。

〔撰稿人：中国科学院沈阳自动化研究所李硕、赵宏宇〕

中国机器人工业年鉴 2021

地区篇

从重大举措及事件、产业现状、发展规划及战略等方面，阐述我国机器人行业各省份的发展情况

2020年北京市机器人行业发展概况
2020年天津市机器人行业发展概况
2020年上海市机器人行业发展概况
2020年江苏省机器人行业发展概况
2020年浙江省机器人行业发展概况
2020年湖北省机器人产业发展概况
2020年重庆市机器人行业发展概况
2020年台湾省机器人行业发展概况
2020年青岛市机器人行业发展概况
2020年广州市机器人行业发展概况
2020年深圳市机器人行业发展概况
2020年苏州市机器人行业发展概况

中国机器人工业年鉴2021

地区篇

# 2020年北京市机器人行业发展概况

北京市智能机器人研发水平居全国前列，具备发展智能机器人产业的基础和优势。为顺利推进国际科技创新中心建设，支撑高精尖产业的发展，"十三五"期间，北京市大力培育机器人产业。

## 一、机器人产业迅猛发展

截至2018年年底，北京市机器人企业的数量约为302家，其中上游核心零部件制造企业6家，中游机器人本体制造企业74家，下游系统集成企业222家，全年实现收入326.5亿元。海淀区和亦庄经济开发区是机器人企业最为集中的区域，两者在北京市机器人行业总收入中的占比分别为25.5%和23.8%，合计占比接近50%。

2020年，北京市聚焦仿人机器人、仿生机器人、异构多维无人协同控制和脑机接口等重点方向，依照五年规划支持开展关键技术研究和整机研制。通过项目实施，突破了多模运动自主决策、一体化力控关节、复杂环境感知、异构无人系统自组网和融合通信等10项关键技术；研制出伺服电动机、刚柔耦合一体化关节、四足机器人步态控制器和柔顺机械臂4个机器人核心部件；研制轮足复合快速运动仿人机器人、40公斤级可连续越障仿生四足机器人，整体水平将接近国际先进水平。

## 二、具有良好的创新资源

北京作为全国科技创新中心，集聚了机器人领域众多的创新资源，已初步建立起涵盖标准制定、关键技术研发、产品研制、系统集成与应用示范和检测认证等环节的完整机器人产业链，为北京在智能机器人领域的发展提供有利条件。

### 1. 机器人领域科技资源雄厚

北京拥有中国北方车辆研究所（201所）、北京天智航医疗科技股份有限公司（简称"天智航"）、北京柏惠维康科技有限公司（简称"柏惠维康"）、北京康力优蓝机器人科技有限公司（简称"康力优蓝"）和机科发展科技股份有限公司等国内领先的机器人研究机构和企业，占有国内机器人领域三分之一以上的科技资源，整体研发实力和创新能力处于世界先进、国内领先水平。在医疗手术、家庭服务、特种作业和物流等服务机器人方面具有一定产业规模。

### 2. 机器人产业创新发展智力资源丰富

北京在机器人领域具有深厚的技术研发基础和领先的人才优势，聚集了清华大学（简称"清华"）、北京航空航天大学（简称"北航"）、北京理工大学（简称"北理工"）、中国科学院自动化研究所（简称"中科院自动化所"）和机械科学研究总院等20多家机器人重点高校和科研院所，有北航王田苗、北理工黄强、清华孙富春/刘辛军、中科院自动化所侯增广/王硕等优秀的人才团队，研发实力雄厚。

### 3. 机器人产业创新生态链基本完善

北京在智能机器人关键零部件研发、系统集成和产品研制、标准制定、检测认证等环节，都有全国领先的优势单位，产业链基本完善。其中，在关键零部件研发方面，北京工业大学（简称"北工大"）开发的RV系列减速器、北京中技克美谐波传动有限责任公司（简称"中技克美"）开发的谐波减速器、北理工研发的灵巧手和北京自动化控制设备研究所开发的一体化关节等产品在全国处于先进水平；在系统集成和产品研制方面，康力优蓝开发的优友U05H类人型商用服务机器人、纳恩博（北京）科技有限公司（简称"纳恩博"）开发的九号平衡车、天智航研制的天玑骨科手术机器人和柏惠维康研制的Remebot神经外科手术机器人等智能机器人已在助老助残、家政娱乐、教育、商业和医疗等领域进行了广泛应用；在标准制定方面，拥有北京机械工业自动化研究所、中国机器人产业联盟、中国机械工业联合会等标准制定机构；在检验检测方面，有北京赛迪认证中心有限公司、中国软件评测中心、国家机床质量监督检验中心等专业机构。

## 三、机器人产业发展取得良好成效

### 1. 积极推动抗疫机器人研发及应用

2020年，面对突如其来的新冠肺炎疫情，北京涌现出一批机器人抗疫产品，清华大学刘辛军教授团队围绕机器人本体、测温装置及温补算法等方面进行技术攻关，研制的阿荼测温机器人，成功应用于北京协和医院、武汉同济医院及烟台第一中学、龙口市第一中学等单位，荣获2020年第二十二届中国国际工业博览会高校展区优秀展品奖、2020华北地区好设计奖优秀奖和Leaderobot 2020年度中国防疫机器人杰出贡献奖等荣誉。京东物流集团自主研发的物流配送机器人和无人机，在疫情核心区武汉、河北等地开展智能配送工作，让智能配送机器人成为抗击疫情的一支奇兵。中国航天科工集团有限公司（简称"航天科工"）与解放军总医院第五医学中心共同研制的自动静脉穿刺机器人，可有效解决在新冠肺炎治疗护理过程中遇到的静脉穿刺和抽取动脉血两大难题。

### 2. 多维度推进机器人技术研发及应用

近年来，北京市围绕仿人机器人、仿生机器人、机器人应用示范、异构多维无人系统协同控制等方向，聚焦机器人前沿技术与应用技术研究，以提升机器人整机技术水平和性能为牵引，带动关键零部件发展，取得多项重大进展。

（1）前沿类。北理工等单位突破了人工神经微纳构建和定向拉伸等技术，研制了人类意图识别的智能机器人系统和人工神经组织三维构建系统，对于下一代神经接口的开发以及神经损伤修复具有重大意义。以中国北方车辆研究所团队领衔，联合北京优势团队开展了高承载灵巧作业的仿生四足机器人研制。北航开展的空间机器人全局刚柔耦合动力学理论与控制方法研究获得自然科学奖二等奖。首都医科大学开展的基于人工智能和机器人技术的神经外科手术体系研究及临床应用获北京市科学技术进步奖一等奖。

（2）零部件类。以需求为牵引，北工大、北京北齿有限公司、航天科工、有研粉末新材料（北京）有限公司等单位开展了RV减速器、谐波减速器等研制和成果转化；北航研制的刚软耦合灵巧手，可实现对捏/跨握等常用抓取动作，取得了大量的创新成果，获得了良好的技术积累和人才优势。

（3）示范应用类。在医疗机器人方面，北京积水潭医院、柏惠维康、北理工、中国人民解放军总医院（简称"301医院"）等开展了腕骨微创治疗、多模态图像引导下精准导航穿刺、肺部肿瘤精准穿刺医疗机器人研制，并在积水潭医院、301医院、天坛医院等完成临床试验；在康复机器人方面，北京石油化工学院和北京清华长庚医院开展的面向冬奥会的冰雪运动损伤康复机器人研制，在北京清华长庚医院和冬奥会合作医疗机构张家口市第二医院进行了临床试用；在物流机器人方面，北京信息科技大学和京东集团研制的仓储货物拣选机器人，在京东亚洲一号北京物流园开展示范应用；在特种作业机器人方面，北京石油化工学院、北京城建精工钢结构工程有限公司、北京隆科兴科技集团股份有限公司和中船重工集团开展的高空焊接机器人、地下管线无损检测与修复机器人研制，服务于北京新机场建设和西城区市政工程；在服务机器人方面，达闼科技开展的云端机器人研制，新冠肺炎疫情防控期间，在北京地坛医院、武汉协和医院、武汉同济天佑医院、上海第六人民医院、浙大二院和上海儿童医院等多家医院应用。

（4）平台类。一是积极搭建监测服务平台，组织中国软件评测中心联合国家机床质量监督检验中心等优势单位搭建服务机器人、特种机器人检测服务平台，构建机器人检测服务体系，并已面向市场提供专业化检测、认证服务；二是发挥资源优势搭建医疗机器人创新平台，由天智航、中关村科学城创新发展有限公司、清华大学工业开发研究院联合组建北京市医疗机器人产业创新中心，构建从前沿技术、共性技术、产品设计、样机制造、监测评估和临床研究的全产业链结构化、平台化的一体两翼的医疗机器人协同创新平台；三是积极组建中关村机器人产业创新中心，打造聚焦机器人产业的创新生态系统，结合机器人产业的实际特点，布局产业链、创新链和公共服务三个板块内容，聚焦工业协作机器人、特种机器人、服务机器人和无人系统四个领域，搭建具有专业服务能力、资源配置能力和核心创新能力的机器人产业创新中心。

**四、产业发展规划及战略**

"十四五"时期，北京市将按照"围绕产业链部署创新链、围绕创新链布局产业链"的核心思路，面向行业前沿和关键共性领域，以市场化机制，集聚创新要素，创新科技组织范式，加速实现关键零部件和高端产品的重大突破，打造国内一流的智能机器人产业集群，成为驱动全国机器人产业发展的云端大脑和智能中枢。重点开展以下工作：

1. 积极推进前沿技术的探索和布局

加强对机器人行业前沿技术动态跟踪分析，准确识别技术风口，以材料结构功能一体化、全域感知与智能决策、自然交互与共融协作、技能学习与发育进化、生机电一体化与生机融合、微纳操作与微纳机器人和智能仿生机器人平台等为重点方向，加强前沿技术的探索和布局，建立快速发现和持续支持机制，尽快形成更多的原创、前沿的技术成果。

2. 加速重大科技成果的转化和产业化

对智能制造与机器人技术重大科技成果，包括仿人机器人、仿生机器人、脑机接口和异构协同等，给予持续性的支持，加快科技成果尽快转化落地，形成实体化的产业项目；围绕智能工厂、生命健康和养老服务等重点产业发展需求，推动工业协作机器人、医疗康复机器人、养老陪护机器人和特种作业机器人规模化的推广应用，打造特色产业集群。

3. 支持建设中关村机器人产业创新中心

由领军企业遨博（北京）智能科技有限公司、珞石（北京）科技有限公司和北京华航唯实机器人科技股份有限公司联合创客天下（北京）科技发展有限公司等组建联合体，充分整合行业企业、高校院所等创新资源，以建设新型产业链集群孵化空间为基础，吸引机器人产业领域产业链、创新链和公共服务模块资源集中入驻，以开放共享资源，共建产学研协同、大中小企业融通的共性技术服务平台为支撑，构建覆盖机器人产业全链条和创新全生命周期的产业闭环生态，增强机器人产业发展"粘性"，提升协同创新能力。

4. 加强关键技术和核心零部件集中攻关

整合各领域创新资源优势，探索建立多层次的、产学研用紧密结合的协同创新平台，围绕机器人"卡脖子"环节开展协同攻关。例如，针对机器人行业对减速器存在的精度低、寿命短和无法满足需求的问题，推动中关村机器人产业创新中心联合北工大、北京自动化控制设备研究所和中技克美等组成实体化攻关团队，在北京开展制造工艺研究，提升传统减速器性能，研制仿生机器人高扭矩摆线减速器、飞行器电动舵机系统减速器等新一代高精密减速器，为行业发展提供共性技术支撑和服务。

5. 支持重点特色园区建设发展

发挥中关村机器人产业创新中心创新策源和产业带动作用，重点依托亦庄、顺义、大兴和房山等地区，落地建设协作、服务、物流和应急机器人产业基地，搭建产业链集群孵化培育平台，瞄准关键核心技术清单明确的技术方向，面向全国进行招募合作，在关键环节、关键领域和关键保障能力上补链、强链，提升产业链及供应链的稳定性和竞争力，落地建设一批智能工厂。搭建产业合作平台，围绕津冀传统产业转型升级需要，推动北京机器人与当地传统产业的融合，实现体系化、规模化的应用。

〔撰稿人：北京生产力促进中心周恢、李丽、孟祥文、李耀民〕

# 2020年天津市机器人行业发展概况

一、发展概况

天津市以其雄厚的工业基础和众多高校丰富的创新资源，成为我国北方重要的机器人产业基地。特别是天津滨海新区，已成为国内少有的在机器人领域兼具科技创新、加工制造、集成应用以及市场推广的区域之一。整体上讲，天津市已形成完整的机器人产业链，但多数企业规模小，大多处于起步阶段，市场竞争优势不明显。

近年来，通过政府宏观政策的推动，以及企业对自动化改造、机器换人需求的增加，天津机器人市场有了飞速发展。根据2020年11月天津市统计局发布的数据，2020年11月天津市工业机器人产量的增速为91.7%，累计增速为7.5%；服务机器人增速为500.0%，累计增速为240.0%，机器人产业发展势头强劲。

在政府引导和市场推动双重驱动下，天津市汇集了天津新松机器人科技有限公司（简称"天津新松"）、深之蓝海洋科技股份有限公司（简称"深之蓝"）、辰星（天津）自动化设备有限公司（简称"阿童木机器人"）、天津朗誉科技发展有限公司（简称"朗誉科技"）、天津扬天科技有限公司（简称"扬天科技"）、一飞智控（天津）科技有限公司（简称"一飞智控"）等一批机器人整机龙头企业，2020年度营业收入增长率超10.0%，增长势头强劲。在工业机器人、水下机器人、无人机等细分领域，形成了诸多亮点和先发优势。

1. 前沿技术突破，储备发展新动能

借助政府财政设立的智能机器人、人工智能与智能制造等重大专项科技政策支持，天津市成功突破了一批智能装备关键技术，充分体现了天津市机器人领域强劲的科技创新能力。如：南开大学和天津市畜牧兽医研究所联合研制面向批量核移植的微操作机器人，2017年4月世界首例机器人"操刀"的克隆猪在天津诞生；天津大学突破混合推进技术，研发出"海燕"水下滑翔机，可持续不间断工作30天，具备独立在水下全天候工作的能力，2020年组织实施的"海燕—X"水下滑翔机万米深渊观测科学考察，最大工作深度达到10 619m，刷新了下潜深度的最新世界纪录；天津大学突破变胞技术难题，成功研发出世界首款可根据道路环境条件及任务需求进行自我重组与重构的变胞机器人；天津大学开发的高速并联机器人，成功突破几何精度保障、高速平稳控制、作业装备布局等关键技术，相关技术成果荣获2015年度国家技术发明奖二等奖。

2. 产业链完整

天津市机器人产业链较为完整，拥有减速器、控制器、伺服电动机、传感器等核心零部件所有门类，拥有串联、并联、混联工业机器人本体生产，以及打磨、焊接、加工和装配等系统集成，但整体规模较小。自天津市政府推出《天津市加快推进智能科技产业发展的若干政策》《人工智能"七链"精准创新行动计划（2018—2020年）》等政策文件，政府有计划地推动产业链的协同发展，取得了良好的效果。

3. 科技创新资源丰富

天津大学、南开大学、河北工业大学、中国民航大学、天津理工大学、天津职业技术师范大学等高校均建有机器人研究所，在机器人领域有较为深入的研究。清华大学天津高端装备研究院、天津中科智能技术研究院有限公司、浙江大学滨海研究院、南京理工大学北方研究院等众多大院大所技术团队入驻天津，使得天津市机器人领域创新人才和创新团队数量处于国内前列。

4. 产业活力强，产业聚集度较高

在天津市科技局指导下，天津市机器人产业创新战略联盟（简称"机器人联盟"）和天津市机器人产业协会（简称"协会"）分别于2014年4月、2015年10月成立。自成立以来，机器人联盟和协会在资源信息共享、产业链上下游对接、领域专业人才培训、关键技术研讨、产学研合作、国际合作交流及为政府决策建言献策等方面做了大量工作，行业交流对接较为活跃。天津市政府通过各种手段（如召开机器人峰会、组建行业协会、启动科技重大专项和机器换人工程等），逐步促进产业发展，形成产业聚集，现已初步形成武清区、开发区、西青区和东丽区四个具有明显聚集趋势的科技园区。2018年5月，新松机器人自动化股份有限公司（简称"新松"）正式与天津市政府签署战略合作协议，双方联合培养高层次复合型创新人才、共建机器人与人工智能创新高地。

## 二、产业链分析

天津市机器人产业链分布情况见图1。

| 上游核心零部件 | 中游本体制造 | 下游系统集成 | |
|---|---|---|---|
| · 控制系统<br>· 减速器<br>· 伺服系统<br>· 其他（软件、传感器、末端执行器等） | · 多关节机器人<br>· SCARA机器人<br>· 并联机器人<br>· 直角坐标机器人<br>· AGV机器人<br>· 水下机器人<br>· 无人机 | 应用场景<br>· 搬运：上下料、拆垛码垛<br>· 加工：焊接、喷涂、打磨等<br>· 组装<br>· 检验等 | 应用行业<br>· 汽车制造<br>· 3C电子<br>· 金属加工<br>· 仓储物流<br>· 食品加工<br>· 光伏锂电等 |
| 代表企业 | 代表企业 | 代表企业 | |
| · 国人机器人<br>· 旗领机电<br>· 东篱控制<br>· 纳博特<br>· 中能（天津）智能传动设备有限公司 | · 天津新松<br>· 阿童木机器人<br>· 扬天科技<br>· 深之蓝<br>· 朗誉科技<br>· 一飞智控<br>· 清研同创机器人（天津）有限公司 | · 福臻工业<br>· 中汽工程<br>· 博诺机器人<br>· 福莱迪<br>· 清研同创机器人（天津）有限公司<br>· 易而速机器人科技开发有限公司<br>· 日博工业技术有限公司 | |

**图1　天津市机器人产业链分布情况**

1. 上游企业

在天津市政府机器人产业链发展政策的推动以及本体企业需求发展的市场驱动下，众多企业投入到机器人零部件的研发及生产中，并已初具规模。

国人机器人（天津）有限公司（简称"国人机器人"）自主研发的"g"齿形谐波减速器，在精度及传动效率上比传统产品大幅提高。天津旗领机电科技有限公司（简称"旗领机电"）研发生产的高精度RV减速器已通过国家机器人检测与评定中心测试，性能达到国际先进水平。天津市东篱自动控制设备有限公司（简称"东篱控制"）的特种应用伺服系统已经在军方应用并获得多方好评，计划投入大功率伺服电动机及机器人关节的研发。天津小瞳科技有限公司（简称"纳博特"）汇聚一批国内外顶级人才，致力于发展以人工智能技术和机器人技术为核心的中国智能制造技术，机器人控制器已达先进水平。

2. 中游企业

2018年，天津市政府引进的新松工业机器人生产基地落户天津，为天津市机器人产业注入了活力。作为机器人行业的龙头企业，新松的引领作用明显，上游企业国人机器人的谐波减速器、旗领机电的RV减速器都已在天津新松测试，将进一步展开合作。阿童木机器人依靠核心技术优势，经过多年深耕市场，在全国并联机器人市场的销量已遥遥领先，是国内领先的并联机器人本体研发及后段包装自动化的整体解决方案供应商。扬天科技掌握核心技术的不锐系列协作机器人、大构件混联机器人在市场上也声名鹊起，并获得了一线投资商的青睐。深之蓝是一家专注于水下智能装备自主研发、生产和销售的创新型科技企业。提供遥控无人潜水器（ROV）、自主式水下潜器（AUV）和水下滑翔器（AUG）、浮标产品（COPEX）及行业解决方案。2018年，深之蓝投入消费级水下机器人的研发及生产，面向个人用户提供水下助推器、动力浮板、水下无人机等，现已成为行业内"独角兽"企业。朗誉科技专注重载AGV的研发生产，现最大载重量可达1 000t，可实现双车联动、多车拼接。客户涵盖航空、航天、军工、高铁、冶金等世界500强企业。

3. 下游应用

基于天津市的工业基础，天津市机器人的集成应用多集中在汽车制造及电子行业，涌现出一批掌握核心技术的集成项目供应商。

中国汽车工业工程有限公司（简称"中汽工程"）作为国内最大的机械工业设计院，在汽车工程规划设计、EPC工程总承包上已确立了自身的优势地位，业务能力已达到了领先水平，拥有宝马、奔驰、沃尔沃、大众、路虎（捷豹）、通用等国际知名品牌以及国内各主要汽车集团客户。天津福臻工业装备有限公司（简称"福臻工业"）历经20多年在汽车行业的深耕及沉淀，先后为国内外诸多汽车公司设计制造了超过500条整车焊接生产线及与之配套的焊装夹具、检具等。天津博诺机器人技术有限公司（简称"博诺机器人"）致力于打造全国智能制造教育装备领军企业，公司"专业、专心、专注"为院校提供人工智能、机器人、高端数控、无人机等智能制造类"新工科新职教"专业人才培养完整解决方案。天津福莱迪科技发展有限公司（简称"福莱迪"）开拓创新，利用机器人+视觉+CIM为电子、集成电路行业提供解决方案。

### 三、主要园区及产业集群

结合国家科技部、工业和信息化部等部委的专项工作方案思路,通过梳理天津市自创区"一区二十一园"核心区及各分园的产业规划布局,结合各区县产业发展特色,天津市提出机器人产业布局思路:重点依托武清机器人产业园、滨海新区机器人产业基地、西青区智能制造生产基地等,建设机器人产业聚集区,实现"以点带面,全面开花"的良好态势。

**1. 武清机器人产业基地**

在京津走廊武清区,依托武清汽车产业园,规划了面积为100万$m^2$的机器人产业基地,现已集聚30家机器人企业。该产业基地着重引进国内机器人大型公司和承接北京的产业转移,结合产业园在汽车零部件生产方面的产业基础,推广机器人及智能制造,力争在五年内培育出2~3家10亿元规模的机器人小巨人企业,在十年内培育出1家100亿元规模的机器人龙头企业。

武清机器人产业基地发达的路上交通网络,使其资源的引进和产品服务的输出可以快速辐射河北乃至全国内地市场。

**2. 滨海新区机器人基地**

2015年9月23日,滨海新区泰达智能无人产业园(滨海新区机器人基地)正式揭牌。基地坐落于津滨高科技工业园内的泰达智能无人装备产业园,重点入驻企业包括深之蓝、一飞智控、阿童木机器人等企业。

滨海新区机器人基地于2018年引进中国机器人产业领军企业——新松,建设了新松北方工业机器人生产基地,旨在拉动天津市机器人产业上下游协同发展。

**3. 西青区智能制造基地**

作为天津市制造业的重要组成部分,西青开发区紧跟产业发展前沿,积极谋划布局,组织辖区内的制造型企业成立转型交流合作组,构建智能智造生态圈,全方位助力企业实现由"制造"向"智造"的转变,智能制造代表企业宜科(天津)电子有限公司接连推出了智能制造微缩生产线、宜科云等一系列智能制造创新产品,取得了令业界瞩目的成就。

### 四、重大举措和事件

2020年6月23—24日,第四届世界智能大会在天津举办。大会持续秉承高端化、国际化、专业化理念,举办会、展、赛、智能体验等一系列活动。同时,围绕落实智能科技产业1+10专项行动,集中展示天津智能化解决方案和应用场景,打造智能化解决方案的策源地和生产地。大会采用AI技术,通过AR、VR等智能手段,实时连线中外政要、专家学者、知名企业家、平台机构、中外媒体,共同见证云上大会揭幕,打造虚拟与现实交互并存、线上与线下同步互动的精彩场景,共同见证智能科技产业带来的美轮美奂的精彩瞬间。

大会智能科技展锁定智慧生活、智能制造、科研创新、智慧城市、智能体验、大数据以及智能农业等主题,涉及5个展厅、1个室外体验区和1个公共发布区,通过进一步的市场化运作,将智能科技展打造成一个多元对接活动,为企业提供舒适的洽谈环境和深度的交流平台。

〔撰稿人:天津市机器人产业协会赵连玉、张春林、孙向征〕

# 2020年上海市机器人行业发展概况

我国拥有全球最大的机器人市场,上海是我国机器人产业最大的集聚地,全球三分之一的机器人产量在我国,我国三分之一的机器人产量在上海,机器人产业正在成为"上海制造"的新名片。

机器人产业是上海推进科技创新、开展智能制造、发展高端智能装备的核心领域。上海聚集了汽车、大飞机、船舶、航天等先进制造业,是工业机器人巨大的应用市场和示范基地。上海是全国乃至全球的高科技人才聚集区,人才是科技创新的第一原动力,因此,上海在机器人创新、智能制造方面具有得天独厚的优势。上海既有大型跨国公司、国内领军企业,也有上海本土企业,形成了浦东、宝山、嘉定、松江等机器人企业聚集区。

### 一、产业现状

上海的机器人相关企业众多,机器人产业链较为完整。上游的伺服电动机、减速器等核心零部件企业有上海纳博特斯克传动设备有限公司(简称"纳博特斯克")、中国电子科技集团公司第二十一研究所、上海博建电子科技有限公司(简称"博建电子")、龙工(上海)机械制造有限公司(简称"龙工")等企业。中游机器人本体企业有上海发那科机器人有限公司(简称"发那科")、上海ABB工程有限公司(简称"ABB")、安川电机(中国)有限公司(简称"安川")、库卡机器人(上海)有限公司（简称"库卡"）四大家族，以及中科新松有限公司（简称"新松"）、上海新时达电气股份有限公司（简称"新时达"）等企业。下游系统集成商有外企柯马（上海）工程有限公司（简称"柯马"）、蓝姆汽车设备（上海）有限公司（简称"蓝姆"），本土企业科大智能科技股份有限公司（简称"科大智能"）、新松等。服务机器人方面，一大批细分领域的瞪羚企业快速成长，崛起为新一代的产业生力军与技术策源地，如小i机器人、上海达闼科技有限公司、上海高仙自动化科技发展有限公司等。

上海集中了一批在全国较早研究机器人的大学和科研院所，且高校院所与机器人跨国公司合作成立了多家联合实验室，并在上海成立了国家机器人检测与评定中心（总部）（简称"国评中心（总部）"）。同时，上海聚集了国内外机器人领域不同层次的人才，既有机器人规划控制、人工智能、硬件设计、感知识别等方向的高端人才，又有行业集成应用的专业技术工程师，为机器人行业提供了大量人才储备。国际机器人巨头凭借规模效益、先进的软硬件设计和生产能力、技术及市场优势，长期占据高端及高附加值机器人市场，其我国市场占有率近70%。与此同时，国内龙头企业也纷纷落户上海，上海逐步形成研发、生产、应用等相对完整的产业链，聚集了一批本体和功能部件企业、系统集成商和相关科研院所。

上海发展机器人产业具有以下优势：

1. 先天优势

上海是我国近现代工业的发祥地，拥有很强的制造业基础和科技实力，长期承担大量的国家战略任务。上海市政府高度重视机器人产业的发展，加上良好的工业基础、科技人才的集聚、体制机制的创新，上海在发展机器人产业上拥有其他地区无法比拟的优势。机器人产业图谱显示，上海市机器人产业规模连年增长。截至2020年年底，上海市机器人相关企业达到1080家，工业机器人、服务机器人并举发展。预计2021年上海市机器人产业规模将超过700亿元。

2. 平台优势

（1）上海机器人产业技术研究院——研发与转化优势。在上海市政府、市科委、市经信委等相关委办共同指导下，由上海电器科学技术研究所（集团）有限公司、上海大学以及上海市普陀区政府共同出资成立的上海机器人产业技术研究院，作为上海市机器人研发与转化功能型平台，承担多项国家标准制定工作，着眼于机器人本体及零部件的可靠性测试、软件开发及测试、机器人智能平台建设等方面，以"可靠强基、智能升维、平台赋能"的理念构筑机器人研发与转化平台，肩负机器人产业转型升级、培育优质机器人企业、促进"中国制造"品牌国际化的历史使命，助力上海成为具有全球影响力的科技创新中心。

（2）国家机器人检测与评定中心（简称"国评中心"）（总部）——公共服务平台优势。国评中心（总部）由上海电器科学研究所（集团）有限公司承建。国评中心（总部）作为国家和科研院所共建的第三方服务机构，可为我国机器人检测认证工作提供有力的保障，将在机器人检测标准的制定、检测实验室的软硬件建设、认证实施规则的完善、机器人领域人才培养、信息平台搭建、国际交流合作等方面起到引导和推动作用，促进机器人产业有序健康发展。未来，国评中心（总部）将成为具有国际一流水平，覆盖机器人产品检测、标准、认证、技术咨询服务的行业公共服务平台。

（3）高校与科研院所——创新价值链优势。上海拥有众多国内外知名高校与科研院所，拥有较强的机器人研发实力。它们以机器人技术为核心，瞄准机器人产业发展前沿领域，构建驱动机器人产业发展的创新价值链。上海市机器人相关高校及科研院所见表1。

**表1 上海市机器人相关高校及科研院所**

| 机构名称 | 简介 | 代表性成果 |
|---|---|---|
| 上海交通大学机器人研究所 | 是我国最早从事机器人技术研究的专业机构之一，也是上海市机器人产业的主要研究基地 | 承担国家"973"课题3项，国家"863"项目7项，国家自然科学基金项目14项。获省部级自然科学奖二等奖2项，科技进步奖二等奖2项，发明奖三等奖1项。在机器人学和制造科学研究方面取得了重要理论成果，并与安川、飞利浦、ABB设立机器人联合实验室 |
| 上海交通大学康复工程研究所 | 旨在造福老年人、残疾人以及退变性神经性疾病患者，开展康复工程跨学科的理论与实际应用方面的研究，开发新型康复工程技术及康复辅助器械与装置 | 研发的六自由度无驱动外骨骼式上肢康复机器人，可实现肩部、肘部、腕部6个自由度的运动，并且具有简单弹性重力支撑装置 |
| 复旦大学智能机器人研究院 | 研究智能机器人信息处理与控制、核心器部件、系统集成与应用等理论与技术，并应用于智能医疗机器人、智能工业机器人、智能服务机器人的研发和产业化，致力于形成全自主知识产权的系列智能终端和以机器人为智能终端的新产业研发经济模式。 | 产品有自主心智发育机器人、复娃、爱家一号、海宝机器人、中西医健康管理机器人、儿童益智机器人等一系列智能服务机器人 |
| 上海大学机器人研究所 | 研究基地包括上海市机械自动化及机器人重点实验室、国家"863"计划机器人主题产业化基地、上海大学精密机械研究所、上海大学—华中科技大学快速制造中心、上海大学机电工程设计院和各专业研究室等 | 工业机器人通用控制系统、新一代智能化数控系统、智能下肢康复训练机器人（上海电气集团产业转化）、智能助行康复训练机器人（上海诺诚电气产业转化）、上肢康复机器人（华山医院临床研究） |

| 机构名称 | 简介 | 代表性成果 |
|---|---|---|
| 上海理工大学康复工程与技术研究所 | 专门从事康复工程研究、专业教学与学科方向建设，建立了国内高校最大的康复工程科研与人才培养综合平台，研发了康复训练、康复护理方面的系列机器人 | 智能交互式上肢康复机器人具有3个自由度，能够实现主动和被动训练，并基于虚拟现实加入趣味性康复训练游戏，增强患者的参与程度 |
| 上海电器科学研究所（集团）有限公司 | 原名机械工业部上海电器科学研究所，创建于1953年，是我国电工行业多专业、综合性行业归口研究所，原国家机械工业部直属的事业单位 | 承担多项国家"863"项目、科技部项目及上海市重点重大科技项目，获得国家科技进步奖二等奖3项，拥有省部级二等奖以上的科技和产业成果90多项，国家授权专利数百项（其中1/3为发明专利），拥有软件著作权100多项 |

（4）世界人工智能大会、中国国际工业博览会——会展平台优势。自2018年以来，世界人工智能大会已成功举办了三届。大会秉持"智联世界"的理念，坚持"高端化、国际化、专业化、市场化、智能化"的办会方针，策划多种形式的活动，搭建国际合作交流平台，汇聚顶级科学家、企业家、政府官员、专家学者、国际组织、投资人、初创团队等。大会促进了全球人工智能创新思想、技术、应用、人才和资本的集聚和交流，推动了全球科技创新协同。

中国国际工业博览会旗下最具人气和影响力的专业展之一——机器人展，自2012年设立至今，已连续成功举办了九届。机器人展精确把握产业发展趋势，紧贴市场需求，持续不断超越与创新，国内外机器人龙头企业纷纷在展会平台上发布全球首发产品，展现机器人先进技术和行业应用。该展会已经成为助力我国智能制造发展，推动并影响机器人行业格局，全球最具影响力的机器人行业盛会。

**二、产业园区概况**

上海市正在积极推动机器人产业高质量发展。2018年11月，《上海市产业地图》正式出炉。该地图指出，上海市机器人产业要以普陀为产业地标，以宝山上海市机器人产业园区、嘉定工业区、浦东机器人产业园区（金桥/康桥/临港）为产业定位，加快构建产业体系。

**1. 上海机器人产业园**

上海机器人产业园位于上海市宝山区，成立于2012年，占地面积3.63km²。该园区以建设装备制造产业技术创新引领示范区为目标，经过多年的发展，园区产业规模不断扩大，其中工业机器人、医疗机器人、安全防卫机器人、教育服务机器人等行业均有显著突破。2020年，该园区被上海市经信委列为上海市26个特色产业园之一，属于上海市智能制造核心领域的八个园区之一。目前，该园区入驻规模企业150家，其中机器人及配套企业50多家，包括发那科、上海鑫燕隆汽车装备制造有限公司、上海法维莱交通车辆设备有限公司、焱智精密机械（上海）有限公司、上海翰鹏光电科技有限公司、费勉仪器科技（上海）有限公司、上海安杰环保科技有限公司等。该园区将逐步形成机器人产业、智能装备制造业和高端生产性服务业集群式发展。

**2. 浦东机器人产业园区**

浦东机器人产业园区聚力打造"一谷一园"，以张江机器人谷和金桥机器人产业园为中心，带动周边街镇产业空间有效利用，形成承载浦东机器人产业发展的空间载体。该园区计划在张江、金桥分别形成3.9km²和5.5km²的机器人产业发展空间，打造全球一流的技术创新中心、医疗机器人高地、离散智能制造特色产业园区、创新功能服务平台集群，形成跨界融合发展生态。该园区充分利用现有的英特尔、IBM、微软、上汽、华为、中国移动等企业的创新中心和创新平台，打通现有技术和产业创新平台与机器人产业的联动。加快浦东新区离散自动化产业创新联盟、浦东新区机器人创新中心、机器人国评中心浦东分中心、科沃斯机器人研发中心等一批功能型服务平台的建设和引入。

张江机器人谷以高端医疗机器人为核心领域，以特色工业机器人、智能服务机器人为重点领域，目前已入驻机器人头部企业、创新企业、创新机构80余家，机器人产业年工业产值117亿元。金桥机器人产业园已初步形成了以欧姆龙等核心零部件与功能模块企业为代表的机器人产业链上游，全球排名前十的工业自动化企业半数以上（包括费斯托、欧姆龙、罗克韦尔等）已经入驻金桥机器人产业园，以新松、上海安翰医疗技术有限公司、擎京机器人科技（上海）有限公司、上海市卫邦机器人有限公司、弗徕威智能机器人科技（上海）有限公司等为代表的机器人产业链中游在金桥机器人产业园已形成集聚效应。到2023年，浦东要建设成为具有较高国际影响力、国内顶级的机器人产业发展高地，总体产业规模达到500亿元。

**3. 松江工业区**

松江工业区成立于1992年，是经上海市人民政府批准设立的市郊首家市级开发区。松江工业区由最初的2.56km²扩展到现在的43.69km²，形成了包括电子信息、现代装备、精细化工、新材料和现代服务业等在内的几大优势产业。目前，该区直接从事机器人生产、服务的企业有10余家，分布在机器人产业链中的各个环节。上游伺服器、减速器等核心产品领域有博建电子、龙工、纳博特斯克等企业；中游机器人本体研发制造方面有国际龙头企业库卡，其新基地预计年产能达5 000台；在集成服务方面，除了有柯马、蓝姆等外资企业外，科大智能、上海君屹工业自动化股份有限公司、伟本智能机电（上海）股份有限公司等本土企业的发展也非常迅速。

4. 嘉定工业区

嘉定工业区是经上海市人民政府批准设立的市级工业区，地处上海西北部，总面积78km²，核心区域面积32.4km²。经过多年的发展，嘉定工业区的规模和品牌效应不断扩大，已先后建立了上海张江高科技园区嘉定分区、国家留学生嘉定创业园、上海中科高科技园区、上海嘉定出口加工区、复旦复华高科技园区、上海大学国家科技园6个国家级的园区。目前，已形成了汽车零部件、光电子信息、精密机械制造、新型材料等为主导产业的产业链，集聚了来自世界30多个国家和地区的400多家投资商落户，项目总投资超过100亿美元。

该区机器人企业发展迅猛，新时达机器人工厂是上海首个建成投产的机器人制造智能工厂，目前该厂已经具备了1万台（套）六轴工业机器人及500套机器人柔性工作站的年生产能力。安川首钢机器人有限公司上海分公司所经营的MOTOMAN机器人的年产量居世界前列，广泛应用于弧焊、点焊、涂胶、切割、搬运、码垛、喷漆、科研及教学，可根据用户需要设计制造完整的机器人应用系统，承接交钥匙工程，并有完备的备品备件、系统的技术培训和优秀的售后服务作后盾，是汽车、摩托车、家电、烟草、陶瓷、工程机械、矿山机械、冶金、物流、机车等行业的密切合作伙伴。上海辛迪机器人自动化有限公司拥有自己的系统集成中心和制造厂房，主要从事机器人应用（包括焊接、切割、搬运和涂胶等）、自动化装配及设备检测等。

机器人作为产业转型升级中的关键因素，已经成了上海推进智能制造的先锋。随着上海"科创中心"建设和人工智能技术的飞速发展，金融、信息、医疗健康等新兴服务业领域成为上海机器人产业新的增长点。以工业机器人为主的中国国际工业博览会机器人展、以服务机器人为主的中国（上海）国际技术进出口交易会服务机器人展，为机器人行业开放式融合创新提供了广阔的国内外展示、交易、交流的国家级市场平台。国评中心（总部）设立在上海，为上海搭建了国家级机器人产业标准化工作建设和提升产品质量的重要平台。得益于对外开放的基础和优质的人才资源，上海引领全国机器人产业发展是大势所趋。

〔撰稿人：上海机器人产业技术研究院刘凤义、刘碧珊、王昶茹〕

# 2020年江苏省机器人行业发展概况

## 一、行业发展概况

作为我国制造业发达地区之一，江苏省拥有较为完善的机器人产业链。截至2020年，江苏省形成了工业机器人、服务机器人、特种机器人等产业集群，并出现了一批机器人产业上市企业。

根据MIRDATABANK数据统计，2020年，江苏省机器人本体市场规模超过500亿元，机器人系统集成、机器人视觉等产业总体市场规模达到1 500亿元。

南京市涉及机器人研发生产的企业有近百家，2020年，南京市机器人产业规模近100亿元，工业机器人、服务机器人、特种机器人三大领域全面开花，其中工业机器人年产量突破10 000台（套）。在江苏机器人产业另一集群所在地——常州，武进区作为全国影响力较大的机器人产业基地之一，聚集了研发生产及配套集成企业60余家，市场规模突破了60亿元。苏州机器人产业包含机器人本体制造、核心零部件制造及系统集成，其中系统集成处于全国领先水平，市场规模近1 000亿元。

江苏省机器人产业也培育出了多个优质机器人品牌。例如，工业机器人本体制造企业：南京埃斯顿自动化股份有限公司（简称"埃斯顿"）、苏州汇川技术有限公司（简称"汇川"）、遨博（江苏）机器人有限公司（简称"遨博"）；服务机器人制造企业：科沃斯机器人科技有限公司（简称"科沃斯"）、苏州穿山甲机器人股份有限公司（简称"穿山甲"）；电力行业特种机器人制造企业：亿嘉和科技股份有限公司（简称"亿嘉和"）；机器人核心零部件制造企业：苏州绿的谐波传动科技股份有限公司（简称"绿的谐波"）、南通振康焊接机电有限公司（简称"南通振康"）等。

优良的人才储备及政策环境也吸引了大量外资品牌落户，例如，川崎重工业株式会社（简称"川崎"）机器人生产制造基地落户苏州、安川电机株式会社（简称"安川"）机器人生产制造基地落户常州、那智不二越株式会社（简称"那智不二越"）机器人生产制造基地落户苏州。

## 二、产业政策沿革

2015年，江苏省政府发布的《关于更大力度实施技术改造推进制造业向中高端迈进的意见》中首次提出"至2020年全省新增使用工业机器人1万台，重点行业机器人密度达到国际先进水平，规模以上工业企业全员劳动生产率年均提高10%以上"。2018年5月16日，江苏省工业和信息化厅发布《关于印发江苏省新一代人工智能产业发展实施意见的通知》提出，对包括语音识别、图像识别、智能机器人、智能无人机、智能传感器、智能芯片等领域的技术突破给予支持。

2018年12月，江苏省工业和信息化厅发布《江苏省机器人产业发展三年行动计划》提出，2020年全省机器人产业产值达1 000亿元，年均增长35%以上，自主品牌工业机器人年产量达到1万台，形成一批机器人重点领军企业、知名品牌和特色产业基地的发展目标。政策上，江苏省将加强人工智能技术实施，推动工业机器人、服务机器人和特种机器人的智能化发展。

各市区、重点园区重点支持机器人产业发展的政策有：

2020年，常州市武进区发布《武进区机器人产业链卓越发展实施方案（2021—2023）》，提出"打造全国工业机器人'智谷'和长三角产业地区具国际影响力的机器人产业高地"的发展目标，围绕产业全生命周期，打好机器人设计、研发、制造、集成和应用的组合拳。

昆山市根据《市政府印发关于加快昆山市机器人及智能制造产业发展的若干政策意见和昆山市加快机器人及智能制造产业发展若干政策意见实施细则的通知》（昆政发〔2016〕80号），面向使用工业机器人、智能工厂等技术的项目持续进行政策支持。

苏州市吴中区根据《2019—2020年吴中区机器人与智能制造产业扶持政策》，对区域内企业使用机器人、建设智能工厂等技术项目进行政策扶持。

江苏省根据机器人产业的发展现状，通过政策引导、平台支持、研发成果转化促进等方式，为机器人产业的发展提供有力支撑。

### 三、产业链主要环节

1. 工业机器人

根据MIR DATABANK数据统计，2020年，江苏省关节型工业机器人产量为33 000台，产量在1 000台以上的品牌有埃斯顿、汇川、遨博等国产品牌和川崎、安川、那智不二越等外资品牌。

在工业机器人系统集成领域，江苏省形成了3C电子自动化、汽车自动化、锂电池设备自动化、光伏自动化、工程机械自动化和物流自动化等多个产业集群。

非标自动化产业为江苏省制造业的升级提供了强有力的保障，同时孵化出博众精工科技股份有限公司、罗博特科智能科技股份有限公司、苏州赛腾精密电子股份有限公司、无锡奥特维科技股份有限公司、昆山佰奥智能装备股份有限公司、江苏北人智能制造科技股份有限公司、昆山华恒焊接股份有限公司等一批系统集成领域的上市公司。

江苏省在工业机器人产业链方面完成了控制系统、减速机和伺服系统三大核心部件自主化研发生产的全面布局。

2. 服务机器人

江苏省在服务机器人领域拥有家政机器人、教育机器人、商用/政务服务机器人和医疗康复机器人等多个产业集群。2015年，科沃斯扫地机器人的销量突破160万台，2017年销量达到330万台，如今科沃斯已经成为我国扫地机器人的名片之一。在商用/政务服务机器人领域，苏州穿山甲机器人以丰富的应用场景定制化服务，成为服务机器人领域原始设计制造商（ODM）类重要厂商。在医疗康复机器人领域，苏州大学、东南大学等面向康复机器人领域的研究较为深入。

3. 特种机器人

特种机器人作为特定应用领域的产品，常以特殊化的机构设计得以呈现。江苏省特种机器人领域实现产业化的产品包括电力巡检机器人、消防机器人和隧道巡检机器人等。目前，亿嘉和已经成为电力巡检机器人行业的优秀代表，徐工集团于2020年成立机器人公司，专注于消防、特种、智能和消费等机器人的研发和制造。

4. 核心零部件

江苏省在机器人核心零部件：控制系统、伺服系统、减速器、力传感器、导航系统、MEMS传感器等机器人核心零部件领域形成了产业集群，并培育出优秀的本土企业。

控制系统领域。埃斯顿、汇川、遨博等均实现了控制器自主化，纳博特南京科技有限公司、新代科技（苏州）有限公司相继发布机器人控制系统，为国内外工业机器人厂商提供核心系统。

伺服系统领域。以苏州、常州、南京产业集群为代表，形成了通用伺服系统、微型直流伺服系统以及直线电动机等新一代运动控制高端品牌。

减速器领域。南通振康、绿的谐波、南京高精传动设备制造集团有限公司等国内企业深入研发与创新，在RV减速器、谐波减器机方面已经同外资企业水平相当。

传感器领域。依托于自身优质的科研人才储备，江苏省在力传感器、MEMS传感器和激光导航仪器等领域。均取得了较大的突破，苏州市已经成为我国MEMS传感器的主要生产制造产地。

### 四、重点园区情况

江苏省在苏州、南京、常州、徐州累计建设了5个机器人产业园。除机器人产业园外，南京江宁经济开发区、苏州工业园区两大综合性园区内也聚集了一批优秀的机器人企业。江苏省重点机器人产业园区情况见表1。

表1 江苏省重点机器人产业园区情况

| 序号 | 产业园名称 | 所在地 | 重点企业情况 |
| --- | --- | --- | --- |
| 1 | 昆山高新区机器人产业园 | 昆山市 | 华恒焊接股份有限公司、苏州穿山甲机器人股份有限公司、库卡工业自动化（昆山）有限公司、哈工大机器人集团（昆山）有限公司等 |

(续)

| 序号 | 产业园名称 | 所在地 | 重点企业情况 |
|---|---|---|---|
| 2 | 徐州经济技术开发区机器人产业园 | 徐州市 | 徐州海伦哲专用车辆股份有限公司、徐州天荣医疗通讯设备有限公司、徐州市科诺医学仪器设备有限公司等 |
| 3 | 常州机器人产业园 | 常州市 | 安川（中国）机器人有限公司、常州市钱璟康复股份有限公司、金石机器人常州股份有限公司、纳博特斯克（中国）精密机器有限公司等国内外知名企业 |
| 4 | 南京麒麟机器人产业园 | 南京市 | 机器人相关企业入驻数百家 |
| 5 | 张家港机器人产业园 | 张家港市 | 那智不二越（江苏）精密机械有限公司、伊萨焊接器材（江苏）有限公司、张家港先锋自动化机械设备股份有限公司等机器人及自动化企业 |

### 五、小结

江苏省机器人产业已经形成产学研完善的成果转化体系，同时构建了从核心部件到本体制造再到系统集成，完善的机器人产业生态链。未来，在先进机器人技术研发和创新方面，江苏省机器人产业将持续创新，为我国智能制造提供坚实的动力。

〔撰稿人：江苏省机器人专业委员会卢昊〕

# 2020年浙江省机器人行业发展概况

### 一、行业发展概况

浙江省作为机器人产业发展较早的省份之一，已形成涵盖机器人零部件、整机、集成应用及周边配套的完整的产业链体系。据浙江省经济和信息化厅资料显示，浙江省目前有141家机器人核心企业，产业链配套企业达到1 080家，2020年实现产值1 461.2亿元，在役工业机器人11.1万台。

浙江省建设和培育有杭州萧山、宁波余姚、杭州余杭、嘉善干窑四个特色机器人小镇和产业园，拥有浙江钱江机器人有限公司、杭州新松机器人自动化有限公司、浙江万丰科技开发股份有限公司等为代表的工业机器人本体企业，杭州申昊科技股份有限公司、杭州海康机器人技术有限公司、杭州艾米机器人有限公司、杭州景业智能科技股份有限公司、浙江国自机器人技术股份有限公司等为代表的服务和特种机器人企业，智昌科技集团股份有限公司、恒丰泰精密机械股份有限公司、浙江环动机器人关节科技有限公司等为代表的关键零部件企业，以及一批从事以机器人应用为核心的系统集成和周边配套企业，具备良好产业基础。

浙江机器人产业创新条件和研发能力优势突出，拥有之江实验室、阿里巴巴达摩院等高能级创新平台，中国（浙江）机器人及智能装备创新中心、浙江大学机器人研究院、宁波市智能制造产业研究院等高水平产业创新平台，建有国家级技术（研发）中心2个、省级技术（研发）中心5个。另外，浙江大学、浙江工业大学、浙江理工大学、杭州电子科技大学和中国计量大学等知名高校多年致力于机器人的研究，并已形成各自的特色。

随着浙江机器人标准化和检测认证服务的深入推进，杭州市质量技术监督检测院建立了浙江省工业机器人产业计量中心。浙江省政府有关主管部门和浙江省机器人产业发展协会积极推动全省机器人标准化工作，全省已有10余家企业主持参与制（修）订机器人国家标准和行业标准30余项。机器人领域专利申请总量已超万件，全国排名第四。

### 二、重大事件

1. 长三角区域机器人产业电子地图编制上线

2019年12月，由浙江省机器人产业发展协会与上海、江苏、安徽组成的长三角区域三省一市机器人行业组织共同发起成立的长三角机器人与智能制造合作组织，在上海对外发布了《长三角区域机器人产业链地图（纸质版）》。

2020年11月，长三角机器人与智能制造合作组织轮值主席单位浙江省机器人产业发展协会在合作组织高层会议上发布了长三角区域机器人产业（电子）地图并正式上线。长三角机器人产业（电子）地图是长三角区域一体化发展蓝图中的首个区域性跨省市行业产业地图，该地图共收录长三角区域机器人产业链企业和机构信息千余条。

2. 第六届中国（杭州）国际机器人西湖论坛

2020年11月，由浙江省机器人产业发展协会主办的第六届中国（杭州）国际机器人西湖论坛在浙江杭州举办。

论坛以"机器人与服务人类"为主题,采用线上线下结合的方式,分别召开了"机器人与服务人类主论坛"和"国际机器人创新与合作长三角(杭州)论坛"两场主旨论坛,"工业移动机器人""机器人与大健康""机器人职业技术教育与培训"和"机器人与智能建造"四场专题论坛以及两场国际性赛事。活动期间,国际机器人组织联盟(International Alliance of Robotics Associations, IARA)正式成立,联盟总部落户萧山机器人小镇。

### 三、发展规划及战略

浙江省工业转型升级领导小组于2019年12月在关于印发《浙江省打造智能机器人产业高地行动计划(2020—2025年)》的通知中明确了浙江省机器人产业高端制造(特色产业)基地布局:

1. 余姚机器人智谷小镇

发挥"中国机器人峰会"平台窗口效应,创新开展"校地合作"机制与模式,进一步发挥浙江大学机器人研究院、宁波市智能制造产业研究院等平台的支撑带动作用,创建机器人产业创新服务综合体和制造业创新中心,加强全球精准合作,招引落户一批国内外工业机器人骨干标杆企业,集聚一批高端创新人才,着力打造工业机器人高端制造基地。

2. 萧山机器人小镇

联动之江实验室、北大信息技术高等研究院等高层次创新平台,推动人工智能、机器学习、脑科学、机器视觉与机器人技术融合发展,建设制造业创新中心和机器人云平台(工业互联网平台),推进实施一批标志性机器人重大投资项目,打造涵盖智能工业机器人、服务机器人等多门类综合性机器人高端制造业基地。

3. 杭州(余杭)机器人产业园

围绕机器人研发设计、科技孵化、生产制造等环节,以工业机器人及智能成套专用装备为主要发展方向,协同发展以医疗健康、智能商务服务等为重点的智能服务机器人,配套发展传感器、人工智能等关联产业。

4. 嘉善干窑机器人小镇

落实长三角区域一体化发展战略,以机器人制造及研发为主导产业,大力发展健康医疗、教育服务、仓储物流、工业机器人等机器人产业,配套发展智能制造集成服务、工业信息安全、人工智能及先进传感设备、核心元器件制造等相关产业。

〔撰稿人:浙江省机器人产业发展协会张学群〕

# 2020年湖北省机器人产业发展概况

### 一、行业发展概况

2020年,湖北省拥有机器人生产企业近100家。在研发方面,华中科技大学在多维工业机器人(搬运、清洁、喷漆等)、外骨骼式康复医疗机器人等方面的研究国内领先,武汉大学在电力专用机器人等方面的研究实力雄厚;在设计制造方面,拥有武汉华中数控股份有限公司(简称"华中数控")、武汉奋进智能机器有限公司(简称"奋进智能")、湖北三丰智能输送装备股份有限公司(简称"三丰智能")等一批骨干企业;在下游应用方面,拥有武汉华工激光工程有限责任公司(简称"华工激光")、武汉团结激光股份有限公司(简称"团结激光")、武汉楚天激光(集团)股份有限公司(简称"楚天激光")等国内知名企业;在创新平台方面,拥有国家信息光电子创新中心、国家数字化设计与制造创新中心等一批创新载体。目前,全省已初步形成以武汉为核心,以襄阳、十堰、孝感等地为支撑的机器人产业发展格局。

在零部件环节,高精度减速器、高性能伺服电动机和驱动器、运动控制器、传感器和末端执行器等核心零部件的研制取得重要进展,培育了华中数控、湖北科峰传动设备有限公司(简称"科峰传动")等知名企业。其中,华中数控在机器人控制系统、伺服驱动和电动机等方面具有完全自主知识产权。

在本体制造环节,已成功研制关节型机器人、移动作业机器人和直角坐标型机器人等系列产品,集聚了埃斯顿(湖北)机器人工程有限公司〔简称"埃斯顿(湖北)"〕、武汉申安智能系统股份有限公司(简称"申安智能")等企业。其中,埃斯顿(湖北)拥有全系列关节型工业机器人产品,广泛应用于焊接、打磨和喷涂等领域。

在系统集成环节,大力拓展搬运、焊接、喷涂、码垛等机器人系统的集成应用,拥有奋进智能、三丰智能等企业。其中,奋进智能深耕上甑机器人、出窖机器人等酿酒行业解决方案;三丰智能通过并购省外机器人企业实现技术、应用高位嫁接,研制出具有搬运、装配等功能的AGV移动机器人。

### 二、重点产业及主要企业

湖北省机器人产业分为上游、中游、下游。2020年湖北省机器人产业分析见表1。

表1 2020年湖北省机器人产业分析

| | 重点环节 | 主要企业 | 优势 | 劣势 |
|---|---|---|---|---|
| 上游 | 原材料、控制器、伺服系统、减速器 | 华中数控、科峰传动、湖北三江航天红阳机电有限公司（简称"三江航天红阳机电"） | 在控制系统、伺服驱动系统、电动机等关键零部件领域具备一定的自主知识产权，技术处于国内领先水平 | 高性能交流伺服电动机、高性能精密减速器等关键零部件严重依赖进口，关键共性技术水平不足 |
| 中游 | 本体制造 | 华中数控、奋进智能、埃斯顿（湖北） | 拥有一批知名院校、科研院所和骨干企业，具备较强的研发能力 | 产品集中在中低端领域，智能化水平不高 |
| 下游 | 机器人应用及系统集成 | 申安智能、三丰智能、湖北唯思凌科装备制造有限公司（简称"唯思凌科"）、湖北华昌达智能装备股份有限公司（简称"华昌达"）、武汉库柏特科技有限公司（简称"库柏特"） | 系统集成发展迅速 | 产品集中在搬运、码垛、上下料等一般工业领域，应用面较窄 |

### 三、主要园区及产业集群

湖北省机器人产业主要集群或园区分布在武汉、襄阳、孝感、荆州、十堰、黄冈、黄石和宜昌等地。2020年湖北省机器人产业集群或园区分布情况见表2。

表2 2020年湖北省机器人产业主要集群或园区分布情况

| 主要区域 | 主要产品 | 重点环节 | 主要创新平台 | 重点企业 | 重点项目 |
|---|---|---|---|---|---|
| 武汉、襄阳 | 高精度减速器、高性能伺服电机和驱动器、运动控制器、传感器、末端执行器 | 零部件 | 由武汉奋进、华中数控等首批85家企业和科研院所组成的湖北省机器人产业创新战略联盟 | 华中数控、奋进智能、库柏特、科峰传动 | 三江航天红阳机电与华中数控合作研发的"焊接机器人工作站在航天领域的应用"项目 |
| 荆州、十堰 | 关节型机器人、移动作业机器人、直角坐标式机器人等 | 本体制造 | | 埃斯顿、申安智能、唯思凌科 | |
| 黄石、孝感、宜昌 | 工业机器人：搬运、焊接、喷涂、码垛；服务机器人：外骨骼式康复医疗机器人、胶囊内镜机器人、军警用智能机器人、专业服务机器人、消防机器人、癌症肿瘤早期筛查的机器人、"皮肤解码"机器人、体操表演机器人、家庭服务机器人、两轮自平衡机器人等 | 系统集成 | | 三丰智能、三江航天红阳机电、宜昌英汉超声电气有限公司 | |

### 四、存在问题

目前，湖北省机器人产业面临的主要问题有以下三个方面：

1. 整体规模较小，龙头企业不多

大部分机器人生产企业缺乏高端、核心产品的研发制造能力，产品以组装、代工、仿制为主，产品同质化严重，主要集中在搬运、码垛、上下料等一般工业领域，中低端机器人产能过剩，而精密化、智能化的高端机器人产品较为缺乏，多数企业处于产业链低端。

2. 产品智能化水平低

湖北省机器人产业在系统软件平台、解析交互、多机调度、认知学习、情感互动以及机器人底盘等软硬件技术方面储备不足，多数产品智能化水平较低，仅能处理较为简单的工作任务，有待进一步升级突破。

3. 政策支持力度有待突破

湖北的制造业基础雄厚、区域位置便利、人才优势明显，但机器人产业发展与此不匹配，相关的扶植配套政策有待进一步完善，要加快机器人产业的发展，使其成为中部地区经济崛起的重点。

### 五、发展规划及战略

1. 发展目标

力争到2023年全省形成较完善的产业体系，主营业务收入达500亿元以上。培育4～5家具有自主知识产权和品牌的龙头企业，10～20家关键部件配套企业，3～4个产业集群，将湖北省建设成为全国的机器人产业重要增长极，将武汉打造成为全国创新、应用、服务核心区。

2. 重点方向

（1）关键零部件方面。基于武汉精华自主研发产品，重点发展适合机器人应用的高性能、低成本、长期免维护的专用摆线针轮减速器、RV减速器和谐波减速器。重点突破高强度耐磨材料技术、加工工艺优化技术、高速润滑技术、高精度装配技术、可靠性及寿命检测技术以及新型传动机理。基于华中数控自主研发产品，优先发展高力矩直接驱动电动机、盘式中空电动机等机器人专用电动机，重点发展高磁性材料优化、一体化优化设计、加工装配工艺优化等技术，提高伺服电动机的效率，降低功率损失，实现高功率密度。重点发展基于总线的高性能机器人控制器、智能型机器人控制器，重点突破高性能关节伺服、惯量动态补偿、多关节高精度运动解算及规划等技术。发展并掌握开放式控制器软件开发平台技术，提高机器人控制器可扩展性、可移植性和可靠性。

（2）专用机器人方面。优先发展分拣机器人、焊接机器人、搬运机器人、喷涂机器人、加工机器人、装配机器人、检测机器人、清洁生产机器人等工业机器人产品，依托医疗装备集群重点发展护理机器人、康复机器人等服务机器人产品，培育发展救援救灾机器人、反恐防暴机器人、能源安全机器人等特种机器人产品，以及助老助残、家用服务、特种服务等服务机器人产品。

（3）机器人系统集成领域。重点面向汽车、机械零部件、电子、物流、生物、食品等领域，提供机器人化智能制造整体解决方案，开发机器人化生产、检测、装配智能制造单元装备及成组工艺生产线，为相关行业的转型升级提供系统集成服务。

3. 重点布局

以武汉、襄阳为核心区，重点发展减速器、伺服电动机、控制器、传感器、末端执行器等零部件制造，以及工业机器人本体制造、系统集成和解决方案；以黄冈、黄石、荆门、孝感、宜昌、荆州、咸宁、十堰、随州为发展区，重点发展搬运、焊接等机器人系统集成和减速器、伺服电动机等零部件制造。

〔撰稿人：湖北省机器人产业创新战略联盟魏绍炎〕

# 2020年重庆市机器人行业发展概况

## 一、行业概况

重庆市于2011年提出了打造"机器人之都"的目标，经过9年的探索和发展，重庆已成为我国机器人产业西南地区产业集群的中心城市。重庆市政府将机器人产业列为重点支持的战略性新兴产业之一，对该行业的发展给予了充分的重视，采取了包括连续颁布产业相关扶持政策、大力引进国内外优质机器人企业及机构、集中打造机器人产业园区等措施，以引导机器人行业快速发展。

重庆市已引入发那科、库卡、ABB、川崎、优必选等国际知名企业，武汉华中数控股份有限公司、广州数控设备有限公司等国内知名企业也在重庆投资建厂，重庆机器人有限公司、重庆大牛认知科技有限公司等一批具有创新研发能力的本土企业也在自主成长。

为促进行业健康、有序发展，重庆市引入了包括中科院绿色智能研究院、国家机器人检测与评定中心在内的全国性、行业性平台机构，成立了全国第一家省级机器人行业协会，打造了全国首家及唯一一家专注于机器人行业的融资租赁服务公司。

据相关部门统计数据显示，截至2020年年底，重庆市有机器人产业链企业[一]200余家，其中机器人本体研发、生产和销售类企业20余家。据重庆社会科学院统计，2020年，重庆市智能制造关联产业（包括工业机器人、智能制造装备、工业软件、智能传感器等）产值达到300亿元，工业机器人销售量4 500余台（套），公共服务及特种机器人销售量400余台，主要机器人和机器人集成企业共实现销售收入超22亿元。[二]

## 二、企业发展情况

1. 主要企业概况

重庆机器人行业共有16家主要企业，其中包括工业机器人本体企业5家、机器人生产线集成企业8家、服务机器人企业2家及特种机器人企业1家。重庆市主要机器人企业及其概况见表1。

表1 2020年重庆市主要机器人企业及其概况

| 细分领域 | 企业名称 | 主要产品 | 应用行业 |
| --- | --- | --- | --- |
| 工业机器人本体 | 重庆华数机器人有限公司 | 工业机器人、协作机器人 | 3C、家用电器、锅具、电力 |
| | 川崎（重庆）机器人工程有限公司 | 工业机器人、机器人系统集成 | 汽车 |
| | 重庆发那科机器人有限公司 | 工业机器人、智能机械、导轨等周边产品 | 汽车 |
| | 重庆广数机器人有限公司 | 工业机器人、变压器、数控系统、数控机床 | 机械加工 |
| | 重庆机器人有限公司 | 工业机器人、自动化设备、智能仓储设备 | 军工、机械加工 |

---

[一] 产业链企业指包括机器人集成、软件和零部件的研发、生产、销售在内的企业。
[二] 数据来源于重庆市机器人与智能装备产业联合会调研企业的问卷反馈，覆盖生产性企业23家，主要位于重庆两江新区和重庆永川机器人产业园。

(续)

| 细分领域 | 企业名称 | 主要产品 | 应用行业 |
|---|---|---|---|
| 机器人产线集成 | 重庆福伦得实业有限公司 | 智能化工厂改造解决方案 | 汽车、物流、医疗 |
| | 重庆元谱机器人技术有限公司 | 弧焊、电焊机器人工作站/生产线 | 模具、汽车 |
| | 重庆川宜机电设备有限公司 | 川崎机器人产品，自动化产线集成 | 船舶、家用电器、3C |
| | 重庆海浦洛自动化科技有限公司 | 输调漆系统、自动化喷涂系统、精准注蜡系统、自动化涂胶系统 | 汽车 |
| | 重庆山朕科技发展有限公司 | 机器人柔性系统焊接工装产线 | 汽车 |
| | 重庆恒拓高自动化技术有限公司 | 含工业机器人的自动化解决方案 | 汽车、3C、电器仪表 |
| | 重庆固高科技长江研究院有限公司 | 工业装备控制系统、传感与通信模块及设备 | 机械加工、特种设备 |
| | 重庆安木科技有限公司 | 非标集成产线 | 汽车、摩托车 |
| 服务机器人 | 优必选（重庆）科技有限公司 | 商用服务机器人 | 百货商品超级市场、教育 |
| | 重庆大牛认知科技有限公司 | 法律机器人 | 司法公共服务 |
| 特种机器人 | 固博机器人（重庆）有限公司 | 巡检机器人 | 电力 |

2. 重点企业

（1）川崎（重庆）机器人工程有限公司（简称"川崎（重庆）"）。川崎（重庆）于2015年由日本川崎重工业株式会社与重庆宜而奇园林工程有限公司合资成立，是日本川崎重工业株式会社在我国范围内唯一一家采用合资控股形式的子公司。经过5年的发展，duAro双腕机器人、六轴机器人BX系列和三轴机器人的生产线已陆续在重庆工厂落成。2020年，川崎（重庆）销售机器人1500台，营业收入超3亿元。

（2）重庆华数机器人有限公司（简称"华数机器人"）。华数机器人于2013年由武汉华中数控股份有限公司、重庆科技风险投资有限公司和重庆两江新区创新创业投资发展有限公司共同投资成立，是重庆本土培育的国产工业机器人企业。截至2020年年底，华数机器人已具备四大核心零部件自主研发能力，其自主可控的智能机器人控制器已实现规模化批量应用，是国产机器人行业的优秀企业。2020年，华数机器人实现产品销售2000台（套），营业收入超过1亿元，预计2021年营业收入将有较大增幅。

（3）优必选（重庆）科技有限公司（简称"优必选（重庆）"）。优必选（重庆）于2018年年底落户重庆两江新区，是深圳市优必选科技股份有限公司在重庆的全资子公司。截至2019年年底，优必选（重庆）已完成了新产品Cruzr商用机器人的研发、生产和销售，在商品超级市场和教育领域得到了较广泛的应用。2020年，优必选（重庆）实现产品销售201台，销售收入为3672万元。

（4）重庆大牛认知科技有限公司（简称"大牛认知"）。大牛认知于2018年由重庆本地法律行业从业人员和科研人员独立自主创建，是国内首个拥有类脑算法技术的智能机器人企业。大牛认知专注于人工智能机器人在法律公共服务领域的研发和应用，致力于人工智能软件、公共数据平台的开发和智能机器人研发。截至2020年年底，大牛认知申请及获授权发明专利35项，全年实现机器人销售107台，销售收入为1133万元。

三、主要园区发展情况

重庆市主要机器人产业园区有两江新区水土机器人产业园和永川区凤凰湖产业园，其余大部分工业机器人、特种机器人及其配套企业主要围绕重庆市辖区九龙坡、璧山、沙坪坝区的汽车、电子信息、摩托车、机械加工、军工等行业企业聚集地零星分布。服务机器人企业在市主要城区散落分布。

1. 两江新区水土机器人产业园

重庆两江新区是重庆市下辖的副省级新区，也是我国的国家级开发新区和开放新区。两江新区含重庆江北区、渝北区和北碚区3个行政区的部分区域，规划总面积1200km$^2$。区内产业主要包括汽车、电子信息、装备制造和生物医药等，有机器人行业企业及机构共计15家，重庆两江新区水土机器人产业园机器人行业企业及机构名单见表2。

### 表2 重庆两江新区水土机器人产业园机器人行业企业及机构名单

| 序号 | 企业及机构名称 | 序号 | 企业及机构名称 |
| --- | --- | --- | --- |
| 1 | 川崎（重庆）机器人工程有限公司 | 9 | 重庆朗维机电技术有限公司 |
| 2 | 重庆华数机器人有限公司 | 10 | 重庆山朕科技有限公司 |
| 3 | 重庆发那科机器人有限公司 | 11 | 重庆川宜机电设备有限公司 |
| 4 | 重庆库卡机械有限公司 | 12 | 中科院重庆绿色智能研究院 |
| 5 | ABB机器人重庆应用中心 | 13 | 重庆两江机器人融资租赁有限公司 |
| 6 | 长安徕斯（重庆）机器人智能装备有限公司 | 14 | 重庆德新机器人检测中心有限公司 |
| 7 | 优必选（重庆）科技有限公司 | 15 | 重庆市机器人与智能装备产业联合会 |
| 8 | 重庆海浦洛自动化科技有限公司 | | |

#### 2. 永川凤凰湖机器人产业园

永川凤凰湖机器人产业园成立于2005年，是重庆永川高新区"一区四园"之一，位于永川城市规划区内，规划面积50km²。区内产业覆盖智能装备、汽车、电子信息和新型材料等多个行业，有机器人行业企业共计7家，重庆永川凤凰湖机器人产业园机器人行业企业及机构名单见表3。

### 表3 重庆永川凤凰湖机器人产业园机器人行业企业及机构名单

| 序号 | 企业及机构名称 | 序号 | 企业及机构名称 |
| --- | --- | --- | --- |
| 1 | 重庆广数机器人有限公司 | 5 | 重庆固高科技长江研究院有限公司 |
| 2 | 重庆恒拓高自动化技术有限公司 | 6 | 重庆佰斯特智能装备有限公司 |
| 3 | 重庆萨博途斯机器人工具有限公司 | 7 | 重庆凯宝机器人股份有限公司 |
| 4 | 重庆固博西电智能机器人技术有限公司 | | |

## 四、发展规划及战略

基于重庆地区机器人产业发展的现状及主要问题，重庆市提出了关于发展机器人产业的思路、目标和重点。

### 1. 发展思路

建强机器人产业链和供应链，补齐短板，锻造长板，不断提升机器人产业规模，构建产学研用协同创新和上下游紧密协作的产业生态链，实现机器人产业高质量发展。

### 2. 发展目标

到2023年，机器人产业销售收入突破500亿元，驱动、控制等核心技术实现突破，初步构建起需求对接、业务相联、经营协同的良好产业生态，为助推全市工业生产产能升级奠定稳固的基础。

到2025年，机器人产业销售收入突破800亿元，机器人在工业生产各领域的应用取得重大进展，形成具有共生、互生、再生、富有活力和可持续发展等特点的机器人产业新业态，建成西部一流的机器人应用示范基地和产业创新发展示范区。

### 3. 发展重点

（1）工业机器人核心零部件。工业机器人核心零部件包括高精密减速器、高性能控制器和高精度传感器。依托机械制造、自动化控制等方面的技术优势，寻求工业机器人核心零部件领域的技术突破，研发适合工业机器人应用的高效率、低重量、长期免维护的系列减速器，提高机器人控制器的可扩展性、可移植性和可靠性，提高应用于关节位置、力矩、视觉和触觉等方面的高精度传感器的研发能力。

（2）协作机器人。发展应用于复杂加工环境的协作机器人。围绕轻型协作机器人应用关键技术，开展柔性控制技术、操作系统和应用软件等项目建设，鼓励龙头企业加强国际合作和技术引进，加大轻型协作机器人和轻型人机协作机器人的研发力度，形成系列化、模块化、特色化的加工协作机器人产业新业态。

（3）高水平集成企业。进一步提升工业机器人产线集成水平，实现机器人行业与汽车、电子信息、装备制造、材料工业、能源工业和建筑工业等本地区支柱产业的深度融合，形成一系列整体智能化解决方案，加大集成企业面向食品、医药、纺织、军工和化工等重要产业的研发力度，为更多应用行业提供高质量的定制化解决方案。

（4）服务机器人。坚持以应用为导向，围绕物流仓储、公共服务、医疗、智能家居和教育娱乐行业，积极拓展服务机器人的应用场景，以市场需求推动科研进步，带动服务机器人行业健康发展。

（5）建立机器人产业标准和检测认证体系。依托国家机器人检测中心，进一步完善机器人产业链检验与认证体系建设，通过建立产品质量追溯体系和认证采信制度，规范行业竞争秩序，推动西部地区机器人检测认证工作迈入制度化、规范化的新起点，提升国产品牌机器人的市场竞争力。

〔撰稿人：重庆市机器人与智能装备产业联合会周忻〕

# 2020年台湾省机器人行业发展概况

## 一、总体情况

总体来看，我国台湾地区工业机器人企业主要可分为零部件厂、整机厂、系统集成商以及工业计算机制造商。

其中零部件厂商是工业机器人产业供应链的主体，包括传动部件、控制器、驱动器和传感器。台湾工业机器人，特别是多关节型的机械手臂，所使用的关键零部件如伺服电动机、减速器与编码器等，多是从国外采购。但近年来，在政策及产业需求等因素的多重刺激下，台湾机器人产业已逐渐积蓄起自主力量，许多机械金属零部件制造商开始加大对机器人零部件的研发，且已通过质量验证。

以制造领域区分，我国台湾的工业自动化系统集成商大致可分为三类。一是机械金属加工制造商，主要有盟立自动化股份有限公司、旭东机械工业股份有限公司、大银微系统股份有限公司（简称"大银微系统"）、世纪贸易股份有限公司、公准精密工业股份有限公司等；二是汽车及零部件制造商，主要有永彰机电股份有限公司、统旺科技工业股份有限公司、润蓬企业有限公司、也成实业有限公司、和大集团等；三是电子产品制造商，有佳世达科技股份有限公司、致茂电子股份有限公司、均华精密工业股份有限公司、帆宣系统科技股份有限公司、志圣工业股份有限公司、均豪精密工业股份有限公司、信纮科技股份有限公司、和椿科技股份有限公司等。目前台湾多数系统集成商仅能将机器人与各种传感器或是外围设备（如输送带、机台）进行连接与调试。如果要进一步发展自动化、智能化，例如实现预知维护、混合信息整合等，系统集成商仍必须引入国外的模块或产品，制造过程、整合应用和调试设备等需国外原厂共同进行评估，技术来源有所限制。

从区域分布情况看，台湾工业机器人产业主要集中在台湾省北部地区与中部地区。在台北、新北及新竹等北部地区，工业机器人企业多数为工业机器人关键零部件及模块制造企业，以及国外工业机器人代理商。我国台湾北部地区和中部地区凭借电子零部件、机械零部件、计算机等工业基础优势，成长起一批控制器、传感器、伺服电动机及驱动器等工业机器人关键零部件生产企业，如台达电子工业股份有限公司（简称"台达电"）、士林电机厂股份有限公司、东元精电股份有限公司、凌华科技有限公司、台湾研华宝元数控有限公司和敦南科技股份有限公司等。

在台中、彰化等台湾省中部地区，工业机器人产业以模块与整机制造为主，代表企业包括台湾精锐科技股份有限公司、上银科技股份有限公司（简称"上银科技"）、大银微系统等。在中部地区，台湾省拥有中部科学园区、水湳经贸园区、精密机械科技园区等园区，是台湾AI与智慧机器人创新制造基地重镇，目前除了拥有多关节机器人、直角坐标机器人等整机制造商外，还聚集了一批关键零部件制造商。

近期，台湾地区宣布将打造智慧机器人创新制造基地，争取用4年时间，以20亿元台币为预算，以中部科技园区、南部科学园区为先行，其中南部科学工业园区推动南科智慧机器人自造大舞台，未来将投入约10亿元台币，通过园区厂商及产学合作跨领域整合，扮演智慧机器人发展的重要推手，联华电子股份有限公司、群创光电股份有限公司、台达电、直得科技股份有限公司、东捷科技股份有限公司、友上科技股份有限公司等厂家表示将投入资源支持。

## 二、市场特点

根据国际机器人联合会统计数据，2019年，我国台湾工业机器人市场销量大幅减少，年销量为6 413台，较上年下降47%，全球排名第八。这一统计数据中至少有15%的下降幅度是由台湾某机器人供应商更改了数据统计范围，仅统计了销往亚洲的数据造成的。

从应用领域看，我国台湾地区工业机器人的主要应用领域为搬运上、下料和洁净室。2019年，用于搬运作业的工业机器人销量为1 846台，占市场总销量的29%，比2018年大幅下降49%，其中，用于物料搬运的工业机器人最多，销量为1 223台，在总销量中占比达到19%；位居第二的应用领域是洁净室，2019年，销售用于洁净室的工业机器人1 293台，在总销量中的占比是20%，同比下降16%，其中应用于半导体洁净室的工业机器人数量最多，销量为990台，同比下降7%，在总销量中占比15%。

从应用行业看，电子电气是台湾工业机器人第一大应用行业。2019年，销售用于电子电气行业的工业机器人2 617台，占总销量的41%，同比下降52%，形成鲜明对比的是排名第二的金属加工行业，发展势头强劲，2019年，销售用于金属加工的工业机器人1 195台，比2018年增长59%，在总销量中的占比达到19%；用于汽车行业的工业机器人销量较少，与2018年相比，年销量下降87%，即使抛去上述统计范围中的变动因素，用于汽车行业的工业机器人销量也同比下降了约50%。

从机器人类型看，多关节机器人是台湾工业机器人市场中最重要的机型。2019年，多关节机器人销量为3 575台，同比下降59%，在总销量中的占比高达56%；排在第二位的是SCARA机器人，销量为1 271台，比2018年下降37%，在台湾工业机器人市场总销量中的占比是20%；直角坐标机器人全年销量同比增长84%，占总销量的9%。

### 三、台湾企业在大陆发展情况

由于我国台湾地区市场容量较小，台湾工业机器人产业将我国大陆地区作为首要投资地。据悉，台湾工业机器人企业（约120家）中，有大部分企业投资我国大陆地区，建立生产基地。

#### 1. 上银科技

主要产品包括线性滑轨、滚珠螺杆与工业机器人，在滚珠螺杆和线性滑轨领域表现优异，主要竞争对手为日本厂商。上银科技产品目前主要销往亚洲市场，并以我国大陆地区为首位。为扩大我国大陆地区市场，2017年11月，启用了总投资8亿元人民币的苏州新厂，主要生产滚珠螺杆及线性滑轨等关键零部件，未来将会进行医疗机器人及部分工业机器人的生产。

#### 2. 台达电

作为全球电源管理与散热解决方案的优秀厂商，近年来，台达电已逐步从关键零部件制造领域延伸至整体节能解决方案设计，主要业务涉及电源及零部件、自动化与基础设施三大领域，为客户提供兼具高质量与高可靠度的工业自动化产品及解决方案。

#### 3. 鸿海科技集团（简称"富士康"）

富士康不只是个代工厂，已从硬件公司转型成软件公司，业务涵盖通信网络设备、云服务设备、精密工具及工业机器人专业设计制造等多个领域。围绕制造业已形成了广东深圳、山西晋城、台湾台北三大研发基地，分别专注于电控、驱动及下一代创新技术。目前，富士康自主研发了磁条导航AGV、六轴机器人、并联机器人、SCARA等，拥有1 000台机器人的月产能，已在大陆内地的工厂部署了6万台工业机器人。其中，六轴机器人主要用于上、下料，AGV应用于生产车间内的物料搬运，并联机器人和SCARA用于抓取和分拣等。同时，富士康将针对物联网传感器、超级计算机、5G通信、智能数据中心、AI应用、机器人等进行大规模的投资，并在北京、上海、南京、深圳建立人工智能实验室，进一步建构工业互联网发展的基础。

〔撰稿人：中国机械工业联合会孙媛媛〕

# 2020年青岛市机器人行业发展概况

### 一、行业发展概况

近年来，青岛市高度重视机器人产业发展，以机器人为代表的"高端装备产业"被列入"十三五"战略性新兴产业发展规划，并将机器人产业列入"高端制造业＋人工智能"攻势的重要攻坚任务。在政策扶持、产业生态、项目培育、园区建设等方面多措并举，整合各种力量要素，助推机器人产业发展壮大。

"十三五"以来，青岛市机器人产业链整体发展均衡，关键零部件、机器人本体、系统集成解决方案等各个环节的企业阶梯式分布，先后成立了青岛市机器人产业创新战略联盟及山东省机器人创新中心，国家级、省级、市级研发中心逐步完善。企业与清华大学、上海交通大学、哈尔滨工业大学、华中科技大学等机器人及自动化领域一流高校建立合作关系，提高研发和成果转化能力。在加快培育青岛宝佳自动化设备有限公司（简称"宝佳自动化"）、青岛科捷机器人有限公司（简称"科捷机器人"）等本地行业龙头企业的同时，青岛市制定了机器人产业"双招双引"目录，先后引进新松机器人自动化股份有限公司（简称"新松"）、深圳市越疆科技有限公司（简称"越疆科技"）等一批行业影响力强的企业落户青岛市，完善产业链生态。

"十三五"期间，青岛市机器人企业数量年均增长20%以上。根据青岛市机器人产业协会的不完全统计，目前青岛市已集聚机器人上下游企业60余家，宝佳自动化、科捷机器人、青岛诺力达智能科技有限公司3家企业被列入国家工业和信息化部发布的符合《工业机器人行业规范条件》的企业名单。2020年，协会内企业实现营业收入37.3亿元，同比增长58%。全市机器人产量实现跨越式增长，至2020年已超过5 000台（套）。

### 二、重点产品及主要企业

经过几年的大力发展，青岛市机器人产业链基本形成，产业集聚效应初现，技术水平已进入国内先进行列。既有新松、软控股份有限公司、青岛丰光精密机械股份有限公司（简称"丰光精密"）等上市企业，也有青岛北洋天青数联智能股份有限公司、青岛德系智能装备有限公司、青岛通产智能科技股份有限公司（简称"通产智能"）等新三板企业，还有宝佳自动化、科捷机器人、科捷智能科技股份有限公司（简称"科捷智能科技"）等多家拟上市企业，呈现有利的竞争和引领的格局。定向招商成果显著，世界机器人排名前10位的企业，已有6家落户青岛。

目前，青岛市机器人产业已基本涵盖全产业链。以核心零部件生产为主的上游企业中，丰光精密拥有十多年的精密零部件生产加工经验，其主营产品——工业机器人伺服电动机已被日本安川电机株式会社等企业采用；青岛盈可润传动科技有限公司自主研发的伺服行星减速器、直角行星齿轮减速器等产品荣获十余项国家专利，广泛应用于机器人领域；青岛宇方机器人工业股份有限公司、青岛誉见大海人工智能科技有限责任公司、青岛旭升视觉有限公司、青岛小优智能科技有限公司等企业分别在机器人电控系统、基础软件、机器视觉等技术领域拥有自主研发产品，并逐渐形成规模。

在处于产业链中游的机器人本体生产企业中，以青岛新松机器人自动化有限公司、青岛越疆机器人科技有限公司（简称"青岛越疆"）为代表的工业机器人生产企业正在逐步做大做强；青岛塔波尔机器人技术股份有限公司、青岛钢铁侠科技有限公司（简称"青岛钢铁侠"）、青岛中智泓熵机器人技术有限公司、青岛克路德机器人有限公司等企业生产的服务机器人在公共服务、大型活动、抗疫消毒等应用场景获得推广应用；青岛澳西智能科技有限公司（简称"澳西智能科技"）研发的消防救援特种机器人产品已成功投入市场；青岛悟牛智能科技有限公司研发的无人驾驶车和智能采摘机器人等已在多地开展示范应用；以青岛罗博飞海洋技术有限公司为代表的水下机器人的研发生产也在快速推进。

以机器人系统集成及应用为主的产业链下游，是青岛市机器人产业发展的"快车道"，聚集了行业内80%以上企业。宝佳自动化的产值增速连续多年保持在15%以上，在国内饲料行业的机器人应用市场占有率超过70%。科捷智能科技聚焦于智慧物流、智能制造系统解决方案的提供，年销售额超过8亿元。青岛海尔机器人有限公司（简称"海尔机器人"）、科捷机器人、青岛星华智能装备有限公司、通产智能、青岛海德马克智能装备有限公司等企业，分别在家电、橡胶轮胎、轨道交通、机械加工、公共服务等领域占据一定的市场份额。青岛市机器人产业全景图见图1。

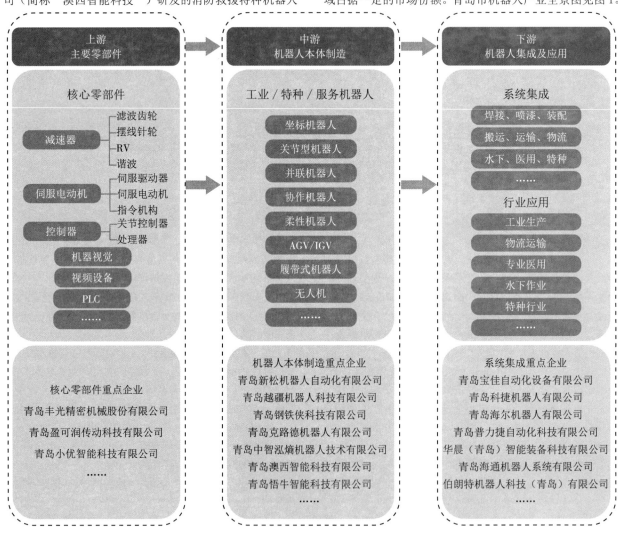

图1 青岛市机器人产业全景图

### 三、主要园区及产业集群

青岛国家高新技术产业开发区（简称"青岛高新区"）从2013年开始就抢先布局并培育机器人产业，专门设立了青岛国际机器人产业园，规划占地1 000亩（1亩≈666.67m²）以上，获得了科技部颁发的"青岛国家机器人高新技术产业化基地"称号。目前，园区已聚集机器人产业链项目114项，总投资超过130亿元。瑞士ABB、德国库卡、日本安川、日本发那科等齐聚青岛高新区。根据青岛市机器人产业协会不完全统计，在青岛高新区内的协会会员企业2020年的总销售额超过20亿元，占全市机器人销售额的比例接近60%。

青岛市西海岸新区借获批国家级新区的发展契机，引进了海尔机器人、青岛越疆、青岛钢铁侠、澳西智能科技、斯图加特航空自动化（青岛）有限公司等极具发展潜力的机器人企业，企业数量已占青岛市机器人产业协会会员单位的40%。可以预见，在未来几年中，西海岸新区将成为青岛市机器人产业发展的新高地。

**四、重大举措或事件**

1. 出台并实施支持机器人产业发展的政策

青岛市认真落实新旧动能转换重大工程实施规划，以应用拉动本地机器人企业发展和提升作为重点方向，实施"机器换人"工程，加大推进机器人应用的力度。2020年3月，青岛市出台了《支持机器人产业加快发展的若干政策措施》，从6个方面采取了10项措施加大扶持力度，精准扶持方向，政策措施的优惠力度在全国也极具竞争力，被企业亲切地称为机器人行业"新十条"。

2. 成立青岛市机器人产业协会

2020年9月，青岛市机器人产业协会成立，集聚了青岛市82家机器人企业、高校与科研机构。成立协会旨在促进合作发展，以培育挖掘市场需求为抓手，积极有效地整合产、学、研、用、政、金各方力量，充分发挥企业、高校、科研院所等各类创新主体的作用，引导会员之间资源共享，优势互补，协同创新，努力攻克共性技术难题，促进青岛市机器人产业快速、健康发展。

3. 2020中国机器人产业发展大会在青岛召开

2020年11月，以"应对新挑战 拥抱新技术 抓住新机遇"为主题的2020中国机器人产业发展大会主论坛在青岛市举办。大会由中国机器人产业联盟、青岛市工业和信息化局共同主办。大会期间，权威发布了面向2035年的智能机器人技术路线图、2020中国机器人产业发展报告、《中国战略性新兴产业研究与发展·工业机器人》（国家出版基金项目）、2020年中国机器人产业联盟标准，并会同国际机器人联合会（IFR）共同发布2019年中国工业机器人市场统计数据等多项机器人产业的权威报告，全方位多维度解读当下机器人行业的发展状况及未来发展趋势和机遇。

**五、发展规划及发展战略**

1. 发展目标

坚持创新驱动、骨干带动、质量为先、开放合作的原则，快速聚合各种要素资源，壮大产业规模，拓展应用场景，努力将青岛市打造成为国内具有影响力和竞争力的机器人产业基地。

（1）扩大产业规模。完善产业体系，突破关键共性技术，努力形成涵盖机器人本体、核心零部件、集成机器人产品、集成应用创新、机器人配套服务的全产业链，到2022年，全市机器人产业总产值超过100亿元。

（2）构建产业生态。打造国内一流的机器人产业园区和产业基地，打造2～3个机器人产业创新平台，培育30家以上机器人研发制造和系统集成服务型骨干企业，培育10个以上知名自主品牌，逐步完善教育培训机构。初步形成涵盖创新平台、产品研发生产、集成服务、检验认证及教育培训等功能的完整的产业生态圈。

（3）推动示范应用。遴选一批机器人创新应用示范场景，推动工业机器人在数字化车间、智能工厂等场景落地并发挥更大作用，服务、特种机器人创新成果在民生、安全、应急、物流等领域的应用取得新进展，带动青岛市产业转型升级和社会经济高质量发展。

2. 发展重点

（1）强化机器人研发制造。通过自主研发、协同创新、引进吸收等多种方式，重点开展机器人关键零部件及系统集成设计制造技术研发；重点发展搬运、装配、喷涂、焊接、打磨、清洁生产等应用领域的工业机器人；积极拓展研发制造适用于水下作业、危险环境作业、防灾救灾、军用安全保障等领域的特种机器人；大力发展满足教育娱乐、家政社区、餐饮服务、医疗、护理、康复等需求的服务机器人。

（2）培育骨干企业和自主品牌。加大政策引导和资金扶持力度，扶持本土机器人企业做强做大，提高自有品牌的影响力和市场占有率；培育一批竞争优势突出、辐射带动力强的龙头企业，争创一批掌握核心技术的市级、省级和国家级企业技术中心；培育一批机器人制造和配套产业的自主化品牌，推动"青岛制造"机器人走向市场。

（3）完善产业配套及服务。鼓励机器人龙头企业和产业链上的企业协同合作，提升系统集成应用和关键零部件配套水平。培育和引进系统集成商，引导和鼓励青岛市机械设备、工业自动化等相关行业领域的企业向系统集成商转变，提供面向主导产业的系统集成与总体解决方案，逐步实现由生产型制造向服务型制造转型。

（4）大力推动普及应用。结合青岛制造业优势，选择一批基础条件好的企业，组织实施机器人等智能装备应用试点示范、关键岗位机器人替代工程，认定一批效果突出、带动性强、关联度高的重点示范项目，形成典型经验，以点带面，在其行业领域实现有效推广。

（5）加强技能型人才培训。鼓励机器人产业基地将技能型人才培训纳入公共技术服务平台建设。鼓励有条件的职业学院、技工院校和培训机构，开设机器人安装维护与管理相关专业和专题培训课程。支持校企合作，开展定制化机器人应用技能型人才培训。

3. 政策取向

全面落实《支持机器人产业加快发展的若干政策措施》（青政发〔2020〕8号）、《关于落实支持新旧动能转换重大工程财政政策的实施意见》（青办发〔2018〕47号），加大财政投入，支持机器人产业重大项目、研发平台建设。优先支持机器人产品申报首台（套）技术装备、创新工业产品等，并根据相关规定给予生产企业和用户企业双向奖补，加大支持机器人应用推广的力度。

〔撰稿人：青岛市机器人产业协会盖巍、李庆党、赵永瑞、张凤生、刘学〕

# 2020年广州市机器人行业发展概况

## 一、行业总体运行情况

### 1. 总体情况

机器人及智能装备产业是广州市发展新一代信息技术、人工智能和生物医药产业的重要组成部分及基础产业，对广州市经济的长远发展起着关键性作用。2020年，广州市拥有机器人及智能装备企业3 000余家，其中规模以上企业近400家，上市企业30多家，实现产值近1 400亿元并多年持续增长。机器人及智能装备产业支撑了广州约2万亿元的工业产值，对制造业企业的智能化改造升级起到了提升带动作用。

### 2. 产业链情况

广州市是我国机器人及智能装备产业链相对完备的地区之一，形成了涵盖上游数控机床及关键基础零部件、中游工业机器人与智能专用设备、下游细分领域系统集成，以及检验检测与公共服务等较为完整的机器人及智能制造产业体系，具有产业链条齐全、技术水平国内领先、应用场景广阔等特点。

（1）上游数控机床与关键零部件领域。广州市是华南地区乃至全国数控系统及数控机床的重要生产基地，主要机床(工具)生产企业近60家，拥有广州数控设备有限公司(简称"广州数控")、广州市敏嘉制造技术有限公司(简称"敏嘉")、国机智能科技有限公司(简称"国机智能")、广州精雕数控工程有限公司、广州市昊志机电股份有限公司(简称"昊志")、广州机床厂有限公司、汇专机床有限公司、广州长仁工业科技有限公司(简称"长仁")等行业龙头企业。

（2）中游工业机器人本体与智能专用设备领域。广州市产业链条相对完整，聚集效应较为明显，自主品牌竞争力突出，拥有国机智能、广州数控、巨轮（广州）机器人与智能制造有限公司、广州新松机器人自动化有限责任公司（简称"广州新松"）、长仁、广州耐为机器人科技有限公司（简称"耐为"）等重点企业。

（3）下游细分领域系统集成方面。依托珠三角发达的制造业广泛的应用场景需求，尤其是汽车行业需求，广州培育了包括广州明珞装备股份有限公司（简称"明珞"）、广州瑞松智能科技股份有限公司、国机智能、广州松兴电气股份有限公司、广州德恒汽车装备科技有限公司、广州中设机器人智能装备股份有限公司（简称"中设"）、广州擎天恒申智能化设备有限公司、广州熙锐自动化设备有限公司（简称"熙锐"）、广州东焊智能装备有限公司等一批在焊接、装配、喷涂等汽车制造各环节具有突出技术优势的系统集成企业。在包装印刷装备行业，有广州达意隆包装机械股份有限公司、广州科盛隆纸箱包装机械有限公司等行业领先企业；在塑料成形装备行业，有博创智能装备股份有限公司（简称"博创"）、广州华研精密机械股份有限公司（简称"华研"）、广州一道注塑机械股份有限公司等高端塑料装备制造企业；在木材家具装备行业，有广州弘亚数控机械股份有限公司（简称"弘亚数控"）、广州市联柔机械设备有限公司（简称"联柔"）等家具细分领域的代表性企业；在电子专用设备行业，有广州广电运通金融电子股份有限公司、广州视源电子科技股份有限公司、广州明森科技股份有限公司（简称"明森"）等智能终端和3C电子产品研发制造行业的龙头企业。

广州市机器人及智能装备产业结构见图1。

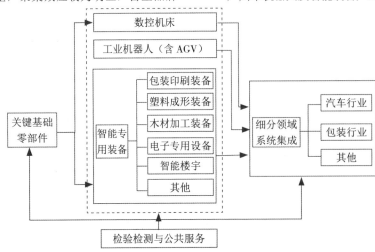

**图1　广州市机器人及智能装备产业结构**

3.广州市机器人本体和集成系统销售情况

2020年,广州市机器人产值近700亿元。其中,工业机器人本体销售量约为5 600台,销售额约为37亿元;AGV销售量约为600台,销售额约为6 400万元;服务机器人销售量为22 460台,销售额为16.14亿元;系统集成(总装线)、关键零部件销售额约为647亿元。在新冠肺炎疫情常态化形势下,广州市机器人产业表现不俗,特别是6月份以后增长较快。

2016—2020年广州市工业机器人本体销售量见图2。2016—2020年广州市AGV机器人销售量见图3。

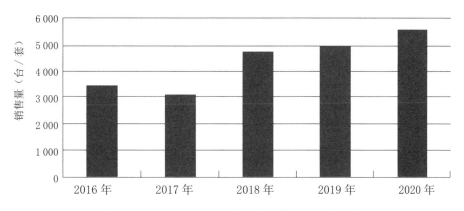

**图2　2016—2020年广州市工业机器人本体销售量**
注:数据来源于广州工业机器人制造和应用产业联盟。

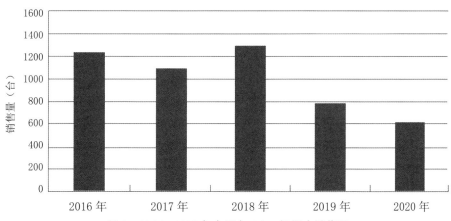

**图3　2016—2020年广州市AGV机器人销售量**
注:数据来源于广州工业机器人制造和应用产业联盟。

## 二、主要园区及产业集群

1.广州国际机器人产业园

广州国际机器人产业园位于广州市黄埔区,拟建设新松亚太总部,包括协作/工业机器人、半导体装备、移动机器人、特种机器人、智能服务机器人、医疗康复机器人、智慧物流、智能装备、智慧工厂、智能交通研发创新、中试与产业化基地等,预计投资8亿元,旨在打造我国首个国际化智能经济创新生态示范区,将立足粤港澳大湾区,以新松机器人为创新龙头,以人工智能技术为核心,以国际合作为带动,辐射"一带一路"沿线国家和地区,打造涵盖创新、研发、中试、科教、总部办公和高端服务等功能的智能经济创新生态示范区,成为广州创新的"领跑者"。建成后的机器人产业园将辐射大湾区,形成一个机器人和智能制造全产业链集群,在改善区域投资环境、促进产业结构调整、发展金融经济和吸引高端人才等方面将发挥积极的辐射、示范和带动作用。

2.南沙国际人工智能价值创新园

以亚信集团、微软广州云、云从人工智能视觉图像创新研发中心、科大讯飞华南人工智能研究院、小马智行科技有限公司等为核心,通过人工智能技术与实体经济深度融合,打造一批人工智能产业应用的示范项目,形成具有示范效应的、更高效的人工智能产业发展模式,逐步建设成为全国一流的"AI+"(人工智能)智能城市示范区和全球领先的人工智能产业核心聚集区。

3.中国人工智能(广州)产业园

中国人工智能(广州)产业园旨在构建全国领先的人工智能产业总部基地和人工智能技术转化示范中心,同时以产业园为载体,以人工智能为主要方向,着力推动建设羊城创新研究院。该产业园将建成"产业龙头+主导产业链+产业创新中心+产业资金+产业服务平台+产业社区"六位一体融合发展的大湾区人工智能花园式总部基地,重点布局人工智能核心产业和科技金融等配套产业,实施"铸链、补链、稳链、扩链、强链"等工程。此外，将针对性地打通堵点、补齐短板，增强产业链、供应链的稳定性和竞争力，推动人工智能与实体经济深度融合，建设国际一流、国内领先的人工智能产业集群，助力广州成为国内乃至全球人工智能产业的"先行区"。

4.广东省广深佛莞智能装备集群

由广州市牵头、联合深圳、佛山和东莞市打造的广东省广深佛莞智能装备集群是全国规模最大、品类最多、产业链最完整的智能装备集聚区域，涵盖高端装备制造、智能机器人、精密仪器设备等广东省"双十"产业集群中的三个战略性新兴产业集群，支撑着广东省产值约14万亿元的工业生产体系，是促进形成国内国际双循环发展新格局的基础核心产业。该集群项目围绕智能装备产业链，在关键基础零部件、机器人本体、智能专用装备、系统集成应用、检验检测、技能人才培训等全产业链环节开展建设，目标是到2025年建成产值突破万亿元的世界级智能装备产业集群，形成创新活跃、结构优化、规模领先的智能装备产业体系。

5.广东省广佛惠超高清视频和智能家电集群

广佛惠超高清视频和智能家电集群的产业规模居全国之首，三地辐射带动全省超高清视频和智能家电产业超过万亿元。以广州市为核心，依托佛山和惠州市的制造能力，加强三地在超高清视频和智能家电产业链上下游的配套协作。目前，广佛惠三地已形成全国乃至全球规模最大、品类最齐全的显示家电配件产业链。

**三、重大举措或事件**

1.2020中国（广州）国际机器人、智能装备及制造技术展览会

2020年8月6—8日，2020中国（广州）国际机器人、智能装备及制造技术展览会在中国进出口商品交易会展览馆盛大开幕，展出面积20 000 m²，参展商有400多家，涵盖工业机器人整机、特种机器人、服务机器人、娱乐机器人、无人机、智能穿戴产品、机器人开发平台与软件技术、机器人功能部件及零部件、机器人应用产品与智能工厂全套解决方案等多个领域。展会同期还举办了"广州市产业园区推介"等活动，集中推介广州市智能装备相关园区载体。

2.广州机器人企业快速转型，为抗疫物资的生产提供保障

2020年2月上旬，由广州工业机器人制造和应用产业联盟牵头，组织国机智能、广州智能装备产业集团有限公司、广州汽车集团股份有限公司、金发科技股份有限公司、广州数控、中国电器科学研究院股份有限公司、明珞、昊志、敏嘉、博创、明森、华研、中设、弘亚数控、深圳奥科斯特智能装备股份有限公司、熙锐、联柔、广州起重机械有限公司、广东诺能泰自动化技术有限公司、长仁、长江智能科技（广东）股份有限公司、耐为等联盟骨干企业及其供应链，成立技术攻关组，形成平面口罩机、N95口罩机、熔喷布、熔喷机、防护服压条机等防疫物资产业链。联盟机器人骨干企业利用其较强的技术研发能力和深厚的技术储备，临危受命，快速转型，创造了10天研制出首台（套）平面口罩机并完成压力测试，20天生产100台（套）的成绩。截至2021年6月已生产交付口罩机5 200多台、熔喷布超5 600t、熔喷机60多台（套）、防护服压条机8 300台，稳定、持续地进行防疫抗疫物资的生产，圆满完成了抗疫物资生产任务，为国家抗击新冠肺炎疫情做出突出贡献。其中，国机智能是国务院国有资产监督管理委员会医疗物资重点生产企业、广东省口罩机重点企业、广州市口罩机生产龙头企业，占6家中央企业口罩机生产总量的60%，其生产的医用全自动平面口罩机和立体口罩机达到国内先进水平，是广东省第一家通过医用全自动平面口罩机和立体口罩机产品鉴定的企业。国机智能在全国抗击新冠肺炎疫情表彰大会上被授予"全国抗击新冠肺炎疫情先进集体""全国先进基层党组织"称号。

〔撰稿人：广州工业机器人制造和应用产业联盟梁万前〕

# 2020年深圳市机器人行业发展概况

**一、发展概况**

1.深圳市机器人产业整体发展分析

（1）深圳市机器人产业规模。

2020年，深圳市机器人企业总数量达到842家，同比增长11.23%，深圳市机器人企业数量还在稳步增长，机器人产业仍然处于扩张期。2014—2020年深圳市机器人企业数量见图1。

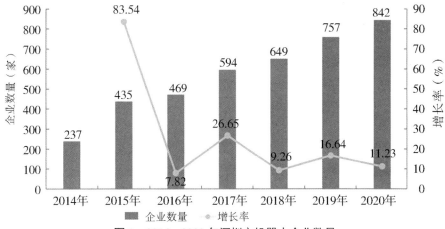

**图1 2014—2020年深圳市机器人企业数量**

注：数据来源于深圳市机器人协会。

2020年深圳市机器人产业总产值为1 434亿元，同比增长14.08%，产值增速显著回升，回归发展快车道。2014—2020年深圳市机器人产业总产值见图2。

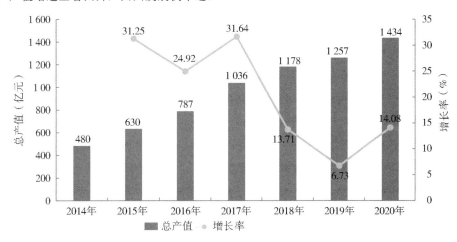

**图2 2014—2020年深圳市机器人产业总产值**

注：数据来源于深圳市机器人协会。

（2）深圳市机器人产业结构。

从深圳市机器人企业数量角度分析，2020年，深圳市机器人产业结构中工业机器人企业数量占比52%，非工业机器人企业数量占比48%。2020年深圳市机器人产业结构（企业数量角度）见图3。

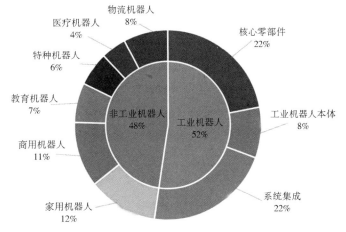

**图3 2020年深圳市机器人产业结构（企业数量角度）**

注：数据来源于深圳市机器人协会。

从深圳市机器人产业产值角度分析，2020年，深圳市机器人产业结构中工业机器人产业产值占比63%，非工业机器人产业产值占比37%。2020年深圳市机器人产业结构（产值角度）见图4。

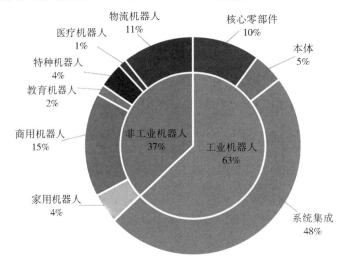

**图4　2020年深圳市机器人产业结构（产值角度）**

注：数据来源于深圳市机器人协会。

从产值分布分析，非工业机器人占比呈逐年提升态势。2014—2016年深圳市机器人产业结构（产值角度）见图5。

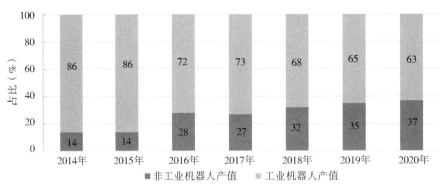

**图5　2014—2020年深圳市机器人产业结构（产值角度）**

注：数据来源于深圳市机器人协会。

（3）深圳市机器人产业区域分布。

从企业数量角度分析，2020年，深圳市机器人企业较多分布在南山区和宝安区，其次是龙华区、龙岗区和福田区。2020年深圳市机器人产业数量区域分布见图6。

从产值角度分析，2020年，深圳市机器人产业产值较高的是南山区和宝安区，其次是龙华区、龙岗区和福田区，产值分布情况与企业数量分布情况基本一致。2020年深圳市机器人产业产值区域分布见图7。

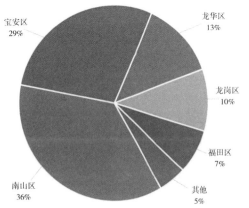

**图6　2020年深圳市机器人产业企业数量区域分布**

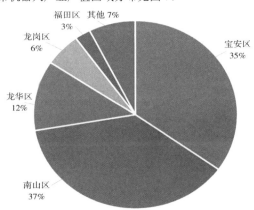

**图7　2020年深圳市机器人产业产值区域分布**

注：数据来源于深圳市机器人协会。

## 2. 深圳市工业机器人发展分析

2020年,深圳市工业机器人企业数量达到440家,同比增长7.58%。其中,核心零部件企业(含配件)数量最多,占比42%,系统集成商企业数量占比41%,工业机器人本体企业数量较少,占比17%。

2020年,深圳市工业机器人产值为904亿元,同比增长9.98%。2014—2020年深圳市工业机器人产值见图8。

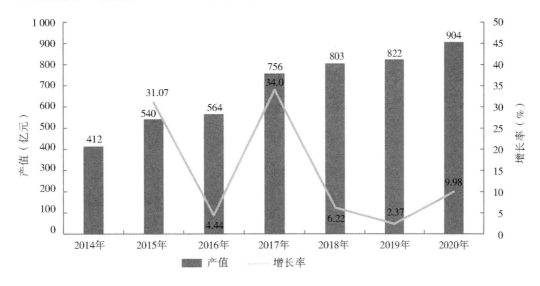

**图8　2014—2020年深圳市工业机器人产值**

注:数据来源于深圳市机器人协会。

## 3. 深圳市非工业机器人发展分析

2020年,深圳市非工业机器人企业数量达到402家,同比增长15.52%。其中,家用服务机器人和商用服务机器人企业数量最多,分别占比26%和23%,物流机器人企业占比16%,教育机器人企业占比14%,特种机器人企业占比12%,医疗机器人企业占比9%。

2020年,深圳市非工业机器人产值530亿元,同比增长21.84%,产业规模进一步扩大,非工业机器人产值占机器人产业总产值的36.98%,占比继续提升。2014—2020年深圳市非工业机器人产值见图9,2014—2020年深圳市非工业机器人产值在机器人总产值中占比情况见图10。

非工业机器人企业中,商用服务机器人企业产值最大,占比42%,其次是物流机器人企业,占比29%,家用机器人企业占比12%,特种机器人企业占比10%,教育机器人企业占比4%,医疗机器人企业占比3%。2020年深圳市非工业机器人产值分布情况见图11。

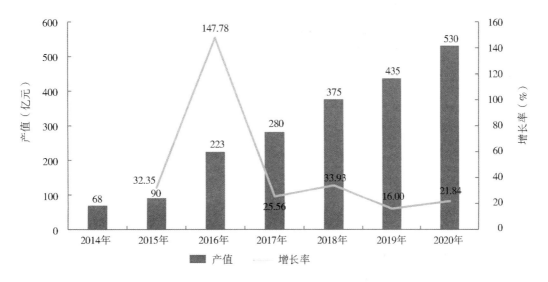

**图9　2014—2020年深圳市非工业机器人产值**

注:数据来源于深圳市机器人协会。

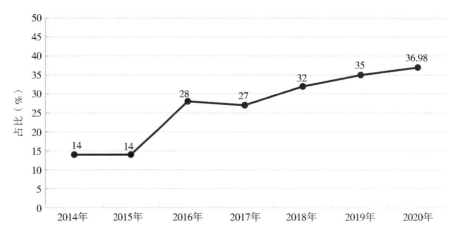

图10 2014—2020年深圳市非工业机器人产值在机器人总产值中占比情况

注：数据来源于深圳市机器人协会。

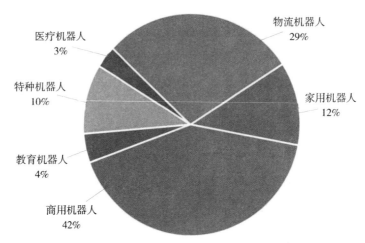

图11 2020年深圳市非工业机器人产值分布情况

注：数据来源于深圳市机器人协会。

## 二、主要企业

深圳市机器人产业主要企业情况见表1。

表1 深圳市机器人产业主要企业情况

| 类别 | 企业名称 | 主导产品/领域 |
| --- | --- | --- |
| 机器人控制器企业 | 固高科技（深圳）有限公司 | PC-Based 控制器 |
| | 深圳市汇川技术股份有限公司 | 专用控制器 |
| | 深圳市雷赛智能控制股份有限公司 | PC-Based 控制器 |
| | 深圳众为兴技术股份有限公司 | PC-Based 控制器 |
| | 深圳市华成工业控制股份有限公司 | 专用控制器 |
| 机器人伺服系统企业 | 横川机器人（深圳）有限公司 | 伺服系统 |
| | 深圳市大族电机科技有限公司 | 直线电动机和力矩电动机 |
| | 深圳市汇川技术股份有限公司 | 伺服系统 |
| | 深圳市研控自动化科技有限公司 | 步进电动机和伺服电动机 |
| | 深圳市兆威机电股份有限公司 | 伺服驱动 |
| | 武汉迈信电气技术有限公司 | 微电动机技术开发 |

（续）

| 类别 | 企业名称 | 主导产品／领域 |
| --- | --- | --- |
| 机器人减速器企业 | 深圳市大族精密传动科技有限公司 | 谐波减速器 |
| | 深圳市零差云控科技有限公司 | 协作机器人专用减速器关节 |
| | 深圳市同川科技有限公司 | 谐波减速器 |
| | 深圳市山卓谐波传动科技有限公司 | 谐波减速器 |
| SCARA机器人企业 | 深圳市汇川技术股份有限公司 | 正装SCARA、倒装SCARA |
| | 深圳市众为兴技术股份有限公司 | 螺钉锁付专用机器人、传统四轴机器人 |
| | 深圳市思普瑞机器人技术有限公司 | 传统四轴机器人 |
| | 慧灵科技（深圳）有限公司 | 轻量型四轴机械臂 |
| 六轴机器人企业 | 深圳市华盛控科技有限公司 | 传统六轴机器人 |
| | 深圳市众为兴技术股份有限公司 | 桌面式六轴机器人 |
| | 深圳威特尔自动化科技有限公司 | 中量型通用六轴机器人 |
| | 深圳市三思控制系统有限公司 | 传统六轴机器人 |
| 机器人直线模组企业 | 深圳威洛博机器人有限公司 | 直线模组 |
| | 深圳市福士工业科技有限公司 | 直线模组 |
| | 深圳市盛为兴技术有限公司 | 三轴直角坐标机器人 |
| | 深圳市华仁智能装备有限公司 | 三轴直角坐标机器人 |
| | 深圳市美蓓亚斯科技有限公司 | 直线模组 |
| | 深圳银光机器人技术有限公司 | 直线模组 |
| 协作机器人企业 | 深圳市大族机器人有限公司 | 轻量型协作机器人 |
| | 深圳市越疆科技有限公司 | 全感知协作机器人 |
| | 深圳市大象机器人科技有限公司 | 六轴协作机器人 |
| 系统集成企业 | 深圳科瑞技术股份有限公司 | 装配、检测 |
| | 深圳橙子自动化有限公司 | 检测 |
| | 深圳华海达科技有限公司 | 装配 |
| | 深圳市佳士科技股份有限公司 | 焊接 |
| | 深圳市东盈讯达电子有限公司 | 装配 |
| | 深圳市鑫信腾科技股份有限公司 | 检测 |
| | 深圳市泰达机器人有限公司 | 喷涂 |
| | 深圳远荣智能制造股份有限公司 | 喷涂 |
| | 深圳市柳溪机器人有限公司 | 喷涂 |
| | 深圳市世椿智能装备股份有限公司 | 点胶 |
| 非工业机器人激光雷达企业 | 深圳市镭神智能系统有限公司 | 飞行时间法（TOF）、相位法、三角法和调频连续波四种测量原理的激光雷达，激光雷达自动化及半自动化生产线，特种光纤激光器 |
| | 深圳玩智商科技有限公司 | TOF激光雷达、固态激光雷达等全品类的激光雷达 |
| | 深圳市砝石激光雷达有限公司 | 光谱共焦传感器、激光对针传感器、面阵固态激光雷达、激光三角位移传感器、单点TOF测距传感器等 |
| | 海伯森技术（深圳）有限公司 | 面阵固态激光雷达、激光三角位移传感器、单点TOF测距传感器等 |
| | 深圳市速腾聚创科技有限公司 | 凭借激光雷达硬件、人工智能（AI）算法和芯片三大核心技术，提供具有信息理解能力的智能激光雷达系统 |

(续)

| 类别 | 企业名称 | 主导产品/领域 |
|---|---|---|
| 非工业机器人AI芯片企业 | 深圳云天励飞技术股份有限公司 | 具有AI算法芯片化能力的数字城市整体解决方案 |
| | 墨芯科技（深圳）有限公司 | AI芯片设计 |
| | 奥比中光科技集团股份有限公司 | 3D感知芯片 |
| 非工业机器人伺服舵机企业 | 深圳市优必选科技股份有限公司 | 伺服舵机 |
| | 深圳市华馨京科技有限公司 | 伺服舵机和控制模块 |
| | 乐森机器人（深圳）有限公司 | 小型伺服舵机、重型伺服舵机、人工关节驱动 |
| 非工业机器人操作系统企业 | 深圳市优必选科技股份有限公司 | 智能机器人ROSA操作系统 |
| 非工业机器人SLAM企业 | 斯坦德机器人（深圳）有限公司 | 激光导航、AGV及其调度系统 |
| | 深圳优地科技有限公司 | SLAM（同步定位与建图）定位导航模组和CUDA（统一计算设备架构）高性能运算平台 |
| | 隆博机器人（深圳）有限公司 | 以自主移动机器人（AMR）为驱动力的柔性物流解决方案 |
| 非工业机器人计算机视觉企业 | 深圳云天励飞技术股份有限公司 | 基于视觉芯片、深度学习和大数据技术的视觉智能加速平台 |
| | 奥比中光科技集团股份有限公司 | 3D传感器摄像头 |
| 非工业机器人智能语言企业 | 深圳海岸语音技术有限公司 | 新型听觉感知硬件的研发，提供软、硬件结合的智能听觉感知技术解决方案 |
| | 深圳壹秘科技有限公司 | 智能音视频AI IoT终端产品、音视频AI服务 |
| | 深圳声联网科技有限公司 | 面向对象音视频的行为分析和情感计算 |
| 家用服务机器人企业 | 深圳市银星智能科技股份有限公司 | 扫地机器人研发与制造 |
| | 广东宝乐机器人股份有限公司 | 家用扫地机器人、商用扫地机器人、擦窗机器人 |
| | 深圳市乐航科技有限公司 | 扫地机器人、智能吸尘器 |
| | 深圳市探博智能机器人有限公司 | 扫地机器人 |
| | 深圳市云鼠科技开发有限公司 | 扫地机器人，PCBA制造 |
| | 深圳市智意科技有限公司 | 扫地机器人 |
| 商用服务机器人企业 | 深圳市优必选科技股份有限公司 | 迎宾导购机器人、安防机器人、机房巡检机器人、公共卫生防疫机器人 |
| | 深圳优地科技有限公司 | 酒店机器人、配送机器人 |
| | 深圳市普渡科技有限公司 | 送餐机器人、配送机器人 |
| | 深圳市中智卫安机器人技术有限公司 | 测温机器人、消毒机器人、迎宾机器人、配送机器人 |
| | 深圳市锐曼智能装备有限公司 | 商业服务机器人、配送机器人、防疫机器人 |
| | 坎德拉（深圳）科技创新有限公司 | 分体式机器人 |
| | 深圳勇艺达机器人有限公司 | 智能机器人及配件 |
| | 深圳市女娲机器人科技有限公司 | 户外清扫机器人、室内扫吸一体机器人、室内洗地机器人 |
| | 深圳博鹏智能科技有限公司 | 清洁机器人、扫地机器人、防疫消毒喷雾机器人等 |
| | 深圳市神州云海智能科技有限公司 | 清洁机器人、商务机器人、彩票机器人 |
| | 深圳市祺丰智能机器人科技有限公司 | 消毒机器人 |
| | 深圳市繁兴科技股份有限公司 | 智能烹饪机器人，智慧化新餐饮技术解决方案 |
| | 深圳爱她他智能餐饮技术有限公司 | AI烹饪机器人 |
| | 深圳鸿博智成科技有限公司 | 炒菜机器人、智能化厨房设备 |
| | 睿博天米科技（深圳）有限公司 | 办公、医疗看护、酒店、零售等场景的机器人 |

(续)

| 类别 | 企业名称 | 主导产品/领域 |
| --- | --- | --- |
| 教育机器人企业 | 深圳市优必选科技股份有限公司 | 人工智能教学的端到端综合解决方案，软硬件研发、课程设计、竞赛组织、师资培训、AI空间建设等 |
| | 韩端科技（深圳）有限公司 | 教育机器人的研发设计、生产销售、课程开发、教育培训、赛事运营等 |
| | 深圳市科迪文化传播有限公司 | 校内培训、教/玩具研发、师资培养、儿童教育 |
| | 深圳市搭搭乐乐文化传播有限公司 | 机器人高端竞赛，青少年创新、编程教育、STEM教育 |
| | 深圳市为美趣学科技有限公司 | 为创客教育和STEM教育提供完整机器人产品综合方案 |
| | 深圳市阿童木文化传播有限公司 | 少儿编程、STEM教育、创客教育、机器人竞赛 |
| | 深圳市幻尔科技有限公司 | 仿生教育机器人、智能小车机器人、电子积木 |
| | 深圳市天博智科技有限公司 | 儿童陪护，早教机器人 |
| | 深圳果力智能科技有限公司 | 教具、AI课程 |
| | 深圳市大愚智能技术有限公司 | 教育/服务机器人及家园互通平台 |
| | 深圳市小忆机器人技术有限公司 | 儿童陪伴机器人、作业辅导机器人 |
| | 深圳勇艺达机器人有限公司 | 儿童陪护，早教机器人 |
| | 深圳市一恒科电子科技有限公司 | 儿童陪护，早教机器人 |
| | 深圳市创客工场科技有限公司 | STEAM教育解决方案 |
| | 深圳点猫科技有限公司 | 编程教学体系 |
| 特种机器人企业 | 深圳市朗驰欣创科技股份有限公司 | 电力巡检机器人系列、综合管廊智能巡检机器人系列、排爆机器人、核环境智能巡检机器人 |
| | 深圳市施罗德工业集团有限公司 | 管道检测机器人、管道修复机器人、智能巡检机器人 |
| | 深圳昱拓智能有限公司 | 电网输电线巡检/作业机器人、发电厂巡检机器人、市政地下综合管廊巡检机器人 |
| | 深圳中智卫安机器人技术有限公司 | 智能测温门岗机器人、楼宇巡更机器人、安保巡逻机器人 |
| | 深圳市贝特尔机器人有限公司 | 消防灭火机器人、消防侦查机器人 |
| | 深圳市安泽智能机器人有限公司 | 巡逻机器人、特种机器人、巡检机器人、配送机器人 |
| | 广东大仓机器人科技有限公司 | 输煤栈桥智能机器人巡检系统、地下管廊智能巡检 |
| | 深圳煜禾森科技有限公司 | 全品类移动机器人平台，涵盖航天、军工、物流、能源、特种危化工业应用场景 |
| | 深圳市瀚德智能机器人有限公司 | 轨道式穿梭巡检机器人、管道检测机器人、电子哨兵机器人、电力巡检机器人 |
| 医疗机器人企业 | 深圳市精锋医疗科技有限公司 | 微创外科机器人、单孔腹腔镜手术机器人系统、多孔腹腔镜手术机器人系统 |
| | 深圳市迈步机器人科技有限公司 | 下肢康复机器人、手部外骨骼机器人 |
| | 深圳瀚维智能医疗科技有限公司 | 超声机器人与人工智能 |
| | 深圳市迈康信医用机器人有限公司 | 医用实时监测康复机器人 |
| | 深圳易普森科技股份有限公司 | 医院物流机器人、高值耗材管理机器人、智能导医 |
| | 深圳市美林医疗器械科技有限公司 | 阿尔法驴心电图表自动诊断机器人 |
| | 深圳市卫邦科技有限公司 | 智能静脉用药调配机器人 |
| | 深圳市博为医疗机器人有限公司 | 静脉药物调配机器人 |
| | 深圳市桑谷医疗机器人有限公司 | 静脉药物调配机器人 |

（续）

| 类别 | 企业名称 | 主导产品/领域 |
|---|---|---|
| 物料搬运设备提供商或系统集成商代表企业 | 深圳市今天国际物流技术股份有限公司 | 生产自动化及物流系统，可实现物料出库入库、存储、搬运输送、分拣与拣选、配送等生产过程的自动化、信息化和智能化 |
| | 未来机器人（深圳）有限公司 | 移动机器人为主的智慧物流解决方案，其柔性物流无人化解决方案包括大规模集群机器人调度系统、智能化环境监控系统及多传感器融合工业无人车辆 |
| | 深圳怡丰机器人科技有限公司 | 智能停车机器人系列，具备AGV单机车载系统、AGV调度管理系统、导航（导引）技术、WMS管理系统 |
| | 深圳市佳顺智能机器人股份有限公司 | 以AGV移动机器人为核心产品，主要应用于汽车、电商、医药等领域 |
| | 深圳市欧铠智能机器人股份有限公司 | AGV移动机器人、激光叉车、仓储机器人，提供高端AGV自动化物流设备及系统 |
| | 深圳远荣智能制造股份有限公司 | 智能仓储系统方案、仓储系统管理软件、智能仓储硬件设备等 |
| 自主移动机器人（AMR）代表企业 | 斯坦德机器人（深圳）有限公司 | 主要业务为SLAM自主移动机器人及灵活物流解决方案 |
| | 深圳市海柔智能科技有限公司 | 箱式仓储机器人系统，通过机器人技术和人工智能算法，提供高效、智能、柔性、定制化的仓储自动化解决方案 |
| | 深圳优艾智合机器人科技有限公司 | 基于移动机器人提供智能制造、智能巡检及维保等覆盖全行业、全方位的产品和解决方案 |
| | 隆博机器人（深圳）有限公司 | 以自主移动机器人（AMR）为驱动力的柔性物流解决方案 |
| | 炬星科技（深圳）有限公司 | 自主移动机器人（AMR），基于AMR人机协作的智能物流解决方案 |
| | 劢微机器人科技（深圳）有限公司 | 以无人叉车/AMR为硬件载体，通过机器视觉及完整上层系统赋能，提供完整的智能制造及智慧仓储解决方案 |

**三、发展趋势**

深圳市机器人产业发展将呈现三个趋势：第一是5G将加速推动机器人技术和产品的网络化发展；第二是产业集群的培育为机器人发展提供了丰富的应用场景和技术支撑；第三是物流机器人异军突起，面对物流领域的变革，物流机器人大量涌现，成为最为活跃的细分方向之一。

在此局势下，根据深圳市机器人产业发展形势，提出三点建议：一是利用生态转型刺激机器人需求；二是加速数字技术与机器人技术的融合；三是发挥集群平台作用，加速机器人与场景融合。

注：本文数据来源于深圳市机器人协会自建的深圳市机器人企业数据库，目前共涵盖深圳市1971家相关企业（包含核心零部件、机器人整机、系统集成等环节相关企业），其中2020年持续追踪研究的深圳市机器人产业涉及共计615家企业数据，采用重点企业抽样调查法选取108家典型企业进行重点统计分析，同时以历年深圳市机器人产业发展白皮书数据、2020年深圳市统计局相关统计数据及其他公开资料为参考。

〔撰稿人：深圳市机器人协会谭维佳〕

# 2020年苏州市机器人行业发展概况

**一、行业发展概况**

2020年，苏州市装备制造业产值达10 205亿元，占规上工业总产值的29.3%，产值和占比均创历史新高。这是继2018年电子信息产业产值突破万亿元后，苏州又一个万亿元级的产业。装备制造业一直以来都是苏州的传统优势产业，经过多年积累，苏州已经建立起门类齐全、独立完善的制造体系。

近年来，作为装备制造业的重要组成部分，依托广泛的制造业内生"智改数转"需求，以及政府出台的一系列政策措施，通过聚合特色产业、培育骨干企业、突破重点领域、借力国际合作，苏州市机器人行业取得了快速发展，产业规模不断壮大，创新能力不断提升，形成了昆山机器人、常熟智能控制、苏州高新区系统集成等特色产业集群，并涌现出一批在国内同行业具有较高知名度的"小巨人""独角兽"、上市企业和"专精特新"产品。

1.产业基本情况

据统计，苏州市从事机器人相关业务的企业有700余家，其中，规上企业约占60%，产值规模近千亿元。从关键核心部件到机器人本体和系统集成，苏州已经形成了一条完备的机器人产业链条，300多家骨干企业集聚于此，上市企业近10家（见表1），为苏州制造业转型升级积聚了能量。

**表1 苏州市机器人部分上市企业**

| 序号 | 企业名称 | 上市情况 | 上市时间 | 所属区域 |
| --- | --- | --- | --- | --- |
| 1 | 科沃斯机器人股份有限公司 | A股 | 2018年5月 | 吴中区 |
| 2 | 罗博特科智能科技股份有限公司 | 创业板 | 2019年1月 | 工业园区 |
| 3 | 江苏汇博机器人技术股份有限公司 | 新三板 | 2017年6月 | 工业园区 |
| 4 | 赛腾精密电子股份有限公司 | A股 | 2017年12月 | 吴中区 |
| 5 | 苏州天准科技股份有限公司 | 科创板 | 2019年7月 | 高新区 |
| 6 | 苏州绿的谐波传动股份有限公司 | 科创板 | 2020年8月 | 吴中区 |
| 7 | 江苏北人机器人系统股份有限公司 | 科创板 | 2019年12月 | 工业园区 |
| 8 | 江苏瀚川智能科技股份有限公司 | 科创板 | 2019年7月 | 工业园区 |
| 9 | 博众精工科技股份有限公司 | 科创板 | 2021年5月 | 吴江区 |

注：苏州市机器人产业协会整理。

从产业结构来看，苏州工业机器人相关企业占比较大，约为70%，其中系统集成商占比最大；服务机器人企业约占30%，以家用机器人和医疗机器人为主。

从企业区域分布来看，苏州各市、区都在积极布局机器人及智能制造产业。企业数量最多的是昆山，约占28.61%；其次是工业园区、吴中区和虎丘区。苏州市机器人企业区域分布见图1。

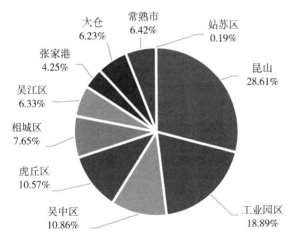

**图1 苏州市机器人企业区域分布**

注：数据来源于苏州市机器人产业协会。

从产业链集聚情况来看，关键零部件制造企业主要集中在吴中区；工业机器人本体及系统集成企业主要集中在昆山市、工业园区、吴江区、吴中区、高新区；医疗机器人企业主要分布在高新区。

近年来，苏州一直积极培育龙头企业做大做强。2020年，苏州5家企业中标工业和信息化部智能制造系统解决方案供应商项目，1家企业中标工业和信息化部制造业高质量发展专项；10家企业被认定为江苏省智能制造领军服务机构（见表2）；141家上榜企业入选苏州市智能制造解决方案供应商。

**表2 2020年苏州市入围江苏省智能制造领军服务机构名单**

| 序号 | 单位名称 |
| --- | --- |
| 1 | 苏州泽达兴邦医药科技有限公司 |
| 2 | 苏州同元软控信息技术有限公司 |
| 3 | 苏州德迈科电气有限公司 |
| 4 | 科林环保技术有限责任公司 |
| 5 | 博世汽车部件（苏州）有限公司 |
| 6 | 苏州杰锐思智能科技股份有限公司 |
| 7 | 苏州托克斯冲压设备有限公司 |
| 8 | 利穗科技（苏州）有限公司 |
| 9 | 昆山佰奥智能装备股份有限公司 |
| 10 | 苏州通锦精密工业股份有限公司 |

注：苏州市机器人产业协会整理。

2．产业特点

（1）市场内需动力强劲，为机器人的应用和产业发展提供了重要支撑  作为世界闻名的工业大城市，苏州的制造业涵盖31个行业大类、161个行业中类、483个行业小类，是世界制造业体系规模最大、门类最全、配套最为完备的城市之一。当前苏州各县市（区）正大力推进智能化改造和数字化转型，2021年，全市计划完成智能化改造和数字化转型项目5 000个，2023年要实现规上工业企业全覆盖。

（2）产业基础扎实  近年来，苏州重点发展电子信息制造业和高端装备制造业，已基本形成了包含智能设计、智能生产等多个环节的智能工业体系，为机器人产业的发展积蓄了深厚的产业基础。目前，苏州机器人产业已形成外资企业与本土企业共同发展、各有所长的格局。川崎机器人、徕斯机器人、那智不二越、柯马（Comau）等工业机器人厂商凭借技术优势，纷纷将制造基地落户苏州；而本土的大量机械企业、研究机构，则在产业智能提升政策、市场需求增长等刺激下，加入到机器人技术研发及产业化之中，形成了以科沃斯机器人（简称"科沃斯"）、苏州绿的谐波传动股份有限公司（简称"绿的谐波"）、江苏北人机器人系统股份有限公司（简称"江苏北人"）、博众精工科技股份有限公司（简称"博众精工"）、江苏瀚川智能科技股份有限公司、赛腾精密电子股份有限公司、昆山华恒焊接股份有限公司（简称"华恒焊接"）、苏州华兴源创科技股份有限公司等为代表的一批优秀本土企业；同时，凭借强大的制造业基础、良好的营商环境、突出的区位优势等，也吸引了一批知名的国内机器人厂商，如深圳市汇川技术有限公司（简称"汇川技术"）、广东拓斯达科技股份有限公司、武汉华中数控股份有限公司、深圳远荣智能制造股份有限公司、广东伊之密精密机械股份有限公司、科大讯飞股份有限公司、优必选科技股份有限公司等。

（3）各环节均有企业涉足，已形成完善的产业链条

苏州市经过多年培育，覆盖了机器人产业的三大类型和关键零部件制造的三大领域。工业机器人产品涵盖了码垛机器人、喷涂机器人、搬运机器人、分拣机器人、焊接机器人五个大类。在服务机器人领域，培育出了科沃斯这一家庭服务机器人类全国行业龙头企业，江苏汇博机器人技术股份有限公司（简称"汇博"）成了教育机器人领域的标杆企业，苏州康多机器人有限公司、苏州瑞步康医疗科技有限公司、苏州铸正机器人有限公司等医疗机器人企业崭露头角。同时，还成功培育出了一批优秀的系统集成商。值得一提的是，苏州涌现出一批优秀的AMR（Autonomous Mobile Robot）、智能叉车类工业移动机器人企业，据不完全统计，约有20余家。据行业机构2020年营收排名显示，国内营收规模超过亿元的24家企业中，苏州有3家。

技术和人才是支撑产业发展的关键要素。苏州拥有包括苏州大学、常熟理工学院等在内的相关高校和科研院所，建成一批产业创新载体。苏州大学新工科建设成效显著，尤其是机电工程学院，聚集了近百名机器人方向的高端创新人才，已建成一个省级机器人实验室——江苏省先进机器人技术重点实验，三个研究室——机器人与智能装备研究室、微纳米机器人及精密装备研究室、医疗与康复机器人研究室，在论文发表、成果转化、发明专利等方面成绩斐然。此外，苏州协同创新医用机器人研究院、苏州大学相城区机器人与智能装备研究院、昆山智能感知产业技术研究院、江苏集萃微纳自动化系统与装备技术研究所等科研院所在机器人技术创新和成果转化等方面已取得一定的成绩，加速了技术创新和科技成果转化，促进了机器人相关产业、技术、人才进一步集聚。

**二、主要园区及产业集群**

**1. 昆山高新区机器人产业园**

昆山高新区机器人产业园于2012年获批国家火炬计划特色产业基地，是江苏省机器人特色产业基地、江苏省机器人科技产业园，现已吸引哈工大机器人集团有限公司、华恒焊接、江苏永年激光成形技术有限公司、库卡工业自动化（昆山）有限公司、柯昆（昆山）自动化有限公司、新时达机器人（江苏）有限公司、昆山高晟精密机电有限公司等国内外机器人领域的120家企业落户，年产值超300亿元。

**2. 张家港市机器人产业园**

张家港市机器人产业园于2013年被列入工业和信息化部重点支持建设园区，现已建成张家港智能装备（机器人）公共研发及服务平台等科技研发平台6个，形成了从结构设计、传感识别到关节伺服、柔性控制、系统集成的科研体系，该园还引进了以日本那智不二越机器人为首的近40家相关企业。

**3. 吴中机器人和智能制造产业集群**

吴中区一直在加速做大做强机器人和智能制造等产业集群。机器人与智能制造是吴中区主导产业之一，也是推动全区制造业创新发展、促进产业转型升级的重要支撑。吴中区基于汇川技术、绿的谐波等机器人用关键零部件龙头企业和科沃斯等机器人和智能制造企业，将机器人产业作为特色战略产业，在吴中经济技术开发区和木渎镇均规划建设了机器人产业园，都已形成一定企业集聚。目前一批龙头机器人企业主要集聚在吴淞江科技产业园。

截至2020年，吴中区机器人与智能制造产业集聚企业122家（已集聚了超200家相关企业），已基本形成了机器人关键零部件、本体制造、系统集成、智能装备和终端产品等较为完整的机器人与智能制造产业链，在核心技术、平台体系、空间载体和院校支撑等领域加速跑进"快车道"。

**三、重大事件**

（1）2020年8月，苏州市专题研究部署产业链工作会议明确将机器人列入十大产业链。

（2）博众精工、苏州天准科技股份有限公司、常熟市百联自动机械有限公司、华恒焊接、利穗科技（苏州）有限公司5家企业中标工业和信息化部2020年智能制造系统解决方案供应商项目；汇博中标"2020工业和信息化部制造业高质量发展专项"产业链协同创新项目。

（3）为全面落实《苏州市智能制造三年行动计划（2020—2022年）》的要求，进一步加强智能制造服务体系和服务能力建设，促进苏州市制造业高质量发展，培育智能制造支撑主体，鼓励智能制造解决方案供应商做大做强，苏州市工信局、苏州市财政局联合公布苏州市智能制造解决方案供应商名单，全市共有141家企业上榜《苏州市智能制造解决方案供应商》。

〔撰稿人：苏州市机器人产业协会薛红梅〕

# 中国机器人工业年鉴 2021

## 园区篇

从机器人行业发展优势、服务平台建设、政策支持等方面,介绍我国几大机器人产业园区的发展情况

2020年常州市机器人及智能装备产业园发展概况
2020年青岛国际机器人产业园发展概况
2020年芜湖机器人产业集聚区发展概况
2020年长沙雨花经济开发区发展概况
2020年海安机器人及智能制造产业园发展概况

# 2020年常州市机器人及智能装备产业园发展概况

**一、机器人行业发展概况**

常州市机器人及智能装备产业园位于武进国家高新区。武进国家高新区是科学技术部机器人及智能装备创新型产业集群试点地区、江苏省机器人特色产业基地和江苏省机器人及智能装备科技成果产业化基地。常州市机器人及智能装备产业园围绕智能化技术、智能化生产、智能化产品三大核心，重点突破机器人精密减速器、伺服电动机等关键技术，基本实现了机器人的国产化、模块化和系列化，集聚了安川（中国）机器人有限公司、纳博特斯克（中国）精密机器有限公司、快客智能装备股份有限公司和金石机器人常州股份有限公司等研发生产及配套企业60多家，拥有纳恩博（常州）科技有限公司、常州市钱璟康复股份有限公司等高端服务业机器人企业，先后引进常州数控技术研究所、机械科学研究总院江苏分院有限公司和中科院智能科学技术应用研究院等院所，合作共建了固高智能创新中心、华数锦明智能装备技术研究院有限公司等产学研平台，初步形成了从零部件生产到整机装配的完整产业链。2020年，受到新冠肺炎疫情和国际贸易摩擦影响，园区规模以上机器人企业累计完成工业产值58.74亿元，同比下降9.9%；实现销售54.14亿元，同比下降18.2%。

**二、重点企业建设情况**

1. 安川（中国）机器人有限公司

成立于2012年，是日本安川电机株式会社（简称"安川电机"）在我国投资的五家子公司之一，是安川电机首次在海外设立的机器人生产工厂，也是安川电机目前在海外单体工厂生产能力最大的机器人生产基地，主要从事机器人（含垂直多关节工业机器人、焊接机器人、控制系统）、使用机器人的自动化设备系统和关联机器人零部件的开发、设计及生产，工业用机器人年生产能力达到1.8万台。

2. 纳博特斯克（中国）精密机器有限公司

成立于2011年，总部纳博特斯克株式会社（简称"纳博特斯克"）是世界上最大的精密摆线针轮减速器制造商，生产高性能减速器、中空轴减速器和各类制动装置等高精尖产品，广泛应用于工业机器人、交通运输设备、工程机械、新能源以及日常生活。纳博特斯克生产的精密减速器作为垂直多关节型工业机器人关节部分的核心组成部分，在世界范围内获得了广泛使用，是该领域全球最大的企业，占全球市场份额的60%。在中/重负荷机器人上，纳博特斯克生产的RV减速器在市场中的占有率高达90%。

3. 快克智能装备股份有限公司

成立于2006年，于2016年在上海证券交易所主板上市（股票代码：603203），是精密电子装联技术智能制造综合解决方案提供商，依托"工艺专家系统+智能设备+工业互联网"模式发展，为客户提供精密焊接、精密点胶、螺丝锁付和视觉检测等智能装备设备及基于i-MES架构的柔性智能装联生产线，主要服务于3C智能终端及模组、5G通信、汽车电子、医疗电子、智能家居和新能源电池等行业。快克智能装备股份有限公司的核心产品电子装联精密焊接设备在国内和国外市场占有率分别为22.3%和5.8%，其中国内市场排名第一、国外市场排名第三。

4. 遨博（江苏）机器人有限公司

成立于2015年，作为遨博（北京）智能科技有限公司的全资子公司，遨博（江苏）机器人有限公司是轻型协作机器人研发、生产和销售的国家高新技术企业，国内协作机器人市场占有率排名第一，全球市场占有率排名第二。该公司是国家高端装备制造业（协作机器人）标准化试点单位，在控制器、末端执行器、减速器、电动机和传感器等机器人关键核心技术上取得了突破，其生产的轻型协作机器人产品AUBO-i5具有核心自主知识产权且具有完全国产化的能力。

5. 常州节卡智能装备有限公司

成立于2015年，是上海节卡机器人科技有限公司的全资子公司，是一家聚焦于新一代协作机器人本体、感知、执行领域与智慧工厂创新研发的高新技术企业。2020年，节卡All-in-one共融系列协作机器人荣获中国国际工业博览会（CIIF）大奖。该公司依托上海交通大学机器人研究所的技术积累，在协作机器人领域的无线示教、图形化编程、视觉安全防护等核心技术上取得了突破。

6. 常州铭赛机器人科技股份有限公司

成立于2008年，是一家专注于半导体封测及精密电子生产制造过程中关键制程装备的研发、生产和销售的国家高新技术企业。该公司具备精密电子组装及MEMS（微机电系统）封装的行业经验，形成了以智能点/喷胶设备、微点焊设备为核心的产品体系。

7. 金石机器人常州股份有限公司

成立于2010年，是一家研发和生产桁架式工业机器人的高新技术企业。该公司的核心技术团队拥有15年桁架机器人研发和制造经验，制定了GB/T 37415—2019《桁架式机器人通用技术条件》，拥有桁架机器人的全部核心技术，在国内桁架机器人领域排名第一。具备建设大型、重型生产线的经验和能力，能够向用户提供桁架机器人、关节机器人、搬运机器人、自动仓库、视觉识别、在线测量、

MES 和 WMES 软件等整套无人工厂解决方案。

8. 常州市钱璟康复股份有限公司

成立于 1996 年，拥有子公司 22 家，是康复器械领域集产品研发、生产、销售、全国性服务和专业解决方案提供为一体的高新技术企业。其自主研发的多体位智能康复机器人打破了国外垄断，产品广泛应用于康复评定、康复训练及康复教育等领域，主要向负责残疾人康复、养老、医疗、教育等承担康复社会责任的机构提供康复器械产品、专业技术支持和售后服务。

9. 常州华数锦明智能装备技术研究院有限公司

成立于 2017 年，是一家专注于工业机器人研发和系统集成制造的国家高新技术企业，在新能源汽车动力电池设备、工业机器人、全自动包装设备、大物流系统和智能软件等领域具备国际一流的研发、设计、制造能力和提供智能制造整体解决方案的能力。

10. 常州固立高端装备创新中心

位于中国以色列常州创新园，由香港科技大学李泽湘教授发起，武进国家高新技术产业开发区、松山湖国际机器人产业基地、江苏省产业技术研究院共同合作成立。该中心作为江苏省中以产业技术研究院机器人与智能制造公共服务平台，设立孵化探索资金和天使基金合计 1.2 亿元，主要围绕机器人与智能制造领域，对接以色列创新资源，建设以培养创新创业人才为目标的新工科教育体系，打造以新品牌、新制造为主导方向的孵化和加速平台。

### 三、重点项目建设情况

1. 高科创志机器人焊接及自动化系统项目

项目由常州高科创志机器人自动化有限公司实施，计划总投资 3 亿元，建设年限为 2019—2021 年，建设用地 54.69 亩（1 亩 ≈ 666.7 $m^2$），规划建筑面积 3.63 万 $m^2$，项目购置加工中心、激光切割机、数控铣床等生产设备及设施 105 台（套），达产后形成年产工业机器人 400 套、非标自动化设备 631 套的生产能力，新增销售收入约 5.7 亿元。2020 年年底，土建竣工收尾，开始市政道路施工。

2. 纳恩博智能服务机器人研发生产基地项目

项目由纳恩博（常州）科技有限公司实施，计划总投资 5 亿元，建设年限为 2020—2023 年，用地 47.5 亩，规划建设生产研发大楼、工业厂房等建筑 8 万 $m^2$，购置智能短途交通产品服务类机器人等产品的生产线 10 条，包括自动打包线、机器人码垛机等生产设备 70 台（套），达产后形成平衡车、电动滑板车、卡丁车等智能短途交通产品和配送机器人等服务类机器人产品 100 万台的生产能力，预计实现年销售收入 30 亿元、税收 4 000 万元。2020 年年底，项目已完成立项并开始设计规划方案。

### 四、相关政策支持

2021 年 2 月 19 日发布的《武进区机器人产业链卓越发展实施方案（2021—2023）》，以推动机器人产业链卓越发展为主题，对照 5 大主要目标，分别制定了 4 大类共 12 条具体举措，着力打造全国工业机器人"智谷"和长江三角洲地区最具国际影响力的机器人产业高地。

### 五、发展规划与战略

（一）"十四五"发展目标

1. 产业规模快速壮大

到 2025 年年底，机器人及其关键零部件企业数量达到 200 家以上，培育 10~12 家销售额超 10 亿元的企业，上市和新三板挂牌企业达到 15 家，产值规模突破 200 亿元。

2. 产业生态更加优化

到 2025 年，机器人产业相关平台数量达到 10 家左右。到 2025 年，新增 10 家知名机器人研发创新平台落户园区（核心品牌），新增 10 家与机器人产业相关的国家级孵化器、众创空间。

3. 产业品牌快速提升

到 2025 年，组织举办 5~6 项机器人相关产业论坛、活动和大赛，具备世界级知名度和影响力。

（二）规划与战略

1. "集群化驱动"引领产业链壮大融通发展

（1）推动链式协同发展。聚焦产业链上游，重点支持基础原材料并补充减速器、伺服电动机等核心零部件的短板；聚焦产业链中游，重点打造具有国内外品牌影响力的机器人本体制造商；聚焦产业链下游，重点培育对产业链有明显带动作用的机器人系统集成商；聚焦产业链应用环节，重点拓宽机器人各领域应用场景并推广解决方案示范应用。培育一批国内领先的行业整体解决方案供应商和机器人集成商，全面带动机器人技术推广应用和跨界融合；培育机器人领域智能制造系统集成商，使其数量超 20 家。

（2）强化重大项目招引。聚焦工业机器人本体生产、控制系统、电动机和精密减速器等核心零部件生产和系统集成等重大项目，同时在教育机器人、医疗机器人、无人机（车、船）等新兴领域加快布局，尽快形成以工业机器人为主攻方向，其他新兴机器人领域为侧翼的协同发展格局。新增招引工业机器人领域重点项目 10 个以上。

（3）增强骨干企业实力。培育一批自主创新能力强、产品市场前景好、产业支撑作用大的优质骨干企业，培育更多具有自主知识产权的创新型企业，培育形成一批机器人行业细分领域的隐形冠军企业，建立专精特新"小巨人"企业培育库。鼓励企业针对新技术、新产品进行外延式并购，加快推进机器人产业企业股份制改造和上市挂牌，充分利用资本市场力量促进企业做大做强。

2. "创新力驱动"引领产业链自主可控发展

（1）加快关键技术攻关。重点支持高精密减速器、高精度伺服电动机及驱动器、控制器、传感器等关键零部件的研发，着力突破机器人核心软件瓶颈制约。支持开展关键机器人成套装备和系统开发，加强 5G、人工智能、计算机科学、集成电路、仿生结构技术和视觉传感等先进技术在机器人领域的应用研究。

（2）优化产业创新机制。推动以企业为主导的技术创新载体建设，支持企业建设企业技术中心、工程技术研究中心和工程中心等研发机构，支持相关机构和企事业单位积极参加各级机器人标准研究及制修订工作,加强知识产权保护和运用,形成有效的创新激励机制。培育机器人领域"三中心"10家以上,推进机器人企业牵头2项国家标准制定。

(3)促进科技成果转化。支持企业供需对接和新产品互采互用,加大对机器人产业自主新产品新技术应用的支持力度,在重大工程、重点项目中,优先采购自主创新产品,推动更多重大科技成果在园区落地生根。

3."新模式驱动"引领产业链转型升级发展

(1)聚焦智能制造提升。鼓励企业不断提升生产水平和工艺水平,加强自主生产能力,逐步引导产业链企业建立面向生产全流程、管理全方位、产品全生命周期的制造模式。推广机器人个性化定制模式,发展网络协同制造试点。

(2)推动新兴业态发展。推动机器人制造业与服务业深度融合发展,鼓励机器人企业发展融资租赁、机器人共享等新型应用模式。支持企业发展咨询设计、制造采购、施工安装、系统集成和运维管理等一揽子服务,提供机器人行业整体解决方案。

(3)加强示范应用推广。以深入推进智能制造试点示范建设为契机,鼓励传统装备制造业、劳动密集型企业利用工业机器人及智能技术开展智能化升级改造,探索更多工业应用场景。在农业、环保、教育和金融等领域组织实施服务机器人应用试点示范项目。

4."全要素驱动"引领产业链特色协调发展

(1)打造产业特色名片。培育具有较强竞争力的机器人知名品牌,支持机器人企业参加国内外高水平展会,打造机器人产业品牌活动。举办中以机器人创新合作论坛,积极承办全国机器人发展大会,扩大活动规模,把武进国家高新区打造成为国内顶尖的机器人产业品牌活动聚集地。

(2)加快平台载体建设。充分发挥江苏省中以产业技术研究院机器人与智能制造公共服务平台—固立高端装备创新中心的平台作用,打造机器人检验检测、应用技术研发、知识产权保护与交易和人才培训等功能类平台,培育从孵化、研发、培训、技术转移到生产销售环环相扣的机器人产业协同生态圈。

(3)成立产业发展基金。成立机器人产业引导基金,引进符合武进机器人产业发展方向的投资基金和投资团队,尽早介入有发展潜力的项目。

〔撰稿人:常州市武进区工业和信息化局倪文达、张杏阳〕

# 2020年青岛国际机器人产业园发展概况

## 一、园区基本情况

青岛国际机器人产业园位于青岛国家高新技术产业开发区(简称"青岛高新区")主园区内,是山东省最早布局机器人产业的园区,以打造中国北方最大的机器人产业基地为目标,持续强链、补链、延链,已逐步形成从核心零部件制造、本体制造、系统集成到配套服务的机器人全产业链条,涵盖工业机器人、服务机器人、特种机器人等多个应用领域,先后获批青岛智能机器人高新技术产业特色园区、国内首家"国家机器人高新技术产业化基地"。自2016年起,该园区连续四年获"金手指奖·最具影响力机器人产业园"称号。

## 二、园区机器人产业发展概况

目前,青岛高新区已集聚青岛科捷机器人有限公司(简称"科捷机器人")、科捷智能科技股份有限公司(简称"科捷智能科技")、青岛宝佳自动化设备有限公司(简称"宝佳自动化")、青岛新松机器人自动化有限公司(简称"青岛新松")、青岛拓疆机器人有限公司、青岛通产智能科技有限公司(简称"通产智能")、青岛北洋天青数联智能股份有限公司(简称"北洋天青")、青岛海德马克智能装备有限公司(简称"海德马克")等机器人重点企业100余家,占青岛市机器人企业总量的80%以上,全球机器人"四大家族"瑞典ABB、德国库卡、日本安川、日本发那科齐聚园区,全球排名前10位的机器人企业已入驻6家。园区坚持机器人产业全链式发展,形成了上游核心零部件、中游机器人本体和下游系统集成和应用协同发展模式。

1.上游核心零部件

在减速器方面,园区代表企业青岛盈可润传动科技有限公司是青岛市内唯一一家减速器厂商,研发产品包括伺服行星减速器、RV减速器等10种减速器,广泛应用于机器人等自动化设备;在传感器方面,代表企业青岛智腾微电子有限公司重点面向无人机、无人车、工业自动化等行业领域,开展组合导航系统、MEMS加速度传感器、倾角传感器等产品的生产研制工作。

2.中游软件和操作系统、本体制造和系统集成

(1)软件和操作系统。园区拥有元启工业技术有限公司等机器视觉领域优质企业,其机器视觉技术广泛用于工业机器人、AGV自动导引车等。

（2）本体制造。在工业机器人方面，园区拥有青岛新松、科捷智能科技、科捷机器人、宝佳自动化、海德马克等一批科技创新企业，产业集群优势明显。其中，科捷机器人拥有国内首创、国际先进的橡胶轮胎智能分拣系统，全钢重载轮胎龙门机器人分拣码垛系统及高强钢热成形自动化生产线，是国内唯一一家产品出口日本丰田的机器人企业，其智能手机机器人组装系统在富士康科技集团应用了5 000余套，成为富士康在中国机器人领域的唯一合作伙伴，共获国家专利50余项；青岛新松是新松机器人自动化股份有限公司设立的北方总部，与清华大学、北京理工大学、北京邮电大学、山东大学、青岛科技大学等开展产学研合作，其研制的大负载室外AGV样机已在新加坡港运行调试，新松工业4.0定制化生产线也远销墨西哥、泰国、马来西亚等地；宝佳自动化引进日本世界一流水平机器人生产线，与日本那智不二越株式会社合资成立机器人应用研究院，引进日本专家，致力于工业机器人应用的前瞻性开发和技术储备，其在国内饲料行业机器人码垛应用的市场占有率超过70%。

在服务机器人方面，园区依托通产智能、青岛悟牛智能科技有限公司（简称"悟牛智能"）、青岛塔波尔机器人技术股份有限公司、青岛里奥机器人技术有限公司（简称"里奥机器人"）、青岛克路德机器人有限公司（简称"克路德"）等骨干企业，重点布局公共服务机器人、农业机器人、家务机器人等细分领域。

在特种机器人方面，依托青岛新松布局海洋工程领域，其研发的水下机器人能够用于水中观察、检查和水下施工等海洋工程领域，目前处于内部研发阶段；由深圳市行知行机器人技术有限公司投资建设的特种爬壁机器人北方总部基地项目已签约落地，该公司是国内唯一能提供整船自动化清洗解决方案及成套设备的公司，将致力于特种爬壁机器人产品的开发与成套设备制造，为船舶、油罐、风塔、海洋平台等领域提供爬壁机器人搭载清洗盘除锈、清洗、喷涂及检测的整体解决方案。

（3）系统集成。园区形成了由软控股份有限公司（简称"软控股份"）、北洋天青、海德马克、宝佳自动化、科捷智能科技、青岛星华智能装备有限公司（简称"星华智能装备"）、华晟（青岛）智能装备科技有限公司等企业组成的系统集成商集群，机器人系统集成业务优势明显。

3.下游终端应用、经销及技术服务和第三方服务

在终端应用方面，依托本体制造和系统集成领域优势基础，园区工业机器人重点应用于智能仓储、物流等行业领域；在公共服务、农业、家庭服务等领域已经研制出一系列服务机器人的代表性产品并实现应用；依托青岛新松，重点布局特种机器人在水下作业等海洋工程领域的落地应用。

在经销及技术服务方面，机器人"四大家族"——日本发那科、德国库卡、瑞典ABB、日本安川齐聚青岛高新区，建设机器人应用中心，开展机器人销售、应用、系统集成以及技术服务等业务，与科捷机器人、星华智能装备等企业建立战略合作伙伴关系，进一步促进园区机器人产业发展壮大。

在第三方服务方面，园区依托青岛国际机器人中心、青岛红树林科技有限公司、青岛青软实训教育科技股份有限公司等企业，形成了以机器人展示、人才培训为核心的第三方服务体系。

### 三、园区服务平台建设情况

园区充分发挥山东省机器人创新中心等平台作用，依托青岛智能产业技术研究院等高端科研机构，与清华大学、上海交通大学、哈尔滨工业大学、华中科技大学等机器人及自动化领域的一流高等院校开展广泛合作，开展智能装备、智能视觉、无人机等领域的研发和产业化，支撑机器人领域的信息交流和科技创新。建设宝佳自动化等国家级企业技术中心，海德马克等省级企业技术中心，科捷机器人、青岛雷霆重工股份有限公司等市级企业技术中心，工业机器人与物流装备集成、工业机器人智能应用等市级技术创新中心。

### 四、园区政策支持

园区建立了产业、人才和科技"三轮驱动"的全方位政策扶持体系，根据企业发展的不同阶段，覆盖企业全生命周期。在产业政策方面，出台了《关于支持机器人产业加快发展若干政策措施的通知》，在发展壮大整机及系统集成、加强关键零部件配套、鼓励机器人企业上规模、支持首台（套）重大技术装备研发、加大产品推广应用力度等10个方面给予优越的政策扶持，最高扶持金额可达2 000万元；在科技政策方面，出台了《青岛高新区加快新旧动能转换深入推进科技创新业若干政策》，在聚集培育高端创新资源、强化企业创新主体地位、促进双创载体健康发展、加强在孵企业精准培育等方面给予精准的政策扶持；在人才政策方面，实施"汇智计划"，创新完善人才政策体系，在人才奖励基金、引才单位奖励、人才项目扶持、人才平台建设、人才安居保障及落户、子女入学等方面予以重点扶持。另外，出台了《青岛高新区加快推进企业上市工作意见》，在鼓励企业规范化改制、首发上市、上市公司再融资等方面给予全方位扶持，最高奖补金额达1 000万元。

### 五、园区发展规划与战略

结合当前机器人产业发展现状及短板，园区将按照"巩固壮大工业机器人、抢先布局服务机器人、延伸发展智能制造装备、深度融合人工智能"的总体思路，充分发挥已有行业优势，不断补全和延伸机器人关键零部件、本体制造、集成应用服务全产业链，加快机器人整机重点项目建设。

一是壮大工业机器人竞争优势，推动产品向中高端迈进。依托园区内科捷智能科技、科捷机器人、宝佳自

动化、海德马克等领军骨干企业,继续壮大在装配机器人、分拣机器人、搬运机器人等细分市场的核心竞争力。发挥机器人"四大家族"、青岛新松等龙头企业的引领带动作用,以点带面推动工业机器人向小型化、轻型化、柔性化方向发展。延展引进培育人机协作机器人、真空清洁机器人、全自主编程工业机器人等产品,依托《青岛市国民经济和社会发展第十四个五年规划和二〇三五年远景目标的建议》,聚焦工业机器人、传感器等重点产业,重点招引和补齐产业链条核心零部件短板,推动工业机器人向中高端迈进,打造国内一流机器人和传感器产业基地。

二是在国际同一"起跑线"上抢先布局服务机器人和特种机器人,率先打造全国特色品牌和新的增长极。依托通产智能、悟牛智能、里奥机器人、克路德等企业,重点培育发展公共服务、教育、娱乐、农业、家政等服务机器人,以及水下机器人、搜救机器人等特种机器人。借助康复大学落地势能,加强机器人在医疗健康等新兴应用领域的布局,积极引进辅助机器人、康复机器人等医疗机器人产业。

三是培育壮大机器人应用系统集成商,延展高端装备制造领域。发挥软控股份、北洋天青、宝佳自动化、科捷智能科技等企业的骨干作用,依托青岛高新区良好的应用市场基础,积极推动机器人在全市、全省电子信息、高端制造、医药等行业的规模化集成应用,加速推动制造业转型升级。聚焦数字化车间和智能工厂解决方案,链接区内机器人企业和制造业应用场景,积极融入全市工业互联网战略,进一步提升制造业生产效率、节约生产成本。

四是深度融合人工智能,借势形成新一轮经济社会变革的核心驱动力。着眼未来人工智能和下一代机器人的发展,借助青岛高新区云技术、物联网、光网、5G的优势产业基础提供的大数据样本,运用多模态的交互让机器人和人工智能深度融合、相互促进,大力引导科研平台和企业在机器视觉、语音交互、深度学习、人机协作等人工智能技术领域取得重大突破。

〔撰稿人:青岛国家高新技术产业开发区管理委员会招商部郑翔宇〕

# 2020年芜湖机器人产业集聚区发展概况

## 一、基本概况

2013年,国家发展改革委、财政部正式批复安徽省战略性新兴产业区域集聚发展试点实施方案,支持安徽省在全国率先发展机器人产业,加快发展以芜湖机器人产业集聚为主体、具有国际竞争力的机器人产业集聚区。2015年,芜湖机器人及智能装备产业基地同时被列入国家级和省级战略性新兴产业示范基地。

芜湖机器人产业集聚区规划总面积353万 m²,建设有13万 m² 的机器人孵化器,同时构建了产业研究与专家智库平台、技术研发检测、投融资、应用推广、政策、人才、公共配套服务、产业链配套协作八大产业支撑平台,打造芜湖机器人产业生态链。

## 二、园区机器人产业发展情况

目前,芜湖机器人产业集聚区呈现核心零部件国产化、机器人本体全面接近国际一流水平、机器人系统集成日趋成熟的全产业链发展态势,产业集聚效应凸显。2020年,集聚上下游企业140家,其中,规模以上企业82家,实现产值241.2亿元。2015—2020年芜湖机器人及智能装备产业产值见图1。

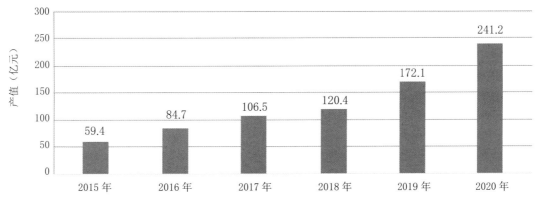

**图1　2015—2020年芜湖机器人及智能装备产业产值**

1. 集聚态势初步形成

（1）工业机器人本体实力强劲。工业机器人已经逐步打破国际垄断，以埃夫特智能装备股份有限公司（简称"埃夫特"）为核心，联合芜湖行健智能机器人有限公司（简称"行健智能"）、芜湖隆深机器人有限公司、芜湖凯硕机器人有限公司等企业，从核心零部件到整机装备都实现了量产，深入推动汽车、3C、船舶、金属深加工等多行业自动化、无人化改造。

（2）服务机器人多元发展。以安徽酷哇机器人有限公司（简称"酷哇"）、芜湖星途机器人科技有限公司、芜湖微云机器人有限公司等企业为核心，以无人驾驶和人工智能技术为发端，机器人自动化产品参与城市保洁、卫生防疫、科教实验、社区服务、智能导航等多种城市服务应用场景。

（3）关键零部件打破国外垄断。控制器、驱动器、减速器、伺服电动机、末端执行器、智能识别系统等全面实现自主可控，形成了以芜湖奥一精有限公司、芜湖清能德创电子技术有限公司、芜湖固高自动化技术有限公司（简称"芜湖固高"）、芜湖翡叶动力科技有限公司、芜湖大洋电机新动力科技有限公司、安徽感航电子科技有限公司等企业为龙头的关键零部件企业集群，带动埃夫特公司产品的国产化率突破50%。

（4）系统集成覆盖广泛。深入挖掘工业生产领域更多细分市场，在衣（纺织机械）、食（食品包装）、住（智能建筑）、行（汽车冲压）等多行业形成应用示范，形成了以芜湖东旭光电装备技术有限公司在玻璃加工行业的系统集成应用为代表，安徽瑞祥工业有限公司、安徽戎发冲压机器人有限公司在汽车行业应用为代表，普迈科（芜湖）机械有限公司在包装行业应用为代表，埃华路（芜湖）机器人工程有限公司在铸造打磨行业应用为代表，以及安徽纽创自动化装备有限公司在自动化运输及非标定制行业应用为代表的系统集成产业集群。

（5）特种装备领域重点发力。产学研前沿成果深度融合，在深潜、消防等领域取得重大成果，填补行业空白。

2. 创新优势不断彰显

近年来，集聚区进一步落实创新驱动战略，强化企业主体地位，加快建设创新平台，大力培育创新型企业，积极营造创新生态，形成了协同创新研发网络，为机器人及智能装备产业的创新提供了基础保障。

（1）创新能力明显增强。截至2020年，集聚区机器人及智能装备产业高新技术企业总数达46家。埃夫特董事长许礼进、酷哇创始人何弢获批国家科技创新创业人才。芜湖瑞思机器人有限公司董事长梅江平教授的"高速并联机器人关键技术及工程应用"成果获国家科学技术发明奖二等奖。深圳固高公司依托芜湖固高与宁波慈星股份有限公司合作研发的"支持工业互联网的全自动电脑针织横机装备关键技术及产业化"项目获国家科学技术进步奖二等奖。埃夫特公司的"ER16L-C20关节式工业喷涂机器人"项目获安徽省科学技术奖二等奖。

（2）创新平台不断提升。近几年，集聚区围绕机器人及智能装备产业陆续出台了鼓励企业自主创新的一系列政策，加大了对企业研发中心的支持力度，鼓励企业加强与高等院校、科研院所的产学研合作和对接，形成内外结合、主体多元、层次合理的以企业为主体、市场为导向、产学研紧密结合的产业技术创新体系，进一步提升产业创新能力。目前，全产业链拥有1个国家工业机器人产品质量监督检验中心、1个国家地方联合工程研究中心、2个国家/省部级重点实验室、4个省级新型研发机构、3个国家/省部级工程（技术）技术研究中心、5个国家/省部级企业技术中心、5个国家/省级博士后科研工作站、3个省级院士工作站、2个省级产业联盟。芜湖机器人产业集聚区相关国家/省部级创新平台见表1。

**表1　芜湖机器人产业集聚区相关国家/省部级创新平台**

| 序号 | 创新平台名称 | 类别 |
|---|---|---|
| 1 | 国家工业机器人产品质量监督检验中心（安徽） | 国家级检验检测机构 |
| 2 | 智能机器人先进机构与控制技术国家地方联合工程研究中心 | 国家级工程研究中心 |
| 3 | 中电鑫龙安徽省电器设备电磁兼容（EMC）实验室 | 省级重点实验室 |
| 4 | 哈特研究院机器视觉检测安徽省重点实验室 | 省级重点实验室 |
| 5 | 芜湖哈特机器人产业技术研究院有限公司 | 省级新型研发机构 |
| 6 | 芜湖安普机器人产业技术研究院有限公司 | 省级新型研发机构 |
| 7 | 安徽酷哇机器人有限公司 | 省级新型研发机构 |
| 8 | 芜湖赛宝机器人产业技术研究院有限公司 | 省级新型研发机构 |

(续)

| 序号 | 创新平台名称 | 类别 |
|---|---|---|
| 9 | 中电鑫龙安徽省中低压输配电设备工程技术研究中心 | 省级工程技术中心 |
| 10 | 埃夫特安徽省机器人系统集成工程技术研究中心 | 省级工程技术中心 |
| 11 | 埃夫特安徽省机器人及成套装备工程研究中心 | 省级工程技术中心 |
| 12 | 埃夫特智能装备技术中心 | 国家级企业技术中心 |
| 13 | 大昌科技技术中心 | 省级企业技术中心 |
| 14 | 福赛科技技术中心 | 省级企业技术中心 |
| 15 | 苏立电热科技技术中心 | 省级企业技术中心 |
| 16 | 中电鑫龙技术中心 | 省级企业技术中心 |
| 17 | 哈特机器人研究院博士后工作站 | 国家级博士后工作站 |
| 18 | 国营芜湖机械厂博士后科研工作站 | 国家级博士后工作站 |
| 19 | 中电鑫龙博士后工作站 | 国家级博士后工作站 |
| 20 | 埃夫特智能装备博士后工作站 | 省级博士后工作站 |
| 21 | 苏立电热科技博士后工作站 | 省级博士后工作站 |
| 22 | 国营芜湖机械厂安徽省李明院士工作站 | 省级院士工作站 |
| 23 | 埃夫特智能装备蔡鹤皋院士工作站 | 省级院士工作站 |
| 24 | 安普机器人产业技术研究院张裕恒院士工作站 | 省级院士工作站 |
| 25 | 安徽省机器人产业技术创新战略联盟 | 省级产业联盟 |
| 26 | 安徽省机器人产业知识产权联盟 | 省级产业联盟 |

### 三、园区服务平台建设情况

围绕产业研究与专家智库、政策支持、应用推广、公共配套服务等产业支撑平台，全力构建机器人及智能装备产业支撑体系。

**1. 产业研究与智库建设成效显著**

坚持规划引领，已编制完成"芜湖市机器人产业发展专题研究""芜湖市机器人产业发展规划""芜湖机器人产业园概念性规划""芜湖机器人产业园二期控制性详细规划"及"机器人产业发展报告"。搭建专家平台，已建立由100余名专家组成的机器人产业专家库，组织专家评审会议50余场，开展了拟落户机器人项目的技术评审、机器人应用示范项目评审、机器人项目验收评审等。促进行业内专家与产业深入合作，精准指引产业发展。

**2. 政策支持有力**

在全国率先出台了《芜湖市机器人产业集聚发展若干政策》（芜政办〔2014〕10号），鼓励国内外知名高校科研院所在芜湖实施机器人技术研发产业化，扩大首台（套）设备支持范围，重点支持机器人整机企业扩大研发生产能力，实行按销售收入定额补贴政策。制定了《芜湖市战略性新兴产业发展专项资金扶持政策》并重点用于龙头企业增资扩股、知名企业合资合作、国际并购重组，以及引导风险机构投资、中小企业融资担保补贴等支出，以增强龙头企业的牵引带动能力，打通行业上下游关联产业，迅速形成人才集中、成果转化、企业集群、产业集聚态势。

**3. 行业应用不断推广**

每年举办机器人产需对接会两次以上，成功举办第六届恰佩克颁奖仪式暨第十届中国国际机器人高峰论坛，连续五年举办机械工程全国博士生学术论坛，参与组织第一届长三角一体化创新成果展暨第九届中国（芜湖）科博会，进一步提升了芜湖机器人产业在国家层面的地位和影响力，深化本地机器人企业与省、市内外行业终端客户的战略合作，不断拓展应用空间。

**4. 公共配套服务不断完善**

支持机器人及智能装备企业发展，集聚区已经建成电子产业园孵化器、机器人创新创业基地、机器人产业成果转化中心、中德人工智能产业孵化基地四大载体，提供优质企业孵化环境。围绕机器人及智能装备、特种装备、人工智能等高端领域的人才培育，建设皖江人力资源公共职业训练基地，加强与芜湖职业技术学院、安徽工程大学、哈尔滨工业大学的合作。统筹推动产业集聚区城市功能设施建设，推动金融、邮政、公交等市政服务向产业集聚区延伸覆盖；推进科技研发、检验检测、仓储物流、展览交易、技能培训等公共服务平台建设，促使污水处理、供热、综合性公共服务等功能集合构建。

**四、招商引资情况**

2020年，机器人及智能装备新签约项目37个，总投资96.5亿元。

2020年机器人及智能装备项目签约情况见表2。

**表2　2020年机器人及智能装备项目签约情况**

| 序号 | 投资企业（投资人） | 投资项目 | 投资额（亿元） |
| --- | --- | --- | --- |
| 1 | 深圳市火乐科技发展有限公司 | 火乐智能新型显示产业园项目 | 30.0 |
| 2 | 人本集团有限公司 | 建设年产2 000万套高效能、精密机器人及智能装备用轴承，年产3亿套高精度微型机器人及智能装备用轴承和年产500万套高精度机器人及智能装备用交叉滚子轴承项目 | 20.0 |
| 3 | 杭州锐冠科技有限公司 | 棉纺、化纤、织布等行业智能装备研发制造及系统集成项目 | 5.2 |
| 4 | 南京硅基智能科技有限公司 | 华中区域总部和生产交付中心项目 | 5.0 |
| 5 | 宁波摩卡机器人技术有限公司 | 六轴通用机器人、中空焊接机器人研发生产项目 | 5.0 |
| 6 | 芜湖瑞佳机械制造有限公司 | 汽车天窗导轨、玻璃升降器导轨自动化装备及系统集成项目 | 3.0 |
| 7 | 广东顺德三合工业自动化设备股份有限公司 | 伺服电动机及电动机行业自动化系统集成项目 | 3.0 |
| 8 | 安徽佩吉智能科技有限公司 | 新型铝材搅拌摩擦焊机器人研发生产项目 | 1.8 |
| 9 | 芜湖优易智能科技有限公司 | 立体智能停车系统研发生产项目 | 1.5 |
| 10 | 毛兴友 | 智能装备及工业输送电气自动化设备研发生产项目 | 1.3 |
| 11 | 广东凯宝机器人科技有限公司 | 工业机器人、医疗服务机器人及智能装备生产、研发、销售项目 | 1.2 |
| 12 | 安徽盛图消防科技有限公司 | 智能特种机器人、应急救援装备项目 | 1.2 |
| 13 | 安徽铂辉特智能装备制造有限公司 | 汽车焊接夹具、机器人自动化生产线系统研发生产项目 | 1.2 |
| 14 | 苏州创实精密五金有限公司 | 各类紧固件、冲压件及自动化设备的研发制造系统集成项目 | 1.2 |
| 15 | 芜湖迈程智能装备有限公司 | 不锈钢智能净化装备及相关配套件研发生产项目 | 1.2 |
| 16 | 苏州诚哲精密电子有限公司 | 基于5G基站、通信端子、光伏能源、医疗器械等行业连接器自动化冲压、码垛、上下料系统集成项目 | 1.2 |
| 17 | 合肥润徽数控设备有限公司 | 桁架自动化项目 | 1.1 |
| 18 | 安徽南博机器人有限公司 | 清洁服务机器人及新能源环卫车辆生产基地项目 | 1.1 |
| 19 | 日照奥鑫机械设备有限公司 | 玻璃行业切割自动化系统集成项目 | 1.0 |
| 20 | 芜湖市德明绝热科技有限公司 | 纳米绝热材料自动化生产线及绝热产品的研发、生产、销售项目 | 1.0 |
| 21 | 温州市胜峰液压科技有限公司 | 轴承、电气箱、汽车零部件等行业自动化装备及系统集成应用项目 | 1.0 |
| 22 | 享奕自动化科技（上海）有限公司 | 电动汽车自动充电机器人方案 | 1.0 |
| 23 | 芜湖中科慧影智能科技有限公司 | AI美学隐形正畸诊疗自动化装备产业化项目 | 0.8 |
| 24 | 上海佩霆自动化科技有限公司 | 汽车及其他一般工业自动化系统集成项目 | 0.3 |
| 25 | 上海纵智自动化工程有限公司 | 汽车及其他行业自动化系统集成项目 | 0.3 |
| 26 | 芜湖飞元智能装备有限公司 | 食品行业包装自动化系统集成项目 | 0.3 |

(续)

| 序号 | 投资企业（投资人） | 投资项目 | 投资额（亿元） |
|---|---|---|---|
| 27 | 北京航科恒益科技公司 | 运动控制器研发生产项目 | 0.3 |
| 28 | 上海军鹰电子科技有限公司 | 商用飞机模拟器研发、生产项目 | 0.3 |
| 29 | 安徽三竹智能科技股份有限公司 | 工业用伺服电动机、控制器连接器、连接线束产品项目 | 0.5 |
| 30 | 芜湖视觉龙智能装备有限公司 | 机器视觉产品的开发、生产、应用项目 | 0.2 |
| 31 | 芜湖清川电气有限公司 | 机器人伺服电动机产业化项目 | 3.0 |
| 32 | 芜湖米思奇智能装备有限公司 | 自动套袋机、自动割包投料机和自动装车装备研发生产项目 | 0.3 |
| 33 | 江苏美联信息科技有限公司 | 商用机器人研发生产项目 | 0.3 |
| 34 | 北京华晟经世信息技术有限公司 | 机器人实训平台研发及产业化项目 | 0.3 |
| 35 | 海狸文创科技（深圳）有限公司 | 教育机器人研发、制造及少儿编程培训项目 | 0.2 |
| 36 | 杭州汇萃智能科技有限公司 | 机器视觉智能产品、自动化系统集成项目 | 0.1 |
| 37 | 芜湖顶贴电子有限公司 | 年产2万套机器人控制器和驱动器的产业化智能制造生产线项目 | 0.1 |

### 五、下一步发展重点

1. 突出全链布局，着力构建产业生态圈

提升智能制造生态链，实施产业强链工程。梳理区域内机器人及智能装备产业链各环节企业资源，聚焦"建链、延链、补链、强链"，实施整机集成企业与零部件企业协同制造、协同创新，力推全产业链一体化发展，打造"核心零部件—工业机器人整机—系统集成—智能生产线—数字化车间—智能工厂"完整工业机器人产业链。

完善专业服务生态链。针对机器人及智能装备产业价值链升级需求，以高端、融合、创新发展为方向，大力发展研究开发、工业设计、检验检测、技术成果转化等生产性服务业。

提升产业孵化能力水平。着力整合平台和资源，打造"孵化器—加速器—产业园—产业基地"的产业孵化生态链。

2. 突出以需引供，聚力推动集群发展

打造具有国际影响力的产业承接平台。依托埃夫特、行健智能、酷哇等知名企业的产业资源，力争把基地打造为具有智能制造、科技研发、创业孵化、高端人才培育等功能的全球性机器人及智能装备产业发展平台，争取到2025年，在产业基地培育机器人龙头上市企业3~5家、集聚核心关键技术配套企业超过50家。

构建多层次机器人产需对接载体。大力举办国际机器人及智能装备展览会、科博会等大型会展活动，吸引国内外知名机器人及智能制造装备企业参展和投资，通过会展模式形成常态化、专业化、国际化的产业投资合作机制。建立"机器人项目源"数据库，整合国内外重点机器人企业信息资源，实现招商资源的集中管理、实时共享、随时查询。大力举办机器人及智能装备创新创业大赛，推动创新创业资源与机器人及智能装备项目的合作对接，加快推动赛事作品在机器人及智能装备产业的深度应用。

3. 突出技术引领，打造国家级机器人产业创新中心

加快国家机器人产业创新中心建设步伐，加强机器人共性关键技术研究，提升机器人整机及关键零部件检验检测能力、机器人核心零部件中试孵化能力、应用示范能力及行业支撑服务能力等。集中优势资源组建国家级重点实验室，开展前瞻性、颠覆性技术研究。针对产业链薄弱环节，加强机器人软件及算法、精密器件及关键部件研制平台及测试平台等基础创新能力建设。

〔撰稿人：芜湖滨江智能装备产业发展有限公司王家云、吴昊〕

# 2020年长沙雨花经济开发区发展概况

## 一、园区基本情况

长沙雨花经济开发区（以下简称"雨花经开区"）原名湖南环保科技产业园，成立于2002年，规划面积23.07 $km^2$。建园以来，园区按照低碳、环保、绿色的发展要求，坚持特色立园，在服务长沙市比亚迪汽车有限公司做大做强的同时，坚持走小而特、小而精、小而优的产业发展之路，引进和培育了湖南长步道光学科技有限公司（简称"长步道"）、湖南大族智能装备有限公司（简称"大族"）、湖南晓光科技有限公司等一批产品、技术领先的小巨人企业，被批准为国家新型工业化示范基地（汽车产业）、国家绿色工业园区、湖南机器人产业集聚区。近7年，3次荣获湖南省省级园区第一，亩均产值、投资、税收排名省级园区前列。

2020年，雨花经开区规模以上企业完成工业总产值410亿元，同比增长11%；完成工业投资39亿元，同比增长28.9%；完成工业和技术改造投资24亿元，同比增长69.4%；全口径税收近39亿元，同比增长19.97%；工业总产值总量和增量在长沙市省级园区中均排名第一。同时，雨花经开区代表雨花区参加长沙市重点产业项目观摩，连续四年获得长沙市内五区第一名。

## 二、机器人行业发展概况

雨花经开区是湖南省首个省级工业机器人产业示范园区及机器人产业集聚区，是长沙市人工智能及机器人（含数控机床）产业链牵头园区，通过多年的发展，目前已经形成相对集聚的产业链集群，并入选"全国十大最具竞争力机器人产业园区"。2020年，园区人工智能产业总产值突破百亿元，达到121.66亿元，产业链上新增企业73家，企业总数达到333家，较2019年分别增长了41.33%和24.25%。

### 1. 服务企业做大做强

全年新增规模以上企业7家；推动湖南正著智能科技有限公司和安信生物科技有限公司等12家长沙市智能制造试点企业完成技术改造；顺利实施湖南东相智能装备有限公司、湖南隆深智能装备有限公司和长沙长泰智能装备有限公司等14个长沙市智能制造专项支持项目；新认定高新技术企业49家，高新技术企业总数达到147家，位居全市省级园区第一；高新产值在规模工业总产值的占比达到97.4%，产业结构日益优化。

### 2. 突出平台驱动

实施火炬升级计划，对建立国家、省、市三级院士工作站、博士后科研工作站，以及经主管部门认定的国家级、省级、市级的技术中心、重点（工程）实验室和工程技术研究中心，给予不同程度的奖励。雨花经开区集聚了以长沙智能机器人研究院、湖南省自兴人工智能研究院、中南智能工业4.0创新中心、大族激光研究院等为代表的技术研发和技术人才创新平台。注重产学研平台打造，长步道与湖南大学联合打造的超精密光学制造业研发中心，湖南申亿五金标准件有限公司与长沙理工大学共建合作创新基地及相关创新平台，构建起产业链上企业与科研高校交流合作的平台，助推科研成果产业化。

### 3. 聚焦技术攻关

实施科技创新攻关行动，着力释放雨花经开区科研机构以及辖内重点企业力量，实现科技攻关突破，解决了一批关键性技术难题。比如，唐智科技湖南发展有限公司在轨道交通运载设备故障诊断和安全监测领域处于全国领先地位；长步道专业从事人工智能机器视觉，自主研发的1.5亿像素镜头、光场相机镜头（蜻蜓之眼）属全球首创，360°内外壁测量用镜头和新一代半导体、传感器芯片光刻机用镜头填补了国内空白；大族自主研发的LION系列智能制造生产设备，实现了核心零部件全国产化。

## 三、服务平台建设情况

2020年，雨花经开区企业综合服务信息管理平台及长沙雨花—蜂巢互联工业软件服务平台正式上线。

企业综合服务平台以企业信息库、省市及国家政策库、企业帮扶库、服务机构库在内的五大资源库为基础，构建线上企业服务体系，通过整合多部门、多服务机构、多企业数据和服务资源，建立起信息发布平台、工业地产服务平台、惠企政策服务平台、帮扶直通车服务平台、公共服务平台和移动应用平台六大核心应用平台，协助实现集聚区的资源集合、服务集成、产业集群等功能，通过以企业发展为核心，发挥平台综合服务优势，为企业提供一站式营商环境综合服务。2020年，企业综合服务管理平台有19个模块，管理企业2 427家，企业用户注册587家。

长沙雨花—蜂巢互联工业软件服务平台面向企业智能化转型升级的需求，帮助企业打造工业软件开发及应用场景，构建全方位的工业互联网生态系统软件服务平台。为企业提供精益生产诊断，通过工业软件使用及入驻、设计图纸及模型下载、工作技能学习和企业形象展示等功能，帮助企业孵化工业软件开发及应用场景，实现企业数字化转型并助力企业实现提质、降本、增效。

此外，雨花经开区对标沿海地区，打造一流的营商环境。第一，围绕"一件事一次办"提升政务水平。按照企业的招商、落地、成长阶段，分类梳理79项"一件事一次办"服务事项，成功申报2020年长沙市相对集中行政许可权改革试点单位，成为全市省级园区第一家改革试点单位。第二，围绕"四个一百"强化服务效能。创新开展"四个一百"竞赛活动，并将服务贯穿全年，收集问题364个，解决339个，解决率达93%。第三，围绕"政策惠企"注入发展动能，设立了两支以500万元为单位的风险补偿基金、组建总规模50亿元的产业基金以及天使基金。对落户园区的优秀人才，最高给予100万元的奖励支持；兑现2019年涉企资金共计2 146.14万元；举办8场银企活动，为产业链企业签约授信达240亿元，为园区企业放款总金额约29亿元，续贷展期约2亿元，降息1 413万元。突出节会带动，举办"2020中部（长沙）人工智能产业博览会暨创新发展论坛"等活动20余场。

**四、招商引资情况**

2020年，雨花经开区围绕"一主一特"产业，按照"全产业链布局、以市场换产业、以龙头带动提升"的思维，紧紧瞄准工业软件产业招商、供应链招商、产业链招商、工业地产招商，变"随机海选"为"主动优选"，招商引资开花结果。

招商从"招大引强"到"引进总部、引进配套、软硬兼施"转变，锁定机器人本体、控制系统、核心软硬件等关键节点开展靶向招商。引进产业链重点项目27个，总投资51.18亿元，其中"世界500强"项目1个（航天科技全资子公司湖南航智科技有限公司）、机器人本体龙头企业1家（新松机器人自动化股份有限公司华中区域总部）、"卡脖子"项目1个（华鸿锐光先进半导体基地）；可孚智能医疗装备产业新基地、申亿高端零部件智能制造生产基地、湖南凤河智能制造基地等投资过亿元项目11个；动态保有人工智能及机器人（含传感器）产业链企业245家，产业链发展基础不断巩固。为最大限度地降低疫情对招商引资工作的影响，雨花经开区创新举措，先后举办3次线上招商恳谈会，与15家企业会谈，敲定了5个项目，让招商引资不中断。长沙市雨花工业软件及智能机器人装备产业基地成功揭牌，建筑面积达2万$m^2$的雨花工业软件大厦完成建设，中软国际蜂巢互联科技有限公司、大族智能控制科技有限公司等软件企业完成入驻。新注册成立软件企业33家，储备顶立科技、梆梆安全、神州智汇等项目44个，新增软件和信息服务业从业人员4 341人。

**五、政策支持**

2020年，雨花经开区先后出台了《长沙雨花经济开发区推动先进制造业高质量发展扶植奖励办法》《促进工业软件发展三年行动计划（2020—2022年）》《关于加快工业软件产业高质量发展的若干政策》三个高质量发展文件。

《长沙雨花经济开发区推动先进制造业高质量发展扶植奖励办法》提出，实施头羊打造计划、冠军培养计划、攀登实施计划、火炬升级计划、凤凰行动计划和深蓝精耕计划6个高质量发展计划，大力支持企业开展新产品、新技术、新工艺和新业态。

《促进工业软件发展三年行动计划（2020—2022年）》提出，从聚焦规模扩大，加快内培外引；聚焦场景落地，加快示范应用；聚焦载体支撑，加快配套完善；聚焦智力引领，加快招才引智；聚焦实力提升，加快品牌培育五个方面出台15条举措，通过一年搭平台，两年扩规模，三年树品牌，到2022年将雨花经开区打造成中部地区有影响力的工业软件及智能机器人装备产业基地。

《关于加快工业软件产业高质量发展的若干政策》提出，设立1亿元工业软件产业发展专项资金，从壮大本土企业、外引骨干企业、搭建服务平台、鼓励研发创新、培养专业人才、推广市场应用、加大金融支持和培育行业品牌8个方面精心培育和浇灌，对企业的入驻、研发、示范应用、人才招引、标准建设、品牌建设和市场开拓等全流程给予全方位保障支持。

〔撰稿人：长沙雨花经济开发区管委会 王健、郝丽霞〕

# 2020年海安机器人及智能制造产业园发展概况

海安机器人及智能制造产业园位于江苏省南通市海安市，成立于2016年5月，是海安七大专业园区之一。园区先后获得国家级科技企业孵化器、中国机器人产业联盟理事单位、江苏省科技产业园、江苏省科技企业加速器、江苏省智能装备产业园示范基地、江苏省智能装备产业联盟理事单位、江苏省股权交易中心机器人及智能制造企业挂牌培育基地和江苏省众创社区等荣誉。

一、园区基本情况

海安机器人及智能制造产业园总规划面积8km²，东至开发大道、南至海防大道、西至立公河、北至立发大道。核心区面积2.18km²，立足"一中心五区"整体布局，设立了公共政策服务中心，建设有技术研发区、生产制造区、配套加工区、企业集聚区、生活功能区。以机器人技术研发、本体及核心零部件、智能装备、系统集成为产业核心，以机器换人应用、机器人科创平台、机器人教育培训为特色服务，以创新链、制造链、服务链、应用链、体验链为产业生态，着力构建机器人"335"产业体系。

园区围绕机器人及智能制造类项目，紧盯行业龙头，先后招引江苏图灵智能机器人有限公司（简称"图灵机器人"）、浙江来福谐波传动股份有限公司、江苏弘琪工业自动化有限公司、海安交睿机器人科技有限公司（简称"交睿机器人"）、江苏世纪福智能科技有限公司、江苏英迈杰智能装备有限公司、江苏洛柳精密科技有限公司、江苏宝碟自动化设备有限公司、台湾义成工具股份有限公司、深圳和胜金属技术有限公司、品湛自动化设备制造（苏州）有限公司等一批高质量机器人及智能制造企业；累计获批国家高新技术企业19家（2020年新增8家）、省级民营科技型企业21家；累计引进高层次人才37名，入选海陵英才12名，占全市海陵英才总数的20%；累计引进"千人计划"专家6名，入选省双创团队1个、省双创人才3名；拥有高层次创业团队近20个，成功申报江苏省双创人才、双创博士近10名。

二、园区机器人产业发展优势

海安机器人及智能制造产业，经历了从无到有的过程，走出了"研发带动产业提升、市场促进产业集聚"的独特发展之路。

1. 聚焦产业链，海安有区位优势

海安是长三角南北交汇的战略交通要冲，随着沪通、盐通、通苏嘉甬等高铁的加快建设，海安将全面融入"沪宁1小时经济圈"，区位优势更加彰显。以引进图灵机器人为例，2018年图灵机器人生产基地从上海整体搬迁到海安，场地租赁费用和人工成本均降低，仅此两项就节约成本400万元，相当于企业完成近1亿元销售收入所获的净利润。同时，企业在上海仍然保留了研发和销售团队，实现了"研发在上海，生产在海安；头脑在上海，身体在海安"。

2. 深耕价值链，海安有比较优势

海安拥有上千家机械、数控设备制造企业，拥有建材、锻压、电梯、磁性材料四个国家级特色产业基地。机器人及智能制造产业园自身建有机械加工中心，与市内精密机械加工、金属表面处理、热处理、钣金、涂装等企业建立战略合作联盟，降低机器人企业生产成本。同时大力招引机器人关键零部件企业，努力实现两个80%，即80%的外协加工可以在海安完成，80%的上游零部件可以在海安采购。深入实施"双创计划""百千万精英"等人才工程。南通理工学院海安校区开设机器人本科专业，海安中专等可以为企业定向培养机器人专业技能工人。

3. 整合创新链，海安有技术支撑

创业氛围浓烈。海安已连续七年成功举办"创新创业在海安""中科院专家走进海安"活动，全社会研发投入占比、高新技术产业产值占比、万人发明专利拥有量等指标均居全省第一方阵。园区与海安及周边企业开展技术合作，累计申请发明专利300余项，服务本地企业200余家，产学研合作到账额超过5000万元。园区为海安市天楹集团开发的再生资源焚烧炉自动化焊接机器人，先期产学研合同金额2600万元，是海安市产学研最大单体合作项目，为企业带来经济效益超过5亿元。

政府助推企业创新。海安深入实施"机关部门服务企业科技行"，广大机关干部帮助企业转理念、跑高校、找专家，实现了"小科技"向"大科技"的华丽转变，创新型领军企业总数居全省县级城市前列；上海交大海安机器人产业技术研究院荣获2016年"江苏省科技服务骨干能力提升计划平台"称号，获得省补助资金50万元；顶尖人才刘劲松的"晶圆植球自动化装备项目"入选2017年工业和信息化部国家重大装备项目；常州大学高新技术研究院入选2018年江苏省第一批技术经理人事务所，全省仅9家。

高校平台丰富多样。海安拥有国家级研发机构3家、省级研发机构超百家，总数居江苏县级城市前列。分层次推进高端研发平台建设，上海交通大学、南京大学、复旦大学、苏州大学、中国纺织科学研究院、中科院自动化所、北京机电研究所在海安设立产业研究院，引导企业联合高校和科研院所建设研发平台，亿元企业、高新技术企业校企共建率达100%，大中型工业企业研发机构覆盖率超过95%。

三、园区服务平台建设情况

机器人及智能制造产业园规划建设35万m²的各类标准厂房、5万m²的商业办公楼和3万m²的生活配套设施，而且面积还在不断扩大，生活上实现拎包入住，生产上可以无缝转移。同时规划53万m²中小企业集聚区，1万~3万m²不等的土地地块供有需求的项目落户，统一建筑外立面设计，融入产业园整体风格。

园区先后建成上海交通大学、苏州大学、常州大学、中科院自动化所、北京机电研究所5家产业技术研究院和九三极恒研究院、中科院过程所、上海理工大学、江苏科技大学等多家研发中心。海安上海交大智能装备研究院在2020年升格为校级研究院，是上海交通大学唯一落户在县级城市的校级平台，目前有常驻专家5名、研究生30余名、社会聘用专家工程师6名。近年来，该研究院共孵化节卡机器人有限公司、海安交睿机器人科技有限公司（简称"交睿机器人"）、南通睿驰智能科技有限公司（简称"睿驰"）、南通光湃智能科技有限公司、拾贰叁零智能科技（海安）有限公司等高科技企业5家。睿驰开发的变压器铁芯自动化叠装机器人成功应用到海安市瑞恩电气等重点企业；交睿机器人与上海交大合作开发的柔性协助机器人项目荣获2020年上海市科技进步奖一等奖；盛鑫军教授、刘超研究员被评为江苏省双创人才。上海交通大学研究院荣获"江苏省科技服务骨干能力提升计划平台"称号（南通市唯一）。江苏股交中心机器人及智能制造企业培育基地（全省唯一）在园区内挂牌，获批江苏省众创社区（南通市唯一），入选江苏省新侨创新创业基地（南通市有2家）。

### 四、园区政策支持

海安市人民政府为加快推进机器人及智能制造产业发展，推进产业园建设，形成集聚优势，使全市机器人及智能制造产业在全国具有较强竞争力和影响力，专门出台《关于支持机器人及智能制造产业加快发展的若干政策意见》，安排1亿元产业发展奖励资金，用于平台建设、设备投入补贴、鼓励示范应用等。对海安市机器人企业购置的生产设备，国产设备补贴15%～25%，进口设备补贴20%～30%；应用本市机器人企业的产品进行"机器换人"，按设备投资额的15%给予奖励；入驻园区的机器人企业，按不超过三年对海安财力贡献值的50%给予奖励等。

### 五、园区发展规划与战略

未来，海安机器人及智能制造产业园将以"创新驱动、应用先行、龙头引领、全链布局、集群发展"为发展思路，以科技创新为引领，以智能制造为主攻方向，努力打造集研发中心、公共技术服务中心、企业孵化基地、生产基地、销售会展于一体的综合性机器人及智能制造创新高地和产业集群。进一步深化人工智能、互联网、大数据和制造业融合程度，打造中国智能制造应用新高地、核心技术策源地和系统解决方案输出地，推动长三角地区智能制造协同发展。一是紧紧围绕智能制造方向，构建核心零部件、机器人本体、系统集成解决方案全产业链发展格局，形成涵盖工业机器人、服务机器人、特种机器人等多领域的企业发展方向的机器人产业集群；二是加快推进二期、三期项目开工建设，三年内建成30万$m^2$的科技苗圃孵化器、加速器；三是放大上海交通大学、苏州大学、常州大学、江苏科技大学、中科院等研发机构的影响力，对全市十大产业集群进行针对性研究，主动创新，深挖潜力，多维合作，促进海安企业高质量发展。

海安机器人及智能制造产业园将着力加强多板块深度融合、多领域深度合作，集中优势资源，构建核心竞争力，鼓励更多的企业应用机器换人，积极推动海安市产业转型升级再出成效，全力建设良性健康的智能制造产业生态圈，力争成为智能制造新赛道的领跑者。

〔撰稿人：海安市市场监督管理局邓晓辉〕

# 中国机器人工业年鉴 2021

## 标准检测认证篇

介绍机器人行业标准化及认证证书发布情况

2020年中国机器人行业标准化工作情况
2020年中国机器人产业联盟标准工作情况
2020年中国机器人认证证书发布情况
2020年国家机器人检测与评定中心工作情况

中国机器人工业年鉴 2021

标准检测认证篇

# 2020年中国机器人行业标准化工作情况

## 一、行业标准化组织

### 1. 机器人国际标准化组织

目前，大多数国际机器人标准由ISO/TC299机器人标准化技术委员会制定，IEC和IEEE只制定少量机器人相关标准。

ISO/TC299由ISO/TC184/SC2升级而来，ISO/TC184/SC2成立于1983年。ISO/TC299负责机器人技术领域的标准化工作，但不包括玩具和军事应用。ISO/TC299现有P（participating members）成员28个、O（observing members）成员12个。

### 2. 中国机器人标准化组织

我国从1992年开始开展国内机器人标准化工作，此项工作由全国自动化系统与集成标准化技术委员会机器人与机器人装备分技术委员会（SAC/TC159/SC2）归口，秘书处设在北京机械工业自动化研究所有限公司（原北京机械工业自动化研究所，以下简称"北自所"）。北自所是ISO/TC299的国内技术对口单位，SAC/TC159/SC2标准化框架与ISO/TC299基本一致。

SAC/TC159/SC2下设11个标准工作组，分别为：服务机器人性能、机器人模块化、医疗机器人、载人机器人、教育娱乐机器人、折弯机器人、物流机器人、巡检机器人、工业机器人可靠性、工业安全、协作机器人安全。

## 二、中国标准化工作情况

我国机器人国际标准和行业标准主要由SAC/TC159/SC2归口。但自2014年以后，其他组织和相关TC也归口制定了部分机器人标准，占现行机器人标准的33%。

### 1. 归口在SAC/TC159/SC2的国家标准和行业标准

截至2020年12月，SAC/TC159/SC2归口国家标准72项（其中强制性标准2项）、行业标准5项，共77项。SAC/TC159/SC2归口现行国家标准和行业标准见表1。

表1  SAC/TC159/SC2归口现行国家标准和行业标准

| 序号 | 标准编号 | 标准名称 |
| --- | --- | --- |
| 1 | GB/T 12643—2013 | 机器人与机器人装备　词汇 |
| 2 | GB 11291.1—2013 | 机器人与机器人装备　工业机器人的安全要求　第1部分：机器人 |
| 3 | GB 11291.2—2013 | 机器人与机器人装备　工业机器人的安全要求　第2部分：机器人系统与集成 |
| 4 | GB/T 19400—2003 | 工业机器人　抓握型夹持器物体搬运　词汇和特性表示 |
| 5 | GB/T 12642—2013 | 工业机器人　性能规范及其试验方法 |
| 6 | GB/T 12644—2001 | 工业机器人　特性表示 |
| 7 | GB/T 14468.1—2006 | 工业机器人　机械接口　第1部分：板类 |
| 8 | GB/T 14468.2—2006 | 工业机器人　机械接口　第2部分：轴类 |
| 9 | GB/T 17887—1999 | 工业机器人　末端执行器自动更换系统　词汇和特性表示 |
| 10 | GB/Z 19397—2003 | 工业机器人　电磁兼容性试验方法和性能评估准则　指南 |
| 11 | GB/T 14283—2008 | 点焊机器人　通用技术条件 |
| 12 | GB/T 20721—2006 | 自动导引车　通用技术条件 |
| 13 | GB/T 20722—2006 | 激光加工机器人　通用技术条件 |
| 14 | GB/T 20723—2006 | 弧焊机器人　通用技术条件 |
| 15 | GB/T 26154—2010 | 装配机器人　通用技术条件 |
| 16 | GB/T 20867—2007 | 工业机器人　安全实施规范 |
| 17 | GB/T 20868—2007 | 工业机器人　性能试验实施规范 |
| 18 | GB/T 29825—2013 | 机器人通信总线协议 |
| 19 | GB/T 29824—2013 | 工业机器人　用户编程指令 |

(续)

| 序号 | 标准编号 | 标准名称 |
|---|---|---|
| 20 | GB/T 26153.1—2010 | 离线编程式机器人柔性加工系统　第1部分：通用要求 |
| 21 | GB/T 26153.2—2010 | 离线编程式机器人柔性加工系统　第2部分：砂带磨削加工系统 |
| 22 | GB/T 26153.3—2015 | 离线编程式机器人柔性加工系统　第3部分：喷涂系统 |
| 23 | GB/T 33262—2016 | 工业机器人模块化设计规范 |
| 24 | GB/T 33261—2016 | 服务机器人模块化设计总则 |
| 25 | GB/T 33263—2016 | 机器人软件功能组件设计规范 |
| 26 | GB/T 33265—2016 | 教育机器人安全要求 |
| 27 | GB/T 33264—2016 | 面向多核处理器的机器人实时操作系统应用框架 |
| 28 | GB/T 33266—2016 | 模块化机器人高速通用通信总线性能 |
| 29 | GB/T 32197—2015 | 机器人控制器开放式通信接口规范 |
| 30 | GB/T 33267—2016 | 机器人仿真开发环境接口 |
| 31 | GB/T 35144—2017 | 机器人机构的模块化功能构件规范 |
| 32 | GB/T 34038—2017 | 码垛机器人通用技术条件 |
| 33 | GB/T 35116—2017 | 机器人设计平台系统集成体系结构 |
| 34 | GB/T 35127—2017 | 机器人设计平台集成数据交换规范 |
| 35 | GB/T 34668—2017 | 电动平衡车安全要求及测试方法 |
| 36 | GB/T 34667—2017 | 电动平衡车通用技术条件 |
| 37 | GB/T 36530—2018 | 机器人与机器人装备　个人助理机器人的安全要求 |
| 38 | GB/T 36012—2018 | 锄草机器人性能规范及其试验方法 |
| 39 | GB/T 36007—2018 | 锄草机器人通用技术条件 |
| 40 | GB/T 36013—2018 | 锄草机器人安全要求 |
| 41 | GB/T 36008—2018 | 机器人与机器人装备　协作机器人 |
| 42 | GB/T 16977—2019 | 机器人与机器人装备　坐标系和运动命名原则 |
| 43 | GB/T 37392—2019 | 冲压机器人通用技术条件 |
| 44 | GB/T 37394—2019 | 锻造机器人通用技术条件 |
| 45 | GB/T 37415—2019 | 桁架式机器人通用技术条件 |
| 46 | GB/T 37416—2019 | 洁净机器人通用技术条件 |
| 47 | GB/T 26799—2011 | 点胶机　通用技术条件 |
| 48 | GB/T 38559—2020 | 工业机器人力控制技术规范 |
| 49 | GB/T 38560—2020 | 工业机器人的通用驱动模块接口 |
| 50 | GB/T 38642—2020 | 工业机器人生命周期风险评价方法 |
| 51 | GB/T 38834.1—2020 | 机器人　服务机器人性能规范及其试验方法　第1部分：轮式机器人运动 |
| 52 | GB/T 38835—2020 | 工业机器人生命周期对环境影响评价方法 |
| 53 | GB/T 38839—2020 | 工业机器人柔性控制通用技术要求 |
| 54 | GB/T 39478—2020 | 停车服务移动机器人通用技术条件 |
| 55 | GB/T 39408—2020 | 电子喷胶机器人系统　通用技术条件 |
| 56 | GB/T 39407—2020 | 研磨抛光机器人系统　通用技术条件 |
| 57 | GB/T 39406—2020 | 工业机器人可编程控制器软件开发平台程序的XML交互规范 |

(续)

(续)

| 序号 | 标准编号 | 标准名称 |
|---|---|---|
| 58 | GB/T 39404—2020 | 工业机器人控制单元的信息安全通用要求 |
| 59 | GB/T 39402—2020 | 面向人机协作的工业机器人设计规范 |
| 60 | GB/T 39401—2020 | 工业机器人云服务平台数据交换 |
| 61 | GB/T 39360—2020 | 工业机器人控制系统性能评估与测试 |
| 62 | GB/T 39266—2020 | 工业机器人机械环境可靠性要求和测试方法 |
| 63 | GB/T 39007—2020 | 基于可编程控制器的工业机器人运动控制规范 |
| 64 | GB/T 39006—2020 | 工业机器人特殊气候环境可靠性要求和测试方法 |
| 65 | GB/T 39005—2020 | 工业机器人视觉集成系统通用技术要求 |
| 66 | GB/T 39004—2020 | 工业机器人电磁兼容设计规范 |
| 67 | GB/T 38890—2020 | 三自由度并联机器人通用技术条件 |
| 68 | GB/T 38873—2020 | 分拣机器人通用技术条件 |
| 69 | GB/T 38872—2020 | 工业机器人与生产环境通信架构 |
| 70 | GB/T 38871—2020 | 工业环境用移动操作臂复合机器人通用技术条件 |
| 71 | GB/T 38870—2020 | 切割机器人系统通用技术条件 |
| 72 | GB/T 38839—2020 | 工业机器人柔性控制通用技术要求 |
| 73 | JB/T 5063—2014 | 搬运机器人　通用技术条件 |
| 74 | JB/T 8430—2014 | 工业机器人　型号编制方法 |
| 75 | JB/T 9182—2014 | 喷漆机器人　通用技术条件 |
| 76 | JB/T 8896—1999 | 工业机器人　验收规则 |
| 77 | JB/T 10825—2008 | 工业机器人　产品验收实施规范 |

注：资料来源于国家标准化管理委员会网站（www.sac.gov.cn）。

2.归口国内其他 TC 和组织的国家标准

截至 2020 年 12 月 31 日，归口国家机器人总体组、全国特种作业机器人标准化工作组（SWG13）和其他相关 TC 的机器人标准共 40 项，见表 2。

**表 2　归口国内其他 TC 和组织的现行国家标准**

| 序号 | 标准编号 | 标准名称 |
|---|---|---|
| 1 | GB/T 36239—2018 | 特种机器人　术语 |
| 2 | GB/T 36321—2018 | 特种机器人　分类、符号、标志 |
| 3 | GB/T 37703—2019 | 地面废墟搜救机器人通用技术条件 |
| 4 | GB/T 37704—2019 | 运动康复训练机器人通用技术条件 |
| 5 | GB/T 39586—2020 | 电力机器人术语 |
| 6 | GB/T 37242—2018 | 机器人噪声试验方法 |
| 7 | GB/T 37283—2019 | 服务机器人　电磁兼容　通用标准 抗扰度要求和限值 |
| 8 | GB/T 37284—2019 | 服务机器人　电磁兼容　通用标准 发射要求和限值 |
| 9 | GB/T 37395—2019 | 送餐服务机器人通用技术条件 |
| 10 | GB/T 37669—2019 | 自动导引车（AGV）在危险生产环境应用的安全规范 |
| 11 | GB/T 38124—2019 | 服务机器人性能测试方法 |
| 12 | GB/T 38244—2019 | 机器人安全总则 |

(续)

| 序号 | 标准编号 | 标准名称 |
|---|---|---|
| 13 | GB/T 38260—2019 | 服务机器人功能安全评估 |
| 14 | GB/T 39405—2020 | 机器人分类 |
| 15 | GB/T 39590.1—2020 | 机器人可靠性 第1部分：通用导则 |
| 16 | GB/T 37242—2018 | 机器人噪声试验方法 |
| 17 | GB/T 21412.8—2010 | 石油天然气工业 水下生产系统的设计和操作 第8部分：水下生产系统的水下机器人（ROV）接口 |
| 18 | GB/T 30819—2014 | 机器人用谐波齿轮减速器 |
| 19 | GB/T 34454—2017 | 家用干式清洁机器人 性能测试方法 |
| 20 | GB/T 34884—2017 | 滚动轴承 工业机器人谐波齿轮减速器用柔性轴承 |
| 21 | GB/T 34897—2017 | 滚动轴承 工业机器人RV减速器用精密轴承 |
| 22 | GB/T 35089—2018 | 机器人用精密齿轮传动装置 试验方法 |
| 23 | GB/T 36491—2018 | 机器人用摆线针轮行星齿轮传动装置 通用技术条件 |
| 24 | GB/T 36896.1—2018 | 轻型有缆遥控水下机器人 第1部分：总则 |
| 25 | GB/T 36896.2—2018 | 轻型有缆遥控水下机器人 第2部分：机械手与液压系统 |
| 26 | GB/T 36896.3—2018 | 轻型有缆遥控水下机器人 第3部分：导管螺旋桨推进器 |
| 27 | GB/T 36896.4—2018 | 轻型有缆遥控水下机器人 第4部分：摄像、照明与云台 |
| 28 | GB/T 37165—2018 | 机器人用精密摆线针轮减速器 |
| 29 | GB/T 37414.1—2019 | 工业机器人电气设备及系统 第1部分：控制装置技术条件 |
| 30 | GB/T 37718—2019 | 机器人用精密行星摆线减速器 |
| 31 | GB/T 38326—2019 | 工业、科学和医疗机器人 电磁兼容 抗扰度试验 |
| 32 | GB/T 38336—2019 | 工业、科学和医疗机器人 电磁兼容 发射测试方法和限值 |
| 33 | GB/T 39134—2020 | 机床工业机器人数控系统 编程语言 |
| 34 | GB/T 39463—2020 | 工业机器人电气设备及系统 通用技术条件 |
| 35 | GB/T 39561.5—2020 | 数控装备互联互通及互操作 第5部分：工业机器人对象字典 |
| 36 | GB/T 39561.7—2020 | 数控装备互联互通及互操作 第7部分：工业机器人测试与评价 |
| 37 | GB/T 39633—2020 | 协作机器人用一体式伺服电动机系统通用规范 |
| 38 | GB/T 5226.7—2020 | 机械电气安全 机械电气设备 第7部分：工业机器人技术条件 |
| 39 | GB/T 37414.2—2020 | 工业机器人电气设备及系统 第2部分：交流伺服驱动装置技术条件 |
| 40 | GB/T 37414.3—2020 | 工业机器人电气设备及系统 第3部分：交流伺服电动机技术条件 |

注：资料来源于国家标准化管理委员会网站（www.sac.gov.cn）。

3. 小结

截至2020年12月底，现行机器人国家标准和行业标准共117项，其中，工业机器人标准64项、机器人通用标准19项、服务机器人通用标准8项、水下机器人标准7项、功能部件标准7项、特种机器人标准3项、协作机器人标准3项、载人机器人标准2项、AGV标准2项、教育机器人标准1项、清洁机器人标准1项。现行机器人产品标准占比见图1。

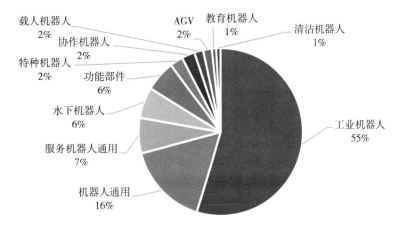

**图 1　现行机器人产品标准占比**

注：资料来源于国家标准化管理委员会，截至 2020 年 12 月 31 日。

### 三、ISO/TC299 国际标准化工作情况

ISO/TC299 是最早进行机器人国际标准化工作的组织。当前，工业机器人的标准体系已经比较完善，大部分工业机器人国际标准处于修订状态。服务机器人标准已经涉及个人助理、外骨骼、手术机器人及个人运载机器人等产品。

1. ISO/TC299 下设的工作组

1）ISO/TC299/WG1：词汇和特性（vocabulary and characteristics）。

2）ISO/TC299/WG2：服务机器人安全（service robot safety）。

3）ISO/TC299/WG3：工业安全（industrial safety）。

4）ISO/TC299/WG4：服务机器人性能（service robot performance）。

5）ISO/TC299/WG6：服务机器人的模块化（modularity for service robot）。

6）ISO/TC299/JWG9：应用机器人技术的医疗设备的安全（safety for medical devices using robotic technology）。

7）ISO/TC299/WG7：服务机器人管理系统（management system for service robots）。

2. ISO/TC299 发布的国际标准

截至 2020 年 12 月 31 日，国际标准 ISO/TC299 发布的国际标准出版物总计 23 项（包括国际标准 IS、技术规范 TS、技术报告 TR、其他出版物如勘误、修改单等），已转化为我国国家标准、行业标准的有 14 项，已列入国家标准、行业标准计划的有 8 项。ISO/TC299 归口的国际标准见表 3。

**表 3　ISO/TC299 归口的国际标准**

| 序号 | 标准编号 | 标准名称 |
| --- | --- | --- |
| 1 | ISO 8373:2012 | Robots and robotic devices — Vocabulary |
| 2 | ISO 9283:1998 | Manipulating industrial robots — Performance criteria and related test methods |
| 3 | ISO 9409-1:2004 | Manipulating industrial robots — Mechanical interfaces — Part 1: Plates |
| 4 | ISO 9409-2:2002 | Manipulating industrial robots — Mechanical interfaces — Part 2: Shafts |
| 5 | ISO 9787:2013 | Robots and robotic devices — Coordinate systems and motion nomenclatures |
| 6 | ISO 9946:1999 | Manipulating industrial robots — Presentation of characteristics |
| 7 | ISO 10218-1:2011 | Robots and robotic devices — Safety requirements for industrial robots — Part 1: Robots |
| 8 | ISO 10218-2:2011 | Robots and robotic devices — Safety requirements for industrial robots — Part 2: Robot systems and integration |
| 9 | ISO 11593:1996 | Manipulating industrial robots — Automatic end effector exchange systems — Vocabulary and presentation of characteristics |
| 10 | ISO/TR 13309:1995 | Manipulating industrial robots — Informative guide on test equipment and metrology methods of operation for robot performance evaluation in accordance with ISO 9283 |
| 11 | ISO 13482:2014 | Robots and robotic devices — Safety requirements for personal care robots |
| 12 | ISO 14539:2000 | Manipulating industrial robots — Object handling with grasp-type grippers — Vocabulary and presentation of characteristics |
| 13 | ISO/TS 15066:2016 | Robots and robotic devices — Collaborative robots |

(续)

| 序号 | 标准编号 | 标准名称 |
|---|---|---|
| 14 | ISO 18646-1:2016 | Robotics — Performance criteria and related test methods for service robots — Part 1: Locomotion for wheeled robots |
| 15 | ISO 18646-2:2019 | Robotics — Performance criteria and related test methods for service robots — Part 2: Navigation |
| 16 | ISO 19649:2017 | Mobile robots — Vocabulary |
| 17 | ISO/TR 20218-1:2018 | Robotics — Safety design for industrial robot systems — Part 1: End-effectors |
| 18 | ISO/TR 20218-2:2017 | Robotics — Safety design for industrial robot systems — Part 2: Manual load/unload stations |
| 19 | ISO/TR 23482-1:2020 | Robotics — Application of ISO 13482 — Part 1: Safety-related test methods |
| 20 | ISO/TR 23482-2:2019 | Robotics — Application of ISO 13482 — Part 2: Application guidelines |
| 21 | IEC/TR 60601-4-1:2017 | Medical electrical equipment — Part 4-1: Guidance and interpretation — Medical electrical equipment and medical electrical systems employing a degree of autonomy |
| 22 | IEC 80601-2-77:2019 | Medical electrical equipment — Part 2-77: Particular requirements for the basic safety and essential performance of robotically assisted surgical equipment |
| 23 | IEC 80601-2-78:2019 | Medical electrical equipment — Part 2-78: Particular requirements for basic safety and essential performance of medical robots for rehabilitation, assessment, compensation or alleviation |

注：资料来源于 https://www.iso.org/。

3. 我国参与ISO/TC299国际标准化工作情况

当前，我国有32名正式注册专家参加全部工作组的国际标准制定工作，我国主导服务机器人模块化标准工作。

四、2020年度国内外批准发布的标准情况

1. 国际ISO/TC299

2020年，国际ISO/TC299发布了一项国际标准ISO13482《服务机器人 安全要求》的配套标准，见表4。

表4 2020年度发布的国际标准清单

| 序号 | 标准编号 | 标准名称 |
|---|---|---|
| 1 | ISO/TR 13482-1:2020 | Robotics — Application of ISO 13482 — Part 1: Safety-related test methods |

注：资料来源于 https://www.iso.org/。

2. 中国SAC/TC159/SC2

2020年，SAC/TC159/SC2归口发布的国家标准共计25项，其中，23项属于工业机器人领域，1项属于服务机器人性能测试方法，1项涉及停车服务机器人，见表1中序号48～72项。

3. 我国其他标准化组织

2020年，我国其他TC及标准化组织归口并发布国家标准共计11项，其中，电力机器人术语1项，见表2序号5；机器人分类标准1项，见表2序号14；机器人可靠性标准1项，见表2序号15。另外，工业机器人领域标准8项，见表2序号33～40项。

五、2020年我国参加国际标准化活动情况

我国主导ISO/TC299/WG6下的ISO 22166《服务机器人模块化 第1部分：总体要求》，现在处于最终国际标准版草案（Final Draft International Standard，FDIS）阶段。

由于疫情原因，2020年ISO/TC299年会取消。

〔撰稿人：北京机械工业自动化研究所有限公司杨书评、郭栋〕

# 2020年中国机器人产业联盟标准工作情况

一、我国团体标准的发展

我国标准化体系和管理体制形成于20世纪80年代，长期以来分为国家、行业、地方和企业四级标准，前三级标准均由政府部门组织制定、审查、批准发布；企业标准

仅在企业内部执行，而其制定者恰恰是最具活力的市场主体。随着社会经济的高质量发展，政府主导制定的标准因其制定周期长，且不能及时针对市场情况随时调整，导致标准缺失情况一再发生。

为适应市场变化，尽快制定出与市场需求相适应的标准，各行业学会、协会、企业及研究机构自愿联合，共同起草制定出一种可供共同使用的标准，即团体标准。此类标准在促进技术革新、规范市场秩序、引领行业发展中发挥了非常积极的作用，逐渐成为政府主导标准体系的有益补充。

结合行业发展诉求和持续促进质量提升，国务院印发《深化标准化工作改革方案》（国发〔2015〕13号）。改革措施中指出，政府主导制定的标准由六类整合精简为四类，分别是强制性国家标准和推荐性国家标准、推荐性行业标准、推荐性地方标准；市场自主制定的标准（分为团体标准和企业标准）。政府主导制定的标准侧重保基本，市场自主制定的标准侧重提高竞争力。同时建立完善的与新型标准体系配套的标准化管理体制。

2018年1月1日，新的《中华人民共和国标准化法》（简称《标准化法》）正式实施，根据《标准化法》第二章第十八条："国家鼓励学会、协会、商会、联合会、产业技术联盟等社会团体协调相关市场主体共同制定满足市场和创新需要的团体标准……"，团体标准的法律地位正式明确，团体标准进入依法规范快速发展阶段。

## 二、国内外团体标准现状

1. 国外现状

国外各行业学会、协会标准已有百余年的发展历史。一些在国际上具有影响力的学会、协会及产业技术组织，如美国材料试验协会（ASTM）、德国工程师协会（VDI）、挪威船级社（DNV）等制定的团体标准权威性极高，有的上升为本国国家标准，有的则被公认为国际先进标准，在全世界范围内被广泛采用。

2. 国内现状

在新《标准化法》发布之前，国内已经有许多学会、协会、联合会等社团组织顺应行业发展需求，借鉴工业发达国家技术标准管理模式，自主制定和发布了一批团体标准或协（学）会标准。另外，在产业发展过程中，国内形成了一批以龙头企业为核心的产业联盟，为了行业自律和产业整合，自发制定了行业规范或技术文件，并在联盟内共同执行。这些标准或规范填补了国家、行业标准空白，促进了行业健康有序发展。

## 三、中国机器人产业联盟标准

1. 标准工作组

我国机器人行业经过几十年的发展，标准体系框架已初步形成，但存在标准缺失或老化、标准研制滞后等问题。为了加快机器人标准体系建设，提升团体标准对机器人产业发展的技术支撑和基础保障的能力与水平，满足市场需求，引领产业发展，中国机器人产业联盟（以下简称"联盟"）自成立伊始，就积极开展标准相关工作，不断促进机器人产业高质量发展。

按照联盟标准工作部署，联盟标准工作组负责标准编制过程，包括立项、起草、审查、报批、发布、出版、实施监督及复审。中国机器人产业联盟标准制修订工作流程见图1。

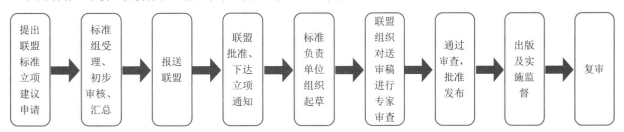

图1 中国机器人产业联盟标准制修订工作流程

2. 联盟标准发布情况

截至2020年12月31日，联盟已发布机器人及机器人相关标准共计17项。2020年发布机器人相关标准4项，其中，工业机器人标准1项、服务机器人标准3项，详见表1。

表1 中国机器人产业联盟已发布的标准

| 序号 | 标准编号及名称 | 标准负责单位 | 发布时间 |
| --- | --- | --- | --- |
| 1 | CRIA 0001—2016 弧焊机器人系统通用技术条件 | 唐山开元电器集团有限公司 | 2016年 |
| 2 | CRIA 0002—2016 定重式灌装机器人通用技术条件 | 长春融成智能设备制造股份有限公司 | 2016年 |
| 3 | CRIA 0003—2016 工业机器人专用电缆（系列标准） | 苏州科宝光电科技有限公司 | 2016年 |
| 4 | CRIA 0001—2017 带视觉的工业机器人系统通用技术要求 | 浙江部达科技有限公司 | 2017年 |
| 5 | CRIA 0002—2017 助老助残机器人安全一般要求 | | 2017年 |
| 6 | CRIA 0003—2017 飞行机器人安全要求 | 重庆德新机器人检测中心有限公司 | 2017年 |
| 7 | CRIA 0002—2018 机器人打磨抛光系统通用技术要求 | | 2018年 |

(续)

| 序号 | 标准编号及名称 | 标准负责单位 | 发布时间 |
|---|---|---|---|
| 8 | CRIA 0001—2018 机器人用精密摆线行星齿轮减速器 | 秦川机床工具集团股份公司 | 2018 年 |
| 9 | CRIA 0001—2019 工业机器人控制系统 | 国机集团科学技术研究院有限公司 | 2019 年 |
| 10 | CRIA 0002—2019 工业机器人系统操作调整工 | 上海电器科学研究所（集团）有限公司 | 2019 年 |
| 11 | CRIA 0003—2019 工业机器人系统维修保养工 | | 2019 年 |
| 12 | CRIA 0004—2019 工业机器人系统售后工程师 | | 2019 年 |
| 13 | CRIA 0005—2019 工业机器人系统现场工程师 | | 2019 年 |
| 14 | CRIA 0001—2020 床椅一体化机器人通用技术规范 | 沈阳新松机器人自动化股份有限公司 | 2020 年 |
| 15 | CRIA 0002—2020 户外巡检机器人通用技术条件 | | 2020 年 |
| 16 | CRIA 0003—2020 下肢康复训练机器人通用技术规范 | | 2020 年 |
| 17 | CRIA 0004—2020 正压防爆工业机器人通用技术条件 | | 2020 年 |

3. 2021年联盟标准工作计划

2021年，联盟在研机器人及机器人相关标准共计12项，其中，工业机器人标准3项、服务机器人标准6项、AGV标准2项、特种机器人标准1项，详见表2。

表2 中国机器人产业联盟在研标准

| 序号 | 标准项目名称 | 标准负责单位 |
|---|---|---|
| 1 | 服务机器人信息安全通用技术要求 | 工业和信息化部计算机与微电子发展研究中心（中国软件评测中心） |
| 2 | 室内轮式公共服务机器人环境适应性要求及试验方法 | |
| 3 | 室内轮式公共服务机器人交互功能安全测评标准 | |
| 4 | 安防巡检机器人 安全要求 | |
| 5 | 复合式移动机器人及其系统安全要求 | 上海电器科学研究所（集团）有限公司 |
| 6 | 自动导引车系统（AGVS）安全要求 | 重庆德新机器人检测中心有限公司 |
| 7 | 工业机器人静电放电抗扰度试验规范 | |
| 8 | 迎宾机器人电磁兼容性试验方法和评估准则指南 | |
| 9 | 工业机器人噪声测试方法 | |
| 10 | 高压输电线飞爬滑巡检机器人系统通用技术要求 | |
| 11 | 服务机器人中文语音交互系统测评方法 | 重庆门罗机器人科技有限公司、重庆德新机器人检测中心有限公司 |
| 12 | 工业机器人可靠性环境应力筛选实验指导 | 芜湖赛宝机器人产业技术研究院有限公司 |

2021年，联盟拟发布机器人及机器人相关标准共计2项，详见表3。

表3 2021年中国机器人产业联盟拟发布标准

| 序号 | 标准项目名称 | 标准负责单位 |
|---|---|---|
| 1 | 工业机器人与集成系统信息安全技术要求 | 工业和信息化部计算机与微电子发展研究中心（中国软件评测中心） |
| 2 | 室内物流机器人 安全要求 | |

〔撰稿人：中国机器人产业联盟刘勰〕

# 2020年中国机器人认证证书发布情况

## 一、机器人检测认证联盟

2016年，在国家认证认可监督管理委员会的支持和指导下，依据国家认证认可相关规定和要求，以认证机构为主、检测机构参与并联合发起组建了机器人检测认证联盟（TCAR），成为我国在机器人领域认证制度建设与实施的重要平台。联盟首批10家核心成员单位包括上海电器科学研究所（集团）有限公司、中国机器人产业联盟、上海添唯认证技术有限公司、上海电器设备检测所有限公司、北京赛迪认证中心有限公司、中国科学院沈阳自动化研究所、广州机械科学研究院有限公司（中汽检测技术有限公司）、重庆德新机器人检测中心有限公司、工业和信息化部计算机与微电子发展研究中心（中国软件评测中心）和芜湖赛宝机器人产业技术研究院有限公司。联盟成立后，基于产业发展和联盟自身建设的需求进行成员扩充，吸纳广州赛宝认证中心服务有限公司、重庆凯瑞认证服务有限公司加入联盟。联盟理事长单位和秘书处单位设在上海电器科学研究所（集团）有限公司。国内主要机器人检测认证机构见表1。

表1　国内主要机器人检测认证机构

| 序号 | 机构名称 | 业务范围 |
| --- | --- | --- |
| 1 | 上海电器设备检测所有限公司 | 检测 |
| 2 | 上海添唯认证技术有限公司 | 认证 |
| 3 | 北京赛迪认证中心有限公司 | 认证 |
| 4 | 中国科学院沈阳自动化研究所 | 检测+认证 |
| 5 | 广州机械科学研究院有限公司（中汽检测技术有限公司） | 检测+认证 |
| 6 | 重庆德新机器人检测中心有限公司 | 检测 |
| 7 | 工业和信息化部计算机与微电子发展研究中心（中国软件评测中心） | 检测 |
| 8 | 芜湖赛宝机器人产业技术研究院有限公司 | 检测 |
| 9 | 广州赛宝认证中心服务有限公司 | 认证 |
| 10 | 重庆凯瑞认证服务有限公司 | 认证 |

## 二、中国机器人CR认证目录

随着认证产品类型越来越多，应用场景越来越丰富，用户方需求越来越清晰，2020年，机器人检测认证联盟制定了《中国机器人CR认证目录》。该《目录》覆盖机器人零部件、整机、集成应用产业链，涵盖机器人生产制造、巡检安防、医疗康复、环境提升、物流配送、信息传播、消防救援、餐饮加工、个人护理、教育娱乐、建筑施工等典型应用场景。

中国机器人CR认证目录见表2。

表2　中国机器人CR认证目录

| 产业链 | 产品大类 | 应用场景 | 产品小类 | 实施规则/细则 |
| --- | --- | --- | --- | --- |
| 整机 | 工业环境用机器人 | | 工业机器人 | CR-1-01:2021 工业机器人CR认证实施规则 |
| | | | AGV | CR-1-03:2021 自动导引车（AGV）CR认证实施规则 |
| | | | 协作机器人 | CR-1-05:2021 协作机器人CR认证实施规则 |
| | 服务机器人（含特种） | 巡检安防 | 巡检安防机器人 | CR-1-02:2021 服务机器人CR认证实施规则 |
| | | 医疗康复 | 康复机器人 | |
| | | 环境提升 | 扫地机器人 | CR-1-08-01:2021 扫地机器人CR认证实施细则 |

(续)

| 产业链 | 产品大类 | 应用场景 | 产品小类 | 实施规则/细则 |
|---|---|---|---|---|
| 整机 | 服务机器人（含特种） | 环境提升 | 商用清洁机器人 | CR-1-02:2021 服务机器人CR认证实施规则 |
| | | | 消毒杀菌机器人 | |
| | | | 其他 | |
| | | 物流配送 | 送餐机器人 | CR-1-07:2021 物流机器人CR认证实施规则 |
| | | | 医院物流机器人 | |
| | | | 其他 | |
| | | 信息传播 | 信息传播机器人 | CR-1-02:2021 服务机器人CR认证实施规则 |
| | | 应急救援 | 应急救援机器人 | |
| | | 餐饮加工 | 餐饮加工机器人 | |
| | | 个人辅助 | 平衡车 | |
| | | | 助老助残机器人 | |
| | | | 其他 | |
| | | 教育 | 教育机器人 | |
| | | 建筑 | 建筑机器人 | |
| | | | 无人机 | CR-1-04:2021 民用无人机CR认证实施规则 |
| 系统与集成 | 工业环境用机器人系统与集成 | 食品 | | CR-2-01:2021 工业机器人系统与集成CR认证实施规则 |
| | | 3C及半导体 | | |
| | | 焊接 | 焊接机器人系统、单元、产线 | |
| | | 喷涂 | 喷涂机器人系统、单元、产线 | |
| | | 装配 | 装配机器人系统、单元、产线 | |
| | | 冶金 | | |
| | | 其他 | | |
| 零部件 | 减速器 | | 谐波减速器、摆线针轮行星传动装置 | CR-3-01:2020 机器人用精密减速器CR认证实施规则 |
| | 控制装置 | | 调速电气传动系统 | CR-3-03:2020 机器人控制装置CR认证实施规则 |
| | | | 示教装置 | |
| | | | 安全模块 | |
| | | | 控制器 | |

### 三、证书发布

截至2020年12月31日，中国机器人认证（CR认证）证书累计发放262张，证书信息均已在信用中国网络平台发布。

2020年1—12月，机器人检测认证联盟累计颁发中国机器人认证证书102张。其中，工业机器人40张、服务机器人29张、物流机器人16张、自动引导车（AGV）9张、机器人系统与集成4张、协作机器人3张、零部件1张。从区域分布来看，机器人认证获证企业区域分布情况：广东占25%，北京占20%，上海占16%，江苏占13%，浙江占8%，安徽、四川、天津、辽宁等地共占18%。从认证模式来看，大部分为A模式型式试验（A模式75张,）。

2020年中国机器人认证证书发放情况见表3。

表3 2020年中国机器人认证证书发放情况

| 序号 | 企业名称 | 产品类别 | 型号 | 证书编号 | 发证机构 |
|---|---|---|---|---|---|
| 1 | 西安航天精密机电研究所 | 工业机器人 | SNR3-C30、SNR6-C30、SNR12-C30、SNR20-C30 | TILVA202027001001 | 上海添唯认证技术有限公司 |
| 2 | 上海新时达机器人有限公司 | 工业机器人 | SR20/1700、SR50/2180、SR165/2580 | TILVA202027001002 | 上海添唯认证技术有限公司 |
| 3 | 上海新时达机器人有限公司 | 工业机器人 | SP120/2400 | TILVA202027001003 | 上海添唯认证技术有限公司 |
| 4 | 上海新时达机器人有限公司 | 工业机器人 | SD3/500、SD7/700、SD7/900 | TILVA202027001004 | 上海添唯认证技术有限公司 |
| 5 | 云南昆船智能装备有限公司 | 自动导引车（AGV） | ALS104、ALS104G、AHM106 | TILVA202027002001 | 上海添唯认证技术有限公司 |
| 6 | 北京云迹科技有限公司 | 服务机器人 | RUN 2 | TILVA202027004001 | 上海添唯认证技术有限公司 |
| 7 | 上海爱餐机器人（集团）有限公司 | 服务机器人 | 味霸 H18 | TILVA202027004002 | 上海添唯认证技术有限公司 |
| 8 | 上海节卡机器人科技有限公司 | 协作机器人 | JAKA Zu 3 | TILVA202027008001 | 上海添唯认证技术有限公司 |
| 9 | 上海节卡机器人科技有限公司 | 协作机器人 | JAKA Zu 7 | TILVA202027008002 | 上海添唯认证技术有限公司 |
| 10 | 达闼科技（北京）有限公司 | 服务机器人 | CPAT-AZ-1 | TILVA202027004003 | 上海添唯认证技术有限公司 |
| 11 | 北京云迹科技有限公司 | 服务机器人 | 润 3 | TILVA202027004004 | 上海添唯认证技术有限公司 |
| 12 | 上海节卡机器人科技有限公司 | 协作机器人 | JAKA Zu 12 | TILVA202027008003 | 上海添唯认证技术有限公司 |
| 13 | 青岛星华智能装备有限公司 | 工业机器人 | XH-HJT-00 | TILVA202027001005 | 上海添唯认证技术有限公司 |
| 14 | 深圳市越疆科技有限公司 | 工业机器人 | DT-CR-6R050-00I | TILVA202027001006 | 上海添唯认证技术有限公司 |
| 15 | 华晓精密工业（苏州）有限公司 | 自动导引车（AGV） | 华骏 U 系 B2MP-1500 型、华骏 U 系 U1MP-500 型 | TILVA202027002002 | 上海添唯认证技术有限公司 |
| 16 | 上海有个机器人有限公司 | 服务机器人 | KAGO 5 | TILVA202027004005 | 上海添唯认证技术有限公司 |
| 17 | 深圳市安泽智能机器人有限公司 | 服务机器人 | AND | TILVA202027004007 | 上海添唯认证技术有限公司 |
| 18 | 广东智源机器人科技有限公司 | 机器人系统与集成 | RR102-22-D | TILVA202027003001 | 上海添唯认证技术有限公司 |
| 19 | 浩德科技股份有限公司 | 服务机器人 | DCR | TILVA202027004006 | 上海添唯认证技术有限公司 |
| 20 | 沈阳新松机器人自动化股份有限公司 | 服务机器人 | SPB-ZW01 | TILVA202027004012 | 上海添唯认证技术有限公司 |
| 21 | 广东智源机器人科技有限公司 | 服务机器人 | RR091B-00-D | TILVA202027004008 | 上海添唯认证技术有限公司 |
| 22 | 中电万维信息技术有限责任公司 | 服务机器人 | T10 | TILVA202027004009 | 上海添唯认证技术有限公司 |
| 23 | 广东科佩克机器人有限公司 | 工业机器人 | CA10N | TILVA202027001007 | 上海添唯认证技术有限公司 |
| 24 | 东莞市尔必地机器人有限公司 | 工业机器人 | LTG1000-B-6 | TILVA202027001008 | 上海添唯认证技术有限公司 |
| 25 | 浙江国自机器人技术股份有限公司 | 自动导引车（AGV） | GZ-MAD-10-600 | TILVA202027002003 | 上海添唯认证技术有限公司 |

(续)

| 序号 | 企业名称 | 产品类别 | 型号 | 证书编号 | 发证机构 |
|---|---|---|---|---|---|
| 26 | 江苏南大电子信息技术股份有限公司 | 服务机器人 | ADDA4000B | TILVA202027004010 | 上海添唯认证技术有限公司 |
| 27 | 伯朗特机器人股份有限公司 | 工业机器人 | BRTIRUS0707A | TILVA202027001009 | 上海添唯认证技术有限公司 |
| 28 | 上海大界机器人科技有限公司 | 自动导引车（AGV） | APE 1.0 | TILVA202027002004 | 上海添唯认证技术有限公司 |
| 29 | 苏州艾利特机器人有限公司 | 工业机器人 | EC612 | TILVA202027001010 | 上海添唯认证技术有限公司 |
| 30 | 苏州博众机器人有限公司 | 自动导引车（AGV） | B30501B、B30501W、B30502B、B30502W | TILVA202027002005 | 上海添唯认证技术有限公司 |
| 31 | 上海柴孚机器人有限公司 | 机器人系统与集成 | SF6-C1400、SF6-C2080 | TILVA202027003002 | 上海添唯认证技术有限公司 |
| 32 | 江苏自动化研究所（中国船舶重工集团公司第七一六研究所） | 机器人系统与集成 | JARI-XT1705001-CP60 | TILVA202027003003 | 上海添唯认证技术有限公司 |
| 33 | 北京猎户星空科技有限公司 | 服务机器人 | CM-GB03D | TILVA202027004011 | 上海添唯认证技术有限公司 |
| 34 | 上海擎朗智能科技有限公司 | 服务机器人 | T5/T6 | TILVA202027004013 | 上海添唯认证技术有限公司 |
| 35 | 境璨（上海）生态科技有限公司 | 服务机器人 | JCCS_A1 | TILVA202027004014 | 上海添唯认证技术有限公司 |
| 36 | 库卡机器人（上海）有限公司 | 工业机器人 | KR 150 R3100 prime、KR 210 R2700 extra、KR 210 R2700-2、KR 210 R3100 ultra、KR 240 R2900 ultra、KR 270 R2700 ultra、KR 360 R2830、KR 340 R3330 | TILVA202027001011 | 上海添唯认证技术有限公司 |
| 37 | 昆山艾派科技有限公司 | 工业机器人 | ST6-4050、ST6-4070、ST6-4080、ST20-4100 | TILVA202027001012 | 上海添唯认证技术有限公司 |
| 38 | 沈阳新松机器人自动化股份有限公司 | 服务机器人 | Inventory R-01A | TILVA202027004015 | 上海添唯认证技术有限公司 |
| 39 | 广州数控设备有限公司 | 工业机器人 | RH06A3、RB08A3 | TILVA202027001013 | 上海添唯认证技术有限公司 |
| 40 | 东莞市李群自动化技术有限公司 | 工业机器人 | AH3-0400-0204-1700 | TILVA202027001015 | 上海添唯认证技术有限公司 |
| 41 | 尔智机器人（珠海）有限公司 | 工业机器人 | AR5-S | TILVA202027001014 | 上海添唯认证技术有限公司 |
| 42 | 杭州蓝芯科技有限公司 | AGV | LXLR-FR2510 | TILVA202027002006 | 上海添唯认证技术有限公司 |
| 43 | 上海七桥机器人有限公司 | 服务机器人 | RMSF90201AA | TILVA202027004016 | 上海添唯认证技术有限公司 |
| 44 | 北京博清科技有限公司 | 工业机器人 | BOT-WTP20-111 | TILVA202027001016 | 上海添唯认证技术有限公司 |
| 45 | 哈工大机器人（合肥）国际创新研究院 | 工业机器人 | HR3 | TILVA202027001017 | 上海添唯认证技术有限公司 |
| 46 | 上海思岚科技有限公司 | 服务机器人 | A4M31 | TILVA202027004017 | 上海添唯认证技术有限公司 |
| 47 | 北京猎户星空科技有限公司 | 服务机器人 | OS-R-DR01 | TILVA202027004018 | 上海添唯认证技术有限公司 |
| 48 | 浙江钱江机器人有限公司 | 工业机器人 | QJR6-3 | CCIDCCZS-20200113R | 北京赛迪认证中心有限公司 |
| 49 | 科益展智能装备有限公司 | 物流机器人 | SMG_FL_3T | CCIDCCZS-20200114R | 北京赛迪认证中心有限公司 |

(续)

| 序号 | 企业名称 | 产品类别 | 型号 | 证书编号 | 发证机构 |
|---|---|---|---|---|---|
| 50 | 无锡先导智能装备股份有限公司 | 物流机器人 | LGAPS2018 | CCIDCCZS-20200115R | 北京赛迪认证中心有限公司 |
| 51 | 北京猎户星空科技有限公司 | 服务机器人 | CM-GB01K | CCIDCCZS-20200117R | 北京赛迪认证中心有限公司 |
| 52 | 北京猎户星空科技有限公司 | 服务机器人 | CM-GB01C | CCIDCCZS-20200118R | 北京赛迪认证中心有限公司 |
| 53 | 北京云迹科技有限公司 | 服务机器人 | DL1A | CCIDCCZS-20200119R | 北京赛迪认证中心有限公司 |
| 54 | 大陆智源科技（北京）有限公司 | 服务机器人 | ANDI-III | CCIDCCZS-20200120R | 北京赛迪认证中心有限公司 |
| 55 | 北京京东乾石科技有限公司 | 服务机器人 | JDRD-100 | CCIDCCZS-20200121R | 北京赛迪认证中心有限公司 |
| 56 | 安利智能机器人科技（北京）有限公司 | 服务机器人 | DDR-S2 | CCIDCCZS-20200122R | 北京赛迪认证中心有限公司 |
| 57 | 北京三快在线科技有限公司 | 物流机器人 | S19 | CCIDCCZS-20200123R | 北京赛迪认证中心有限公司 |
| 58 | 北京海益同展信息科技有限公司 | 物流机器人 | RY | CCIDCCZS-20200124R | 北京赛迪认证中心有限公司 |
| 59 | 科益展智能装备有限公司 | 物流机器人 | SMG_RB_3T | CCIDCCZS-20200125R | 北京赛迪认证中心有限公司 |
| 60 | 浙江大华智联有限公司 | 工业机器人 | DHAT-450、DHAT-600 | CCIDCCZS-20200126R | 北京赛迪认证中心有限公司 |
| 61 | 珠海创智科技有限公司 | 物流机器人 | CZDFLC-AGV-07-40-B-V1.0 | CCIDCCZS-20200127R | 北京赛迪认证中心有限公司 |
| 62 | 林德（中国）叉车有限公司 | 物流机器人 | L-Matic 16 | CCIDCCZS-20200128R | 北京赛迪认证中心有限公司 |
| 63 | 华晓精密工业（苏州）有限公司 | 物流机器人 | 8425-VCC800-00 | CCIDCCZS-20200129R | 北京赛迪认证中心有限公司 |
| 64 | 深圳市普渡科技有限公司 | 服务机器人 | PD1、PD2、PD6、PD8、PD9 | CCIDCCZS-20200130R | 北京赛迪认证中心有限公司 |
| 65 | 天津新松机器人自动化有限公司 | 工业机器人 | SR10AL、SR20A、SR35A、SR50A、SR80A、SR35B、SR50B、SR80B、SR80BS | CCIDCCZS-20200132R | 北京赛迪认证中心有限公司 |
| 66 | 北京哈工机器人有限公司 | 工业机器人 | I-CO-ZY02 | CCIDCCZS-20200133R | 北京赛迪认证中心有限公司 |
| 67 | 北京如影智能科技有限公司 | 工业机器人 | IBC02 | CCIDCCZS-20200134R | 北京赛迪认证中心有限公司 |
| 68 | 新石器慧通（北京）科技有限公司 | 物流机器人 | HT5010XSH5、HT5010XJY5 | CCIDCCZS-20200136R | 北京赛迪认证中心有限公司 |
| 69 | 紫勋智能科技（北京）有限公司 | 工业机器人 | DOER2.0YPZ | CCIDCCZS-20200137R | 北京赛迪认证中心有限公司 |
| 70 | 天津新松机器人自动化有限公司 | 工业机器人 | SR4B、SR7CL、T12A-14 | CCIDCCZS-20200138R | 北京赛迪认证中心有限公司 |
| 71 | 广东大仓机器人科技有限公司 | 服务机器人 | DC-XJ-002C | CCIDCCZS-20200139R | 北京赛迪认证中心有限公司 |
| 72 | 北京猎户星空科技有限公司 | 工业机器人 | ZKDS | CCIDCCZS-20200140R | 北京赛迪认证中心有限公司 |
| 73 | 无锡新创力工业设备有限公司 | 物流机器人 | XCLA-LS04 | CCIDCCZS-20200142R | 北京赛迪认证中心有限公司 |
| 74 | 深圳市大道智创科技有限公司 | 服务机器人 | DDR-S2 | CCIDCCZS-20200143R | 北京赛迪认证中心有限公司 |

(续)

| 序号 | 企业名称 | 产品类别 | 型号 | 证书编号 | 发证机构 |
|---|---|---|---|---|---|
| 75 | 坎德拉（深圳）科技创新有限公司 | 服务机器人 | CTI-CRG001、CANDLE-CRG-0001、CANDLE-MDCCRG-0001 | CCIDCCZS-20200144R | 北京赛迪认证中心有限公司 |
| 76 | 中关村科学城城市大脑股份有限公司 | 服务机器人 | XXH-01 | CCIDCCZS-20200145R | 北京赛迪认证中心有限公司 |
| 77 | 哈尔滨博实自动化股份有限公司 | 工业机器人 | RB130、RB200、RB300 | CCIDCCZS-20200146R | 北京赛迪认证中心有限公司 |
| 78 | 中达电子(江苏)有限公司 | 工业机器人 | DRS40L3SSMDF002 DRS40L3SSMDN002 | CCIDCCZS-20200147R | 北京赛迪认证中心有限公司 |
| 79 | 中达电子(江苏)有限公司 | 工业机器人 | DRS60L6SSMDF002 DRS60L6SSMDN002 | CCIDCCZS-20200148R | 北京赛迪认证中心有限公司 |
| 80 | 中达电子(江苏)有限公司 | 工业机器人 | DCS-1B00-RA | CCIDCCZS-20200149R | 北京赛迪认证中心有限公司 |
| 81 | 中达电子(江苏)有限公司 | 工业机器人 | DRS40L3SSMNN002 DRS60L6SSMNN002 | CCIDCCZS-20200150R | 北京赛迪认证中心有限公司 |
| 82 | 广州盛华实业有限公司 | 工业机器人 | BEVS3226 | CEPREI2020CR0005 | 广州赛宝认证中心服务有限公司 |
| 83 | 广州盛华实业有限公司 | 工业机器人 | BEVS3228 | CEPREI2020CR0006 | 广州赛宝认证中心服务有限公司 |
| 84 | 广州赛特智能科技有限公司 | 物流机器人 | SAI-RIDS-K1 | CEPREI2020CR0007 | 广州赛宝认证中心服务有限公司 |
| 85 | 长沙中联重科环境产业有限公司 | 物流机器人 | S1810RE（原型号 SHZX18BEV） | CEPREI2020CR0008 | 广州赛宝认证中心服务有限公司 |
| 86 | 长沙中联重科环境产业有限公司 | 物流机器人 | S1800RE（原型号 SHZ18BEV） | CEPREI2020CR0009 | 广州赛宝认证中心服务有限公司 |
| 87 | 长沙酷哇中联智能科技有限公司 | 物流机器人 | S1810RE（原型号 SHZX18BEV） | CEPREI2020CR0010 | 广州赛宝认证中心服务有限公司 |
| 88 | 长沙酷哇中联智能科技有限公司 | 物流机器人 | S1800RE(原型号 SHZ18BEV) | CEPREI2020CR0011 | 广州赛宝认证中心服务有限公司 |
| 89 | 杭叉集团股份有限公司 | AGV | | CCRCSV0100032020 | 重庆凯瑞认证服务有限公司 |
| 90 | 杭叉集团股份有限公司 | AGV | | CCRCSV0100042020 | 重庆凯瑞认证服务有限公司 |
| 91 | 杭叉集团股份有限公司 | AGV | | CCRCSV0100052020 | 重庆凯瑞认证服务有限公司 |
| 92 | 成都三译智能技术有限公司 | 工业机器人 | | CCRCSV0100062020 | 重庆凯瑞认证服务有限公司 |
| 93 | 佛山冠湾智能科技有限公司 | 工业机器人 | | CCRCSV0100092020 | 重庆凯瑞认证服务有限公司 |
| 94 | 重庆华数机器人有限公司 | 工业机器人 | | CCRCSV0100102020 | 重庆凯瑞认证服务有限公司 |
| 95 | 重庆华数机器人有限公司 | 工业机器人 | | CCRCSV0100112020 | 重庆凯瑞认证服务有限公司 |
| 96 | 重庆华数机器人有限公司 | 工业机器人 | | CCRCSV0100122020 | 重庆凯瑞认证服务有限公司 |
| 97 | 重庆华数机器人有限公司 | 工业机器人 | | CCRCSV0100132020 | 重庆凯瑞认证服务有限公司 |

（续）

| 序号 | 企业名称 | 产品类别 | 型号 | 证书编号 | 发证机构 |
|---|---|---|---|---|---|
| 98 | 杭州它人机器人技术有限公司 | 物流机器人 | | CCRCSV0100142020 | 重庆凯瑞认证服务有限公司 |
| 99 | 佛山华数机器人有限公司 | 工业机器人 | HSR-BR616 | TCSIA202002011 | 中国科学院沈阳自动化研究所 |
| 100 | 佛山华数机器人有限公司 | 工业机器人 | HSR-BR610 | TCSIA202002012 | 中国科学院沈阳自动化研究所 |
| 101 | 广州昊志机电股份有限公司 | 减速机 | DCSG-32-80 | CRAT20CR1040100001 | 中汽检测技术有限公司 |
| 102 | 广州瑞松智能科技股份有限公司 | 机器人系统与集成 | RS-ASA100 | CRAT20CR1040100002 | 中汽检测技术有限公司 |

〔撰稿人：上海电器科学研究所（集团）有限公司 朱晓鹏〕

# 2020年国家机器人检测与评定中心工作情况

## 一、总体架构

2015年3月，由国家发展和改革委员会牵头，工业和信息化部、国家认证认可监督管理委员会、国家标准化管理委员会共同参与，联合推动筹建了集机器人产品（部件）检测、认证、校准、标准化和技术咨询于一体的第三方服务机构——国家机器人检测与评定中心（以下简称"国评中心"）。国评中心采取"1+3+2"的模式建设，总部承建单位为上海电器科学研究所（集团）有限公司；三个分中心分别设立在沈阳、广州和重庆，承建单位分别是中国科学院沈阳自动化研究所、广州机械科学研究院有限公司和重庆德新机器人检测中心有限公司；两个公共服务平台分别设在北京和芜湖，承建单位分别是中国软件评测中心和工业和信息化部电子第五研究所（中国赛宝实验室），覆盖长江三角洲地区、珠江三角洲地区、环渤海地区、成渝城市群等机器人主要产区。目前，国评中心6家机构已全面建成并投入运营。国家机器人检测与评定中心组织架构见图1。

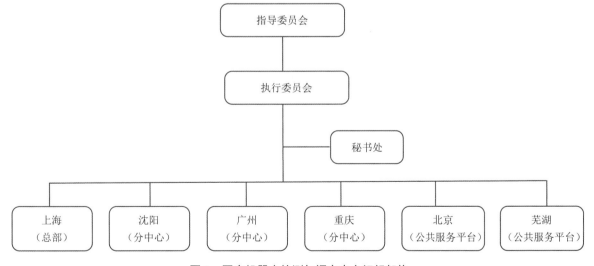

图1 国家机器人检测与评定中心组织架构

2016年，国评中心推动成立了中国机器人检测认证联盟，本着统筹规划、合理布局、协调管理的建设原则，多维度、齐发力，加快关键共性技术攻关，铸就国家质量基础设施，全面推进机器人产业标准化检测认证体系建设。

## 二、现有检测能力

1. 主要检测项目

国评中心开展检测项目情况见表1。

表 1 国评中心开展检测项目情况

| 机构名称 | 检测项目及内容 | |
|---|---|---|
| 上海（总部） | 工业机器人、协作机器人 | 性能检测：位姿特性、速度、轨迹、重复定位精度等<br>DH 标定<br>关节摩擦力测试<br>MTBF 评定<br>软件测试 |
| | 家用服务机器人、商用服务机器人 | 运动性能、语音识别性能、避障性能、信息安全、视觉性能、使用寿命、行驶里程 |
| | 特种机器人（AGV、巡检机器人等） | 运动性能：速度、定位精度、爬坡、运动稳定性<br>避障性能<br>视觉性能<br>使用寿命<br>行驶里程 |
| | 无人机 | 飞行性能：悬停精度、飞行速度、续航里程<br>抗风 / 抗雨性能<br>使用寿命 |
| | 清洁机器人 | 清洁性能、运动性能、越障性能、悬崖检测、使用寿命 |
| | 系统集成 | 节拍、工艺质量、安全评估、信息安全、软件测试 |
| | 控制装置 | MTBF 评定、性能检测 |
| | 伺服电动机 | 温升试验、堵转、负载特性、转矩测定、耐压测试、转动惯量等 |
| | 减速器 | 空载 / 负载试验、转矩、传动效率、空程、背隙、噪声、寿命试验 |
| | 线缆、连接器 | 绝缘 / 护套机械物理性能、电气性能、耐久试验 |
| | 电池 | 过充 / 放电、电池容量、短路、热冲击、挤压、运输测试等 |
| | 其他 | 机械电气安全、电磁兼容性、风险评估、功能安全评估、环境适应性 |
| 沈阳（分中心） | 工业机器人 | 机器人外观和结构、功能检查、性能检测、电气安全、环境试验、电磁兼容性试验、可靠性试验等 |
| | 服务机器人 | 移动性能、定位导航、操作能力、续航能力、能耗、语音交互、电气安全、环境适应性、电磁兼容等 |
| | 清洁及扫地机器人 | 覆盖率、硬地板除尘能力、地毯除尘能力、机器人平均速度、防跌落能力、越障能力、自动充电功能、预约清扫功能、遥控功能、噪声、工作寿命、安全和电磁兼容性等 |
| | 教育机器人 | 电源安全、运动限制、机械强度、电气绝缘及静电保护、抗干扰性、外露部件保护、过热、耐热及耐火保护、误操作和意外情况保护等 |
| | 精密减速器（谐波减速器、RV 减速器） | 空载 / 负载 / 超载能力、传动效率、寿命试验、启动转矩、扭转刚度、传动精度、噪声、壳体允许最高温度等 |
| | 电动机 | 外观、外形及安装尺寸、径向间隙、轴向间隙、绝缘介电强度、绝缘电阻、摩擦力矩、空载起动电压、控制特性、电流、功率、温升、环境试验、安全等 |
| | 交流伺服驱动器 | 电气机械结构、电气安全性、电源适应性、正反转速率差、转速变化率、调速比、转速波动、转速调整率、转矩变化的时间响应、频带宽度、惯量适应范围、效率、环境试验、电磁兼容性等 |
| | 电池 | 安全测试、性能测试、电池寿命 |
| | 民用多旋翼无人机 | 功能检测、飞行性能、导航系统、环境适应性、电磁兼容等 |
| | 植保无人机 | 手动控制模式飞行性能、自动控制模式飞行精度、续航能力、喷雾性能、作业喷幅等 |
| | 环境可靠性试验 | 低温试验、高温试验、温度变化试验、湿热试验、噪声试验、振动试验、冲击试验等 |
| | 电磁兼容试验 | 辐射骚扰、电源端口传导骚扰限值、电信端口传导骚扰、静电放电抗扰度试验、射频电磁场抗扰度、电快速瞬变脉冲群抗扰度试验、浪涌（冲击）抗扰度试验、射频传导抗扰度试验等 |

（续）

| 机构名称 | | 检测项目及内容 |
|---|---|---|
| 广州（分中心） | 电磁兼容 | 电磁干扰（EMI）：传导发射、辐射发射、磁场发射、瞬态传导发射、谐波电流、电压波动和闪烁<br>电磁抗干扰（EMS）：辐射抗扰度、大电流注入、磁场抗扰度、手持机抗扰度、瞬态脉冲抗扰度、静电放电抗扰度、电快速瞬变脉冲群抗扰度等 |
| | 电气安全 | 电气强度、泄漏电流、接地连续性、单一故障 |
| | 环境 | 温度试验、湿度试验、振动试验、高/低温试验、温度循环试验、湿热试验、淋雨试验、沙尘试验 |
| | 机器人性能 | 位姿/距离/轨迹准确度和重复性、多方向位姿准确度变动、位置稳定时间及超调量、位姿特性漂移等 |
| 重庆（分中心） | 工业机器人、制造系统及生产线 | 机械电气安全、功能安全、性能检测、电磁兼容、环境可靠性、软件等 |
| | 自动导引车（AGV） | 额定速度测试、正常停车测试、接触障碍物缓冲性能测试、警报装置性能测试、负载交换异常时联锁装置性能测试等 |
| | 矿用井下探测机器人 | 绝缘电阻试验、外壳防护性能试验、图像采集试验、行走时间和续航能力试验、爬坡角度试验、跨越沟道试验等 |
| | 消防机器人 | 外观、材质检查、移动载体性能试验、控制装置性能试验、基本要求试验、消防作业试验、信息采集性能试验等 |
| | 无人机 | 基本检查：外观、尺寸、重量、重心、接插件等<br>飞行性能：飞行速度、飞行高度、悬停精度等 |
| | 教育机器人 | 电源安全、机械强度、电气绝缘及静电防护、外露部件保护、误操作和意外情况保护等 |
| | 服务机器人、清洁及扫地机器人等 | 覆盖率、边、角除尘能力、越障能力、预约清扫功能、噪声、硬地板除尘能力、防跌落能力、自动充电功能等 |
| | 控制电动机、伺服电动机、交流伺服系统 | 外观、保护接地、绝缘电阻、工作区、系统效率、位置跟踪误差、转速波动等 |
| | 交流伺服驱动控制器 | 电气机械结构、正反转速差率、调速比、转速调整率、转速变化的时间响应等 |
| | 高精密减速器 | 空载试验、超载试验、传动效率、扭转刚度、背隙、噪声、寿命试验等 |
| | 锂电池、电池组等 | 电池容量测试、安全工作参数、警示说明、常温外部短路、过充电、低气压、振动、挤压等 |
| | 环境适应性（可靠性） | 噪声、NVH、高低温、振动、冲击、跌落、湿热、低气压、防水、防尘等 |
| | 电磁兼容 | 传导发射、辐射发射等 |
| 北京（公共服务平台） | 功能性能测试 | 机器人功能测试<br>机器人性能测试，包括机械性能、控制性能、作业能力等 |
| | 安全性测试 | 机械电气安全、功能安全、信息安全、协作安全 |
| | 可靠性与环境检测 | 工业机器人、服务机器人、特种机器人等机器人整机与零部件可靠性与环境检测 |
| | 软件测试 | 软件外部质量、软件可靠性、软件代码测试 |
| | 集成应用测试 | 模拟仿真测试、机器人集成应用系统测试 |
| 芜湖（公共服务平台） | 机器人整机与核心部件检测 | 交流电动机、直流电动机、工业机器人等 |
| | 安全与电磁兼容检测 | 工业、科学和医疗(ISM)射频设备；居住、商业和轻工业环境中的设备；工业环境中的设备等 |
| | 可靠性与环境检测 | 电工电子产品、军用设备等 |
| | 失效分析 | 金属材料、PCB&PCBA、电子元器件和电子辅料等 |
| | 软件检测 | 软件产品登记、确认测试、鉴定测试等 |

2.认证产品情况

对于可根据预置程序进行自主移动并提供服务的机器人形态的电子产品,只要属于机器人产品类别,都可以进行中国机器人(CR)认证。2020年中国机器人 CR 认证产品目录见表2。

表2 2020年中国机器人 CR 认证产品目录

| 类别 | 分类 | 细分 | 认证实施规则 |
| --- | --- | --- | --- |
| 零部件 | 控制装置 | 调速电气传动系统 | 机器人控制装置 CR 认证实施规则 |
| | | 示教装置 | |
| | | 安全模块 | |
| | | 控制器 | |
| | 减速器 | | 机器人用精密减速器 CR 认证实施规则 |
| | 线缆 | | 线缆 CR 认证实施规则 |
| | 电池 | | 电池 CR 认证实施规则 |
| 工业机器人 | 工业机器人 | | 工业机器人认证实施规则 |
| | 协作机器人 | | 工业机器人的协同操作安全认证实施规则 |
| | AGV | | 自动导引车(AGV)CR 认证实施规则 |
| 服务机器人 | 巡检、安防机器人 | 巡检安防机器人 | 家用商用服务机器人的安全和 EMC 认证实施规则 |
| | | 巡检机器人(电力、化工、廊道等) | 自动导引车(AGV)CR 认证实施规则 |
| | 医疗康复机器人 | 康复机器人、辅助治疗机器人、非治疗辅助机器人 | 康复机器人、辅助治疗机器人、非治疗辅助机器人认证实施规则 |
| | | 手术机器人 | 手术机器人 CR 认证实施规则 |
| | 环境提升机器人 | 扫地机器人 | 扫地机器人 CR 认证实施规则 |
| | | 消毒机器人 | 消毒机器人 CR 认证实施规则 |
| | 物流配送机器人 | 送餐服务机器人 | 送餐服务机器人 CR 认证实施规则 |
| | | 物流车、医院药品、超市商品的运送及其他 | 配送机器人 CR 认证实施规则 |
| | 信息传播机器人 | | 信息传播机器人 CR 认证实施规则 |
| | 应急救援机器人 | | 应急救援机器人 CR 认证实施规则 |
| | 餐饮加工机器人 | | 餐饮加工机器人 CR 认证实施规则 |
| | 助幼、助老、助残机器人 | | 助幼、助老、助残机器人 CR 认证实施规则 |
| | 教育机器人 | | 教育机器人 CR 认证实施规则 |
| | 建筑机器人 | | 建筑机器人 CR 认证实施规则 |
| 特种机器人 | 无人机 | | 民用无人机的认证实施规则 |
| 系统集成 | 食品 | | 食品领域用机器人 CR 认证实施规则 |
| | 3C | | 3C 领域用机器人 CR 认证实施规则 |
| | 点焊 | | 点焊机器人 CR 认证实施规则 |
| | 弧焊 | | 焊接机器人 CR 认证实施规则 |
| | 喷涂 | | 喷涂机器人 CR 认证实施规则 |
| | 洁净 | | 机器人洁净室 CR 认证实施规则 |
| | 其他 | 工业环境 | 工业机器人系统与集成的安全和 EMC 认证实施规则 |
| | | 其他环境 | 商用环境下机器人系统集成 CR 认证实施规则 |

3.检测项目费用定价

国评中心受客户委托开展机器人检测认证,一般根据产品、测试项目、工况进行报价,具体价格以实际为准。

### 三、工作开展情况

1.攻克共性技术,获得多项技术研究成果

截至2020年年底,国评中心共申请专利71项(授权23项)、发表论文32篇、获得软件著作权28项、出版相关专著6本。国评中心联合中国机器人检测认证联盟正式发布了《中国机器人CR认证目录》,是我国机器人检测认证体系建设最新重要进展,为企业在国家重大专项采信方面提供了强有力的支撑。

此外,国评中心承担国家及省市重大科研项目12项。其中牵头工业和信息化部"2020年产业技术基础公共服务平台—工业机器人核心关键技术验证与支撑保障服务平台建设项目"、北京市科学技术委员会"服务机器人安全与环境检测试验系统研发""特种机器人测评共性技术研究与试验验证"、国家科学技术部国家重点研发计划"工业机器人性能测试与评估平台研究"、重庆市科学技术局重大专项"园区智能巡检机器人研究及示范应用",参与国家科学技术部重点研发计划项目4个、国家重点研发计划子课题2个。

2.牵头开展机器人标准化建设工作,填补国内标准领域的空白

国评中心本着急用现行的原则,从顶层设计出发,按照国家标准、行业标准、团体标准三线并行的模式,着手制定适宜我国机器人行业发展的标准体系,行业标准化建设取得进展。国评中心以国家机器人标准化总体组为输出平台,牵头或参与40余项机器人国家标准制(修)订。同时,国评中心组织整理机器人产业急需的标准,修订部分滞后标准,征集了300余项标准立项建议,完成了标准评审筛选并向国标委推荐。

国评中心针对机器人可靠性评定及提升技术进行了深入研究和实践,建成了包括高分辨率3DX-RAY、环境综合测试平台等高端装备在内的测试平台,编制了GB/T 39590.1—2020《机器人可靠性 第1部分:通用导则》等国家标准,在国际上率先提交IEC/CISPR机器人电磁兼容测试标准并牵头编制首个相关国际标准,实现电磁兼容检测从功能性粗略判断延伸到指标性量化判断的突破。

3.协调开展机器人检验检测业务,打造国评中心权威品牌

国评中心全面推进机器人产品检验检测业务,稳步推进检测能力提升工作,围绕企业"痛点""难点"问题,为企业提供一站式检测服务。

国评中心受国家市场监管总局委托,开展了机器人产品质量安全风险监测等工作,并开展了国内外机器人产品质量比对工作。累计完成服务机器人产品114批次(包括扫地机器人、教育机器人、物流机器人等)、工业机器人产品78批次(包括六轴工业机器人、协作机器人等)的检测。承担工业和信息化部新一代人工智能产业创新重点任务机器人领域31个揭榜项目验收测评,并成功举办2届北京市冬奥服务型机器人测评比选大赛。

4.统一开展机器人认证服务,推动CR认证国际化

国评中心以CR为品牌,确立了联盟认证制度,建立了统一的认证产品目录、统一的技术规范和合格评定程序,不断拓展认证能力及相关业务。在国家有关主管部门的大力推动下,在国评中心检测认证能力和业务不断拓展的基础上,国评中心CR认证采信工作取得了积极进展。CR认证已经在国家有关建设项目和《工业机器人行业规范条件》中获得采信。

5.积极开展对外合作交流,助力国产机器人走出去

在国际合作方面,国评中心与CSA、SGS、TüV莱茵、TüV北德、UL等国际知名认证机构建立框架合作关系和采信机制,开启机器人标准化检测认证国际合作的新征程。国评中心同北京机床研究所有限公司、机械工业仪器仪表综合技术经济研究所、中国标准化研究院、中国科学院软件研究所等科研院所及第三方测评机构签订战略合作协议,先后成立服务机器人先进技术综合实训中心、机器人与智能装备功能安全联合实验室、机器人安全攻防联合研究中心等联合实验室,深入开展技术研究、标准制定、检测认证、平台搭建和应用推广等合作。

6.加快推进行业培训服务,优化信息交流内容

在培训方面,国评中心组织培训人数超过4 000人次,已建立起一支对产品结构原理、标准及测试有深刻理解和专业度的技术骨干队伍,将为行业和企业提供更好的服务,助力行业高质量发展。

在信息交流方面,国评中心组织各类机器人检测认证技术研讨会50余次,发证信息同信用中国、国家认证认可管理平台和机器人领域媒体对接,充分发挥平台优势助力机器人产业发展。

〔撰稿人:上海电器科学研究所(集团)有限公司朱晓鹏,广州机械科学研究院有限公司、中汽检测技术有限公司王佳艺,中国科学院沈阳自动化研究所李志海,重庆德新机器人检测中心有限公司、重庆凯瑞认证服务有限公司李本旺、王玮,中国软件评测中心(工业和信息化部软件与集成电路促进中心)、机器人与智能装备测评工程技术中心巩潇,芜湖赛宝机器人产业技术研究院有限公司涂志健〕

中国机器人工业年鉴 2021

产教融合篇

介绍机器人行业产教融合发展情况

**2020 年中国机器人行业产教融合发展概况**

产教融合赋能"库卡机器人江苏应用与培训中心",
　　培养高技能应用人才
共建"数字经济产业学院 + 产教融合实训基地",
　　产教融合培养数字化应用型人才
智能制造数字化产业学院助力人才培养
智能焊接产教融合基地培养复合应用人才

# 2020年中国机器人行业产教融合发展概况

**一、总体概论**

2013年出台的《中共中央关于全面深化改革若干重大问题的决定》最早提出了产教融合。2017年12月，国务院办公厅印发了《国务院办公厅关于深化产教融合的若干意见》，可以说产教融合和制造强国战略密不可分，"深化产教融合、校企合作"是党中央、国务院关于教育和人才改革发展的重大决策部署，产教融合被国家摆在特别突出的战略地位，并不断被赋予新的使命和时代内涵。

近年来，我国机器人人才培养蓬勃发展，在人才培养和科技创新方面都取得了很好的成绩。各方积极优化专业结构、加强人才培养，紧跟"中国制造2025"战略路线，坚持以产业结构为导向，把握新型制造业发展机遇，优化高职、高校机器人专业结构，使其与经济结构、制造业产业结构转型升级相适应匹配。完善课程体系，服务人才培养，对接制造业，面向高端制造业的现代理论与技术特点设置专业能力课程，培养学生在技术领域任职的专门知识和职业操作技能，使课程体系服务专业技术领域和职业岗位的人才要求。开展教学实践，加强人才培养，紧跟先进技术的步伐，基于实践教学项目创新，通过学生自主设计、分析、制造、操作的实践教学环节，培养学生发现问题、分析问题和解决问题的实践能力，提升机器人专业技术技能人才素养，达到先进制造业的要求。深化产教融合，加强人才培养，学校联合行业企业共同参与人才培养方案的制定，进行课程体系共建和改革，校企协同开发专业课程教学内容，共同制定专业教学要求和教学方法，进行机器人相关专业课程教学实践，充分利用和发挥企业校外实践基地作用，将课堂教学与实践教学有机结合，积极促进产教融合。

截至2020年，全国已有752所高职院校成功申报工业机器人技术专业，249所高校成功申报机器人工程专业，机器人产业链和教育链、技术链和人才链不断融合。目前，九江职业技术学院、杭州科技职业技术学院、嘉兴职业技术学院、浙江机电职业技术学院、湖北轻工职业技术学院、南京信息职业技术学院、常州河海大学、上海群益职业技术学校等一大批学校积极探索和实践产教融合，与企业共建人才培养方案、课程体系、双师型教师培养、校企实训中心、跨企业培训中心等，积极以市场为导向、以应用为指引，培养新一代机器人产业人才。

越来越多的机器人企业积极参与产教融合、校企合作，在职业院校、高等学校办学和深化改革中发挥重要主体作用。上海电气科学研究所（集团）有限公司（简称"上电科"）、东莞市李群自动化技术有限公司、埃夫特智能装备股份有限公司（简称"埃夫特"）、海尔智能研究院等企业积极参与国家机器人相关新职业标准制定，推动工业机器人系统操作员、工业机器人系统运维员、智能制造工程技术人员等新职业标准的建设。广州数控设备有限公司（简称"广州数控"）入选国家级产教融合型企业，上海添唯教育科技有限公司、江苏汇川科技有限公司、江苏汇博机器人技术股份有限公司等一大批企业入选省级产教融合型企业。众多企业积极探索并参与教育部1+X证书制度建设，目前，该制度已涵盖工业机器人操作与运维、工业机器人应用编程、工业机器人集成应用、工业机器人装调、特种机器人操作与运维、智能协作机器人技术及应用、服务机器人应用开发、焊接机器人编程与维护、工业机器人产品质量安全检测、服务机器人实施与运维、商务流程自动化机器人应用、企业财务与会计机器人应用、政府财务与会计机器人应用等多个职业技能等级证书。中国机器人产业联盟与国家机器人检测与评定中心（总部）组织会员单位制定了工业机器人系统现场工程师、工业机器人系统维修工、工业机器人系统售后工程师、工业机器人系统操作调整工等多个机器人相关岗位团体标准。越来越多的行业企业积极投入到产教融合的大军中来，承担现代学徒制、1+X证书制度试点任务，接收学生并开展规模化、规范化实习实训。企业将逐渐开展实质性校企合作，构建形成校企命运共同体。

中国机器人产教融合事业任重而道远，职业教育、高等教育与产业界、企业界之间的关系依然不够紧密，人才培养、科技创新、企业生产之间存在脱节的情况，仍然需加快推动机器人教育链、人才链与产业链、创新链的有机连接，探索机器人领域的产教融合和校企合作新思路，打造产、学、研、用合作多赢的协同创新发展平台，进而为我国智能制造领域输送更多人才。中国机器人行业企业必须以产教融合为己任，相信会有越来越多的企业、院校参与到机器人产教融合中，共建机器人产教融合生态系统，造就大批机器人产业需要的高素质应用型、复合型、创新型人才，促进中国机器人行业的高质量发展。

## 二、培训基地介绍

要实现资源、人员、技术、管理、文化等全方位实质性深度融合,还需要在物理空间上建立和优化一批平台载体支撑。当前,创新产教融合重大平台载体建设正如火如荼展开,产教融合开始构建起以城市为节点、以行业为支点、以企业为重点的新模式。因此,除了推动高校开展产教融合外,与之对应的培训基地的建设也正在加快。

### 1. 国家机器人检测与评定中心

在国家发展改革委、工业和信息化部、国标委、认监委等部门的指导下,2015年年初国家机器人检测与评定中心(简称"国评中心")成立。国评中心是由国家和企业共同设立的集机器人产品/部件认证、检测、校准、标准化工作、培训、技术咨询、人才培养和期刊出版等信息服务为一体的社会第三方服务机构。下设的六个机构分别位于上海(总部)、广州、沈阳、北京、重庆、芜湖。

### 2. 教育部工业机器人应用人才培养中心

2017年,教育部从各省推荐的323所中、高职院校中遴选了174所进行现场答辩,最终确定115所作为合作院校,共建设了15个开放式公共实训基地、100个应用人才培养中心。

### 3. 中国机器人产业联盟会员企业培训基地

中国机器人产业联盟是我国机器人产业全国性产、学、研、用行业协同工作平台。上电科、上海电气(集团)总公司、上海发那科机器人有限公司、上海ABB工程有限公司、库卡机器人(上海)有限公司、新松机器人自动化股份有限公司、广州数控、埃夫特、南京埃斯顿机器人工程有限公司等会员单位均建有机器人相关培训基地。

## 三、重大事件

2020年,伴随机器人产业的蓬勃发展,应用人才缺口巨大,产教融合趋势愈发明显,一些重大事件正影响着机器人行业的产教融合发展。

1)在教育部印发的《教育信息化2.0行动计划》中,进一步明确了信息技术和机器人教育在教育教学工作中的地位,引导机器人产业与机器人教育的普及、应用与推广。教育部办公厅《关于公布2020—2021学年面向中小学生的全国性竞赛活动的通知》中,35个竞赛项目中有6个比赛涉及机器人领域,并且覆盖范围从小学到大学。

2)在产学合作、协同育人的9 556个项目中,有305个项目涉及机器人领域的产学融合,主要包含新工科建设、教学内容和课程体系改革、实践条件和实践基地建设、创新创业教育改革以及师资培训。其中,在新工科建设中,机器人产教融合领域被广泛提及。

3)自我国高校的机器人工程专业于2016年被教育部批准成为本科新专业后,截至2020年,已有249所本科院校申报开设了机器人工程专业,包括北京大学、北京航空航天大学、哈尔滨工业大学等院校。

4)为了培养适应和引领机器人产业发展的人才,充分发挥产业优势,发挥企业重要教育主体作用,深化产教融合,完善人才培养协同机制,造就大批机器人产业需要的高素质应用型、复合型、创新型人才,为提高产业竞争力和汇聚发展新动能提供人才支持和智力支撑,2020年11月,中国机器人产业联盟、国家机器人检测与评定中心(总部)探索产教融合协同育人机制,构建高等教育与产业集群联动发展机制,打造一批融人才培养、科学研究、技术创新、企业服务、学生创业等功能于一体的示范性人才培养实体,倡议成立"中国机器人产教融合联盟"。

5)2020年11月,由青岛市教育局、中国机器人产业联盟等联合主办的中国机器人产教融合推进论坛在红岛国际会展中心举行。中国机械工业联合会执行副会长、中国机器人产业联盟执行理事长宋晓刚,青岛市教育局相关处室负责人参加活动,来自全国机器人行业企业和教育领域的100多位嘉宾齐聚一堂,共同探讨我国机器人产教融合的发展和未来。

〔撰稿人:南京理工大学王禹林、上海电器科学研究所(集团)有限公司李鹏飞、北京立德共创智能机器人科技有限公司刘众楷〕

# 产教融合赋能"库卡机器人江苏应用与培训中心",培养高技能应用人才

## 一、项目背景

当前,大力发展职业教育已成为提升国家综合国力的重要战略,成为教育改革和发展的重要工作,受到国家和社会的广泛关注。为全面贯彻落实《国家职业教育改革实施方案》精神,推动建设300个具有辐射引领作用的高水平专业化产教融合实训基地。产教融合实训基地作为深化产教融合、校企合作的主要载体和平台,被摆在了职业教育发展的突出位置。

推进产教融合，不断创新实训基地运营模式，努力打造具有辐射引领作用的产教融合实训基地，提高职业院校人才培养水平，也成为地方以及各职业院校今后发展的重要方向。

本文以2015年库卡机器人（上海）有限公司（简称"库卡或KUKA"）与江苏工程职业技术学院合作建设"库卡机器人江苏应用与培训中心"产教融合实训基地模式为案例，介绍了库卡机器人（上海）有限公司库卡学院如何与江苏工程职业技术学院合作，将高质量的企业培训标准转化为职业院校实训标准，并应用到职业院校产教融合实训基地建设中。

**二、项目简介**

库卡通过构建产教融合服务平台与职业院校精准对接，打造了"库卡机器人江苏应用与培训中心＋产教融合实训基地"的建设合作项目。

库卡与江苏工程职业技术学院深度合作建设的"库卡机器人江苏应用与培训中心"实训基地，依托库卡学院的教育培训资源和产业应用行业资源，引入库卡培训标准，并将其转化为职业教育实训标准，根据学校实际需求，搭建校企合作产教融合的高层次专业建设解决方案和社会培训服务平台，联手打造了职业院校集高技能人才培养、社会培训服务和机器人专业建设体系的综合解决方案。

库卡机器人江苏应用与培训中心项目包含库卡机器人培训设备、库卡机器人实训课程校企合作开发、师资团队多阶段培训、外对培训服务指导运行、合作开办培训班服务、培训考核与证书合作颁发及基地运行技术服务等。

1. 建设思路

职业院校在申报工业机器人技术专业或新建实训中心后，首先需要对实训基地进行规划。江苏工程职业技术学院与库卡公司达成合作，建立长期校企合作产教融合的战略合作关系，成立了"库卡机器人江苏应用与培训中心"产教融合实训基地，开展机器人专业人才培养和社会人才培训与考核，秉承"依托产业办专业，办好专业为企业"的职教理念，将"产教融合、校企合作"固化为专业建设制度，转化为实体办学。

2. 项目介绍

（1）实训基地建设。双方按照"科学规划、统筹安排、突出重点、资源共享、分布实施"的基本原则，坚持产学研结合，进一步提高实践教学水平，首先建成一批设备条件先进、管理科学规范，集教学、培训、科研、展示等多功能为一体，特色鲜明的实训基地。

"库卡机器人江苏应用与培训中心"实训基地（见图1）分为机器人操作编程实训区、机器人机械电气维护区、机器人应用设备区、机器人炫动展示区、仿真实训室、实训基地授牌墙、文化建设区等。实训基地建设规划合理，功能模块齐全，引入了企业文化特色。

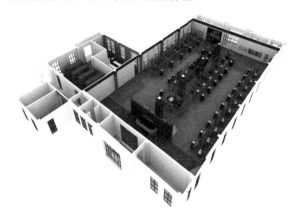

**图1　库卡机器人授权学院实训基地**

2019年，经库卡学院综合评估，基地获得"库卡机器人授权认证学院"资质，基地同时被列入2019年全国工业机器人技术"双师型"教师培养培训基地。

（2）课程体系建设。依托库卡学院的培训课程体系和培训教材来开发职业院校的课程体系，校企合作开发课程注重以职业岗位能力需求来开发课程体系，包括校企合作人才培养方案制定、课程体系规划、实训教材开发、教学实施应用。

库卡学院与江苏工程职业技术学院校企合作开发了《KUKA工业机器人操作与编程》《KUKA工业机器人机械基础与维护》实训教材。校企合作开发的教材结合了理论与实践，并且已应用到工业机器人技术专业教学实施中。

（3）师资队伍建设。库卡学院针对师资队伍的分工选择适用不同职能的师资培训课程方案，能快速精准地培养机器人专业师资队伍。

培训分为五个培养阶段，分别是：库卡学院机器人课程学习；机器人培训课程技巧与方法学习；师资带教实践；师资能力考核与评估；教学实践的反馈与交流。

库卡机器人授权学院项目建设后，江苏工程职业技术学院派遣机器人专业师资到库卡学院接受系统的培训，经过库卡学院对师资考核认证后颁发认证证书。

（4）技能考核建设。学习课程后的学员要通过技能考试和考核，库卡学院为成绩合格者颁发库卡学院课程结业证书。

（5）社会培训服务建设。实训基地依托库卡学院的培训课程体系开展服务社会人才的机器人技能培训。师资经过库卡学院系统培训后，可胜任培训师角色，以库卡高质量培训标准，培养更多的社会人才。

库卡实训基地实景见图2。

**图 3　库卡实训基地实景**

### 三、成效及创新点

从校企合作到产教融合，在"引企入教"改革中，按照"产学研协同发展"的理念，库卡机器人江苏应用与培训中心产教融合实训基地项目建设以来，经过几年的运行，目前实训基地每年可实现 350 万元的预计收益。

实训基地被评为：南通市公共实训基地（大规模培养社会人才）、南通市"双师型"教师培养基地（提升师资队伍水平）、南通市机器人重点实验室（服务产业科研需要）、南通市退伍军人技能培训基地（助力军民融合）、南通市科普教育基地（提高全民科学素质）。

江苏工程职业技术学院实训基地还在人才培养方面发挥了强大的作用，同时在服务产业方面也有着良好的成效。在校企双方的合作下，实训基地在"人才培养，科研创新，产业服务，社会培训"等方面发挥了重要作用，是产教融合赋能机器人产业发展的典范。

〔撰稿人：库卡机器人（上海）有限公司王一粟〕

# 共建"数字经济产业学院＋产教融合实训基地"，产教融合培养数字化应用型人才

### 一、项目背景

2017 年，国务院政府工作报告中首次明确提出"促进数字经济加快成长"。2019 年，我国产业数字化增加值约达 28.8 万亿元，占 GDP 的比重为 29.0%，产业数字化成为国民经济发展的重要支撑力量。

随着数字经济的规模不断扩张，数字经济产业的人才需求持续增长，人才供需严重不平衡。据中商情报网讯：2020 年，我国工业机器人市场人才需求为 750 万人，而人才缺口为 300 万人；预计到 2025 年，我国工业机器人市场人才需求将达 900 万人，人才缺口达 450 万人。

2017 年，国务院办公厅印发了《关于深化产教融合的若干意见》，指出深化产教融合，促进教育链、人才链与产业链、创新链有机衔接，是当前推进人力资源供给侧结构性改革的迫切要求。2018 年，六部委制定了《职业学校校企合作促进办法》，明确指出产教融合、校企合作是职业教育的基本办学模式，是办好职业教育的关键所在。2019 年，国务院出台了《国家职业教育改革实施方案》，要求深化产教融合、校企合作、育训结合，健全多元化办学格局，推动企业深度参与协同育人，扶持鼓励企业和社会力量参与举办各类职业教育。同年发布了《国家产教融合建设试点实施方案》。中央全面深化改革委员会会议指出，深化产教融合是推动教育优先发展、人才引领发展、产业创新发展的战略性举措。

在此背景下，北京产教融合科学研究院（以下简称"研究院"）以搭建"产教融合服务产业集群生态平台"的方式，推动建设产教融合型企业、行业、城市和产教融合职业院校。本案例是介绍研究院赋能的产教融合示范单位山西中高大智教育科技有限公司，在研究院的指导下，与山西冶金技师学院合作的"数字经济产业学院＋产教融合实训基地"的产教融合数字化人才培养模式。

### 二、项目简介

"数字经济产业学院"采取校企"资源共享，联合共建，共同培养"的模式，企业帮助院校进行专业升级改造的同时，引进产教融合生态服务平台、产教融合实训基地、

产教融合数字工厂等资源，实施产教融合深度培养，为现代企业转型升级输送数字化应用型人才。

2019年，山西冶金技师学院与山西中高大智教育科技有限公司共建了"山西冶金数字经济产业学院"，开展以下几方面的合作：

1）专业课程建设。开发以企业岗位任务需求为基础的产教融合实训课程，解决院校3～4年级的实训课程模块的学习。

2）数字工厂服务。建立"数字工厂"，通过为企业提供数字化服务，实现校企合作、产教融合，培养高技能人才。

3）实训场所建设。根据学院专业产教融合建设需要，定制化制订产教融合实训场所规划设计方案和产教融合实训场所施工方案，打造校企合作、产教融合培养技能人才的一体化教学场所。

4）平台大数据服务。共建"产教融合生态服务平台"，完善数字化教学资源数据库建设，共享数字化教学资源。

5）实习就业体系建设。选择智能制造产业集中的产教融合试点城市深圳，与深圳龙岗政府共建智能制造产教融合基地，成立"智能制造产业学院分院"，搭建区域毕业生就业直通车，为学生提供入企实践、实习的职业岗位，实现精准就业。

6）一体化师资培养。开展名师培养工程，借助企业专家团队，培养一批"产教融合"的核心骨干师资。

7）1+X认证体系建设。根据企业实际人才需求及核心岗位胜任力评价标准，共同开发"数字经济产业学院"1+X认证体系，开展国内、国际岗位就业能力评价认证。

### 三、成效及创新点

1. "数字工厂"产教融合培养

以智能制造数字孪生、工业互联网技术为核心，以联轴器、法兰盘加工产线等企业实际产线为项目，校企共同研究制定专业建设方案，实施"校企合作、产教融合、工学一体"的人才培养模式，建立"项目导向、工作过程系统化"的课程体系，将产品3D建模、产线设备虚拟动画、学院VR（虚拟现实）交互效果展示、智能产线电子产品的装配等真实工作任务作为专业学习内容，使学生快速地成长为企业在数字化转型过程中急需的新一代数字技术人才。

2. 创建远程互动智慧教学模式

与深圳市龙岗区合作共建的"产教融合实训基地"已于2019年建成并投入运营。基地针对以华为技术有限公司为龙头的电子通信产业链企业、以比亚迪股份有限公司为龙头的新能源汽车产业链企业，建设了电子实训生产线、汽车实训生产线及工业机器人各种应用功能实训工作站，面向龙岗区11 000家制造企业数字智造转型升级及职业院校专业建设提供产教融合人才培训等4S服务。同时设立了第一届全国技能大赛工业控制、机电一体化、平台设计赛项培训基地，开展国赛培训与选手集训。

"产教融合实训基地"是深化工学结合、校企合作的重要举措。充分利用实训基地的优质智能制造生产线设备资源，通过远程互动直播教学系统，利用信息化可视教学设备，打造理实一体化的智慧实训室，创建"校企合作、工学一体、场景互联、远程互动"的智慧教学模式，为职业院校提供实操类远程教学，实现了职校产教融合一体化在线培养数字化技术技能人才。2020年，在新冠肺炎疫情期间，实训基地发挥了巨大的作用，帮助山西冶金技师学院实现了停学不停课，同时为深圳及周边企业输送了200余名高技能人才。

3. 建设产教融合生态服务体系

与大数据时代发展同步，依托"数字经济产业学院"+"产教融合实训基地"，建立产教融合生态服务平台，构建"大国工匠人才库、岗位需求数据库、技能实训项目库、技能比拼成果库、技能名师资源库、产教融合课程库"六大数据库。平台汇集各行业企业的用工需求及各地职业院校在校学生及毕业生情况，通过大数据与人工智能精准匹配，为企业构建产业引领型产教融合人才选、用、育、留生态系统，并且可以实时交互。同时，平台与全球专家智库资源平台对接，实现远程实时协同指导，为企业提供协同创新技术服务；实现与全球专家协作，共同攻克难题，提供解决方案。

〔撰稿人：山西冶金技师学院 韩荣〕

# 智能制造数字化产业学院助力人才培养

### 一、建设背景

以数字化、自动化为代表的先进智能制造技术的快速发展，以及跨领域技术之间的全面融合，对制造业的转型升级产生了巨大的推动作用。智能制造要尽快落地，并形成推动制造业全面升级换代的有效推力，就必须要有充分的高素质、高技能综合应用与创新融合人才作为保障。

当前，产业链各端企业智能制造人才普遍缺乏，传统技术人员缺乏对多学科、多技能的融合创新能力，无法满足智能制造产业快速发展的需求，高素质技能应用与高水平创新融合型人才寥寥无几。因此，深化产教融合，实施现代职业技术教育质量提升计划，建设一批高水平职业技术院校和专业，稳步发展职业本科教育，深化职普融通，实现职业技术教育与普通教育双向互认、纵向流动，互促互进，对培养兼具实践技能应用能力和创新开发能力的高素质复合型人才有着开创性的意义。

本案例中江苏汇博机器人技术股份有限公司（以下简称"汇博"）与辽宁科技大学深度合作，联合规划创办了智能制造数字化产业学院（以下简称"产业学院"），在建设数字化智能制造产线的基础上，依托汇博机器人学院的教育资源和创新创业产业体系，整合校内外优质资源，根据产业学院实际需求，搭建高层次、多维度的教育教学解决方案和服务平台，联手打造应用创研型人才培训和专业建设体系一站式综合解决方案。

二、项目简介

项目秉承"工业与教育"双轮驱动的发展理念，采取"工业应用、教育装备与人才培养三位一体"发展战略，以智能制造核心技术为依托，以汇博机器人学院为抓手，搭建工业与教育的桥梁，实现工业应用与教育实训的平滑对接，坚持工业应用与教学实训紧密结合，提倡"产教融合、校企合作"模式，打造机器人专业建设整体解决方案。

1. 数字化教学

产业学院瞄准数字化与经济发展的结合点，突破传统技术与教育模式，探索产业链、创新链、教育链有效衔接，建立完善资源共享和协同育人机制，创建了一批集人才培养、科学研究、技术创新、企业服务、学生创业等功能于一体的融合实体。以产业学院所服务的行业企业的实际需求为导向，充分利用工业物联网和数字孪生技术，贯穿于从数字化设计、仿真实践、生产管控、研发创业的产品全生命周期过程，实现实际产业数字化，调动学生的主动性与创新性。

在教育体系规划上，采用多媒体等教学授课方式，将先进的企业云、直播课程、感官体验、科技创新以及管理系统进行充分融合，优化传统教学模式，将研发内容进行成果转化，实现教学练考研一体教育数字化。

2. 人才培养模式

基于智能制造发展及其人才培养需求，对接地区装备制造业重点产业，产业学院构建了面向智能制造的数字化教学、实践、考核与服务平台，以工业机器人技术、智能制造技术为核心，融合数字化双胞胎、虚拟仿真、人工智能应用等关键技术，打造集教学、考核、科研等一体化的综合应用型复合人才培养示范学院。

3. 坚持产业和1+X职业技能人才培养并驱发展

按"两条腿"原则建设，一是对接区域智能制造产业链升级与发展需求，培养具备智能装备设计、仿真与调试等能力的数字化技术应用型人才；二是顺应职业院校技能人才培养及本科院校应用型人才培养发展方向，利用"1+X"职业技能证书制度试点的实施主体，开展"1+X"工业机器人应用编程和智能制造生产管理与控制等职业技能等级鉴定的培训考核及社会服务工作。两条线相互促进、相互补充。

4. 推行企业战略合作一站式服务模式

深度融合新一代信息通信技术与先进制造技术，并将其贯穿于开发设计、生产管控、教学培训、考核鉴定、科研创新、就业服务等过程的各个环节，以1+X工业机器人应用编程一体化教学创新平台及智能制造虚拟调试与生产管控实训创新开发平台为载体，对工业机器人和智能制造技术的技能应用、培训教学、创新开发等环节的传统课堂模式进行改革创新，融合数字化手段与工具，实现资源交叉与共享，按设计仿真、理论教学、实践应用、考核鉴定、科研开发、成果转化的层次递进。

三、效益及创新

1. 建成智能制造产业学院

很好形成专业群"动态"适配产业特征，成功建设成果转化公共服务平台，能快速转化教学课程及商业成果，同时整合行业标准，输出统一标准人才，未来还能依托自主可控平台，加快推进创新开发。

2. 加快智能制造专业群改革升级

校企联合设计智能制造背景下的专业前沿课程体系，制定了传统专业的教学新模式、新方法，构建跨学科交叉融合的工程实践平台，为学生提供理论学习、技能拓展等功能平台，提升相关专业教学能力，建设品牌课程，每年完成在校生培训3 000余人次。

3. 建设国家级双师素质培养基地

以实训基地为依托，实施院校长前瞻性项目、专业带头人进阶项目、骨干教师提升项目，构建以专业带头人为引领、以专业骨干教师为核心、专兼职教师相结合的双师结构教学团队，双师素质达90%以上，建成全国性双师素质教师培养基地，每年完成双师培训不少于50余人次。

4. 打造国内一流特色服务系统平台

建设高水平研发服务示范基地，满足区域内中小微企业产品研发、装备升级、技术服务、项目推广的需要。构建创新创业体系，孵化创业团队，构建产品研发、技术服务、创业服务等于一体的全国一流服务平台。

5. 校企合作订单式工业生产

充分进行校企合作建设，对接地区产业生产需求，承接汇博及地区企业订单，进行工业化批量生产，生产线具备不少于3万件/月的生产能力，可加工不少于10种的个性化定制工艺品或日用品，为基地与学校带来一定的经济效益。

6. 科研创新与成果转化能力提升

基于智能制造产教融合创新应用公共实训基地，教师和智能制造专业群学生可进行高水平科研开发、创新创业、论文编写、课题研究、专利申报等。学校骨干老师与企业和机构的专家组成专家团队，为地区提供技术支持，进行行业产业研究。

〔撰稿人：江苏汇博机器人技术股份有限公司黄婷〕

# 智能焊接产教融合基地培养复合应用人才

## 一、建设背景

智能制造技术的快速发展以及跨领域技术之间的全面融合对制造业的转型升级产生了巨大的推动作用。"跨学科融合人才"是当前信息化和人工智能背景下的人才培养目标。

当前机器人行业普遍缺乏复合型应用人才，传统技术人员缺乏对多学科、多技能的融合创新能力，因此，培养创新型、实践型和应用型复合人才具有重大意义。浙江机电职业技术学院与杭州凯尔达机器人科技股份有限公司、上海洛倍智能科技有限公司、上海ABB工程有限公司、库卡机器人（上海）有限公司、伏能士智能设备（上海）有限公司、国家机器人检测与评定中心等行业内多个优秀企业或机构深度合作、联合规划的智能焊接产教融合基地，依托工业机器人焊接技术应用中心，根据市场需求和学院实际情况，以新技术引领、多技术复合为特点，将传统的焊接技术专业与工业机器人技术专业相结合，将焊接技术专业复合升级改造为体现工业机器人焊接应用的特色专业，重点培养智能焊接领域"机器人+焊接"的复合型技术技能人才。

## 二、项目简介

项目总体实施"FITI源于产业用于产业"闭环发展理念，采取"机器人+数字化+多应用领域协同人才培养"发展战略，以智能制造技术为基础、产业实际应用为手段，依托浙江机电职业技术学院增材制造学院（简称"学院"），建设工业机器人焊接技术应用中心（简称"机器人中心"），机器人中心作为智能焊接产教融合基地，搭建工业与教育的纽带和平台，实现行业应用与人才培养的高度融合。

1. 数字孪生

机器人中心突破传统技术与教育模式，探索人才链、产业链、创新链和教育链的有效衔接，搭建创新型、复合型协同育人平台，以产业应用需求为目标，充分利用数字化、智能化和网络化技术，将实训虚实结合，实现数字孪生。整个培养过程通过数字化设计、虚拟仿真、虚拟现实、增强现实、应用实践、生产管理和自动物流等环节，实现实际生产数字孪生，调动学生的主动性与创新性。

2. 复合型技术技能人才

基于智能制造发展及对复合型人才的培养需求，对接浙江省装备制造业重点产业，机器人中心构架起以工业机器人技术、智能制造技术、焊接应用技术为核心，融合数字孪生、虚拟仿真、搬运物流、智能检测、激光打标、制造执行系统（MES）、多传感器技术和视觉协同等关键技术，集实践教学、技术服务、科技研发、培训考证及"双创"教育5大功能于一体，致力于建设成为引领全国的智能焊接产教融合基地和国内领先的智能焊接技术示范推广基地。

3. 推行产教融合平台化服务模式

将产业中的优秀企业资源与培训教学资源相融合，从设计仿真、理论教学、实践应用、考核鉴定、科研开发和成果转化等方面实现产教融合的平台化服务模式。

## 三、效益及创新

1. 助力新技术应用，培养复合型人才

将传统的焊接技术专业与工业机器人技术专业相结合，将焊接技术专业复合升级改造为体现工业机器人焊接应用为特色的专业，重点培养智能焊接领域的"机器人+焊接"的复合型技术技能人才。将工业机器人应用于质检领域，将传统无损检测升级改造为"机器人﹢在线检测"。

2. 加快专业改革升级

以智能制造背景下的前沿课程体系为基础，制定传统专业教学的新模式、新方法，构建跨学科交叉融合的工程实践平台，为学生提供理论教学、技能拓展等功能，提升相关专业的教学能力，建设品牌课程。"十三五"以来，学院完成教育部现代学徒制建设试点1个，获批浙江省"十三五"特色专业1个，获批浙江省"十三五"3D打印应用技术示范性实训基地1个，开展教育部"1+X证书"制度试点3个。

3. 加快教学成果转化

学院形成了以国家"万人计划"教学名师、国家级教学名师、全国优秀教师为带头人的教师团队，该团队的博士学历师资比例在国内其他院校的同类专业中是最高的。近年来,学院出版了《高等职业教育机械专业教学法》和《焊接专业教学法》两个专业教学法著作,填补了职业教育专业教学法研究、教学法著作及培训教材的空白。根据学院多年的焊接经验公式及焊接技能口诀,原创了经验公式教学法和口诀教学法。主编出版了集"教法教材""课程教材""教辅教材""考证教材""中高职衔接教材"和"差异化教学教材"六位一体的焊接系列教材24本,共1 100多万字,研发适用于非洲国家职业教育特色的焊接教材2部。作为1+X职业技能等级标准开发组组长单位,牵头开发了《焊接机器人编程与维护》等多项1+X职业技能等级标准。学院出版的《焊接技能技法与考证》获得了中国石油和化学工业优秀出版物一等奖,《焊接机器人技术与技能》入选浙江省"十三五"特色教材。

4. 科研创新与成果转化能力提升

学校骨干教师与企业、机构专家组成专家团队,为地区提供技术支持,进行行业产业研究。在校学生参与的项目共获授权专利138项,并获中国机器人焊接技能大赛、国际"互联网+"大学生创新创业大赛等奖项40多项,7人获中国大学生百炼之星、中国大学生自强之星等荣誉称号。学院学生在中国大学生铸造工艺设计大赛中与本科生的同场竞技,近年共获得一等奖2项、二等奖7项、三等奖5项,受到业内高度评价。

〔撰稿人:浙江机电职业技术学院邱葭菲、王瑞权〕

中国机器人工业年鉴 2021

企业篇

记录机器人行业主要骨干企业、联盟优秀会员单位发展情况

2020年机器人上市公司运行概况

符合《工业机器人行业规范条件》的企业名单

拥抱数字时代　蝶变赢得未来
　　——新松机器人自动化股份有限公司

奋进机器人　独具匠人心
　　——武汉奋进智能机器有限公司

以创新驱动高质量发展助力中国制造数字化转型
　　——广州瑞松智能科技股份有限公司

以自主创新为根本，以智能强国为己任
　　——创泽智能机器人集团股份有限公司

从制造到"智造"数字化转型助力制造业高质量发展
　　——湖南工业智能体创新研究院有限公司

# 2020 年机器人上市公司运行概况

上市公司的运行情况是行业发展态势的一个风向标,对分析行业的运行与发展具有重要意义。为此,中国机器人产业联盟重点监测了部分机器人题材上市公司,分析相关企业的财报数据,从一个侧面展现行业的运行状态,丰富当前对机器人产业的分析与研究。

**一、上市公司基本情况**

2020 年度,中国机器人产业联盟重点监测的 113 家机器人上市公司包括 61 家 A 股企业和 52 家新三板企业,涉及工业机器人本体、系统集成和服务机器人公司。2020 年年报显示,在 113 家企业中,有 18 家企业的机器人相关业务收入占比不足 10%,故本次仅统计分析 95 家企业。

根据证监会所属行业分类,95 家企业中,45 家为专用设备制造业,31 家为通用设备制造业,10 家为电气机械和器材制造业,另有少部分归属于仪器仪表制造业、软件和信息技术服务业、互联网和相关服务、文教、工美、体育和娱乐用品制造业。

**二、经营业绩与市场表现**

2020 年年报显示,95 家机器人上市公司资产总计 2 036.52 亿元,数值上约是 2016 年的 1.95 倍。2020 年资产总计同比增长 20.7%,而 2017 年、2018 年、2019 年的同比增长分别为 43.0%、12.7% 和 0.5%。对比表明,机器人上市公司资产总计的增长速度有所恢复。

从具体公司来看,资产总计下降的企业由 2019 年的 36 家下降至 29 家,情况好转。其中,13.68% 的企业(13 家)由增长变为下降,9.47% 的企业(9 家)降幅加深,7.37% 的企业(7 家)降幅收窄,33.68% 的企业(32 家)增速加快,14.74% 的企业(14 家)增速放缓,21.05% 的企业(20 家)资产总计增速由负转正。

2016—2020 年 95 家机器人上市公司资产总计变化情况见图 1。

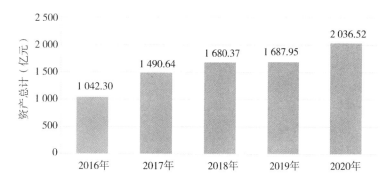

**图 1　2016—2020 年 95 家机器人上市公司资产总计变化情况**

注:数据来源于上市公司财务报告,中国机器人产业联盟整理。

95 家上市企业的营业收入经历前几年的高速增长(2017 年增长 46.7%,2018 年增长 22.9%)后,2019 年微降 0.4%。2020 年上半年疫情肆虐,企业积极应对,营业收入未受影响,全年实现营业收入 998.58 亿元,同比增长 9.4%。从近五年情况来看,营业收入增幅与资产相当,2020 年营业收入约是 2016 年的 1.96 倍,年均增长 18.4%。

从具体公司来看,营业收入下降的企业由 2019 年的 49 家下降至 38 家,情况好转。其中,18.95% 的企业(18 家)由增长变为下降,10.53% 的企业(10 家)降幅加深,10.53% 的企业(10 家)降幅收窄,18.95% 的企业(18 家)增速加快,10.53% 的企业(10 家)增速放缓,30.53% 的企业(29 家)营业收入增速由负转正。2016—2020 年 95 家机器人上市公司营业收入变化情况见图 2。

从实现收益看,2020 年机器人上市公司累计实现利润总额 59.85 亿元,同比增长 122.9%;实现净利润 49.68 亿元,同比增长 207.0%,与 2019 年相比增均有较大提升。上述公司平均销售净利率(销售净利率 = 净利润 / 销售收入 ×100%)为 4.98%,同比上升了 3.2 个百分点。从企业分布情况来看,31.58% 的上市公司(30 家)净利润为负数,因此销售净利率小于 0%;63.73% 的上市公司(64 家)销售净利率介于 0 ~ 10% 之间;仅 1.05% 的企业(1 家)销售净利率高于 10%。2016—2020 年 95 家机器人上市公司利润总额变化情况见图 3。

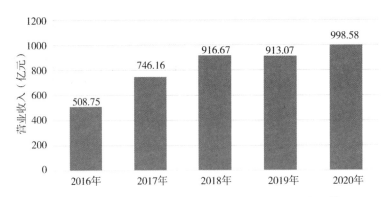

**图 2　2016—2020 年 95 家机器人上市公司营业收入变化情况**

注：数据来源于上市公司财务报告，中国机器人产业联盟整理。

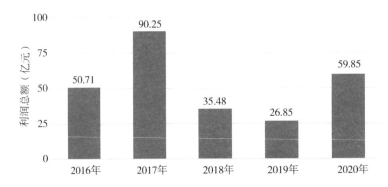

**图 3　2016—2020 年 95 家机器人上市公司利润总额变化情况**

注：数据来源于上市公司财务报告，中国机器人产业联盟整理。

总体来看，2020 年机器人上市公司的主要经济指标增速较 2019 年加快。营业收入、利润总额、净利润下降的企业数均出现下降，增速超过 10% 的企业数增多。2019 年和 2020 年机器人上市公司营业收入、利润总额、净利润分布对比见图 4。

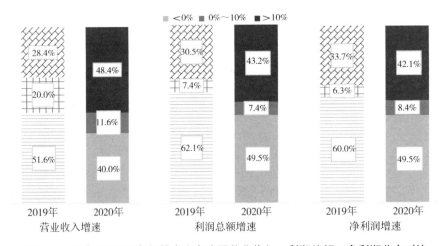

**图 4　2019 年和 2020 年机器人上市公司营业收入、利润总额、净利润分布对比**

注：数据来源于上市公司财务报告，中国机器人产业联盟整理。

根据财报数据计算，95 家机器人上市公司净资产收益率（净资产收益率 = 总资产净利润率 × 权益乘数）为 4.23%，同比提高 2.70 个百分点。有 28.42% 的企业净资产收益率为负值，35.79% 的企业净资产收益率在 0%～10% 之间，其余 35.79% 的企业净资产收益率都在 10% 以上。与去年同期相比，有 51.58% 的企业的净资产收益率有所下降。2019 年和 2020 年机器人上市公司净资产收益率分布对比见图 5。

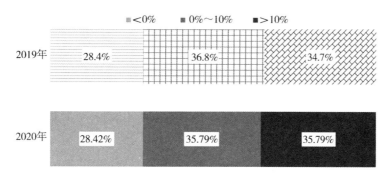

**图 5　2019 年和 2020 年机器人上市公司净资产收益率分布对比**

注：数据来源于上市公司财务报告，中国机器人产业联盟整理。

负债情况，95 家机器人上市公司 2020 年负债合计 916.38 亿元，约是 2016 年的 2.35 倍，年均增长 23.8%，同比增长 28.7%。负债增速的变化与营业收入相对一致，2017 年高速增长 46.7%，2018 年放缓至 22.9%，2019 年下降 2.4%，2020 年增速回升。资产负债率（资产负债率 = 负债合计/资产总计 ×100%）为 45.0%，与 2019 年相比上升了 2.8 个百分点。

从具体公司来看，负债合计下降的企业由 2019 年的 49 家下降至 25 家。11.6% 的企业（11 家）由正增长变为下降，9.5% 的企业（9 家）降幅加深，5.3% 的企业（5 家）降幅收窄，26.3% 的企业（25 家）增速加快，10.5% 的企业（10 家）增速放缓，36.8% 的企业（35 家）负债合计增速由负转正。

2016—2020 年 95 家机器人上市公司负债合计变化情况见图 6。

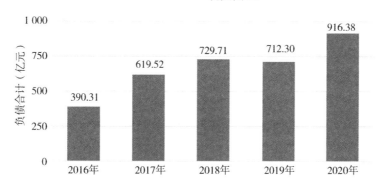

**图 6　2016—2020 年 95 家机器人上市公司负债合计变化情况**

注：数据来源于上市公司财务报告，中国机器人产业联盟整理。

从分布情况来看，有 22.1% 的企业资产负债率超过 60%，43.2% 的企业资产负债率介于 40%～60% 之间，34.7% 的企业资产负债率低于 40%。与 2019 年相比，资产负债率低于 40% 的企业数量减少了，而 40%～60% 和高于 60% 的企业数量都在增加。

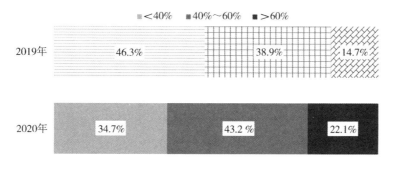

**图 7　2019 年和 2020 年机器人上市公司资产负债率分布对比**

注：数据来源于上市公司财务报告，中国机器人产业联盟整理。

从现金流量来看，2020 年 95 家机器人上市公司经营活动产生的现金流量净额为 124.3 亿元，同比增长 64%，现金流量净额约是 2016 年的 3.67 倍，年均增长 38.4%。现金流量率（经营活动产生的现金流量净额/营业收入

×100%）为12.4%，连续3年不断提高，且高于销售净利率，行业发展前景较好。2016—2020年95家机器人上市公司现金流量率和销售净利率对比见图8。

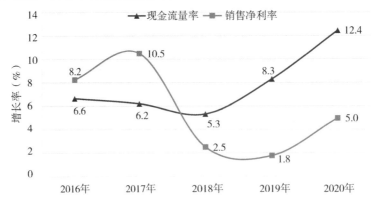

**图8　2016—2020年95家机器人上市公司现金流量率和销售净利率对比**
注：数据来源于上市公司财务报告，中国机器人产业联盟整理。

总体的投资活动产生的现金流量净额为流出139.12亿元，同比增长33.6%；筹资活动产生的现金流量净额为97.1亿元。

### 三、区域分布情况

从注册地分布来看，95家企业分布于19个省、直辖市、自治区，其中广东省数量最多，共计24家企业，占比25.3%；其次是江苏省，共计20家企业，占比21.1%；浙江省9家，占比9.5%；湖北省（8家）、上海市（7家）、北京市（6家）的企业数量也在5家以上，辽宁省、安徽省各有3家，湖南省、山东省、福建省、黑龙江省各有2家，山西省、河南省、江西省、吉林省、四川省、天津市和宁夏回族自治区各有1家。2020年95家机器人上市公司数量按省、直辖市、自治区分布情况见图9。

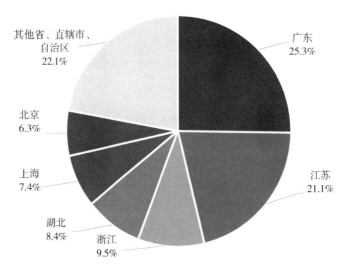

**图9　2020年95家机器人上市公司数量按省、直辖市、自治区分布情况**
注：数据来源于上市公司财务报告，中国机器人产业联盟整理。

营业收入分布不仅与企业数量有关，更与公司规模及经营状况有关。广东和江苏在机器人企业数量上有绝对优势，营业收入占比则相对较高，分别占总体的30.8%和25.1%；上海市7家机器人上市公司营业收入共计93.1亿元，占总体的9.3%；辽宁省3家机器人企业营业收入合计达到50.0亿元，占总体的5%。

从营业收入增速来看，湖南、福建、山西、江苏和黑龙江等11个省市机器人上市公司的营业收入实现增长，其中湖南省机器人上市公司的营业收入增速高达73.2%，而江苏省在基数相对较高的前提下，仍实现28%的增长。2020年95家机器人上市公司营业收入按省、直辖市、自治区分布情况见图10。

企业篇

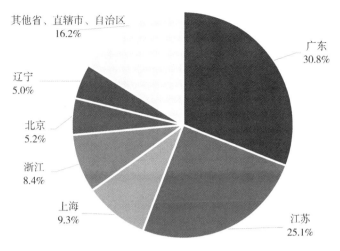

图10　2020年95家机器人上市公司营业收入按省、直辖市、自治区分布情况
注：数据来源于上市公司财务报告，中国机器人产业联盟整理。

〔撰稿人：中国机械工业联合会符玲〕

# 符合《工业机器人行业规范条件》的企业名单

为加强工业机器人产品质量管理，规范行业市场秩序，维护用户合法权益，保护企业科技投入的积极性，工业和信息化部于2016年制定并发布了《工业机器人行业规范条件》，从综合条件、企业规模、质量要求、研发创新能力、人才实力、销售和售后服务、社会责任、监督管理等方面对工业机器人本体生产企业和工业机器人集成应用企业进行了规定。2017年，工业和信息化部又发布了《工业机器人行业规范管理实施办法》，并组织开展《工业机器人行业规范条件》公告申报工作。当前，已先后公布三批共32家符合《工业机器人行业规范条件》的企业名单。其中，第一批符合《工业机器人行业规范条件》的企业名单于2018年6月15日确定并公告，具体见表1。第二批符合《工业机器人行业规范条件》的企业名单于2019年9月18日确定并公告，具体见表2。第三批符合《工业机器人行业规范条件》的企业名单于2020年6月10日确定并公告，具体见表3。

表1　符合《工业机器人行业规范条件》的企业名单（第一批）

| 序号 | 企业名称 | 类型 |
| --- | --- | --- |
| 1 | 北京赛佰特科技有限公司 | 工业机器人本体企业 |
| 2 | 机科发展科技股份有限公司 | 工业机器人本体企业 |
|  |  | 工业机器人集成应用企业 |
| 3 | 南京埃斯顿机器人工程有限公司 | 工业机器人本体企业 |
| 4 | 埃夫特智能装备股份有限公司 | 工业机器人本体企业 |
| 5 | 广州数控设备有限公司 | 工业机器人本体企业 |
| 6 | 上海新时达机器人有限公司 | 工业机器人本体企业 |
| 7 | 青岛诺力达智能科技有限公司 | 工业机器人本体企业 |
| 8 | 南京熊猫电子装备有限公司 | 工业机器人本体企业 |
|  |  | 工业机器人集成应用企业 |
| 9 | 沈阳新松机器人自动化股份有限公司 | 工业机器人本体企业 |
|  |  | 工业机器人集成应用企业 |

(续)

| 序号 | 企业名称 | 类型 |
|---|---|---|
| 10 | 昆山佰奥智能装备股份有限公司 | 工业机器人集成应用企业 |
| 11 | 江苏长虹智能装备集团有限公司 | 工业机器人集成应用企业 |
| 12 | 安徽巨一自动化装备有限公司 | 工业机器人集成应用企业 |
| 13 | 巨轮智能装备股份有限公司 | 工业机器人集成应用企业 |
| 14 | 青岛宝佳自动化设备有限公司 | 工业机器人集成应用企业 |
| 15 | 浙江万丰科技开发股份有限公司 | 工业机器人集成应用企业 |

表2 符合《工业机器人行业规范条件》的企业名单（第二批）

| 序号 | 企业名称 | 类型 |
|---|---|---|
| 1 | 浙江钱江机器人有限公司 | 工业机器人本体企业 |
| 2 | 合肥欣奕华智能机器有限公司 | 工业机器人本体企业 |
| 3 | 安徽省配天机器人技术有限公司 | 工业机器人本体企业 |
| 4 | 佛山华数机器人有限公司 | 工业机器人本体企业 |
| 5 | 重庆华数机器人有限公司 | 工业机器人本体企业 |
| 6 | 国机智能科技有限公司 | 工业机器人本体企业 |
| 7 | 昆山华恒焊接股份有限公司 | 工业机器人集成应用企业 |
| 8 | 中国船舶重工集团公司第七一六研究所 | 工业机器人集成应用企业 |

表3 符合《工业机器人行业规范条件》的企业名单（第三批）

| 序号 | 企业名称 | 类型 |
|---|---|---|
| 1 | 宁夏巨能机器人股份有限公司 | 工业机器人集成应用企业 |
| 2 | 青岛科捷机器人有限公司 | 工业机器人集成应用企业 |
| 3 | 中国电器科学研究院股份有限公司 | 工业机器人集成应用企业 |
| 4 | 西安航天精密机电研究所 | 工业机器人集成应用企业 |
| 5 | 机械工业第九设计研究院有限公司 | 工业机器人集成应用企业 |
| 6 | 一汽模具制造有限公司 | 工业机器人集成应用企业 |
| 7 | 厦门航天思尔特机器人系统股份公司 | 工业机器人集成应用企业 |
| 8 | 长沙长泰机器人有限公司 | 工业机器人集成应用企业 |
| 9 | 安徽瑞祥工业有限公司 | 工业机器人集成应用企业 |

〔供稿单位：中国机器人产业联盟〕

# 拥抱数字时代　蝶变赢得未来

## ——新松机器人自动化股份有限公司

新松机器人自动化股份有限公司（以下简称"新松"）成立于2000年，隶属中国科学院，是一家以机器人技术为核心的高科技上市公司。作为中国机器人领军企业及国家机器人产业化基地，新松拥有完整的机器人产品线及工业4.0整体解决方案。新松本部位于沈阳，在上海设有国际总部，在沈阳、上海、杭州、青岛、天津、无锡、潍坊建有产业园区，在济南设有山东新松工业软件研究院股份有限公司。同时，新松积极布局国际市场，在韩国、新加坡、泰国、德国及中国香港等地设立了多家控股子公司及境外区域中心，产品累计出口到 40 多个国家和地区，为全球 3 000 余家国际企业提供产业升级服务。新松拥有 4 000 余人的研发创新团队，已形成自主核心技术、核心零部件、核心产品及行业系统解决方案为一体的全产业价值链。新松智慧园见图 1。

图 1　新松智慧园

砥砺二十载，奋进新时代。2020 年，新松紧跟数字化时代下的重大变局，紧扣企业本质，推出科学化、系统化的应对手段，创新技术与产品接连涌现，全面助力国家新基建和重大工程建设；逆势拓展国际业务，产品已累计出口至 40 多个国家和地区；直面挑战，求新思变，开启向数字化时代跨越的求索征程；深入医疗康养领域，面向民生福祉开展科技创新；企业生态不断完善，得到主流媒体的广泛关注，社会影响力持续攀升。

一、深厚的技术沉淀和持续的技术创新能力

新松掌握工业机器人控制技术、伺服系统设计技术、操作机优化设计制造技术、软件设计和编程技术、运动学和轨迹规划技术、3D 视觉技术及力度感知技术等核心技术，技术水平保持在行业的前端。新松在沈阳和上海分别设立了研究院并将其作为公司级研发中心，公司各业务部门配置技术创新团队，根据市场需求进行应用技术创新。通过与国内科研院所和高等院校合作，引进高端技术人才，巩固持续的技术创新能力。新松已创造了 200 余项行业第一，累计拥有专利 1 000 余项，完成重要攻关项目几百项。2020 年，新松"火弧"机器人（见图 2）荣获"中国工业机器人本体领袖奖"，60T 重载移动机器人荣获"中国移动机器人双年度创新产品及创新应用奖"，"协作型工业机器人与柔性工件精准作业技术"项目荣获上海市科技进步奖一等奖。

图 2　新松"火弧"机器人

二、丰富的机器人产品线和卓越的质量优势

新松已成功研制了具有自主知识产权的工业机器人、协作机器人、移动机器人、特种机器人、服务机器人五大系列、百余种产品，面向智能工厂、智能装备、智能物流、半导体装备、智能交通，形成十大产业方向，致力于打造数字化物联新模式。新松以机器人与自动化技术为核心，孵化智能装备、智能物流、智能交通等产品线；运用智能化软件，将机器人应用与上述智能制造装备相融合。凭借卓越的产品质量和高端的技术优势，成为国际上少数能够为客户提供完整的数字化工厂解决方案的供应商。公司成立20年来，为汽车、3C、一般制造、航空航天、半导体、锂电、食品、烟草、化工及医疗等20余个行业的头部企业提供了机器人与智能制造成套装备的解决方案，产品应用领域广泛。新松医疗机器人见图3。

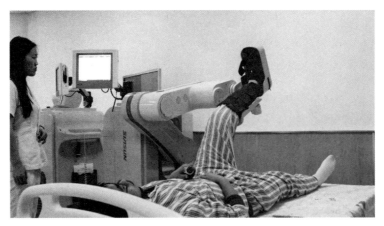

图3　新松医疗机器人

### 三、与全球知名企业合作，探索产业崛起的新路径

作为我国机器人产业先行者，新松不断与全球知名企业深入合作，共同探索新时代下产业发展和崛起的新路径。新松深化与行业标杆企业的合作，不断延伸拓展产业链，形成优势产业集群。客户覆盖汽车、一般制造、新能源、泛半导体等领域。新松以多元的行业经验和丰富的项目数量在各领域全面开花，点亮行业"多标杆"；将实践不断融入生产流程，切实解决行业问题；以面向行业的一站式平台解决方案实现智能制造……新松不断推动标准制定单位、生态伙伴和行业客户的能力升级，持续创新，探索产业崛起新路径，创造更多价值。

### 四、实现民族机器人品牌的高端化突围

新松是以"中国机器人之父"蒋新松院士的名字命名的国内第一家机器人公司，经过20余年的蜕变与升华，品牌影响力享誉全球。2018年平昌冬奥会"北京八分钟"闭幕式表演上，新松的24台移动机器人和24名舞蹈演员共同精彩演绎出一场科技与艺术深度融合的盛宴，展现了我国科技实力，完美完成国家使命，成为国家形象名片。2019年10月1日，新松双臂协作机器人亮相新中国成立70周年活动现场，将现代艺术与人工智能充分融合，展示了改变未来的科技曙光……在"2019中国品牌价值评价信息发布"活动中，新松以61.85亿元的品牌价值创历史新高；新松先后荣获"中国品牌""中国机器人行业最具影响力品牌""中国创新品牌"及"2019年度十大新锐品牌"等品牌类别荣誉几十项。在激烈的市场竞争中，新松快速发展壮大，并推动了我国机器人产业的迅猛发展，树立了强大的自主民族品牌形象。

叩问初心，知所从来；立足当下，明所将往。新松紧抓全球新一轮科技革命和产业变革的契机，发挥人工智能技术的赋能效应，以工业互联网、大数据、云计算、5G网络等新一代尖端科技推动机器人产业平台化发展，打造集创新链、产业链、金融链、人才链于一体的生态体系。新松不断推进科研成果深度应用，为新型基础设施建设、国家重大工程建设提供内生动力，为产业协同创新、造福民生福祉赋予澎湃动能。新松将聚焦核心技术，与广大用户共享智能时代。

〔撰稿人：新松机器人自动化股份有限公司高爽〕

# 奋进机器人　独具匠人心
## ——武汉奋进智能机器有限公司

武汉奋进智能机器有限公司（简称"奋进"）是中国机器人产业联盟的会员单位，是一家专业从事"工匠机器人"研发、制造和推广的高新技术企业，致力于传统行业定制化工业机器人的开发。公司是湖北省机器人产业创新战略联盟的理事长单位，同时也是华为公司在物联网领域的重要合作伙伴和正式供应商，主要服务于白酒行业酿造领域，提供各关键工序的工匠机器人产品及解决方案。公司是茅台、洋河、汾酒、习酒、古井贡、劲牌、口子窖等30多家知名酒企的优秀服务商，产品已遍布全国10余个省市。

奋进公司自2008年开始从事工业机器人控制系统的研究，2010年自主开发的FRC2-8型控制系统问世，2013年推出第一款四轴工业机器人，并于同年应用至东风汽车车轮有限公司的车轮加工生产线上，开启了奋进全自主国产工业机器人的漫漫征程。奋进公司见证了我国工业机器人的发展历程，也不断探索适于自己发展的道路。

## 一、跟随之痛——通用机器人的穷途末路

奋进机器人始于核心技术和关键零部件的研究。2008年，公司创始人就发现我国即将掀起智能制造的高潮，工业机器人作为关键装备将具有极为广阔的市场，而那时国内做工业机器人的企业还寥寥无几，国外品牌的机器人价格非常昂贵，一台负载160kg左右的六轴机器人售价高达40万~50万元，相当于一辆豪华汽车的价格，而就技术复杂程度而言，工业机器人远远不及汽车。作为从事自动化行业几十年的老工程师，公司创始人感觉到机会来了：实现工业机器人的国产化和产业化，将是一条光明大道。

要实现工业机器人的国产化和产业化，首先就要实现关键零部件的自主化，降低生产制造成本。于是奋进公司成立了机器人核心技术研究所，主攻机器人控制系统和RV减速器。2010年，奋进开发出第一款基于DSP+FPGA+ARM架构的多处理器嵌入式控制系统，实现了操作系统、编程工具、算法架构等全自主化，并不断升级迭代，一直沿用至今。值得骄傲的是，奋进所有的机器人产品均采用自己的控制系统，目前有近500台机器人在市场上应用，自主开发的控制系统为奋进机器人的创新发展提供了极大的技术支撑。2013年，奋进第一台FRV320E型RV减速机通过试制验证，达到了设计目标，然而受限于加工设备和一些关键材料及工艺的高额投入，公司忍痛放弃了该技术的产业化。

在攻克核心技术的同时，对工业机器人本体的研发也在有条不紊地进行，不过此时的研究目标非常简单，就是完全对标国外工业机器人的技术参数，如负载、臂展、重复定位精度甚至是结构形式等。技术追随有利于少走弯路，快速出产品。2013年，奋进第一台四轴搬运机器人问世，并于同年5月应用到车轮制造线上，其市场售价只有同类进口机器人价格的一半，但还是有丰厚的利润空间。在个到一年的时间内，奋进公司为某用户改造了几乎所有需要人工搬运的工位，20多台机器人迅速实现了产线的自动化，成为车轮行业的自动化标杆。

2014年下半年，随着国内经济的下行，车轮行业也变得不景气，原计划上马的自动化改造计划纷纷搁置，奋进公司只能寻找新的应用领域。然而，此时的形势发生了重大变化，国产机器人如雨后春笋般爆发，产品同质化十分严重，国外品牌也完成了国内布局，机器人价格瞬间腰斩，国产工业机器人缺少创新，盲目跟随，带来的后果就是恶性竞争，企业连续亏损。

## 二、探索之艰——云机器人的曲径通幽

为了走出发展困局，奋进公司不得不探寻新的出路。国内工业机器人产品大同小异，纯粹靠卖机器人本体过日子已经不现实，但是机器人集成应用的市场空间逐渐被打开，我国迅速成为全球机器人市场"顶流"。如果能在通用机器人上做些改变，让机器人集成起来更简单，或者改变一下销售模式，让更多的用户能够先使用起来，然后边使用边偿付设备投资是否可行？带着这样的课题进行调研，奋进公司最终得出的结论是做差异化、实用化和便捷化的机器人。

2014年，奋进公司首先提出了智能机器人概念，就是开发许多机器人外置传感器模块，如视觉、力感、声控、振动监测等模块，也就是说，在传统工业机器人上添加一些人的感官属性，让机器人更智能，目标是让机器人集成应用更简单。举例而言，传统方式要实现一个工件的转移，必须先实现对工件进行定位，然后机器人按照规定程序到指定位置去取件，而使用了视觉系统的机器人就变得更柔性，只要工件到达指定位置，通过视觉识别，就可引导机器人进行自主抓取，这样会减少许多辅助设备，让集成应用更加多元化和简单便捷。同时，多传感器配置让机器人拥有"感官"，当它在运行过程中与周边设备发生碰撞时可以及时停止，以"保护"自己。目前，这种概念已经在机器人领域广为使用。

智能机器人的推出在一定程度上提升了奋进机器人的柔性，然而机器人外置传感器及算法系统的开发投入很大，公司短期内还是面临生存问题，如何迅速将机器人销售出去成为当务之急。2014—2015年，机器人租赁在行业内逐渐兴起，许多机器人企业先将机器人放到客户现场使用，然后客户根据使用的频次逐步付清货款，当然也有公司采用第三方担保方式，提前回收货款。然而，这种租赁模式导致机器人厂商和最终用户之间频繁出现为设备利用率而争执不下的状况，为此，奋进公司提出了云机器人的概念，也就是机器人网络化。互联网、云技术的接入，使原有的智能机器人新增了自主进化、远程监控和故障诊断功能，为奋进机器人的租赁服务和维保外包服务提供了技术支撑，打开了从产品向服务过渡的市场模式。

奋进公司在技术层面、市场层面进行不同层次的探索，开阔了思路，进行了技术积累，然而这种模式需要外部条件，公司要发展，还需另辟蹊径。

## 三、创新之幸——工匠机器人的独辟蹊径

在探索的过程中，视野逐渐打开，奋进公司发现一个重要的机遇。我国拥有全球最为齐备的产业门类，尤其是大量的传统行业，如酿酒、制醋、中药、丝绸、陶瓷等等，这些行业大多还维持着传统的手工模式，靠匠人传承。随着科技进步和社会发展，匠人越来越稀缺，这些传统行业面临巨大的转型升级压力，对机器人的需求也与日俱增。然而，通用工业机器人要么功能冗余，要么满足不了特定的工况环境，更重要的是不能满足传统工艺的要求，所以形成了在汽车、机械、3C等领域红海竞争"卖不动"，而

在酿酒、中药、制醋等传统行业"买不到"合用机器人的尴尬局面。

2015年，奋进公司有幸进入白酒酿造行业，受邀参与白酒酿造上甑工序的自动化项目。该项目是利用机器人代替上甑师傅完成将酒醅均匀铺撒至酒甑的过程。公司首先想到的方案就是将已有的四轴工业机器人装上料斗接料，然后铺撒，结果样机还没有出厂就被用户否定，因为业内有公司尝试过这种方案，但没有成功。公司以前一直关注机器人的形式，却无视机器人技术的本质特征。思维方式转变了，解决方案也应运而生。2015年年底，奋进公司首次在业内提出了"工匠机器人"概念，也就是将互联网、传感器、大数据和人工智能等新兴技术与机器人技术融合，把用户的工艺融入到机器人算法中去，根据匠人的作业手法来开发特定的机器人结构，通过人工智能手段实现动态程序作业，不断优化机器人参数，达到积累经验、提升产品品质和产量的目的。

2016年，奋进公司推出了第一款工匠机器人产品——上甑机器人，用于白酒酿造的上甑工序，设计时坚持"遵循传统，模仿人工"的原则，工程师利用半年时间在客户现场与工人一起操作，了解上甑工艺和操作手法的要点，并将之转化为机器人的工艺和动作数据库，然后将工艺以机器人算法、动作以机器人结构的形式呈现，更重要的是，开发出了温度场探测系统和料面形态感知系统，这些相当于工人的"眼睛"。外部传感器源源不断地将数据发送到本地控制器进行边缘计算，将处理后的数据送入云服务器进行深度学习，不断优化，模仿匠人完成白酒上甑过程。这种方案取得了极大的成功，实现了比人工更为有效的结果，解决了行业"探汽上甑"的难题，使白酒的质量和产量大幅提升。

上甑机器人验证了工匠机器人理论的可行性，为奋进公司的创新发展提供了新的机遇，也为公司带来了极为丰厚的经济效益。截至2021年5月，奋进上甑机器人已实现近1.5亿元的销售收入，公司第一次收获了创新的红利。

奋进公司只是众多机器人企业中的一员，经过了漫长的技术积累、市场创新和观念革新，奋进机器人逐渐形成了自身的特色。奋进公司将聚焦传统行业，深耕制造工艺，开发出越来越多的工匠机器人产品，助力传统产业的升级。

〔撰稿人：武汉奋进智能机器有限公司 徐建平〕

# 以创新驱动高质量发展 助力中国制造数字化转型
## ——广州瑞松智能科技股份有限公司

广州瑞松智能科技股份有限公司（简称"瑞松科技"）是一家业务涵盖机器人、智能技术、高端智能装备领域的研发、设计、制造、应用和销售服务，为客户提供柔性自动化、智能化系统解决方案的高新技术企业，旗下拥有控股的中日合资广州瑞松北斗汽车装备有限公司以及中德合资广州瑞松威尔斯通智能装备有限公司。2020年，瑞松科技成功在上海证券交易所科创板上市（股票简称：瑞松科技，股票代码：688090）。

瑞松科技坚持"以技术引领企业发展"的理念，拥有稳定优秀的人才队伍，并有多名外籍专家及海外归国的技术和管理型人才。瑞松科技在机器人、焊接、激光、机器视觉、软件、数字化技术等方面获得过多项自主研发核心技术成果，服务于国内外高端制造业用户，为制造业提供各系列机器人上万台（套），承接近千套焊接、装配、检测、涂装等机器人自动化生产线，客户广泛覆盖汽车工业、轨道交通、航空航天、海洋工程、机械重工、3C半导体、特种设备等多个领域。

截至2020年12月31日，瑞松科技已有17项核心技术成果应用于市场，取得专利权260项（其中发明专利48项）、软件著作权34项，正在申请中的专利139项（其中发明专利111项）。部分自主创新产品的技术领先国内竞争对手，达到国际先进水平。

基于在智能制造领域长期沉淀和持续创新，瑞松科技积累了大量先进工艺技术和应用案例，有着丰富而成熟的大型项目经验，能够深入了解细分行业客户的业务特性，准确把握和挖掘客户的深层次需求，能够根据不同行业客户的差异化需求，为客户量身定做符合客户技术、型号、产能、工艺等要求的机器人自动化生产线，包括各行业生产所需的机器人自动化生产线的设计、系统集成、制造、安装调试及交付。

瑞松科技在技术水平、设计理念、制造标准、技术支持、产品对接及售后服务等方面保证了机器人生产线和装备的稳定性、可靠性，满足客户全方位需求，在多年市场竞争中建立了良好的市场口碑。尤其在服务对品控有特别严格要求的日系汽车制造厂商的过程中，瑞松科技长期以来得到用户的高度认可，展现了其在项目质量控制和服务水平方面的优势,为其在各大行业领域的持续深入发展奠定了坚实的基础。

瑞松科技制定了以数字化工厂为方向的中期技术战略,在资金、人员上积极投入,主动规划研发项目,综合开展数字化设计、制造、服务等技术研究与应用,推动数字化赋能技术与制造本体技术融合,为客户提供高端工业服务,推动制造数字化转型。通过积极践行国家"十四五"规划,在机器人与智能制造产业领域,做到软、硬件"两手一起抓、两手都要硬",助力国家提升制造业核心竞争力,从而实现自身的可持续健康发展。

2020年12月28日,瑞松科技独立自主研发的基于工业互联网的设备运维及工艺管理云平台入选工业和信息化部2020年工业互联网试点示范项目平台集成创新应用方向。基于5G、AI和IoT等技术,实现高效远程协作沟通机制,提供一种工业互联网平台+典型场景解决方案,推动制造业生产方式、管理模式、经营范式加速变革。

2020年11月6日,瑞松科技推出国内首条全自动化、智能柔性的汽车门盖生产线并率先实现量产,解决了汽车门盖自动装配难题,全方位采用高新自动化方案——智能视觉引导技术、智能拧紧技术、智能质量控制技术,多项核心技术达到国内领先、国际先进水平,堪称智能制造的业界典范线体案例。

作为广汽丰田TNGA平台的核心供应商之一,瑞松科技在广汽丰田最新自动化焊装生产线项目中,采用工业机器人160多台,生产节拍52s/台,运用了全平台柔性化生产等技术,实现了超过95%的设备稼动率,完整实现了丰田精益生产、全平台柔性生产的理念,助力广汽丰田成为丰田汽车全球典范工厂之一。

瑞松科技为广汽新能源汽车提供的钢铝车身柔性智能焊装产线应用了传统工艺以外的特殊的有钉铆接(SPR)、热熔直钻(FDS)等国际先进连接工艺技术,通过前期自主的应用实验、测试,成功打破国际巨头在该领域的技术封锁,为自主品牌新能源汽车的发展保驾护航。

瑞松科技成功研发了更先进、更稳定、更便捷的搅拌摩擦焊工艺及智能装备,成为国内为数不多的拥有自主研发核心技术的搅拌摩擦焊设备制造商之一。凭借该技术的优质、高效、节能、无污染的技术特色,瑞松科技在新能源、航空航天、轨道交通、5G通信、军工行业等不断产生成熟应用,有力地占据了新兴产业市场。

瑞松科技联合工业和信息化部电子五所、国机智能、中科院、中科院沈阳自动化研究所等共10家单位组建了广东省机器人创新中心(粤港澳大湾区机器人创新中心),联合中山大学智能工程学院等机构共建广东省机器人数字化智能制造技术企业重点实验室,并筹划与多家国际知名焊接科研机构共建"一带一路"联合实验室。瑞松科技努力发挥科创领先企业的带动作用,集中力量进行技术攻关,以创新驱动发展,为机器人产业赋能,为实现国家"十四五"规划贡献力量。

机器人、智能技术、数字化技术及深度应用所带来的科技变革,正带领着世界进入第四次工业革命,所呈现的万物互联、虚实互映、跨界融合等特征不断地打破人类的认知。而瑞松科技正是在这种瞬息万变的打破与重构中,以创新的精神、坚定的意志,获得生存和快速发展,以满足市场需求、推动社会进步来创造自身价值。

"工匠精神"是瑞松科技的灵魂,更是其进行高质量创新的内生动力。瑞松科技对每个细节追求极致、对每道工序精进渴望,不断推陈出新,实现技术品质的提升和改进。

未来,瑞松科技将进一步提升其在行业内的核心技术竞争力,通过创新数字化转型、价值驱动战略,通过实施品牌化战略,打造智能制造产业世界标杆品牌,与客户合作共赢,构筑上下游产业协同发展格局,助力产业生态圈可持续健康发展。

〔撰稿人:广州瑞松智能科技股份有限公司 孙志强〕

# 以自主创新为根本 以智能强国为己任
## ——创泽智能机器人集团股份有限公司

创泽智能机器人集团股份有限公司(以下简称"创泽集团")成立于2010年,是一家专注于人工智能技术研发、运营的国家高新技术企业,总部位于山东省日照市,在北京、上海、深圳等全国多地设有15家分(子)公司。创泽集团是省内首批"准独角兽"企业。创泽集团是唯一荣获"2019国际CES创新奖"的商用类人型智能服务机器人企业,成功入选"国家工业和信息化部新一代人工智能产业创新重点任务揭榜优胜单位"。

目前,创泽集团已构建完成涵盖商用、家庭、特种等多用途的智能机器人产品体系,研发出智能服务机器人、家用陪伴机器人、智能党建机器人、智能消毒灭菌机器人、智能安防巡检机器人、医用配送机器人、智能教育机器人、人工智能垃圾站等创新产品。

**一、以自主创新为根本**

1. 坚持自主创新，技术达到国际领先水平

创泽集团坚持自主创新，已形成自主知识产权300余件，其中发明专利23件，技术达到国际领先水平。公司荣获国际CES创新奖、中国专利优秀奖（2项）、2019年"创之盟"中德创新创业大赛决赛第一名。

2. 坚持高端人才引领，规范标准化建设，引领企业高质量发展

创泽集团是山东省人才工作先进单位，柔性引进了拉脱维亚国家科学院院士、国家海外人才工程计划专家等4人领衔企业技术攻关，全职引进了美国双学位博士、海外泰山学者、外籍高级工程师等高端人才，助力企业发展

创泽集团执行国际国内标准化管理，已通过国际CMMI5软件成熟度认证、ISO9001质量管理体系认证、ISO27001信息安全管理体系认证、OHSAS18001职业安全健康管理体系认证、ISO14001环境管理体系认证、国家知识产权管理体系认证、五星售后服务管理评价体系认证、3A信用体系认证等，产品获得国际CE认证、国家3C认证。主持制定了全国首个应用于灭菌消毒环境的智能服务机器人标准，参与制定了国家标准9项，主持制定地方标准2项。

3. 步入机器人领域早，形成了一批应用示范工程

创泽集团自主研发的智能服务机器人"创创"是国内最早通过国家机器人检测与评定中心"EMC认证"和"安全认证"双资质认证的四款机器人之一，是集听觉、视觉、触觉于一体的个性化情感智能服务机器人，率先在国内提出并实现了将机器人的"大脑"和"小脑"完全面向用户开放。

智能服务机器人"创创"已广泛应用于中国科技馆、国家体育场（鸟巢）、中央电视台、上海世博园、新疆乌鲁木齐市行政审批大厅等地，提供引导、讲解、咨询等服务，市场占有率为全国前三、山东第一。参加了"共和国发展成就巡礼"活动，荣获"中国服务机器人十大品牌""中国服务机器人最佳创新奖"、中国工程机器人"最佳机器人设计奖"和"最佳人气奖"及山东省名牌产品等荣誉。

**二、科技兴企，产业报国**

创泽集团坚持"人工智能产业国际化发展"布局，在美国硅谷、英国剑桥建立了人工智能研究院，智能服务机器人"创创"已走出国门，登陆美国纳斯达克广场，向全球华人拜年并刊登在加拿大邮票上，在全球经济发展论坛"一带一路"卡塔尔峰会、英国剑桥大学智库论坛、第三届世界智能大会高峰论坛、中日韩人工智能研讨会等国际活动中精彩亮相，在国际舞台展现中国智造风采！

"创泽"品牌来源于创泽集团董事长李庆民创业时其父亲对他提出的"创功立业·润泽八方"的期许，也是李庆民创业坚守的初心。创泽集团的文化理念"创功立业·润泽八方"弘扬了爱国奋斗、建功立业的精神及回报社会的责任感。

2020年，为助力新冠肺炎疫情防控，创泽集团加紧研发了"智能消毒灭菌机器人"并应用于北京301医院、四川华西医院、山东省胸科医院、人民政协报大厦、青岛港集团等单位，创泽集团被授予国家工业和信息化部人工智能抗疫优秀企业。2021年3月，该产品为全国两会提供疫情消杀服务，被列为"国家科技助力经济2020专项、山东省补短板强弱项的重点项目"，荣获"工业和信息化部人工智能抗疫优秀产品、2020年度人工智能领域最佳产品、2020年度最受用户喜爱的抗疫机器人TOP10"等荣誉。

创泽集团董事长李庆民坚持"科技兴企，产业报国"的宗旨，以"创新"为基因，完成了软件、物联网智能设备、机器人、人工智能产品等各时期的技术升级迭代。

经过11年的不懈奋斗，创泽集团现已发展成为国家知识产权优势示范企业、国家工业企业知识产权运用试点单位、2020年度智能服务机器人领军企业、2019人工智能产业准独角兽TOP50、中国智能服务机器人十大品牌、山东省优秀企业、山东省"现代优势产业集群+人工智能"试点示范企业、山东省瞪羚示范企业、山东省隐形冠军企业及山东省技术创新示范企业。

**三、以"创新"为企业基因，不断夯实技术基础**

1. 完善研发创新平台，注重与高校科研院所的合作发展

创泽集团建有山东省院士工作站、山东省引智试验区基地、山东省企业技术中心、山东省一企一技术研发中心、山东省智能服务机器人工程实验室、山东省服务业创新中心、山东省软件工程技术中心、山东省教师实践教育基地等省级以上创新载体10项；注重产学研用融合发展，与山东大学合作共建了"山大–创泽智能机器人研究院"，与中国软件评测中心、青岛大学等单位开展了机器人项目的合作，与中国移动、中国联通合作共建了"5G+AI联合创新实验室"。

2. 承担国家行业重大项目攻关，多项技术处于行业领先水平，在智能公共服务机器人领域已成为工业和信息化部优胜企业

创泽集团承担了工业和信息化部新一代人工智能产业创新重点任务、国家科技助力经济2020重点专项、国家重点研发计划"智能机器人"重点专项、国家科技型中小企业技术创新基金、山东省重点研发计划（重大科技创新工程）项目、山东省外专双百计划、山东省引智试验区项目、山东省补短板强弱项重点项目、山东省新旧动能转换优选项目、山东省新基建项目、山东省股权投资项目等国家、省级项目19项，在"自主避障、人机交互"等方面已达到行业领先水平，获选工业和信息化部新一代人工智能产业（智能公共服务机器人领域）创

新重点任务揭榜优胜企业。

创泽集团在现有产品体系基础上,将研发推出12款新产品,深度拓展智能服务机器人应用场景。创泽集团将成立海外公司,计划完成在30个国家的布局。

今后,创泽集团将贯彻落实国家发展人工智能战略产业政策,以自主创新为根本,以智能强国为己任,为人工智能产业发展做出应有的贡献!

〔撰稿人:创泽智能机器人集团股份有限公司李庆民〕

## 从制造到"智造"数字化转型助力制造业高质量发展
### ——湖南工业智能体创新研究院有限公司

湖南中南智能装备有限公司(简称"中南智能")成立于2017年12月08日,注册资本1.25亿元,是经过湖南省人民政府国务院国有资产监督管理委员会批准设立的国有智能制造综合服务平台。中南智能以机器人技术为核心、以工业互联网为抓手、以"基于工业互联的超精激光加工装备攻关及产业化"为主攻方向,努力打造成为优秀的工业智能化解决方案提供商和综合服务平台。中南智能工业互联网平台见图1。

图1 中南智能工业互联网平台

中南智能目前拥有三家子公司,分别是长沙长泰机器人有限公司、湖南工业智能体创新研究院有限公司和湖南中南智能激光科技公司,此外,中南智能与长沙市人民政府和德国西门子股份公司共同建立了湖南工业4.0创新中心,并初步形成了"1+X"的业务格局。

湖南工业智能体创新研究院有限公司(简称"创新研究院")是湖南中南智能装备有限公司的全资子公司,创新研究院依托新型工业软件和智能装备系统两大基础智能产品,赋能工业企业落地工业互联网,帮助客户打造从设备接入、物联呈现到行业应用的深度价值解决方案,为用户提供设计、生产、物流、销售和服务的全链式智能制造服务。

## 一、科研实力与竞争优势

中南智能现有员工300余人，其中大学本科及以上学历人员占比超过90%。中南智能拥有专利155项，制定行业标准17项，拥有工业应用场景110个，研制行业首台（套）设备或系统40余个，牵头承担科学技术部国家重点研发计划和工业和信息化部工业互联网创新发展专项工程，并为中联重科股份有限公司、潍柴动力股份有限公司、东风汽车集团有限公司和海螺水泥股份有限公司等客户提供数字工厂和解决方案数百项。

中南智能是湖南省智能制造协会会长单位、中国机器人产业联盟副理事长单位、长沙市机器人传感器产业联盟理事长单位、湖南省智能制造标准化技术委员会秘书处单位和湖南省首批十家智能制造示范企业。2014年，中南智能荣获IERA Award大奖。2020年，中南智能荣获第六届湖南省省长质量奖提名奖及"全国质量标杆"称号。

## 二、发展愿景

未来，中南智能将进一步提供智能制造全生命周期服务，形成工业互联网服务生态体系，助推工业数字化转型，努力打造成为优秀的工业智能化解决方案提供商和综合服务平台。

创新研究院将以"产品+平台+服务"为核心，为工业企业数字化转型提供动力，帮助工业企业重构业务流程、提升生产效率、实现数字化转型，并推动工业企业向数字化、网络化、智能化迈进。创新研究院将以"打造优秀的工业数字化转型综合服务商"为目标，打造区域特色产业集群，联合各方资源缔造共创共享、面向未来的工业互联网新生态。

# 中国机器人工业年鉴 2021

## 应用篇

以案例的形式介绍机器人在典型行业、典型领域的应用情况

工匠机器人在酿酒行业的应用案例

汽车白车身四门两盖机器人智能柔性生产线

机器人在光伏电池片生产行业的应用

基于智能感知及控制技术的配网带电作业机器人解决方案

保温杯自动化生产线

发动机关键零部件混合铸造生产线

基于数字孪生和工业大数据分析的白车身自动化焊装产线

机器人在大尺寸面板涂胶工艺的应用

动车组入所在线智能检测系统

机器人在车底检查中的应用

核燃料元件制造智能车间

# 工匠机器人在酿酒行业的应用案例

## 一、应用背景

我国是世界上工业体系最为完备的国家之一，工业体系几乎涉及所有行业门类，特别是陶瓷、酿酒、制茶等传统行业。在很长一段时间内，这些行业一直保持着传统的手工作业模式，各类工匠维系着技艺的传承。随着社会的发展，传统作业模式难以适应大规模生产需求；人口红利的消失，使得拥有精湛技艺的匠人正在减少；传统手工模式正遭受着劳动安全、食品安全和健康安全的诟病。如白酒行业，上甑是白酒酿造的关键工序，直接影响着白酒的产量和质量。该工序对操作人员的技能要求较高，有严格的工艺标准和规范的作业手法。一般而言，培养一名合格的上甑工至少需要5~8年时间。此外，上甑工劳动强度大，每天需要转运10t以上的粮食。不仅如此，上甑工的作业环境差，工人需要长期处在高温、高湿的酸性环境中。以上多种因素导致目前有经验的上甑工越来越少，传统行业的原始作业模式难以为继。

## 二、实施情况

2016年，武汉奋进智能机器有限公司（简称"奋进公司"）为传统白酒行业量身定制了业内第一款工匠机器人产品——上甑机器人，主要应用于白酒酿造过程的上甑环节，有力地推动了白酒行业的产业升级。

在传统的白酒酿造车间，上甑工要见气压气、轻撒匀铺等，十分忙碌。但在自动化酿造车间，情形却完全不同——上甑机器人有条不紊地作业：俯身、转臂、铺撒、调节阀门、切换开关，颇具章法。

一台上甑机器人可以对两个酒甑交替作业，探气上甑、匀铺轻撒，控制蒸汽流量及通断时间，适时保证冷凝水的供给，自动切换酒头、酒尾和主体酒的开关阀，全程无人干预，整套动作如行云流水、一气呵成，如同一位熟练的技师在进行表演。

上甑机器人的一系列操作并非花拳绣腿，一甑酒醅完成上甑、蒸馏等工序后，上甑机器人可以实现无酒尾（酒精度小于5%Vol），而人工作业的酒尾基本不会低于10%vol。此外，上甑机器人还能使每甑粮食多产出10kg酒，这样的成绩即使是有经验的上甑师傅都难以企及。

上甑机器人之所以能够像优秀的技师一样进行作业，得益于"遵循传统，融入工艺"的设计理念，在结构设计上保证模仿人工动作，在控制程序上遵照原有工艺。同时，将人的感官、视觉、触觉甚至思维等要素融入到系统中，进而使得上甑机器人不再只是一套按既定程序进行动作的专用装置，而是可以根据周围环境的变化进行"思考"，改进工艺。

上甑机器人除了本体以外，还包括感知系统（温度场探测器、工作面形态探测器、酒精度检测仪、蒸汽流量计和蒸汽压力机等）、执行系统（各驱动电动机、酒精开关阀、蒸汽阀和冷凝水阀等）和思维系统（边缘计算、云计算和人工智能等）。工作时，上甑机器人通过"眼睛"（温度场探测器、工作面形态探测器）观察酒甑里的蒸汽场和酒醅形态，在酿酒工艺算法驱动下，各个电动机和阀门运转，机器人动作与蒸汽流量相互联动，可以像上甑师傅一样"探气压醅"。馏酒过程中，上甑机器人根据工艺步骤，自主控制冷凝水的供给和摘酒温度，能够提升酒质。此外，上甑机器人还能根据酒精度检测仪的数值自动切换酒头、酒尾和主体酒开关阀，替代了技师"自动摘酒"的过程。在整个酿酒的过程中，各项数据（酒精度数、蒸汽流量、蒸汽温度、冷凝水供给时间和各电动机运行数据等）会被源源不断地传送至云服务器中，实现数据和工艺之间的闭环控制，人工智能不断学习，能够像技师和工匠一样不断积累经验。

## 三、项目效果

上甑机器人实现了白酒酿造关键工序的自动化，技术上填补了行业空白，加快了白酒行业酿造过程自动化、数字化和智能化进程，对传统行业的产业升级起着示范和推动作用，同时也验证了工匠机器人理论的正确性和市场的巨大潜力。截至2021年5月，上甑机器人产品已经在茅台、洋河、汾酒、古井贡、口子窖、习酒、劲牌、六尺巷、景芝、国台、明光、老村长、十里香、青青稞、江小白和皇沟等30余家知名白酒企业上线应用，总装机350余台（套），在同类产品市场中的占有率高达82.6%，取得了良好的社会经济效益。

### 1. 经济效益

当前，上甑机器人已累计为奋进公司创下近2亿元的销售额。同时，也给用户带来了显著的经济效益，在达到减员增效、节能降耗的同时，实现了白酒出酒率和质量的"双提升"。以劲牌公司枫林酒厂为例，2016—2017年，共引入57台上甑机器人，减少上甑工人约200余人；出酒率提升了4.34%，每年多生产近3 000t白酒；优级酒品酒率提升了2%；同时实现了无酒尾，无须二次蒸馏，能耗下降6%左右,半年即可收回设备投入。

2.社会效益

上甑机器人的引入有效解决了"探气上甑"的行业难题,加速了白酒酿造自动化进程,不仅能够缓解酿酒关键工序匠人短缺的现实困境,也降低了白酒酿造中的生产安全隐患,提升了产品质量。同时,上甑机器人的引入,减少了人员参入,机器人采用食品级材料制造,可以有效防止糟醅霉变和白酒污染,保障食品安全。最后,上甑机器人的使用还可以实现节能降耗,更为绿色环保。

〔撰稿人:武汉奋进智能机器有限公司徐建平〕

# 汽车白车身四门两盖机器人智能柔性生产线

一、应用背景

目前,绝大多数汽车制造企业在焊装领域关于车身门盖装调和车内螺栓拧紧工序都是由人工完成的,自动化程度低。因车门盖较重,完全靠人工取装,劳动强度较大。另外,因拧紧、调整会产生较大噪声,长期处于高分贝噪声的环境下工作,对于作业人员的身心健康极为不利。因车型众多,在实际操作中时有作业人员漏装、错装螺栓、螺母情况,进而导致不良品率高、返修多等问题发生。

为了减轻工人的劳动强度,提高生产效率、提高装配品质,降低生产成本,提高产品的竞争力,实施生产线自动化、智能化改造是关键。据统计,装配工作量约占汽车整车生产工作量的30%～70%,故自动装配技术具有广阔的前景和市场开发的空间。

二、实施情况

汽车白车身四门两盖机器人智能柔性生产线(简称"装调线",见图1)是汽车领域自动化综合难度最高的生产线。在本项目中,广州瑞松北斗汽车装备有限公司(简称"瑞松北斗")为长安马自达汽车有限公司(简称CMA)研发推出国内首条全自动化、智能柔性的汽车门盖装调线并率先实现量产。该装调线使用柔性NC定位系统,无缝对接每种车型的车身底盘和门盖的定位及抓取,运用机器视觉技术实现精准抓取、定位、测量及装配。

图1 装调线工作现场

1.实施内容及重要节点

本项目实施包括装调线的设计、模拟仿真、制造、采购、集成、运输、安装、调试、培训、服务及终验收的全过程。

2019年7月,瑞松北斗承接CMA四门两盖装调线项目,经过3个多月的校验设计,对装调线上19个工位重点、难点专项攻关,完成各项高要求参数设计。

经过7个月的加工、制造、安装以及第一阶段调试后，2020年5月，完成预验收工作。

2020年10月，出货至CMA现场，经重新安装、通电、调试、质量提升等一系列过程，按原计划完成试生产，生产嫁动率也逐渐提升到90%以上。

经过20多天的安装调试后，2020年11月，正式启动生产。

2. 突破的关键技术

在项目期内顺利攻克以下各项关键技术：

（1）装配方法及监控方法（包括车内螺栓、门、后背门、发动机盖等）

实现抓取、拧紧、移动、合件、收集信息并发送到质量管理系统等功能。装调线部分系统见图2。

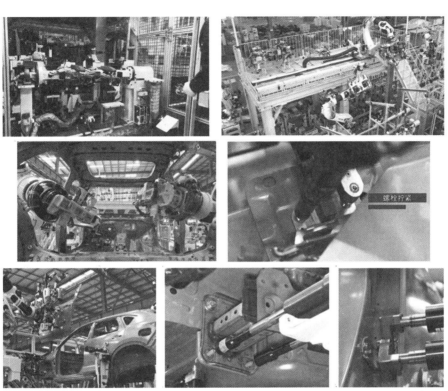

图2　装调线部分系统

（2）质量门系统。可以实时收集装调线的质量监控、追溯、统计等数据，所有数据上传至服务器，管理人员在办公室即可了解车型生产情况。

（3）柔性高速高定位精度的NC shuttle（伺服控制往复杆，见图3）。超高速NC shuttle传送，4s运动5.7m。所有工位都设计了高强度、高速的三轴NC组合，可对车身进行柔性定位并实现柔性切换，理论上可实现在NC shuttle行程范围内任意数量车型共线，且仅需1.2s即可完成一次车型切换动作，从而实现多平台车型共线的柔性生产需求。

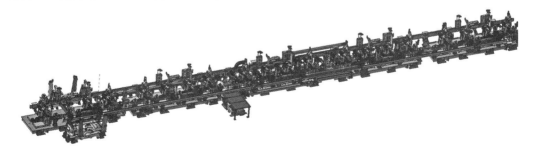

图3　超高速NC shuttle

（4）稳定伺服送钉系统（见图4）。螺栓与螺母均采用高精度振动盘式输送系统，设定有检测开关，可自动补充物料；送钉设备均使用NC伺服装置，实现精准、快速、高成功率的送钉，确保机器人每次都能顺利取钉。

图 4 稳定伺服送钉系统

（5）智能拧紧系统（见图5）。吸钉式智能拧紧枪、拧紧工具带有浮动功能，可吸收零件在一定范围内的精度波动，提高拧紧成功率；且可对扭矩实施监控与反馈，提供稳定保障。

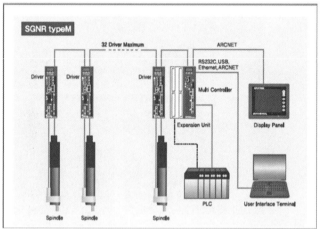

图 5 智能拧紧系统

（6）先进工装设计理论。对中设备均为多车型柔性共用，定位销、铰链校正装置均由NC伺服单元（见图6）构成，不但能实现柔性多车型共用，节省宝贵的线体空间，并实现了高精度、高速切换及防误等功能。

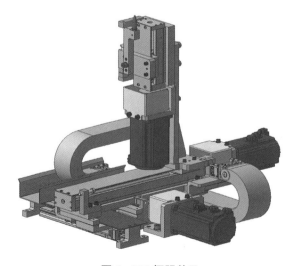

图 6 NC 伺服单元

（7）高柔性门盖自动排序输送系统（见图7）。使用自动门盖排序系统，匹配顺序化生产，再通过空中输送EMS输送系统（即单轨自行小车系统）将门盖输送到装调线。

图7 高柔性门盖自动排序输送系统

（8）先进的虚拟调试仿真离线系统（见图8）。该系统的优势：减少规划设计失误率、优化设计方案、降低制造成本；虚拟的可视化和装配有助于提高设计的正确率；离线程序的验证和完善可有效减少现场的调试时间和降低风险。

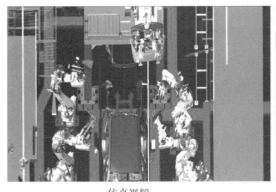
仿真视频

现场视频

图8 虚拟调试仿真离线系统

（9）先进的电气设计技术。装调线根据用户的需求排产，真正做到按销售订单生产，可实现单条线多车型同时混合生产；线体使用光纤连接，网络数据量大、通信速度快；整线使用安全可编程逻辑控制器（PLC）控制，配合外部安全光栅等安全措施，设计安全等级达到国际通用标准等级（PLE）；整线电气采用标准化、模块化设计，使用先进的控制理念，设备运行更快更稳。

### 三、项目效果

1. 应用效果

项目的成功应用达到了预期的递减40名生产工人的目标，实现8车型随机混合共线生产，整线达到54s完成一车四门两盖的智能装配。本线体节拍为每小时60台，年产能达20万台，装调线采用的智能装配技术包含输送系统、定位系统、智能拧紧系统、质量管控系统，采用成熟稳定可靠性高的拾钉方式，可实现螺栓、螺母智能化拧紧装配，配合视觉引导、NC伺服控制、高速输送等智能技术，可实现全自动化智能柔性生产。

目前，国内门盖装调线的作业工人的数量一般都是60～70人，包括装配、调整、打磨、检查、返修等工序的工人。采用本智能装调线后，可以优化并减少生产线作业者的人数达40人左右。如果是两班生产，则可以减少作业者的人数80人左右，每年降低生产企业人力成本约1 560万元。

汽车白车身四门两盖机器人智能柔性装配生产线的成功研制大大提高了国内汽车行业的智能化水平，推动我国汽车企业向"一流的拥有独特价值的车企"昂首迈进，具有非常深远的社会效益和经济价值。同时,项目涉及的多项关键及核心技术均达到国内同行领先水平,在汽车门盖生产自动化领域具有极强的行业推广应用价值。

2.亮点和创新点

(1) 8种车型柔性混线生产(见图9)。该装调线使用了230多套柔性NC定位系统,无缝对接每种车型的车身底盘和门盖的定位及抓取,实现全自动任意切换,满足8种车型随机混合共线生产,实现在最小空间下的最大生产效率。

图9　8种车型柔性混线生产

(2)超高速传送技术助力54s/车高效装配(见图10)。瑞松北斗把自主研发的超高速传送技术运用到本装调线中,创造4s内完成18个白车身车体工程间输送纪录,不仅保证了输送稳定,更具有适应多车型生产、占地空间小等优势,极大地提高了生产效率,整线达到54s完成一车四门两盖智能装配。

图10　超高速传送技术应用

(3) 3D视觉技术实现高效机器智能。该装调线共包含4套3D激光视觉系统,精度高达0.1mm。视觉引导技术通过测量图像准确比对计算,将偏差值发送给机器人控制器,自动矫正、补偿机器人动作轨迹,引导机器人到达准确的实际工作位置,从而实现对车身、车门、车门铰链安装孔的准确抓取、精确定位,以及对车身门框的精准测量及装配。

(4) "质量门系统"成智能物联典范,把控最优生产品质。在质量把控上,该装调线导入的"质量门系统"是智能物联的典范,将整个生产线的质量信息全部采集到云平台上,形成完整的数据反馈及监控数据库,通过大数据对比来分析波动情况,实现对每一台车身的装配质量随时进行追溯,监控每个生产循环的信息,形成了从生产线全自动生产到质量监控、反馈的完整闭环系统。

3.所获奖项

2020年7月,"汽车白车身四门两盖机器人智能柔性线的研发及产业化"项目获得广东省机械工程学会、广东省机械行业协会颁发的广东省机械工业科学技术奖一等奖。

2019年8月,"汽车白车身四门两盖机器人智能柔性线的研发及产业化"项目通过广东省机械工程学会组织的科技成果鉴定,获得科学技术成果鉴定证书。

2019年11月,"汽车白车身四门两盖机器人智能柔性线的研发及产业化"项目获得广东省科学技术厅科技成果登记证书。

〔撰稿人:广州瑞松北斗汽车装备有限公司唐国宝〕

# 机器人在光伏电池片生产行业的应用

## 一、应用背景

高比例的可再生能源结构是能源转型的天下大势。国际可再生能源机构 IRENA 认为：光伏发电将引领全球能源革命，预计到 2050 年，全球太阳能发电能力将达到 8 519GW。而度电成本（LCOE）的高低是最终衡量光伏是否能够进入平价时代、走进千家万户的标准。

因此，机器人在光伏电池片生产中的应用必须围绕如何为客户降低购置成本、降低使用成本、提升产品可靠性、提升产线产能和降低运维成本五个方面展开。

光伏电池片制造工艺过程主要由清洗制绒、磷扩散、周边刻蚀、去磷硅玻璃、PECVD 镀膜、网印电极、烧结、镭射切割、测试分级和包装入库 10 个工艺过程组成，光伏电池片制造工艺流程见图 1。

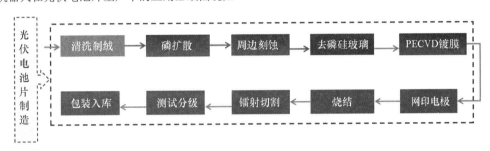

**图 1　光伏电池片制造工艺流程**

目前，在磷扩散、周边刻蚀、PECVD 镀膜工艺阶段，六关节机器人的使用最为普遍。在磷扩散工序花篮搬运中，机器人可将未扩散装满电池片的花篮搬运到插片机上，同时将扩散完成的花篮（含电池片）搬运至取料台上；在周边刻蚀工序花篮搬运中，主机器人可将扩散后装满电池片的花篮，搬运至槽式碱抛光清洗设备内；在 PECVD 镀膜工序中，机器人可将未镀膜的硅片从花篮中取出，插入石墨舟中，等镀膜完后，再将硅片从石墨舟中取出，装入花篮或堆栈盒中。

1. 磷扩散花篮搬运工艺描述

以电池片生产工厂为例，在磷扩散工序段，工人从转运小车上把未扩散的花篮搬运至插片机上，再从插片机上取出扩散完成的花篮放置在转运小车上，一个装满电池片的花篮重量约为 5kg，全年 365 天，全天 24h 生产，一个工人每天工作 12h，重复此动作约 1 440 次，人工产能约 6 000 片/h。

2. 应用痛点和项目挑战

（1）工厂老线改造空间有限、布局流水线工艺已定，两个上下料区分布在两侧。

（2）24h 二班工作制度，现场劳动强度大、工作重复，导致此工艺段人员流失严重，工厂招工难。

（3）人工产能只有 6 000 片/h，严重影响整个产线的节拍。在搬运过程中电池片容易碎裂，碎片率约为 0.1%，导致电池片浪费，而工厂要求产能 10 000 片/h，碎片率 ≤0.005%。

（4）花篮放入插片机必须区分正反方向。

（5）满足制造执行系统（MES）要求。

（6）不能对电池片产生污染。

## 二、实施情况

1. 项目选用了埃夫特智能装备股份有限公司 ER20-1700 机器人

在空间、布局和流水线工艺流程已定，上下料区分布在两侧的情况下，机器人通过增加一个行走第七轴，获得更大的工作空间。同时，第七轴参与机器人插补，提高运动效率，满足现场生产节拍要求。

2. 轨迹平滑控制技术

利用轨迹平滑控制技术，保证机器人加减速过程中轨迹的平滑性，从而避免机器人运动过程中的抖动，降低电池片碎片率。

3. 通过三重保护，保证花篮放入插片机的方向正确

（1）操作规范要求人工放入缓存区的花篮方向必须正确。

（2）机器人夹具上装有花篮正反检测传感器，当方向相反时产生报警。

（3）插片机上装有花篮正反检测传感器，当方向相反时，系统产生报警，传递给机器人，让机器人停止。

4. 读取相应信息

机器人运动过程中各关节的速度、加速度、电流、力矩、诊断等其他信息，通过 Modbus TCP 总线传递给外围 PLC，用户根据 MES 需求，从机器人接口读取相应的信息。

三、项目效果

1. 应用效果

（1）最终产能为12 000片/h，超出客户预期产能的20%。

（2）碎片率＜0.02%，远远低于人工的0.1%。

（3）替代人工操作，解决招工难问题，一年节约35万元支出。

2. 案例亮点和创新点

（1）针对磷扩散工序，开发专用工艺包，解决了编程难、现场调试时间长等问题，降低了运维成本。

（2）通过轨迹最优和轨迹平滑控制技术，既保证了机器人轨迹最优，又保证了加减速过程中轨迹的平滑性，在提升节拍的同时也避免了机器人运动过程中的抖动。

（3）独特的双密封技术保障无漏油，不污染电池片。

（4）ER20-1700通过严格的安规和电磁兼容（EMC）性能测试，并获得中国机器人（CR）认证证书。

〔撰稿人：埃夫特智能装备股份有限公司 罗爱华〕

# 基于智能感知及控制技术的配网带电作业机器人解决方案

一、应用背景

配网带电作业是提高供电可靠性的直接手段，可以最大限度地减少停电时间，提升供电可靠性，但配网带电作业具有一定的危险性，劳动强度高，对作业人员有专业的技能要求。工业和信息化部人工智能产业创新重点揭榜任务技术成果——配网带电作业机器人，改变了传统作业方式，机器人替代作业人员，直接与配网高压线接触（见图1），不仅可以保障作业人员生命安全，减轻劳动强度，提高工作效率，同时能够提升配网带电作业的整体技术水平，实现智能化、现代化的配网带电作业新模式，促进我国电网行业配套装备技升级优化。

图1 配网带电作业由人工作业向机器人作业转变

二、实施情况

电力行业亟须好用的带电作业机器人，企业的需求同样迫切，但国外企业在产品和技术方面对我国封锁。国机智能技术研究院有限公司（简称"国机智能"）专业技术团队从"手、眼、心、法、步"五个方面进行系统搭建和技术攻关。通过平台化创新方法，进行全链条系统性创新，突破了主从遥操作机器人技术、液压伺服驱动技术、绝缘防护技术、立体成像技术、绝缘斗臂车技术、作业辅助操作及仿真培训系统等多项核心技术，研制的从手电液伺服机械臂具备负载大、自重小、抗干扰能力强等特点，在带电作业机器人领域关键技术上实现自主可控并达到国际先进水平。"手、眼、心、法、步"技术路线见图2。

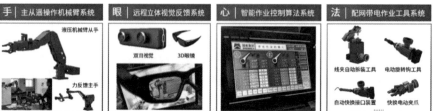

图2 "手、眼、心、法、步"技术路线

1. 操作之手

操作之手是指主从遥操作机械臂系统，其解决了远近端动作互动问题。主从遥操作机械臂系统由基于液压动力的机械臂从手和基于力反馈的遥操作主手组成。由于可以通过遥操作的方式对力反馈主手和液压机械臂进行控制，因此作业人员在地面即可进行远程控制，不必再上到绝缘斗臂车上进行高空作业，避免了危险的高空作业，也远离了高压线，从而提高了带电作业人员的安全性。

2. 遥望之眼

遥望之眼是指远程立体视觉反馈系统，其解决了高空可视化作业问题。通过在液压机械臂上安装双目立体视觉相机，将机械臂带电作业的实时图像传输到地面的作业人员面前，作业人员带上3D眼镜，就可以实时地查看到20m高的空斗臂车上液压机械臂的作业场景，并且可以感知作业场景的景深，让作业人员的操作更加精准。

3. 控制之心

控制之心是指智能作业控制算法系统，其解决了从灵敏感知到精细作业的问题。通过智能作业控制算法系统，机器人能够自主进行学习，主动识别目标物体，自主进行工具切换和路径规划。并且，控制算法还能记录和存储日常作业的行为和顺序。在正式带电作业开始前，机械臂能够自动运行到作业的预备位置，做好前期准备工作，进一步降低作业人员的工作量，提高作业效率。

4. 作业之法

作业之法是指配网带电作业工具系统，其解决了末端多样化作业问题。俗话说"磨刀不误砍柴工"，对于带电作业而言，最终影响作业效果和效率的，其实是工具系统。一套好用的工具可以让整个作业过程事半功倍。通过开发系列化的带电作业工器具，包括线夹自动拆装工具、电动旋转勾工具、自动剥皮器等，可以让作业人员操作一个按钮就能完成电线的剥皮过程，大大降低了工作强度。

5. 实践之步

实践之步是指虚拟现实仿真培训系统，其解决了工程实训体验问题。对于电网的带电机器人用户而言，如何对操作带电机器人的作业人员进行培训，让他们既能快速上手、熟练使用机器人，又能同时避免操作不熟练导致的机器人或电网设备损坏，这是一个现实问题。通过开发虚拟现实仿真培训系统，作业人员可以用真实的力反馈主手和3D视觉眼镜在虚拟环境中进行操作，当机械臂在虚拟环境中进行作业时，力反馈主手能够实时进行力反馈。同时，虚拟现实仿真培训系统还可以对培训人员的操作成功率、操作频率、路径规划、力度控制、动作准确度等指标进行统计，从而对培训人员的操作效果进行评价。

### 三、项目成果

国机智能于2019年12月成功入围工业和信息化部"新一代人工智能产业创新重点任务揭榜单位"（见图3），揭榜项目"10kV架空配电线路带电作业机器人"为"智能特种机器人"领域方向任务。国机智能持续展开全面技术攻关，集智聚力、锐意进取，突破了多项核心技术，形成了产品成果并进行迭代验证，在国家电网、南方电网下属单位均有实施应用。项目最终经实地考察、专家评议、第三方专业机构评测等多维度评价，在众多参评项目中脱颖而出，获得优胜。"带电作业机器人"此前已获得"2020年度中国制造业智能制造优秀推荐产品"称号，本次再获揭榜优胜单位殊荣，更是说明技术成果得到了充分认可，而国机智能作为国机集团推荐揭榜并获得优胜的单位，也彰显了"锻造国机所长，服务国家所需"的国机力量、国机智慧、国机方案。

**图3** "新一代人工智能产业创新重点任务揭榜单位"揭榜书及优胜单位证书

〔撰稿人：国机智能技术研究院有限公司孙荣毅、王凤杰〕

# 保温杯自动化生产线

## 一、应用背景

保温杯金工线由十多道生产工序组成。首先，人工将管料（毛胚）放入第一台设备进行加工，放入料框，再将其搬运到下一道工序进行加工。这种工作方式是最原始的作业，优点在于短途作业速度快；但也存在用工需求量大、人工成本高以及保温杯报废率高等缺点。

传统的纯人工生产作业受制于员工的状态，生产效率得不到保障，在市场需求量大增的情况下，只能增加生产线和工人，而这样势必造成极大的成本投入。在此背景下，工业机器人加入生产线来代替人工完成重复性工作的模式便应运而生。工业机器人的应用能很好地满足企业的生产要求，产品不合格率也极大地降低，坯料利用率达到最大化，同时还可以节省大量的时间成本和资源成本。

近年来，劳动密集型产业劳动力缺口越来越大，再加上新冠肺炎疫情的影响，使得产业工人短缺的问题愈加严重，这在疫情后期复工生产时尤其明显。应用了工业机器人的生产线可以照常作业，受到的影响几乎可以忽略。随着机械自动化技术的发展和普及，不管是出于企业发展、效益提升的需求，还是出于改善生产环境或者是工人岗位安全的考虑，使用工业机器人代替人工作业以实现生产线全自动化都是十分必要的，也是今后的发展趋势。

## 二、实施情况

### 1. 总体实施思路与架构

（1）实施思路。根据保温杯生产工艺（保温杯外壳金工线：水涨、分杯、缩口、数控割头、拉伸、整形、滚螺纹、激光平口底；保温杯内胆金工线工艺：水涨、分杯、缩口、数控割头、拉伸、激光平口底、滚防水筋），将人工加工工艺替换成工业机器人，构成一条完整的保温杯自动化生产线。

（2）总体架构。根据客户自动化需求，初步规划如下：

外壳金工线：上料（人工）→水涨（机械手）→激光分杯（机械手）→缩口（机械手）→数控割头（机械手）→拉伸（机械手）→整形（机械手）→滚螺纹（机械手）→激光平口底（机械手）→检杯下料（人工）。

内胆金工线：上料（人工）→水涨（机械手）→激光分杯（机械手）→缩口（机械手）→数控割头（机械手）→拉伸（机械手）→激光平口底（机械手）→滚防水筋（机械手）→检杯下料（人工）。

整条自动化金工线由15台GSK（广州数控）工业机器人、料仓及输送线组成。其中，机械手需要分别对接水涨机、激光分杯机、缩口机、数控割头机、液压机、数控整形机、数控螺纹机、激光平口底机、数控滚筋机等设备。

### 2. 项目应用领域及场景

根据客户提供资料，该款保温杯金工线所包含工艺涵盖了95%的保温杯内胆、外壳加工线工艺，通用性较高，能适用于其他保温杯金工线。保温杯金工线的自动化改造涉及场地布局、模具改造、设备信号与机器人信号交互、工业机器人手爪设计及成品合格率等。而上述各方面则决定了保温杯金工线自动化改造是否成功。

（1）场地布局。根据保温杯生产工艺所需设备的尺寸，进行加工设备、工业机器人的布局摆放。客户提供有限的场地尺寸，在不影响自动化线生产节拍的前提下，尽可能合理地规划场地。保温杯自动化产线最初设计的布局是27m×8m，但客户了解布局后，认为保温杯自动化生产线占地面积太大，要求将自动化线布局缩小至25m×7.5m。由于设备尺寸无法更改，因此，只能通过缩小设备之间的间距来重新规划。经过多次修改，每条输送线缩短1.5m，从而达到客户所提要求。

保温杯自动化线现场布局情况见图1。

**图1 保温杯自动化线现场布局情况**

（2）模具改造。同款产品的模具要用在自动化线上，需要进行一定的修改。人工操作可以灵活地将工件放入模具中进行加工。但是，工业机器人只是一台设备，它的动作轨迹就是执行每一行指令，只是重复动作，并不像人工那样可以通过视觉进行识别、修改。因此，模具改造是保温杯金工线自动化改造过程必不可少的一个环节。

（3）设备信号与机器人信号交互。这并非只是把机器人动作信号与设备信号相连，而是要保证设备间的协同。如果机器人抓取工件不到位，而加工设备同时动作，则有可能发生机器人与设备的碰撞，更严重的后果是损坏机器人或者设备，导致短时间内无法恢复生产。因此，必须设置干涉区指令，一旦机器人进入到指定工作区域，则加工设备不可动作。

（4）工业机器人手爪（见图2）设计。通过气缸、气夹、吸盘等气动执行元件模拟人工抓取工件。在设计时，需要考虑生产节拍、生产动作、经济实用性、轻量化等。

a）分杯手爪

b）水涨手爪

图2 工业机器人手爪设计

（5）成品合格率。在自动化改造后，成品合格率是客户最关注的。在该项目刚完成的阶段，保温杯曾出现拉丝、变形等问题，成品合格率曾低于60%。此时，在与客户进行沟通并对生产线协作改进（修正模具、修改机器人手爪、调整气压、更换抓取方式等）后，最终成品合格率达到96%以上。（上述数据是在自动化线稳定后，按照每天生产8h测得的平均数据）

3. 技术实施方案

保温杯自动化生产线整体布局示意图见图3。

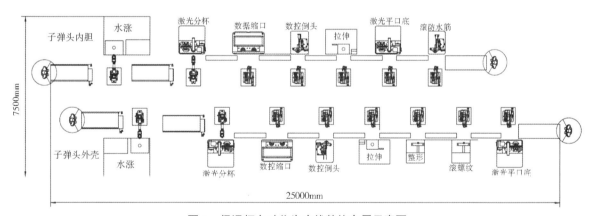

图3 保温杯自动化生产线整体布局示意图

该生产线主要由专机设备、六轴机器人、四轴机器人、水涨手爪、分杯手爪、直角双工位手爪、中转料仓、输送线、控制系统及安全系统等组成。

三、项目效果

在保温杯金工线自动化改造之前，外壳生产线共需要16名操作工人（每一道工序2人，两班制），内胆生产线共需要14名操作工人。每天产量可以达到10 000件（两班制），但产品合格率仅为90%左右。

在自动化线完成改造之后，外壳生产线仅需要2名操作工人（1名上料，1名检验成品下料），内胆生产线与外壳生产线共用2名操作工人。

在自动化线稳定运行一段时间后，实际测得外壳线生产节拍为：水涨51s/5件（1件管料包含2个杯体）、分杯52s/10件、数控缩口51s/10件、数控割头51s/10件、拉伸49s/10件、整形51s/10件、滚螺纹49s/10件、激光平口底50s/10件。根据最慢工序节拍进行换算，外壳线产量为5 500件/天（每天8小时工作制），成品合格率达到95%。

内胆线生产节拍为：水涨50s/5件（1件管料包含2个杯体）、分杯51s/10件、数控缩口52s/10件、数控割头 51s/10 件、拉伸 52s/10 件、激光平口底 52s/10 件、滚防水筋 48s/10 件。同理，根据最慢工序节拍进行换算，内胆线产量为 5 500 件／天（每天 8 小时工作制），成品合格率可达 96%。

综合上述数据，保温杯金工线改造后，保温杯自动化生产线节省了人力成本，操作人员从原来的 30 人缩减至 4 人（两班制）。生产成本也有所降低，按照一名操作人员薪资 7 万元／年、每台机器人电费 2 万元／年进行计算，每年可以为企业节省成本 152 万元。

〔供稿单位：广州数控设备有限公司〕

# 发动机关键零部件混合铸造生产线

## 一、应用背景

### 1. 应用行业特点

铸造生产线具有工序多、作业过程复杂、铸件更换频繁、混线生产效率要求高、铸造环境恶劣、人工作业为主和易引发职业病等特点，因此铸造行业实现机器换人、工序自动化和生产线智能化管理是大势所趋。

### 2. 拟解决的痛点及问题

（1）多机器人协同作业。铸造造型阶段取芯、去毛刺、检查、输送、组芯、浸涂、表干、立库仓储、砂箱喷涂点火和下芯等工序以及后处理阶段的浇冒口去除、抛丸、输送、打磨清理、铸件检测和喷粉防腐等工序都存在多机器人协同作业的需求。

（2）多型号铸件共线生产。尝试应用工件智能识别技术、铸造生产线多机器人协同作业控制技术，并结合自动夹具柔性设计和机器人程序快速切换技术，解决多型号铸件适应不同的取芯组芯顺序、不同的后处理路径以及不同的机器人程序要求的问题。

（3）不同材质铸件浇冒口切除及产品打磨工艺问题。现有产线的发动机关键零部件材质主要包括灰铸铁和蠕墨铸铁两种不同材料，材料特性有所差异，需要有针对性地进行浇冒口切除和铸件打磨的工艺参数测试与分析，选择合适的清理工具及机器人负载，这将是未来进行测试和应用的重要方向。

### 3. 实施目标和预计收益

自主开发满足铸造工艺知识化、铸造作业机器人化、铸造过程信息化与智能化要求的铸造机器人智能化生产线，实现铸造生产线由人工操作的机械化向机器人化与智能化转型，解决砂型造型、砂芯制芯取芯、涂料喷涂浸涂、涂胶、组芯、下芯、合箱阶段和铸件后处理阶段等一系列复杂制造工序难题，满足铸造生产过程对质量与效率的要求，整体性能达到国际领先水平，提升我国铸造行业的自动化及智能化水平。

## 二、实施情况

湖南中南智能装备有限公司根据发动机铸造行业的高效率、高质量、高精度、高产线稳定性和高成本敏感性等特点，分别从砂型造型、砂芯制芯取芯、涂料喷涂浸涂、涂胶、组芯下芯、合箱阶段和铸件后处理阶段进行具体的工序工艺研究；通过试验研究获取清理过程中不同材质铸件产品的特性和参数，设计、测试及优化相应的清理工具、机器人负载和工艺参数；根据不同工序的特点和要求对机器人应用进行针对性集成开发，组建发动机零部件产品多型号、多批量混线生产的多工序机器人自动化生产线。

### 1. 砂芯生产示范线

根据发动机关键零部件铸造生产线混流及混线的特点，对砂型造型、砂芯制芯取芯、涂料喷涂浸涂、涂胶、组芯、下芯和研箱阶段进行了具体的工序工艺研究，设计完成了项目的关键技术实现方案，对生产线的工艺流程和布局进行了初步规划，为项目的后续执行与实施提供了基本指导方向。

（1）生产工艺流程。由机器人完成一整套的打胶、粘接、上下料等工作。

（2）砂芯生产线整体技术方案。下芯方案系统组成包括下芯机器人、下芯工具、视觉识别系统、机器人底座、气动系统、电控系统、安全防护设施和废料箱等。

机器人喷涂方案系统由喷涂机器人系统、喷涂系统、控制系统和配套设施等组成。喷涂设备为完整独立的系统，采用 1 台喷涂机器人、1 套自动喷涂系统和 1 套自动控制系统等组成；整套设备的设计、制作、选型及安装符合酒精和醇基涂料防爆安全要求。涂料罐有 2 套，一套用于喷涂，另一套可以进行清洗和人工涂料准备，2 套涂料罐可由人工手动切换。涂料罐设置有过滤网、取样口、排污口、自动搅拌装置、低料位检测和报警装置。涂料在涂料罐内充分搅拌，经过滤后输送到自动喷枪，雾化喷涂至砂型表面。系统带有喷枪泄压和管路清洗功能，生产期间停线时间过长（可设定）时，机器人自动行进到清洗收集处，开启喷枪泄压，防止涂料沉淀和堵塞喷嘴。生产结束时手动开启管路清洗功能，泵送清洗剂对管路系统及喷枪进行全面清洗，再采用压缩空气进行二次吹洗。

（3）关键夹具设计。砂芯夹持部位的选取是夹具设计的关键，通常根据砂芯的结构，对砂芯的受力部位进行详细的有限元分析,最终确定夹具夹持部位及夹持力,其结构牢固、可靠、外形美观。夹具上装有夹芯气缸、直线轴承、导向杆、仿形夹紧定位块、换型调整垫块、接近开关和气动元器件等组件。通过高安全系数夹持力和仿形夹紧定位块确保夹具取放工件时的精度及准确性。夹持端一端固定,另一端采用气缸推动仿形夹紧定位块夹紧砂芯。

砂芯夹具采用柔性化设计,采用通用本体配置快速换型结构的方式,根据不同种类砂芯更换相应的长度调整块和定位夹紧块实现快速换型,支持砂芯的混线生产。

2.发动机关键部件制造示范应用

铸件自动化磨削单元用于实现缸体发动机铸件毛坯的自动化磨削,由磨床、上料系统和下料系统组成。系统主要通过机器人代人实现缸体发动机铸件毛坯的磨床自动化上下料,通过视觉系统确定工件的位置信息,引导机器人准确抓料和落料。

(1)产品工艺流程。产品工艺流程有正常作业流程和缓存作业流程。正常作业流程是当人工辅助分拣完成后,上料视觉系统识别工件位置,机器人根据识别的工件位置信息抓取工件,并放至输送装置,最后机器人回位。

(2)视觉定位系统。视觉定位系统主要由机器人、装在机器人末端的相机、装在链板线上方相机支架上的相机和视觉控制器等组成,辅助机器人完成链板线上单体缸盖的定位抓取和缓存托盘装置上工件的定位抓取。

视觉控制器与相机通信,控制相机拍照和接收相机采集的图像数据,视觉控制器通过交换机与机器人通信,给机器人发送指令以及定位数据,机器人则通过交换机从控制器端接收指令并反馈执行状态给控制器。视觉定位流程见图1,通信框架见图2。

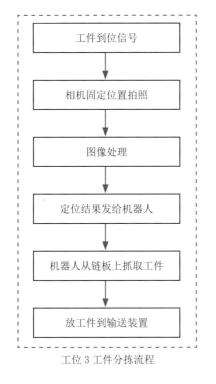
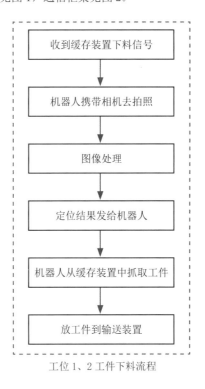

图1 视觉定位流程

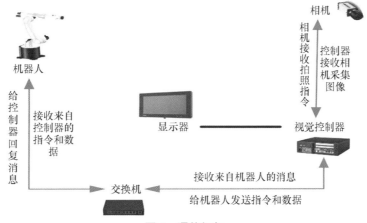

图2 通信框架

(3)关键夹具设计。缸盖夹具采用气驱动夹紧的方式,可通过安装于气路当中的调压阀和节流阀对气缸的夹持力和夹持速度进行平滑调节。当供气突然中断时,能及时报警并短暂保持夹持状态,确保人工及时干预。能够通过更换手指实现夹具换型。

隔板夹具采用真空吸盘的形式,可以在很短时间内吸取工件,并能够承受在搬运期间隔板快速移动时产生的横向力。所选大流量真空发生器基于多级式文丘里原理,可实现更高的抽吸速率,适用于安全搬运,有效缩短循环时间。夹具还安装有缓存视觉系统。

根据缸体自身的结构特点,采用液压驱动夹紧的方式,夹持稳定可靠,可通过安装于油路当中的调压阀和节流阀对液压缸的夹持力和夹持速度进行平滑调节。

### 三、项目效果

**1.应用效果**

(1)建立智能化铸造生产线。在航天、汽车等工业领域实现示范应用,提升了关键铸件生产效率,增强了我国铸造机器人产品的国际竞争力,逐步实现关键技术装备进口替代,智能铸造产品达到国际先进水平,国内市场占有率达20%。

(2)铸造工业智能化技术领域。突破面向智能机器人铸造生产线的铸造新工艺、机器人集群有限空间协同工作和机器人工作装置优化设计技术、铸造机器人变负载高精度柔性作业控制技术、铸造机器人可靠性设计与模块化设计技术、基于工业数据分析的铸造生产线多机器人协同作业控制技术、铸造生产全过程效能优化等技术,提升我国智能铸造高端装备核心技术水平。

(3)项目的实施将取代传统人工参与复杂恶劣铸造作业模式,形成安全高效的自动化机械化高端铸造工业生产体系。这有利于消除复杂高端铸造作业的潜在风险,排除铸造行业安全隐患,保障铸造行业工人的人身安全,解决政府和企业迫切关心的突发事故问题。

(4)智能铸造装备性能指标体系与验证标准的研究与发布。由标准引领产业,达到标准、技术与专利的融合,抢占智能铸造行业国际制高点和话语权,从而实现高端铸造技术走出去、标准走出去及产品走出去。

(5)培养面向智能化铸造工业领域高端技术人才,提升铸造工业智能化研发动力,促进国内铸造领域技术进步。

**2.亮点和创新点**

(1)研制机器人智能化铸造生产线。实现铸造生产线由人工操作为主的模式向机器人化与智能化转型。揭示复杂异形构件铸造工艺特性与加工动态行为,开发适用于多型号多批量异形构件的砂芯和铸件搬运、铸件打磨与切割、砂芯涂层等机器人自动化系统,创新研制智能化柔性生产线,解决复杂异形铸件多型号、多批次、单件研制与批量生产并线的智能化难题,实现航天装备与动力装备发动机典型铸件的智能铸造。

(2)面向制造行业的多源异构全域感知与边缘计算。基于数字孪生的数字工厂设计技术重点提升底层设备接入能力和协议兼容性,提供数字孪生系统中前端产线的多源异构数据接入端口和协同转换平台;构建面向数字孪生系统的边缘计算平台,为生产线数字孪生系统的建立与运行提供边缘侧平台基础和技术支撑。

(3)生产线数字孪生建模。挖掘物理空间与虚拟空间多维模型之间的内在关联关系,开发虚拟空间多维模型库管理软件,开展数字孪生模型组件的高精度建模及其库文件管理工作,实现物理空间与虚拟空间多维模型的忠实映射。

(4)数字孪生的示范应用。结合数字孪生生产线建模技术,针对生产过程建模与控制系统、产品质量管理系统、设备故障诊断与远程运维系统、生产效率综合性优化分析系统的适应性改造。在中国重汽、潍柴动力和昆明云内等生产线上进行推广示范。

**3.所获奖项**

(1)2014年7月,"CTR铸铁件机器人自动精整系统"获得国际机器人行业最高荣誉"IERA Award发明与创业奖"银奖。

(2)2015年1月,"大型铸造机器人自动化生产线关键技术与成套设备"获湖南省科技进步奖三等奖。

(3)2016年8月,"大型铸件机器人柔性清理系统关键共性技术研发及产业化"获中轻集团2016年度科学技术奖二等奖。

(4)2019年12月,"复杂铸件机器人柔性生产线智能打磨加工技术及装备"项目获评全国商业科技进步奖一等奖。

(5)2020年4月,"高端智能铸造机器人柔性生产线关键技术及成套装备"项目获评湖南省科技进步奖二等奖。

〔撰稿人:湖南中南智能装备有限公司高狄〕

# 基于数字孪生和工业大数据分析的白车身自动化焊装产线

## 一、应用背景

随着智能制造的快速发展，相对于传统改造项目，智能制造项目改造费用高、维护成本高、柔性化程度低、软硬件不兼容等弊端日益暴露出来，同时，智能制造对于维护人员的技术水平要求也更高，客户对设备供应商提出了更高的要求，希望供应商能在生产线的整个生命周期对其进行监管服务，但目前供应商无法满足以上需求。据了解，白车身自动化生产线每年的维护费用占生产线原始价值的20%～30%，如此高昂的维护费用，使得在设备的整个生命周期中，如何能提高生产线管理水平、缩短交付时间、提高设备使用率、增加设备使用寿命和最优化设备全生命周期成本成为亟待解决的问题。数字孪生和工业大数据技术在智能生产线的应用是解决这些问题的有效方法和途径。

数字孪生技术利用先进的计算机三维模型辅助设计和仿真技术构建虚拟生产线，再通过仿真和虚拟调试，解决了以往大量需要人员到现场才能完成的验证工作。这项技术可以实现项目的规划模拟、机器人程序设计和PLC程序设计验证等工作。研究工业大数据分析技术，通过产品数字化感知及综合诊断、大数据实时采集技术、云计算智能分析技术和远程设备调试及运维服务技术等，可为客户提供包括智能柔性生产线设计、虚拟调试、集成制造、生产管理和工艺设备在线监测综合诊断（产品质量监测、问题诊断、潜在产能分析）的智能柔性生产线和工业制造运营维护服务。

## 二、实施情况

广州明珞装备股份有限公司（以下简称"明珞"）自主研发的基于数字孪生和工业大数据分析的白车身自动化焊装产线，应用了虚拟设计、机械自动设计、PLC自动设计、激光焊连接、输送和工业物联网诊断等技术，极大地提高了行业内自动化产线质量、数字化水平和产线交付能力，交付期由行业内通常的12个月缩短至5.5个月，实现高质量高标准交付。其总拼、虚拟调试、工业大数据等技术打破了国外技术垄断，实现了国产化应用，因此，基于数字孪生和工业大数据分析的白车身自动化焊装产线成为了全球汽车制造领域唯一实现虚拟制造与工业物联网无缝对接且应用落地的优秀解决方案。

基于数字孪生和工业大数据分析的白车身自动化焊装产线已成功应用在奔驰、宝马、大众、福特、菲亚特、吉利、上汽、广汽、一汽等国际头部汽车制造商，不仅实现了汽车制造高端设备的进口替代，同时也成功走向国际高端市场，打造了我国汽车焊装高端装备品牌。

### 1. 汽车白车身焊装自动化解决方案

汽车白车身制造是整车生产的关键环节之一，车身质量水平直接决定汽车整体性能指标，一般的工艺开发要素包括：白车身结构、定位基准和几何公差、模具、焊装夹具以及检具和检测策略。明珞为客户提供的白车身制造生产设计方案包括主焊接生产线、侧围焊接生产线、地板焊接生产线、门盖生产线、分总成零部件焊接生产线、底盘件焊接生产线、座椅骨架焊接生产线、生产线仿真、工位仿真、MTM分析、装备仿真、工艺规划和人机工程，通过集成车身强度、装配性能、生产配置和客户要求等诸多因素，在适应大批量、流水线生产模式的前提下针对性开发设计完备的制造工艺流程、质量控制体系和生产装备，保证生产制造质量的合格及稳定性。同时，明珞可以提供电气系统设计、软件系统设计、机器人系统设计及调试和培训及相关服务等，实现从系统设计、软件开发、设备采购、现场安装、系统调试运行到人员培训、运营维护与技术支持等服务。

### 2. 数字孪生技术实现虚拟调试验证

利用先进的计算机三维模型辅助设计、仿真技术，提供汽车非标焊装工装夹具、电柜柔性装配线和焊装生产线产品智能制造关键制造工艺的仿真与虚拟调试服务，将以往大量需要人员到现场才能完成的工作通过仿真和虚拟调试进行，可以完成项目的规划模拟、机器人程序设计和可编程逻辑控制器（PLC）程序设计综合性验证，其验证识别错误率达到95%以上。在设计环节就可以做好的完整的机器人程序和可得到充分验证的PLC程序，可以大大缩短明珞生产线集成项目的周期，进而大大压缩了在现场阶段发生的机器人调试和PLC调试成本，使得智能柔性生产线的交货期周期较同行短25%以上，并降低了生产成本。

### 3. 工业大数据智能诊断运维

通过产品数字化感知及综合诊断、大数据实时采集技术、基于大数据的云计算智能分析技术、远程设备调试及运维服务技术、报表智能生成与推送技术等，提高行业、企业生产效率，提升产品质量，降低生产成本，实现节能降耗。开发应用针对汽车焊装装备故障预警和诊断的使能工具，可以为汽车主机厂及汽车零部件厂商的焊装设备、核心零部件提供机器人使用效率的大数据统计、常用零部件品牌平均故障率统计、维修保养周期、各品牌汽车车型生产量统计，有效帮助客户提高设备利用效率、减少停机时间和减少不必要备品备件。构建自动化产线数字孪生体，实现产线的运行状态、智能等级的精准评估以及预防性维护和远程维护等功能，为企业的生产制造改造升级提供基于基础数据的客观评估解决方案，提升自动化产线节拍效率，降低故障率和备品备件维护成本，实现降本增效的目的。

### 三、项目成果

1. 应用效果

通过在工程设计、加工制造、装配检测和安装调试等环节，创新研发自动化、流水化高效生产工具，包括工程设计工具软件、产线和设备等，在大部分情况下实现差异化生产工具创新，大幅提升效率，是明珞能在全球参与竞争的重要依据。通过智能制造解决方案的标准化、产线设备的标准化与智能化和工业物联网大数据产线设备资产管理平台等方案，从精益、柔性、可靠和智能等方面提升产品差异化竞争力，提高产线开动率、资产利用率和设备性能。

明珞利用数字化技术虚拟调试技术、工业大数据分析技术等，为汽车制造提供数字化生产线，提升产线效率和质量。

2. 亮点和创新点

（1）基于数字孪生和工业大数据分析的白车身自动化焊装生产线是全球首个在汽车制造领域实现数字化工厂虚拟制造与工业物联网大数据智能分析打通的解决方案，实现生产线智能交付与交付后的智能运营维护，能够将大型汽车生产线的交付周期从2年以上缩短到9个月，小型生产线缩短至5.5个月，其质量和成本更有竞争力。

（2）基于数字孪生和工业大数据分析的白车身自动化焊装生产线是全球首个依托技术标准化和CAD软件自主开发，实现非标自动化设备和软件（工装设备、控制电柜、PLC与机器人程序软件）高效自动化设计的解决方案，可提高工程技术设计效率10倍以上。

（3）基于数字孪生和工业大数据分析的白车身自动化焊装生产线应用了先进的数字孪生技术，是汽车智能装备制造业的前沿技术之一，整合了3D建模、离线仿真、电气控制和硬件安装等在传统调试流程中需要在现场才能进行联调的各个模块，构建虚拟生产线，在虚拟的环境中进行集成、测试及验证，降低了现场集成的隐患，节省了现场调试时间。

（4）基于数字孪生和工业大数据分析的白车身自动化焊装生产线采用自主开发的工业大数据智能诊断配套系统，通过建立从PLC到采集器再到云服务的架构，对生产线、工位、设备数据进行实时采集、存储、分析和诊断，并构建自动化生产线数字孪生体，实现生产线运行状态、智能等级的精准评估以及预防性维护和远程维护等功能。项目的实施为生产线设备诊断和监控生产提供了全方位的技术支持，有效解决了生产线资产利用率低，耗品备件浪费，设备故障率高，产品质量不良，交付周期长等问题。

〔撰稿人：广州明珞装备股份有限公司 陈晓霞〕

# 机器人在大尺寸面板涂胶工艺的应用

### 一、应用背景

随着技术的进步和新应用领域的出现，平板显示市场稳步增长，消费者对终端产品的个性化需求促进平板显示技术不断发展。随着各应用领域尤其是液晶电视对大尺寸屏幕的需求持续增加，生产厂商必须对生产线进行升级改造。目前，大尺寸面板的生产厂商主要有韩国的三星电子株式会社、LG电子株式会社及我国的京东方科技集团股份有限公司（BOE）、华星光电技术有限公司、南京熊猫电子股份有限公司和惠科股份有限公司等。随着窄边框显示屏需求的不断增长，生产厂商纷纷根据市场需求更新工艺，作为窄边框技术必备的侧边涂胶机也应势而出并在近年得到规模化的应用。

起初，生产厂商在建设整条线体时，并没有对侧边涂胶机的需求，对原有线体进行搬运连线的成本很大，因此，面对大尺寸面板的工艺升级，必须在不影响原有生产线体的条件下单独对产品进行面板涂胶的工艺改进。大尺寸面板侧边涂胶工艺要求见图1。大尺寸面板侧边涂胶工艺核心功能要求见表1。大尺寸面板侧边涂胶工艺流程见图2。大尺寸侧边封胶机主要结构见图3。

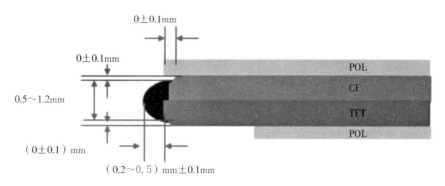

**图 1　大尺寸面板侧边涂胶工艺要求**

**表 1　大尺寸面板侧边涂胶工艺核心功能要求**

| 序号 | 事项 | 目的 |
| --- | --- | --- |
| 1 | 确保 Panel 位置平整设计 | 防止 Panel 不平整，影响涂胶品质 |
| 2 | 边涂布边紫外线（UV）硬化功能 | 确保涂布硬化要求和设备 Tact time 要求 |
| 3 | UV 能量监测功能（实时或间隔时间 / 投入量检测，也可手动测量） | 确保 UV 能量输出正常，胶硬化品质 OK |
| 4 | AOI 功能，针对涂胶厚度 / 宽度 / 起始结束位置（可选涂布 + 检查 / 只涂布 / 只检查等几种方式） | 确保 AOI 检查<br>方便调试确认品质状况 |
| 5 | 涂布液不停机整瓶安装，并实现胶桶自动切换功能 | 确保人员作业安全及设备效率 |
| 6 | 胶桶更换时，防止空气进入管道功能（防涂布液逆流设计） | 防止空气进入管道 |
| 7 | 胶阀喷口残液洗净 / 清洁功能 | 确保长期生产涂布品质，防止胶阀堵塞 |
| 8 | Mark 识别 Error（比如异物影响）时，可以手动画 Mark 位置 | 减少人进入设备或材料拿出风险 |
| 9 | 主机 /AOI/ 胶桶等重要参数上抛 CIM，系统监控 | 确保设备参数稳定，可控 |
| 10 | 设备重要参数以 Log 方式本地保存<br>AOI 检查图片保存一定时间并有检索调出功能 | 便于查询及履历追溯 |

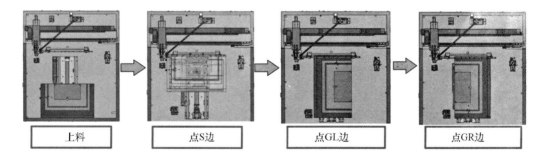

**图 2　大尺寸面板侧边涂胶工艺流程**

注：1. 点胶顺序：先点长边 S，再分别点 GL、GR 边。

2. 玻璃上料自动定位 AOI。

3. 可配合客户制程需求变更点胶路径。

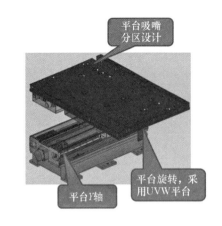
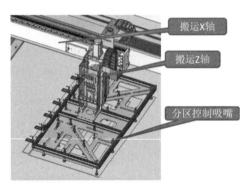

**图 3　大尺寸侧边封胶机主要结构**

注：1. $X$ 轴采用直线电动机的搬运组合，保证精度。
　　2. $Z$ 轴采用伺服模组，保证搬运的位置准确性。
　　3. 吸嘴采用分区设计，保证切换时无须手动调整。

## 二、实施情况

**1. 双通道产品流向的结构布局**

充分利用了客户的场地空间，节省了三分之一以上的空间，提高了机器效率，节拍比同行提高 50% 以上，产生了显著的经济效益。

**2. 独立的上下料机系统**

可实现与整线节拍一致，保证生产厂商的生产效率。设备智能系统，运用电荷耦合元件（CCD）自动拍照对位方式，点胶自动路径生成。机械臂通过 CCD 自动识别泡棉与模组产品并进行自动分料。

**3. 大尺寸面板点胶**

由于产品尺寸大，连续点胶行程长，机械结构也长，传统的焊接安装面基于应力及强度问题，很难达到所需要的精度要求。使用大理石作为运动点胶机构的安装面，充分利用了大理石的稳定特性，提高了点胶运动机构的整体精度和稳定性。

**4. 自动光学检测（AOI）技术**

采用高效可靠的 AOI 检测算法，可快速计算并分析出缺陷位置和缺陷原因，确保工件点胶合格。同时，检测技术可以精准地检测出多种异常，为工件的点胶质量提供强有力的保证。

**5. 快速打通信息交互通道**

通过监控、获取及分析点胶机台的生产信息，既可以进行生产控制以及流程的改善，又可以协助定位问题并分析原因，减少生产线停工、待料、不良率等现象，提高生产效率。

## 三、项目效果

该项目开发了多个新产品、新工艺和新方法，其中较为突出的是连续喷射单点胶量的速度、边点胶边 AOI 智能化技术、3D 测量技术及虚拟 PLC（可编程控制器）软件等。

**1. 连续喷射单点胶量的速度**

通过改善结构设计及各种精准控制技术和大量的数据验证与分析后，在分钟级别内的连续点胶过程中，喷射单点胶量差异控制在 1nL 内，达到数量级的提升。

**2. 边点胶边 AOI 智能化技术**

通过图像处理、图像拼接等技术及算法优化，改变了在大尺寸面板点胶过程中点胶和 AOI 分步骤实现的方式，成功实现边点胶边 AOI，极大地提高了生产效率及产品良率（良率由 95.50% 提高到 99.95%）。同时，由于 AOI 的成功应用，机器人实现自学习，迈出了向智能化转化的步伐。

3. 3D 测量技术

利用视觉定位系统及 3D 测量技术，成功对每一片产品规划出特定的点胶路径。在特定的点胶路径引导下，机器人模组对产品实施精确点胶。克服了因不同产品之间的个体差异对点胶造成的影响，提高了点胶的良率，降低了对产品来料品质的依存度。

4. 虚拟 PLC 软件

用于程序处理和交互式操作控制，数据传输采用了 ASC Ⅱ 码的形式，由 PLC 对指令自动进行相应响应，实现工控机和触摸屏通信。虚拟 PLC 软件克服了触摸屏与工控机无法通信的问题，提升了设备的易用性。

5. CCD 定位系统

为解决精准定位问题，适应市场上异性小产品复杂的点胶要求，广州市景泰科技有限公司开发了五轴联动系统，可实现在复杂空间上进行自由点胶，克服了轨迹复杂多变时不可能保持匀速或胶路粗细不均匀等问题。五轴联动系统主要包括 CCD 自动定位、光谱测量、自动点胶和自动上下料等子系统。

〔撰稿人：广州市景泰科技有限公司朱威〕

# 动车组入所在线智能检测系统

## 一、应用背景

轨道交通装备是《中国制造 2025》确定的重点发展领域之一，是未来公共交通发展的主要载体。轨道交通车辆的运营维修是保障其安全运营的重要基础。

随着我国轨道交通运营里程和车辆配置数量急剧增加，既有车辆段检修能力逐渐饱和。传统地铁车辆的库内日常检修主要采用人工检测方法，即肉眼识别＋便携式工具检测，机器人自动化检测少有运用。在肉眼识别及判断方面，人为因素影响较大，容易受检修地沟环境、人员工作状态、人员技术水平等多方面因素影响，会出现漏检、漏修情况。

目前，国内地铁车辆的检修主要采用车辆部件互换修的方式，遵循车辆检修资源共享、综合利用、统一管理的原则，整个车辆检修可分为日检维修和定期检修。但由于国内各地的地铁发展时间、水平不同，运行线路环境不同，以及管理模式不同等多种因素影响，各地的地铁车辆实际检修情况各不相同。以广深地铁为例，如今开通的线路较长、运营车辆数较多，地铁车辆的检修维护最具代表性。地铁车辆检修现阶段划分为 4 个层次：日常维修、定修、架修、大修。日常维修采用均衡维修模式，分为日检、月检。在平常检修任务中，日检最为繁重，均以人工作业方式完成，作业周期短、工作量大。日检车底检修内容包括车下电气、转向架、空气气路及制动系统等。主要采用传统的人工目视方式，或者利用简易工具实施快速例行检查和故障处理，存在检修范围广、作业难度大、作业过程繁琐、检修效率低下、遗留作业盲区等问题。同时，大部分检修项（点）依赖工人的经验，存在人为因素的影响，无法时刻保持高准确性与高效率作业。日检虽为地铁车辆的日常例行检查，但检修内容多、作业效率低、质量较低。为提高地铁车辆运行的安全性，提高上线率，提升检修效率，亟须配置智能化的库内日检作业检测系统。

## 二、实施情况

该项目由广州松兴电气股份有限公司（以下简称"松兴电气"）轨道交通事业部自主研制，是全世界首创的用于动车组一级检修作业中以机检代替人工检测的智能运行维护装备，主要用于车体底部及转向架内部关键部件的检测和测量，覆盖了动车组一级检修的主要内容。产品在广州动车所进行测试。依据《铁路动车组运用维修规则》（铁总运〔2017〕238 号）以及中国铁路广州局集团有限公司广州动车段《广州动车段车底检测机器人评审规则》要求，产品需要对动车组底部、走行部内部等关键部位精确定位，采集清晰图像，准确识别出故障并测量，实现车底智能运维等。

根据广州动车所的要求，项目应包括入库动态检测系统、库内检测机器人系统及自主云架构数据分析平台等。

（1）系统部署及架构（见图 1、图 2）。

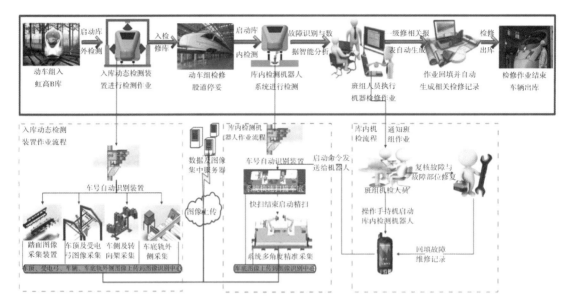

图 1 系统的整体构架

图 2 系统安装实景图

（2）入库动态检测系统。动车组入库检测系统安装在动车入库咽喉口，利用三维图像采集及处理技术对过往动车组的裙板、转向架、底部、车顶以及受电弓等部件进行实时动态在线检测，并对相关检测故障信息进行确认、下发、跟踪及管理。

实现的功能包括：车顶检测；受电弓检测；碳滑板磨耗检测；车窗检测；裙板检测；转向架轨道外侧检测；车底部轨道外侧检测；车号图像识别；转向架外侧检测。入库动态检测反馈情况及检测效果见图 3 和图 4。

图 3 入库动态检测反馈情况

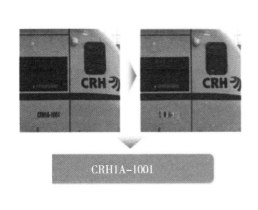

受电弓及车顶检测效果

车侧故障动态检测效果

车号智能采集识别效果

图4 入库动态检测效果

（3）库内检测机器人系统。安装在动车检修地沟内，对停在检修点的动车组底部进行检测，实现对关键部件以及列入重点检测计划的部件进行多角度、高精度数据采集，通过智能图像识别算法自动识别动车组故障，替代人工进行动车组地沟的检查作业，基本覆盖动车组日常一级维修的作业内容。库内检测机器人安装情况见图5。

图5 库内检测机器人安装情况

具体功能体现如下：

1）智能检测系统。基于机器学习、机器视觉及深度学习结合点云数据，实现动车零部件松、脱、断、裂识别及测量，测量精度为±0.8mm。同时运用插件式及MVVC（多版本并发控制）架构实现软件的通用性、易维护性，兼顾后期在物联网（IoT）及工业检测中拓展。

2）图像故障自动识别。主要通过对检测对象3D点云的空间信息、2D平面信息、多模态识别及小样本弱学习等行业先进视觉检测技术，对检测对象进行综合分析，能精准检测识别并输出相关故障信息。

检测系统实现情况如下：

①车底部分检测结果：车底板螺栓安装牢固，防松标记无错位，无裂纹、变形；车底各管线无破损，固定良好，无裂纹，丢失；车底风扇外罩螺栓安装牢固，防松标记无错位，检查底板无裂纹、变形；板材内部铝蜂窝结构不外露，密封胶条无损坏；检查底板锁无松动或打开，开口销无裂纹。

②关键部位多角度检测（见图6）。

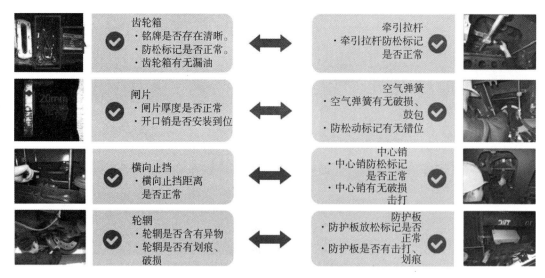

图6 关键部位多角度检测情况

（4）自主云架构数据分析平台。信息管理平台是动车智能检修系统功能的核心组成部分，通过整合智能检测设施和外部信息系统，为调度人员提供统一的集成作业界面，在各类智能设施和信息系统间按照检修技术作业的组织规律建立关系和实现联动，自动监控整合后的智能检测设施和外部信息系统的运行情况。系统控制流程见图7。

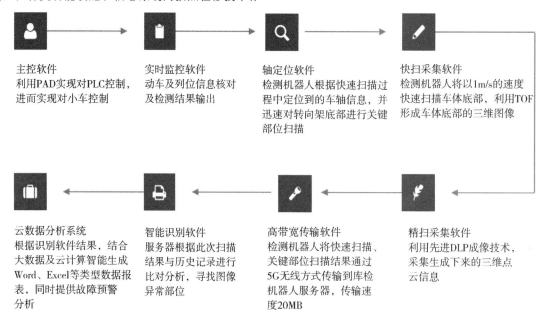

图7 系统控制流程

1）云数据分析系统。通过采用B/S（浏览器/服务器模式）架构设计，云数据分析系统可以为用户提供便捷、统一的使用界面，便于用户进行检修信息的查询、故障信息的确认、历史数据的查询等功能。同时后期结合大数据、云计算及人工智能为动车提供故障预警分析。主要功能包括：①入库过车情况总览，库内检测机器人装置检修数据实时监控及查询；②入库动态检测装置检修数据查询，故障图像查看及分析；③检修记录单自动生成及导出。

（2）精扫采集软件。利用先进的DLP（数字光处理）成像技术，采集生成三维点云信息。

三、项目效果

1. 项目实施后的效果

项目用于动车组日常检修的底板故障检测、走行部底部检测、走行部关键部位测量等，解决了传统一级检修作业质量不高及效率低下等问题，是轨道交通运维中从"人检人修"迈向"机检人修"的重要一步，对动车组一级检修作业中降低人工作业强度、提高作业效率、减少人员安全隐患具有重大意义。

系统研发完成后进行检测验证，在6次真实故障进行检测试验中，设置真实故障214件，机器人总报警215件，发现设置的真实故障214件，漏报故障0件，误报故障1件，发现率为100%，误报率为0.5%。项目检测验证故障收集情况见表1。

表1 项目检测验证故障收集情况

| 故障类型 | 9月27日试验 | 10月20日试验 | 10月28日试验 | 10月29日试验 | 10月30日试验 | 11月13日试验 | 合计 |
|---|---|---|---|---|---|---|---|
| 设置真实故障数（件） | 23 | 50 | 43 | 42 | 28 | 28 | 214 |
| 机器人总报警数（件） | 23 | 50 | 43 | 43 | 28 | 28 | 215 |
| 发现设置真实故障数（件） | 23 | 50 | 43 | 42 | 28 | 28 | 214 |
| 漏报故障数（件） | 0 | 0 | 0 | 0 | 0 | 0 | 0 |
| 误报故障数（件） | 0 | 0 | 0 | 1 | 0 | 0 | 1 |
| 发现率（%） | 100.0 | 100.0 | 100.0 | 100.0 | 100.0 | 100.0 | 100.0 |
| 误报率（%） | 0.0 | 0.0 | 0.0 | 0.0 | 0.0 | 0.0 | 0.5 |
| 漏检率（%） | 0.0 | 0.0 | 0.0 | 0.0 | 0.0 | 0.0 | 0.0 |

2. 经济效益

城轨运营维护后市场空间与运营里程数高度相关，据估计，城市轨道交通运维支出一般占总投资的2%～3%，我国城市轨道交通运营维保后市场规模在2023年将突破2 000亿元。松兴电气已初步形成在"泛铁路后市场"的成功布局，该系统已经在上海局、成都局、广铁、港铁等投入试应用。

3. 社会效益

项目的研发成功将替代轨道交通装备传统检修方式——用眼睛看、用手摸、用手电筒照、用尺子量的原始作业方式，解决深夜作业、强度大、质量控制难、人员素质要求高、培养成本大、场地少、效率低、结构复杂、耗时长等问题，缩短了技检时间，提高了检修效率。项目完成后的产业化推广所需原材料、零配件等大大增加，将推动轨道交通行业上下游产业链条协同发展。

4. 亮点和创新点

动车组入所在线智能检测系统运用先进的机器视觉技术、人工智能技术、图像识别分析技术、精准运动控制技术、工业机器人技术等，利用高精度图像采集系统充当检修工人的眼睛，利用六关节工业机器充当检修工人的手臂，利用智能小车充当检修工人的脚，利用自动检测系统和控制系统充当检修工人的大脑，实现动车组智能检修作业的自动化、智能化和信息化。其主要的创新点如下：

1）集高速连续数字照相技术、大容量图像数据实时处理技术、精确定位技术、图像识别技术、网络技术及自动控制技术于一体的智能系统。

2）采用模块化、小型化的设计理念，运用图像自动识别技术，增加了具体重点部件的故障识别算法，对图像自动进行对比分析和异常分级报警，人工对异常报警信息进行确认处理，实现图像自动识别和分级报警。

3）结合运动控制技术，把图形成像系统装载到库内检测机器人上，利用高精度的电气程序控制，实现定点、实时、定位到拍照点。

4）多层次软件开发，各子程序与主程序之间通过网络协议交互运行。

5）首次将机器人技术与机器视觉技术组合在一起，用于动车组一级检修作业，解决了传统图像检测设备只能检测动车组外部显露部分、无法检测内部隐藏部件的问题。

6）可在列车运行及车体通电过程中进行检测，有效解决因环境导致的人工无法作业的时间浪费问题，缩短了技检时间，提高了检修效率。

〔撰稿人：广州松兴电气股份有限公司曾智文〕

# 机器人在车底检查中的应用

## 一、应用背景

### 1. 传统车底检查方式及存在的问题

（1）人工查验。该方式主要由检查人员进入车底，对车辆底盘进行检查。该方式存在的问题在于车底环境较差，特别是多数小型车辆底盘低，人员移动困难，查验费时费力。为了解决上述问题，部分查验地区修建汽车地沟，但该方式需要进行土建，而且对车辆类型限制较大。同时，在不少查验场景下，待查验车辆并不熄火，造成一定的安全隐患。对部分危险场景，特别是在反恐场景下，由人员进入车辆底部检查，危险系数大。

（2）辅助工具。人员手持辅助工具对车辆底盘进行检查。该方式解决了人员必须进入车底的问题，但由于设备查验范围限制，必须由人员手持设备接近汽车操作。

（3）传统车底检查设备。该方式由永久或可移动但无自主动力的图像采集设备构成。此类设备被固定在关键道路卡口处，当汽车通过时，可通过图像采集设备完整记录车辆底盘信息。采用此类设备检查时需要车辆行驶通过，无法查验停泊车辆；固定式车底检查设备还需要进行土建作业。

### 2. 应对查验挑战的思路

针对传统车底检查方式存在的不足和问题，同方威视技术有限公司（简称"同方威视"）将传统车底查验技术与机器人技术、导航定位技术以及智能算法相融合，研制出一种创新的车底检查设备产品——车底检查机器人。其具备以下特点：

1）通过将传统车底检查技术与机器人融合，使车底检查设备融入机器人技术的优势，可灵活部署，无须土建等配套设备。

2）通过将机器人技术、导航定位技术以及智能算法融入车底检查机器人，使其可自动进行车辆底盘特征识别，进行路径计算规划，并根据运动中的情况进行自动调整，完成整车车底图像获取。因此，车底检查机器人在查验中无须人员操控，也无须车辆驾驶员配合，减少人为干预，也减轻查验人员的工作负担，避免潜在的风险。

3）通过将人工智能技术与机器人融合，可以使车底检查机器人更快速地对车辆进行识别，并更精准地检测到异常情况位置。

## 二、实施情况

同方威视车底检查机器人具有操作简单、机动便携、无须配套设施的优点。在查验时无须驾驶员配合，查验人员只需发出整体查验指令，机器人将通过集成的多种传感设备及图像识别设备，在无须操控的情况下自主完成车底整幅底盘高清图像获取，并为检查人员提供不同视角的车底实时高清视频及录像，让检查人员全方位观察车辆底盘情况；当查验人员对车辆特定位置进行观察时，机器人将根据指示到达指定位置进行定点观测。

2020年"全国两会"期间，同方威视车底检查机器人在河北涿州京港澳高速车辆进京检查站投入使用（见图1）。机器人投入使用时，无须任何土建或配套施工，直接根据检查站情况进行灵活部署"上岗"。在现场，交警拦停车辆进行人员信息筛查、车厢检查时，检查人员只在移动控制端点击"一键查验"，机器人即离开驻点，自行规划路径对车辆底盘进行扫描并返回，高清图像实时显示在移动控制端，执法者可以准确判断是否有危险违规品藏匿。

**图1 机器人在涿州京港澳高速进京检查站应用**

与涿州京港澳高速进京检查站相同，在昆明海关所属孟定海关清水河口岸，也是在无须任何配套设施、查验场地无任何改动的情况下，直接部署了车底检查机器人。现场查验关员只需在终端设备上点击查验安检，机器人即可根据对车辆情况的识别直接构建车辆底盘地图，自动进行查验，并将完成后图像回传给查验关员，关员通过手持终端可以清晰、直接地观察车底情况。机器人在昆明海关应用见图2。

当前，同方威视车底检查机器人已广泛应用于海关、民航、监狱、公安、大型活动等领域，特别是在2020年、2021年"全国两会"期间，其协助检查人员对天安门广场和公路检查站进京车辆进行检查，全力高效保障安全。机器人在"全国两会"现场执行安保任务见图3。

图 2 机器人在昆明海关应用

图 3 机器人在"全国两会"现场执行安保任务

### 三、项目效果

**1. 应用效果**

同方威视车底检查机器人在河北涿州京港澳高速车辆进京检查站应用中，根据《河北日报》记者描述："只需轻触一个按钮，其即可在 10～20s 内完成对车底的安全检查。"与传统持检查镜进行车底检查的方式相比，采用机器人检查大大缩短了检查时间，提高了车辆检查的效率。

同方威视车底检查机器人在昆明海关所属孟定海关清水河口岸检查应用中，根据孟定海关行邮科江科长介绍，"车辆底盘检查机器人投入使用后，可以比以往人工检查至少节省四分之三的时间"，并认为车底检查机器人的应用大幅提升了海关监管服务能力和水平。

**2. 亮点和创新点**

1）机器人技术与传统车底扫描技术相结合，使车底检查设备可以灵活部署，避免土建等问题。同时，机器人可以进行主动查验，避免传统车底检查设备成像依赖于驾驶员配合的情况；机器人还可以根据查验需求，完成对车辆底盘特殊区域的定点观察，解决传统车底扫描设备无法灵活操控的问题。

2）将机器人与导航技术相结合，使车底检查机器人可以自主规划查验路径，并可以在查验过程中进行自主调整，可以有效降低操作人员操作的复杂度，并可以快速完成车辆底盘整图，提升查验的准确度。

3）将机器人与人工智能技术相结合，可快速准确地定位车辆底盘异常区域，为查验人员提供辅助与支持。

〔撰稿人：同方威视技术有限公司彭志、张宇哲、李红涛、赵延平、宋燕辉、刘梦晨〕

# 核燃料元件制造智能车间

### 一、应用背景

根据《国家核电发展专题规划（2005—2020）》，我国核电及特种装备产业将实现大规模快速发展。应用于核工业领域和特种环境领域的特殊作业机器人及智能化装备产品是实现核工业智能化和信息化的重要支撑装备，将随着我国未来核工业的快速发展而产生巨大的市场需求和广阔的应用空间。

核能发电是相对清洁、安全的电力生产方式。用于核电厂反应堆大量释放核能供输出动力的物质称为核燃料。核燃料元件的生产制造因堆型的不同有较大的差异，主要制造流程可简单划分为芯块制备、单棒生产、组件组装、组件存储等环节。在核燃料元件制造领域的各个生产制造环节中都有比较典型的机器人应用，六轴工业机器人、直角坐标机器人、水平多关节机器人、并联机器人、自主移动机器人等机器人产品被广泛应用于物料搬运、焊接、装配等工作。

### 二、实施情况

在重水堆核燃料元件生产线智能化升级改造项目中，所涉及的一套机器人及自动化成套设备作为机器人在核燃料元件智能生产线的代表应用，主要包含中央控制系统、AGV（自动导引车）转运系统、成品自动化立体仓库、生坯码垛下料系统、生坯暂存库、烧结炉上下料系统、熟坯暂存库、磨床上料及清洗下料系统等。项目以应用需求为设计基础，提供完整的解决方案；模块化设计，各子系统相对独立，便于整个系统的安装调试；以信息管理为中心，实现物流管理自动化及对产品的全程跟踪与管理；AGV 使用自主惯性导航,自动充电方式保证了系统连续自动运行;实现整条产线智能化自动运行,无须人工干预。

1. 中央控制系统

中央控制系统分为调度系统、数据采集系统、库存信息管理系统、AGV管理系统。其中,调度系统通过协调AGV、立体库等设备调度整个生产线物料的流转,并记录生产过程数据和产量数据。数据采集系统用来采集各个工作站实时状态数据和生产数据,最终由调度系统汇总所有产量数据。库存信息管理系统可以在库存查询界面查看当前库存中,所有库位的状态以及各个库位上存储的货物的详细信息。AGV管理系统包含三个区域,分别为AGV信息查询区、AGV1组和2组调度功能区。

AGV信息查询区向用户展示当前AGV的工作状态以及AGV车辆上装载的货物信息,AGV调度区提供给用户操纵AGV的功能,用户可以通过该功能调度AGV,以实现期望的动作。

在生产过程中,通过中央控制室屏幕显示AGV信息、生坯暂存库、熟坯暂存库、成品自动化立体仓库及其他设备的生产运行状态。实现无人值守状态下物料转运及各设备上下料实时自动运行,物料批号、生产日期、重量等信息流通过电子标签和二维码等系统进行识别,并利用中央控制系统的数据库管理功能进行自动监控和统计,最终形成电子报表,使生产管理者能够实时掌握整个生产状态。中央控制室展示画面见图1。

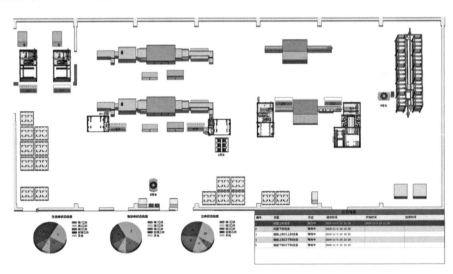

图1  中央控制室展示画面

整套自动化系统主要完成将压制后生坯芯块自动码垛为舟单元,自动将舟单元移载至生坯转运料架并转运至生坯暂存库,自动为烧结炉上下料并将烧结后的芯块转运至熟坯暂存库,自动将熟坯转运至磨床并上料,自动将磨削后的芯块装盘、清洗、码垛并转运至磨削后芯块立体自动化仓库,自动将成品芯块转运至烘干上料位等。整套系统的物料转运通过1套调度系统和3台AGV完成,1号AGV和2号AGV负责生坯下料位、烧结炉上下料位及磨削上料位的物料和料架周转,3号AGV负责在磨削清洗下料位和自动化立体仓库间的物料转运。3台AGV分别完成生坯转运循环、熟坯转运循环、成品转运循环等并可以相互补差合作工作。生产车间与AGV输送系统之间的数据,根据车间生产信息生成输送任务,任务管理计算机与AGV控制台之间建立TCP/IP通信连接,通过局域网与AGV控制台交换信息,可以通过标准数据库、TCP/IP、CAN总线、工业现场总线等多种方式与车间管理系统建立数据通道,使车间内的自动设备与AGV系统能够有机地结合成一个完整的系统。

2. AGV转运系统

AGV系统作为物料转运的核心执行系统,主要包括AGV车体、导航系统、充电系统、总控系统、无线通信系统、任务管理系统、AGV车载控制系统等。AGV具有无轨、智能、站点自动识别、自动导引等能力。AGV使用惯性导航方式,现场施工量小,控制路径灵活,系统柔性大,自动运行时可以实现前进、后退、转弯、旋转等多种动作。AGV使用免维护充电电池作为供电电源,使用专用的充电站进行在线充电,这使AGV能够在线连续运行。

AGV系统控制台使用PC总线的工控机,具有系统监视、任务分配、避碰管理、充电管理、人工操作、系统故障报警等功能。AGV控制台与AGV间采用无线通信方式,AGV通过高速无线电台与控制台建立无线局域网,接受控制台实时控制,在开放空间的直线通信距离可达100m。控制台与AGV进行实时通信,向AGV发出系统控制指令、任务调度指令、避碰调度指令。控制台同时可接收AGV发出的通信信号,包括各类指令的执行情况、AGV当前的位置及当前的状态。系统中在线AGV

的实时状态可显示在中央控制室操作界面上。AGV 控制台通过 IO 信号连接系统中的充电机，可实时监视充电机的状态，并负责 AGV 运行中的交通管理。AGV 自动转运状态见图 2。

**图 2　AGV 自动转运状态**
注：图片来源于 CCTV10《走进科学》视频截图。

AGV 车载计算机是控制系统的核心，通过接口与各功能模块连接，实时监控各功能模块的工作状态，对异常情况按预定方案进行处理。AGV 系统具有完善的多级安全报警机制，包括控制台系统监控、非接触式防碰传感器、急停按钮等，可以在各种情况下保证 AGV 系统以及 AGV 周边操作人员及设备的安全。在 AGV 前进方向设有非接触防碰传感器，分两个区域，一区距离较远，二区距离较近，主要对 AGV 进行防碰保护。AGV 在一区内遇到障碍物时先减速，然后按 AGV 的运行方式停车。二区发现障碍物后直接停车。一区和二区可在 5m 范围内任意设置。AGV 机器人自动遇障停车状态见图 3。

AGV 安装有离线保护系统，一旦发生导引信号故障或导引传感器故障，AGV 将立即停车。发生故障的 AGV 可以使用手控操作器操纵 AGV 离开工作区到安全位置。AGV 一旦发生故障，自动启用声光报警以提醒周围的操作人员注意，同时通知 AGV 监控系统在控制台上显示当前状态和文字提示。监控人员可以根据提示的信息，指挥现场人员排除故障。

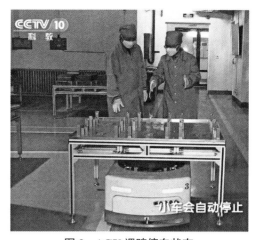

**图 3　AGV 遇障停车状态**
注：图片来源于 CCTV10《走进科学》视频。

### 三、项目成果

项目申报发明专利 4 项，在国家级期刊发表论文多篇。项目获得中核集团科技进步奖二等奖、核能行业协会奖三等奖。中央电视台科技频道（CCTV10）《走进科学－接近核燃料》节目对项目实施结果进行了专题报道，让核燃料生产线走进了更多观众的视野。随着机器人产业及智能制造的发展，越来越多的机器人产品广泛应用于核工业领域，并使其自动化、智能化水平向更高层次推进。在生产效率提升带来经济效益的同时，也减轻了核电领域从业人员的劳动强度，降低了从业人员的作业风险及职业危害，使核电领域的安全性进一步提升，带来了显著的社会效益。核燃料元件生产所使用的设备及机器人也逐步从进口向国产化迈进，越来越多的国产设备及机器人产品在性能、指标上已具备与进口产品同等的竞争力。

2018 年 12 月 25 日，核工业机器人与智能装备协同创新联盟成立，标志着机器人产业与核工业领域已开始深度融合。未来会有更多的机器人及智能装备应用于核燃料制造领域、核退役领域及核应急领域，在提升产业竞争力与影响力的同时，帮助更多的核电领域从业人员远离安全风险。

〔撰稿人：沈阳新松机器人自动化股份有限公司　张成云〕

# 中国机器人工业年鉴 2021

## 英才篇

介绍在中国机器人行业领域具有一定影响力,为行业发展做过突出贡献的人物

# 英才篇

把数学引进人工智能
——中国科学院院士张钹

新时代机器人发展的若干问题
——中国科学院院士熊有伦

开启我国工业机器人腾飞之旅
——中国工程院院士蔡鹤皋

开拓我国水下机器人事业
——中国工程院院士封锡盛

我国机器人和自动化工程技术界学科带头人
——中国工程院院士王天然

以热忱与专注探索行业发展之路
——全国劳动模范曲道奎

合作谋发展　真诚铸品牌
——全国政协委员许礼进

打造综合技术服务平台　赋能机器人行业创新发展
——国家机器人质量检验检测中心主任王爱国

# 把数学引进人工智能

## ——中国科学院院士张钹

张钹,1935年3月26日出生于福建省福州市福清市,1953年考入清华大学,1958年从清华大学自动控制系毕业后留校任教,先后在自动控制系、计算机科学与技术系任教,历任讲师、副教授、教授。1980—1982年,作为访问学者在美国伊利诺伊大学进行人工智能、智能机器人研究工作。1994年,当选俄罗斯自然科学院外籍院士;1995年,当选中国科学院院士;2011年,被汉堡大学授予自然科学荣誉博士;2015年,获得2014中国计算机学会(CCF)终身成就奖;2016年,获微软研究院杰出合作贡献奖;2019年,获得吴文俊人工智能最高成就奖。张钹院士著有《问题求解理论及应用》《Research on Frontiers in Computing》等书籍,发表论文200余篇,培养博士70余名。他曾任清华大学学位委员会副主任,现任清华大学人工智能研究院名誉院长。

张钹院士从1978年开始从事人工智能教学与研究工作。先后参与了人工智能、人工神经网络、机器学习等理论研究,并将这些理论应用于模式识别、知识工程与机器人等技术的研究当中。他在人工智能研究上的主要贡献是将数学引进人工智能,在搜索、规划和问题求解等领域建立形式化理论和高效算法。在1984年的欧洲人工智能会议(ECAI-84)上,张钹院士和张铃教授一起提出的基于统计推断的启发式搜索新方法获得了ICL欧洲人工智能奖,此种新方法有效地降低了计算复杂性。随后美国华盛顿大学章伟雄教授将该方法推广到了非参数统计启发式搜索(nonparametric statistical heuristic search)。1987年,该成果获得了国家教育委员会科技进步奖一等奖。张钹院士和张铃教授共同提出基于拓扑的运动规划和基于关系矩阵的时间规划方法,1993年,运动规划的理论成果获国家教育委员会科技进步奖二等奖和电子工业部科技进步奖一等奖。他还将理论应用于解决实际问题,例如,机器人(运动与任务)规划与图像处理等。他指导并参加建成了陆地自主车、图像与视频检索等实验研究平台,他指导的陆地自主车获得了1998年的国防科学技术工业委员会科技进步奖一等奖和1999年的国家科技进步奖三等奖等奖励。张钹院士和张铃教授针对人工智能问题求解的计算复杂度,提出了问题分层求解的商空间理论,解决了不同粒度空间的描述、它们之间的相互转换以及降低复杂度的措施等理论问题。还提出了不确定性处理、定性推理、模糊分析、证据合成等新原理和新方法,1995年,该理论成果获国家自然科学奖三等奖,并被国内一些高等院校的博士研究生应用在了不同领域,例如,遥感图像分析和经济系统等。

1987—1994年,张钹院士任国家高技术研究发展计划智能机器人主题专家组专家。在智能行为建模、知识工程、神经网络、智能机器人以及人机交互等应用技术的研究方面做出了贡献。在他主持下研制的清华智能车是我国国家高技术研究发展计划的一项重要成果,这种新一代智能移动机器人,能够进行道路跟踪和躲避障碍的自主驾驶。2003年6月,经教育部组织的专家鉴定,智能车的车道线自动跟踪技术居国内领先,并且达到了国际先进水平。

此外,张钹院士还参与了智能技术与系统国家重点实验室的创建,于1990—1996年担任该实验室主任。该实验室在国家科学技术部组织的评估中,连续三次被评为优秀实验室,1990年和1994年,他两次获得国家科学技术委员会、国家计划委员会和财政部联合颁发的个人金牛奖(该奖为国家重点实验室做出重大贡献的先进工作者而颁发)。

近年来,张钹教授带领的团队在深度学习和大规模概率建模及其在视觉信息处理的应用方面进行过深入的研究,提出了正则化贝叶斯理论、非参数化贝叶斯、基于神经启发的深度学习模型和深度生成模型等,在ICML、NIPS、AAAI、CVPR、ICCV、ACM Multimedia、JMLR、IEEE TPAMI、IEEE TIP、IEEE TMM、IEEE TCSVT等国际会议和期刊上发表了高质量论文数十篇。

# 新时代机器人发展的若干问题
## ——中国科学院院士熊有伦

熊有伦,华中科技大学机械科学与工程学院教授,1995年当选中国科学院院士,2005年被评为全国先进科技工作者,2006年获何梁何利科技奖。主持《支持产品创新的先进制造技术基础研究》《网络环境下的数字制造理论与关键技术》(与顾佩华院士共同主持)《集成机器人装配规划与操作的几何推理方法研究》等国家自然科学基金项目以及国家重点基础研究发展计划等多项国家级重大课题,在数字制造、精密测量、机器人技术等研究领域取得突出成果,发表论文200余篇,提出J-函数新概念和基于J-函数的碰撞、干涉检验方法,为冗余度和欠自由度机器人设计、分析和轨迹规划提供了统一的准则和方法。出版过《机器人学》《机器人操作》《精密测量的数学方法》等书籍,培养博士研究生40余名,获国家科技进步奖二等奖/三等奖、国家技术发明奖二等奖各1项,省部级一等奖5项。曾任机器人学国家重点实验室、机械制造系统工程国家重点实验室学术委员会主任,现任高性能复杂制造国家重点实验室学术委员会主任,中国科学:E辑、科学通报编委。

熊有伦教授从研究生学习阶段便开始了机械制造自动化的开发与研究工作,1963—1965年参加我国第一条308轴承自动线磨加工段的研发(无锡机床厂),从事自动线的精度研究,利用维纳(Wiener)滤波理论预报无心磨床加工尺寸的变化规律,采用气动测量实现尺寸精度的自动调整和补偿。1967—1969年在原二汽(东风汽车)发动机厂、原上海试验机厂参加我国第一条曲轴动平衡自动线的研发设计,熊有伦教授对于自动线上普遍采用的上料机械手和搬运机械手的机械设计和控制有很大的兴趣。1972—1978年先后参加了学校卧式加工中心和立式加工中心等科研项目,在XHK5140立式加工中心的换刀机械手的设计中,发挥了创新思维,提出位姿综合方法,设计出结构新颖的机械手,采用四元数,解决了碰撞和干涉问题,受到国内外专家的一致好评。熊有伦教授参与研制的曲轴动平衡自动线和两台加工中心曾获得全国科技大会奖励等。

熊有伦教授在早期实践中积累了丰富的机械设计经验和工艺知识,通过自身经历,熊有伦教授体会到了工业机器人与制造自动化之间的紧密联系。

20世纪80年代,工业机器人与汽车工业的完美结合带动了汽车工业的快速发展,也促进了工业机器人的更新换代。熊有伦教授在机器人的科研与教学领域同样非常活跃,他主持的项目包括:"智能教育机器人""基于微机的机器人离线编程系统"、国家自然科学基金项目"冗余度机器人"和"旋量空间的几何推理"等,参加了陈锦江教授主持的项目"手-眼系统"。值得指出的是,"基于微机的机器人离线编程系统"是他和四位研究生一起共同研究完成的,针对汽车喷涂自动线、装配自动线的急需问题,自主研发编程软件系统,解决了离线编程中的碰撞、编程语言等问题,有重要的实际意义,采用微机,为实际应用和推广指明了可行方向。该项目得到了国家奖励,是科研带教学、科教结合的典范。他所带领的研究生在科研实践中增长了知识、增长了才干,培养了创新思维。

熊有伦教授是我国最早开设"机器人学"课程的教师之一,结合科研和教学实践,编写了《机器人学》和《机器人操作》等书,探索研究型大学"机器人学"的教学内容和理论体系,并获得了多项奖励。

1988年至1989年,他赴英国访问并在英国被评为客座教授,负责讲学并从事机器人多指抓取的研究工作,工作中,他提出"点接触约束的定性分析理论和方法",特别是"形封闭"的计算机智能判别。熊有伦教授根据当时自己讲授的内容整理出多篇论文并发表,为点接触约束的定量分析奠定了基础。

21世纪以来,机器人与电动汽车的深度融合衍生出典型的创新产品——智能网联汽车(简称"智能汽车"),涌现出以特斯拉为代表的创新型企业。可以预见,21世纪中叶,人类的生活将由智能手机时代逐渐过渡到智能汽车的新时代。智能汽车产业将成为我国建设制造强国和科技强国的重要支撑。

新时代为机器人的发展带来了新机遇,开创了新领域。熊有伦教授在其编写的《机器人学》一书中将机器人定义为"操作臂""海陆空"和"人机共融"三个子集的并集。

"操作臂"是指与人手臂相似的工业机器人操作臂，在现代化汽车厂里比比皆是。"海陆空"展示出运载器具的机器人化发展前景："海"是指水下作业潜器；"陆"是指智能移动机器人，包括智能网联汽车和AGV机器人等；"空"是指智能飞行机器人，包括无人机和小卫星等。"人机共融"是指面向人类生命安全的仿生机器人、类生机器人、拟人机器人、康复医疗机器人、医疗装备等。总之，新时代机器人产业将成为战略性新兴产业、高技术新兴产业和电子信息产业，新时代机器人产业必将演变为庞大的"机器人产业群"，成为未来30年发达国家争夺的科技和产业的战略高地，将对经济发展、社会进步、生活方式和战争形态产生重大影响。因此，熊有伦教授倡导：

（1）以企业为主体，实现"国家有组织创新"，制定中长期规划，调动各种力量，形成合理的产业链、创新链、供应链，实现"机器人产业群"的跨越发展。

（2）把"机器人学"作为高等工程教育和医科教育有关专业的主干课程，推动新工科的建立，重视未来技术教育，加强医工结合，促进多学科交叉融合，培养新时代创新人才。

（3）建立"学术共同体"，加强学术交流与合作，夯实基础，形成综合性的"机器人科学"。促进物质科学、生命科学和信息学科的综合发展，推动自然科学、技术科学和工程科学（STEM）的融合发展。

# 开启我国工业机器人腾飞之旅

## ——中国工程院院士蔡鹤皋

蔡鹤皋，男，汉族，1934年6月5日出生于吉林省长春市，祖籍北京，机器人及机电一体化技术专家，哈尔滨工业大学机电工程学院机器人研究所教授，1997年当选中国工程院院士。曾任国务院学位委员会第二、三届学科评议组（机械工程）成员、国家自然科学基金委员会学科评审组成员、国家高技术研究发展计划智能机器人专家组（第一、二届）成员、全国高校机械工程测试技术研究会理事长、中国振动工程学会第一届动态测试专业委员会主任、中国振动工程学会第二届理事会理事、中国宇航学会第三、四届理事会理事、中国宇航学会机器人专业委员会第二、三届专业委员会主任等。

蔡鹤皋院士，1958年毕业于哈尔滨工业大学机械系机床及自动化专业。1958—1979年，担任哈尔滨工业大学机械工程系讲师。1979—1982年，在美国加州大学伯克利工学院机械工程系进修，研究课题为机器人计算机控制系统。在国外学习期间，他深切地体会到了我国与发达国家在机器人研究及产业化发展上的巨大差距，这激发起了他强烈的民族责任感，回国后，他一直从事机器人领域的教学和科研工作。1983年，受航天工业部任命担任焊接机器人研制任务总工程师。1985年，他成功研制我国第一台"华宇-1型"弧焊机器人，并在项目中完成了机器人本体及计算机控制系统硬件与软件的设计、研制及调试，解决了机器人轨迹精度及路径预测控制等关键技术，该机器人研制项目在北京军事博物馆展出，受到极大关注。当时，香港报纸将他研制的弧焊机器人与我国人造卫星的成功研制相媲美，实谓"鹤鸣于九皋，声闻于天"。1987年，他成功研制我国第一台点焊机器人。他开发出的机器人包装码垛生产线已用于山东省、吉林省，大庆市以及天津市滨海新区大港街等地区的石化工厂，形成产业化。

在空间机器人和智能机器人方面，蔡鹤皋院士取得了机器人机构仿真、机器人力控制、机器人宏/微控制、多传感器智能手爪、力控机器人末端执行器系统、纳米级微驱动技术、柔性臂及其控制以及机器人多指灵巧手等多项研究成果，并在机器感知系统方面拥有很高的理论与技术水平。他还提出了主轴回转运动误差理论的新概念，并且成功研制主轴摆角误差动态测量仪。

蔡鹤皋院士在机器人领域的研究项目先后获得了11项部级科技进步奖。他潜心于学术研究，编著出版了包括《机电一体化手册》在内的3本图书，译著了《微计算机实时测试与控制》并以第一作者发表论文58篇。他致力于学科建设，1990年，参与建立了我国第一个机电控制及自动化学科博士点，后改为机械电子工程学科，先后培养博士生85名、硕士生76名，为我国机器人产业的发展培养了优秀的人才队伍。

# 开拓我国水下机器人事业

## ——中国工程院院士封锡盛

封锡盛，男，1941年12月17日出生于辽宁省鞍山市海城市。1965年9月毕业于哈尔滨工业大学电机系工业企业电气化与自动化专业，后被分配至原第四机械工业部第十研究院第十四研究所工作，从事雷达天线控制技术研究。1973年，调入中国科学院沈阳自动化研究所，从事经纬仪用高精度轴角编码器的研究。从1982年起至今一直从事水下机器人研究与开发工作，是我国水下机器人事业的主要开拓者和奠基人之一。1999年，当选为中国工程院院士。多次获得国家级、省级、市级荣誉称号，2002年被评为辽宁省优秀专家，享受国务院政府特殊津贴。先后担任深海采矿国家重点实验室学术委员会主任，中国科学院学术委员会海洋专委会委员，中国自动化学会会士，机器人技术与系统国家重点实验室首届指导委员会委员，机器人学国家重点实验室学术委员会委员，教育部北京理工大学智能机器人与系统实验室学术委员会委员，《机器人》《控制与决策》《控制工程》等核心刊物的编委会咨询委专家、主编和编委等，曾任辽宁省人民政府、沈阳市人民政府参事、咨询委员会委员，首届辽宁省仪器仪表学会理事长。

封锡盛院士的主要研究方向为海洋机器人总体设计、海洋机器人操纵性、海洋机器人智能控制、海洋机器人自主控制、水下高精度导航、多机器人控制、海洋机器人状态与参数估计、脑电控制、目标追踪与对抗、海洋机器人系统建模与仿真等理论与技术研究。

作为主要负责人之一，封锡盛院士领导了我国第一台潜深200m的有缆遥控水下机器人"海人一号（HR-01）"的研制。作为总设计师，他主持了国家高技术研究发展计划重大项目无缆水下机器人——探索者号的研制工作。他曾任我国第一台6 000m自主水下机器人"CR-01"的副总设计师、"CR-01"工程化项目总设计师和第二台6 000m水下机器人"CR-02"的总设计师。"CR-01"6 000m自治水下机器人于1995年及1997年两次为中国大洋协会在太平洋进行了深海探测试验，并对海底多金属结核进行了调查，取得了大量的试验数据。这些项目的成功，使我国成为世界上少数几个拥有此项技术和装备的国家之一。

几十年来，封锡盛院士作为负责人或主要参与者，带领研究团队在水下机器人领域创造了多项国内领先科研成果，获得省部级科技进步奖二等奖以上奖项10项，其中"无缆水下机器人的研究、开发和应用"项目获1998年国家科技进步奖一等奖，"CR-01"6 000m自主水下机器人获中国科学院科技进步奖特等奖。

在学术研究领域，封锡盛院士发表《自治水下机器人研究开发的现状和趋势》《从有缆遥控水下机器人到自治水下机器人》《海洋机器人30年》《机器人不是人，是机器，但须当人看》《深海明珠——海洋机器人历史沿革认识与思考》等学术论文130余篇，其中SCI、EI、ISTP检索90余篇，与他人合作编著《机器人学导论》和《水下机器人》。在队伍建设和人才培养方面，他曾指导博士、硕士研究生30余名，其中很多人已成为研究员或教授，并成为我国水下机器人领域的科研骨干。

# 我国机器人和自动化工程技术界学科带头人
## ——中国工程院院士王天然

王天然，机器人与工业自动化专家，中国科学院沈阳自动化研究所研究员，2003年当选中国工程院院士。曾任中国科学院沈阳自动化研究所所长、新松机器人自动化股份有限公司董事长、辽宁省科学技术协会主席。现任中国科学院沈阳自动化研究所学术委员会主任、机器人技术国家工程研究中心主任、辽宁省科学技术协会名誉主席。他主持完成的科研成果获国家科技进步奖二等奖两项、中国科学院科技进步奖特等奖、一等奖、二等奖各一项和辽宁省科技进步奖等7项科技奖励，并获得何梁何利基金科学与技术进步奖和辽宁省科技功勋奖。曾被评为中国科学院双文明建设标兵，获得国家中青年有突出贡献专家、全国优秀科技工作者、全国杰出专业技术人才和辽宁省特等劳动模范等称号。

王天然院士，1967年毕业于哈尔滨工业大学计算机专业。毕业之后一直就职于中国科学院沈阳自动化研究所。1982—1985年，他在美国卡内基梅隆大学做访问学者，进行人工智能和机器人研究。回国后，长期从事人工智能及智能控制、大型工业自动化系统及工程应用和工业机器人关键技术及产业化方面的研究。

1993—2003年，他任中国科学院沈阳自动化研究所所长。任职期间，推动了机器人学国家实验室的建设和机器人基础研究进程，主持完成多项国家级科研项目。主持进行了国家高技术项目——智能机器人体系结构研究，提出了一种将时间与功能划分原则和事件响应机制相结合的新的智能机器人体系结构，发展了智能机器人控制系统分层递阶结构思想并将其写入了《机器人学导论》一书中；主持完成了国家攻关项目——新一代全分布式控制系统研究并组织推广了项目成果的应用。

通过主持完成国家攻关和科学院重大项目，王天然院士带领课题组开发了机器人系列产品。提出了在机器人学所关注的控制器和机械本体两部分的基础上，结合周边装置和应用技术的、面向功能目标的四位一体的体系结构设计思想。在突破机器人关键技术的同时，王天然院士还带领课题组深入企业调研，进行机器人应用技术研究，帮助企业认识到机器人技术可以解决的生产问题，并进行了多项成功应用的示范。在20世纪80、90年代，在国内对机器人的认识尚未普及的形势下，他带领团队积极开展示范应用，不仅取得了科研与应用成果，也积极启发了国内机器人市场，实现了国产机器人的批量应用。

王天然院士领导创建了我国唯一一个机器人技术国家工程研究中心，也是国家机器人领域的第一个高技术产业化基地。作为机器人技术国家工程研究中心主任，他推动了研究、产品和应用三者之间的联系，促进了技术转化。他坚持以应用工程带动产业化发展，在研究和应用的基础上实现了产业化，领导建立了新松机器人自动化股份有限公司，也是我国第一个上市并由自有技术形成的机器人公司。

# 以热忱与专注探索行业发展之路
## ——全国劳动模范曲道奎

曲道奎博士，中国科学院教授、博士生导师，享受国务院政府特殊津贴。新松机器人自动化股份有限公司创始人、总裁。兼任国家制造强国建设战略咨询委员会委员、国家机器人标准化总体组组长、中国机器人产业联盟理事长、机器人产业技术创新战略联盟主席。2014年度中国十大科技创新人物，2015年度中国十大经济年度人物，同年荣获沈阳市首届功勋企业家殊荣，2019年荣获第五届全国非公有制经济人士"优秀中国社会主义事业建设者"称号，并获得由中共中央、国务院、中央军委颁发的"庆祝中华人民共和国成立70周年"奖章。2020年，荣获"全国劳动模范"称号（见图1）。其科研成果曾获国家科技进步奖二等奖2项，中国科学院科技进步奖特等奖1项，省部级成果奖20余项。曲道奎博士担任国家"863"计划机器人课题组组长；将30多人的实验室发展成为我国最大的、全球产品线最全的机器人企业；突破技术封锁，改写了我国机器人没有出口的历史。

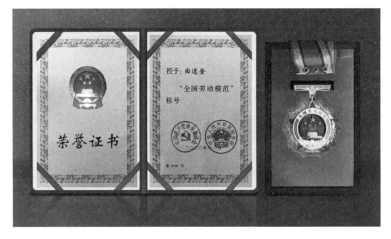

**图1　新松公司总裁曲道奎荣获"全国劳动模范"称号**

**初心凝聚使命　劳动创造价值**

作为我国首批机器人专业的研究生，曲道奎博士跟随老师蒋新松院士率先投入到我国机器人产业化的发展道路中，担任国家"863"计划机器人课题组组长，全身心地投入到我国机器人自主核心技术的研究中；排除万难带领一批科技工作者创业，将30多人的实验室发展成为我国最大的、全球产品线最全的机器人企业；突破技术壁垒，带领团队实现了机器人批量出口，改写了我国机器人只有进口没有出口的历史……

曲道奎博士将青春与热血全部付诸我国机器人产业，始终站在行业最前端，砥砺奋进，敢为人先，推动我国机器人产业蓬勃发展。

**大义凛然于心　责任激发担当**

庚子鼠年，新冠肺炎疫情突如其来。在这场没有硝烟的战争中，曲道奎博士率先垂范，勇于担当，带领技术精英团队夙兴夜寐、奋战不殆。在疫情防控的关键时期，新松向防疫一线单位紧急捐赠34套机器人产品及智能医疗康复设备，为疫情防治工作提供坚实保障；将公司原计划生产洁净机器人的十万级洁净间征用并改建为口罩生产车间，举全公司之力助力口罩生产，全面保障疫情防控必备物资的生产，生动诠释了一名科技工作者的责任和担当。大疫当前，百业艰难，但危中有机，唯爱国者稳，唯创新者胜，唯奋斗者强。

**胸怀产业报国　奋斗回报社会**

曲道奎博士带领下的新松，始终坚守"追求卓越、报效祖国"的企业精神。新松不断突破技术壁垒，自主研发生产的移动机器人率先实现国产机器人批量出口；新松洁净（真空）机器人打破国外技术封锁，填补了国内空白；打破原始、从无到有，新松自主研发出我国首台协作机器人，引领国产机器人新时代；新松特种机器人可满足国民经济各重点领域的高端需求；新松工业机器人能够与国际一流机器人同场竞技；新松服务医疗机器人服务民生，助推全球智能医疗产业裂变式发展……2018年平昌冬奥会"北京八分钟"闭幕式表演上，曲道奎博士带领新松科技创新团队，通过24台移动机器人和24名舞蹈演员的精彩演绎，完美完成国家使命。2019年10月1日，新松双臂协作机器人亮相新中国成立70周年活动现场，呈现精彩绝伦的钢琴演奏，展示了改变未来的科技曙光……

如今，在曲道奎博士（见图2）的主导下，新松已创造了我国机器人发展史上的200多项行业第一，完成重要科技攻关项目几百项，拥有1 000余项国家专利，起草制定了多项国家和行业标准。新松产品远销全球40余个国家和地区，为全球3 000多家知名企业提供创新产品与服务，成为托举中国制造迈向新高度的重要力量。

**图2　曲道奎博士主持参与多项技术攻关**

**坚持品牌强国　挑起时代重任**

在曲道奎博士带领下的新松，经过近20余年的蜕变与升华，已经成为全世界产品线最全的机器人制造企业，品牌影响力享誉全球。2019年，新松以61.85亿元的品牌价值和899品牌强度，创历史新高。新松先后荣获"中国名牌""中国品牌""中国驰名商标""中国机器人行业最具影响力品牌""中国创新品牌"等品牌类别荣誉几十项。荣耀的背后是新松的传承、专注与创新。勇挑千斤担，敢啃硬骨头，曲道奎博士带领新松迅猛发展，不断刷新行业发展新高度，树立了强大的自主民族品牌形象，成为名副其实的全球机器人翘楚。

曲道奎博士专注机器人40余年。他勤于思考，勇于承担；他敢为人先，锐意进取；他荣誉加身不忘初心，忠勇担当砥砺前行；他闯关夺隘开拓创新，担当有为勇敢追梦。他是先锋，是榜样，是磅礴力量！他带领新松，坚持面向世界科技前沿、面向经济主战场、面向国家重大需求、面向人民生命健康开展战略性创新攻关、应急性创新攻关。他勤于创造、勇于奋斗，努力在全面建设社会主义现代化国家新征程上贡献力量！

〔撰稿人：新松机器人自动化股份有限公司高爽〕

## 合作谋发展　真诚铸品牌
### ——全国政协委员许礼进

许礼进，埃夫特智能装备股份有限公司（简称"埃夫特"）董事长，全国政协委员，第四批国家"万人计划"人才，享受国务院津贴，国家重点研发计划"智能机器人"重点专项总体组专家成员，中国机器人产业联盟副理事长，G60科技走廊机器人产业联盟理事长。

**一、智造强国的初心**

大学毕业之后，许礼进加入奇瑞汽车股份有限公司（简称"奇瑞"），有幸参与和见证了奇瑞一路高歌猛进的历史进程。这段历程在他心里的意义非比寻常，除了参与和见证我国自主品牌汽车的创立之外，更是在他心中埋下了一颗"创新创业"的种子，这颗种子后来发芽并不断成长，成为他坚定前行的原始动力。

在奇瑞担任设备部部长的时光，正是许礼进不断吸收养分的成长历程，形成了他独特的方法论和决断力以及应变和处理复杂局面的能力。2000年年初，许礼进第一次走出国门去德国学习，这是种子萌芽的时刻。彼时的许礼进正被一个问题困扰着，中国人勤奋、聪明、好学，而且我国人口众多，为什么国内生产总值（GDP）却赶不上德国？当他走进大众汽车、宝马汽车生产车间，全自动化的生产场景让他醍醐灌顶，这样高效的生产车间带给他的除了震撼还有刺激。"我国要想赶超国外，仅靠人海战术显然是不行的。"这是许礼进当时最大的感悟，也正是因为看到了国内外的巨大差距，奇瑞开始引进国外设备，同时考虑经济性，在可以替代的工序都用自动化设备替代，开启了奇瑞的自动化之路。

从国外买来的设备遭遇了售后服务瓶颈，这触发了奇瑞自主研发机器人的想法，"核心技术是买不来的，如果我国不掌握核心技术，就将永远受制于国外。"2008年，埃夫特制造的第一台机器人在奇瑞工作站正式投入使用。经过四年的历练、蓄势和成长，2013年，一次偶然机会，许礼进与一位卫浴企业老板同行，听闻了老板的痛点：卫浴行业喷釉环境非常恶劣，高薪都不一定招到人，许礼进敏锐地感受到了细分市场机器人的需求。埃夫特开始逐步走出汽车行业，将自主研发的工业机器人应用在卫浴、陶瓷、家电、3C电子和家具等细分行业，也就是在2013年，埃夫特开始发力更多细分市场的机器人整机研发、制造和销售。这一年，埃夫特也开始筹建年产一万台机器人的新厂房，扩大产能后进入高速发展的快车道。

**二、国际合作，换道超车**

为加强公司机器人核心技术的发展和创新，许礼进多次赴日本、德国、意大利和奥地利等多国进行机器人技术交流，引进和吸收海外机器人先进技术和加强国际合作。近年来，面对国外机器人公司不断加快在中国的本土化布局，不断压缩国产机器人成长空间的现状，通过与海外公司深度技术交流，许礼进带领埃夫特践行"自主创新+海外并购"双轮驱动战略。从2014年开始，埃夫特先后并购和投资了希美埃（CMA）公司、埃华路（EVOLUT）公司、瑞博思（ROBOX）公司和W.F.C集团等各具特色的四家欧洲机器人公司，通过与CMA机器人公司的合作使得埃夫特进入喷涂机器人研制及应用市场；借助与EVOLUT公司的整合而进入金属高端加工及自动化领域；2017年，埃夫特完成了对机器人控制器专业公司ROBOX的投资，填补了埃夫特在控制器关键部件技术方面的空白；成功收购国际知名的汽车自动化解决方案公司O.L.C.I.，强化了在汽车白车身等行业的系统集成能力，完善了在机器人集成端的产业链布局。四家欧洲企业和埃夫特形成深度互补，真正做到了补短板、强能力。埃夫特切切实实拿到并消化吸收了国外的技术，借力国产化智能装备的超高性价比，不仅没有丢掉国内市场，而且抢到了欧洲甚至全球市场。

**三、市场开拓，强强联手**

许礼进积极推进埃夫特公司与国内大型企业的合作，携手阿里云共建智能机器人云平台；与东方红卫星战略合作，深耕航空航天领域；与中集集团集装箱控股战略合作；与京东集团签订战略合作协议，开拓电商行业的物流自动化和智能制造市场;与中国商飞上海飞机制造有限公司共建机器人实验室,为飞机行业产业化发展贡献智能制造力量。此外,许礼进积极牵头埃夫特与国内院校进行产学研合作,以校企合作育人思路,与安徽机电职业技术学院、芜湖职业技术学院和南通职业大学在师资队伍建设、人才培养、就业推荐和共建机器人实训中心等方面达成战略合作,为机器人教育行业的良性可持续发展提供了支持。同时,埃夫特积极承办国内工业机器人大赛,如全国工业机器人技术应用技能大赛、"一带一路"金砖国家技能发展与技术创新大赛和中国兵器工业机器人焊接机器人大赛等,培育和挖掘了大批机器人领域人才。

### 四、品牌打造,畅销国际

许礼进坚持以"以客户为中心,以奋斗者为本"为公司价值观,打造了"智造专家,埃夫特"品牌形象,代表芜湖市参加过世界机器人大会、世界制造大会暨中国国际徽商大会智能制造展等国内外知名行业展会。目前,埃夫特机器人已经远销到意大利、德国、巴西、俄罗斯、南非、韩国、马来西亚和印度等海外市场。

### 五、产业集聚,示范带动

作为芜湖机器人产业园区龙头企业代表,许礼进积极配合芜湖市政府规划建设占地5 000亩(1亩 ≈ 666.7m²)的机器人产业园。目前,以芜湖市政府牵头建设的安徽省机器人产业集聚试点已获批国家首个机器人产业集聚试点,埃夫特工业机器人智能硬件产业园已建设完成,切实发挥了产业园区龙头企业的示范带动作用,促进了机器人上下游产业链全面布局的形成,为机器人产业的良性发展做出了辉煌的业绩和突破。

### 六、政协委员,献计献策

许礼进作为政协委员在工业机器人和人工智能相关领域为国家和安徽省提供了很多建设性意见,带领团队研发的机器人达到国内领先、国际先进水平,大大提升了国产机器人品牌影响力。未来,埃夫特将加大对关键零部件、机器人集成方面的投入,从根本上解决"机器换人"的成本和稳定性问题,全力以赴助力实现全面智能制造,打造民族自主品牌。

埃夫特致力于整合和融合机器人核心零部件、机器人整机、智能制造解决方案和人工智能等板块,打造一个可持续发展的智能制造生态圈,这是许礼进选择"智造专家,埃夫特"作为品牌Slogan的内在逻辑。埃夫特同时也在布局下一代智能机器人,致力于为全球客户提供用得起、好用和会用的智能机器人以及跨行业智能制造整体解决方案。

〔撰稿人:埃夫特智能装备股份有限公司陈青〕

# 打造综合技术服务平台 赋能机器人行业创新发展
## ——国家机器人质量检验检测中心主任王爱国

王爱国,高级工程师,上海电器科学研究所(集团)有限公司(简称"上电科")轮值总裁、上海电器设备检测所所长,上海添唯认证技术有限公司董事长,兼任国家机器人质量检验检测中心主任、国家机器人检测与评定中心执委会副秘书长,机器人检测认证联盟秘书长、国家机器人标准化总体组副秘书长。2014年获全国机械工业劳动模范,先后主持十几项国家部委及上海市重大项目建设工作,近五年发表论文12篇,已获授权专利20余项,其科研成果获批中国机械工业科技技术奖5项,省部级成果奖10余项。

上电科作为电工行业发源地,60多年来助推电动机、电器、自动化、智能交通、新能源等行业领域创新发展,形成一系列平台建设和运行的核心能力。在"中国制造2025"规划推动机器人行业发展的重要阶段,王爱国同志带领团队围绕机器人全产业链,在国家相关部委的支持和指导下,依托其在机电、电子与信息、软件等机器人相关专业的深厚积淀,先后建成国家机器人检测与评定中心(总部)、工业和信息化部机器人产业技术基础公共服务平台、上海市机器人研发与转化功能型平台、上海市机器人高技能人才培养基地、中国机器人产教融合联盟等一系列公共服务平台,充分发挥了平台对产业发展初期的重要支撑和拉动作用,实现了机器人产品及系统在可靠性、智能化、功能安全、信息安全等方面的整体进步,极大促进了我国机器人产业蓬勃发展。

### 一、打造研发与转化功能型平台,突破核心共性技术研究

为了突破机器人行业核心共性技术,打通产业从原理样机到产品的转化之路,自2017年以来,王爱国同志带领团队成立了机器人研发与转化功能型平台,成为产业上下游连接、沟通的渠道,成为产业的"中央车站"。平台以机器人产业需求为导向,聚焦机器人可靠性和智能化,为机器人生产企业和集成企业提供可靠性测评和提升的整体解决方案,以及智能化测评和核心共性技术支撑,力争成为机器人产业技术排头兵。

通过团队近四年的技术攻关,形成核心技术成果20余项,通过咨询和技术服务,赋能企业近30家,这些突

破如星星之火不断出现，渐成燎原之势，有效推动了机器人行业进步。

**二、提高检测认证供给能力，助力产业质量提升**

在王爱国同志的带领下，国家机器人检测与评定中心（总部）顺利建设完成。他排除万难带领团队开展检测技术和方法研究，建成覆盖机器人整机和关键零部件测试能力的重点试验室，围绕机器人全产业链，全面开展检测、标准、认证、培训、合作交流和信息发布六大职能，为企业提供优质的技术服务。面对国内机器人产品质量差异大、采信难的问题，牵头开展"中国机器人认证（CR）"体系建设和实施推广工作，助推我国在国际层面率先建立起机器人认证体系，有效地增强了我国在全球机器人产业标准和合格评定程序制定方面的话语权和国际竞争力。

同时，作为国家机器人标准化总体组副秘书长和标准化专家，他先后组织了《国家机器人标准体系建设指南》《机器人产业发展规划（2021—2035年）》等重要政策文件的起草编制工作，并参与完成10余项机器人国家标准的制定工作，填补了多项机器人相关标准空白，健全了我国机器人标准体系。

**三、细分行业应用场景，精准拉动行业发展**

为了更好、更精准地拉动服务机器人行业的进步，王爱国同志带领团队编写了2020版《服务机器人十大应用场景白皮书》（简称"白皮书"），将服务机器人针对不同的使用场景进行细分，结合市场潜力与机器人技术成熟度，由高到低选出巡检安防、医疗康复、环境提升、物流配送、信息传播、应急救援、餐饮加工、个人辅助、教育教学和建筑施工十大应用场景，并对各类场景的关键技术进行阐述。白皮书的发布有效促进了服务机器人领域的国家标准体系和CR认证目录的完善，帮助应用场景需求方快速了解服务机器人产品与技术现状，激发对服务机器人的实际需求，加强与服务机器人供给方的有效对接，为服务机器人产品应用标准和认证规则制定提供指导，为机器人行业规划和政府相关政策制定提供决策参考。

**四、推动机器人教育培训，赋能行业技术人才**

王爱国同志深知"行业发展、人才先行"。他推动成立了中国机器人产教融合联盟，制定了行业产教发展规划，加速推进了机器人技术与人才培养的融合发展。通过搭建机器人产教融合行业信息交流、人才交流、教育培训和展览展示等平台，将人才培养、教师专业化发展、实训实习实践、学生创新创业、企业服务科技创新功能有机结合，打造产、学、研、转、创、用于一体的模式，提高技术人才转化率，有效地培养出符合企业、行业要求的高素质技术人才。2020年，他带领团队成功举办了上海市首届工业机器人技术应用大赛暨第四届全国工业机器人技能应用大赛上海选拔赛，以及上海市经济和信息化系统职业技能竞赛《焊接机器人装调》项目的竞赛，通过搭建竞争平台，让高技能人才切磋博弈，在竞争中提升技能，增强合作交流，树立行业技术人才榜样。

王爱国同志对于推动机器人产业发展具有深刻的思考和丰富的实践，远见卓识，实干兴邦，在引领和支撑机器人产业关键核心技术突破、质量可靠性提升和产业链优化方面做出了杰出贡献。展望未来，他表示科学研究范式正在发生深刻变革，学科交叉融合不断深化，将一如既往带领团队攻坚克难，高水平完成国家工业互联网检验检测中心、上海市人工智能创新中心等新技术平台建设，强化与机器人产业的深度融合，推动技术创新迭代，深化细分行业应用，赋能机器人产业健康持续高质量发展。新时代前景光明壮丽，新征程奋斗未有穷期，他和团队将牢牢把握建设世界科技强国的战略目标，以只争朝夕的使命感、责任感、紧迫感，落实创新驱动发展战略，持续提升服务平台技术领先性、人才集聚性，以及产业赋能能力和国际影响力，支撑我国机器人产业跻身世界前列。

〔供稿单位：上海电器科学研究所（集团）有限公司〕

# 政策篇

介绍机器人行业发展相关政策

部委出台的与机器人行业发展相关的政策
部分重点地区出台的与机器人行业发展相关的政策

中国机器人工业年鉴 2021

政策篇

# 部委出台的与机器人行业发展相关的政策

机器人作为新兴产业，其发展离不开利好政策的支撑和扶持。近年来，通过持续创新、深化应用，我国机器人行业呈现良好发展势头，产业规模快速增长，技术水平不断提高，应用领域持续拓展。但同发达国家相比，我国机器人行业还存在自主创新能力不强、产业基础薄弱、产品质量参差不齐、市场应用渗透率不高等问题。为此，国务院、工业和信息化部、国家发展改革委等政府部门围绕机器人关键共性技术攻关、高端整机及关键零部件产品研发应用及行业市场规范等相继出台了多项相关政策，推动机器人行业实现健康快速高质量发展。本文主要收录2018年以来各相关部委出台的与机器人行业发展相关的政策措施，具体见表1。

表1 2018年以来部委出台的与机器人行业发展相关的政策措施

| 发布时间 | 发布单位 | 政策名称 | 与行业相关内容 |
| --- | --- | --- | --- |
| 2018年1月 | 国务院 | 《关于加强质量认证体系建设 促进全面质量管理的意见》 | 大力推行高端品质认证，开展绿色有机、机器人、物联网、城市轨道交通装备等高端产品和健康、教育、体育、金融、电商等领域服务认证，推进内外销产品"同线同标同质"工程，增加优质产品及服务供给，打造质量标杆 |
| 2018年5月 | 工业和信息化部办公厅、财政部办公厅 | 《关于发布2018年工业转型升级资金工作指南的通知》 | 围绕《工业强基工程实施指南（2016—2020年）》十大领域"一揽子"突破行动关键瓶颈，核心零部件（元器件）重点支持机器人伺服控制器和驱动器、5G通信核心器件、高档数控机床轴承等方面 |
| 2018年10月 | 工业和信息化部、国家标准化管理委员会 | 《国家智能制造标准体系建设指南（2018年版）》 | 在工业机器人领域的建设标准具体涉及集成安全要求、编程和用户接口、机器人云服务平台等。主要用于规定工业机器人的系统集成、人机协同等通用要求，确保工业机器人系统集成的规范性、协同作业的安全性、通信接口的通用性 |
| 2018年11月 | 工业和信息化部办公厅 | 《新一代人工智能产业创新重点任务揭榜工作方案》 | 在智能产品方面，选择智能网联汽车、智能服务机器人、智能无人机等产品作为攻关方向。在智能制造关键技术装备方面，选择智能工业机器人、智能控制装备、智能检测装备、智能物流装备等揭榜攻关 |
| 2019年10月 | 国家发展改革委 | 《产业结构调整指导目录（2019年本）》 | "机器人及系统集成"被列入鼓励类项目，具体包括特种服务机器人、医疗康复机器人、公共服务机器人、个人服务机器人、人机协作机器人、双臂机器人、弧焊机器人、重载AGV、专用检测与装配机器人集成系统等。机器人用关键零部件：高精密减速器、高性能伺服电动机和驱动器、全自主编程等高性能控制器、传感器、末端执行器等。机器人共性技术：检验检测与评定认证、智能机器人操作系统、智能机器人云服务平台。<br>在多个鼓励类项目中新增了若干专业领域用机器人，如煤矿机器人、手术机器人、海底采矿机器人、激光焊接机器人、船舶分段智能涂装机器人、爬壁机器人、高压智能清洗机器人、反核恐怖机器人、中型反恐排爆机器人、AGV等，同时保留铸造专用机器人等 |
| 2019年10月 | 工业和信息化部、国家发展改革委等13个部门 | 《关于印发制造业设计能力提升专项行动计划（2019—2022年）的通知》 | 重点突破系统开发平台和伺服机构设计，多功能工业机器人、服务机器人、特种机器人设计等 |
| 2020年2月 | 科技部 | 《共融机器人基础理论与关键技术研究重大研究计划2020年度补充项目指南》 | 面向疫情防控重大需求并围绕"共融机器人基础理论与关键技术研究"重大研究计划科学目标，对该计划2020年度指南补充重点支持项目拟资助研究方向：（一）应急问诊与检疫智能作业机器人基础理论与关键技术；（二）传染病房护理多模式作业机器人基础理论与关键技术，支持相关单位通过医工交叉开展基础性、前瞻性研究，为发挥机器人在重大疫情有效防控中的作用提供理论及技术支撑 |

（续）

| 发布时间 | 发布单位 | 政策名称 | 与行业相关内容 |
|---|---|---|---|
| 2020年3月 | 科技部 | 《"智能机器人"重点专项2020年度项目申报指南》 | 2020年，按照基础研究类启动不少于11个项目，拟安排国拨经费总概算约6 600万元。项目申报统一按指南一级标题的研究方向，包括"基于编织/折展原理的机器人结构功能一体化设计""机器人的刚柔软结构耦合与变刚度技术""活体细胞生物混合的机器人驱动与控制"等11个方向 |
| 2020年9月 | 国家发展改革委、科技部、工业和信息化部、财政部 | 《关于扩大战略性新兴产业投资培育壮大新增长点增长极的指导意见》 | 加快高端装备制造产业补短板，重点支持工业机器人，建筑、医疗等特种机器人和高端仪器仪表等高端装备生产，实施智能制造、智能建筑试点示范 |

注：根据各部委网站信息整理。

〔撰稿人：中国机器人产业联盟张东方〕

# 部分重点地区出台的与机器人行业发展相关的政策

近年来，不仅中央层面高度重视机器人行业发展，统筹兼顾出台多项政策，各省市也迅速跟进，将机器人作为促进当地经济发展的新增长点，围绕"机器人"发布了多项产业促进政策，试图在这一轮智能制造发展过程中取得先机。就目前国内机器人企业分布格局来看，结合我国行政和地理区划方式，可将我国的机器人市场大致划分为长三角地区、珠三角经济圈、京津冀地区、东北地区及中西部地区五大区域。本文主要对上述各区域近年来机器人产业发展现状及部分重点省市出台的机器人相关政策措施作简要描述。

长三角地区经济和科技比较发达，拥有我国最大的港口，对外交流方便，更容易吸收外资投资，区域内装备制造业基础雄厚、中小企业集聚，机器人产业发展环境良好。目前长三角地区已经建立了国内功能相对完善、系统健全的机器人产业生态体系，在产业链构建、市场需求、创新资源布局等方面位于全国前列。从近年来长三角地区出台的机器人支持政策来看，各地均高度重视机器人与人工智能技术的结合，着力推动当地机器人产业的高端化、智能化发展。江苏省2018年出台《江苏省新一代人工智能产业发展实施意见》，指出要发展焊接、装配等智能工业机器人，推进医疗、教育等服务机器人的智能化水平，研制推广海底操作机器人、特种作业机器人等特种智能机器人；浙江省2019年出台《浙江省打造智能机器人产业高地行动计划（2020—2025年）》，力争到2025年成为全国智能机器人产业高地；上海市在2019年出台《关于建设人工智能上海高地 构建一流创新生态的行动方案（2019—2021年）》，提出"建立运作市人工智能产业投资基金"专项行动，首期规模高达100亿元，其中智能机器人是重点支持对象之一。

珠三角地区制造业起步较早，现已形成以高端装备制造、家电制造、食品包装、3C制造、陶瓷生产等为代表的劳动密集型产业集群。自2013年以来，广州、佛山、东莞、深圳等地相继出台政策推进"机器换人"，为机器人产业发展提供了广阔市场空间。近几年，广东产业政策的重点主要集中在提升机器人产业基础能力及优化产业组织结构上，尤其注重关键核心技术研发及本土优质企业的培育，积极打造机器人特色集群。广东省2020年出台《广东省培育智能机器人战略性新兴产业集群行动计划（2021—2025年）》，指出对标世界先进水平，布局技术创新、优化产业布局、培育优势企业等重点任务，推进机器人减速器、控制器、伺服系统等重点工程。深圳市2020年出台《深圳市高端装备制造产业发展行动计划（2020—2022年）》，指出在产业空间布局方面，结合各区产业优势和规划布局，支持深汕特别合作区建设机器人小镇，打造机器人全产业链集聚区。

京津冀地区产业基础雄厚，科研实力强大，是我国机器人产业的重要发展基地。其中北京凭借技术和人才优势，在机器人技术水平上处于全国领先地位。2019年北京出台《北京市机器人产业创新发展行动方案（2019—2022年）》，提出紧抓全国科技创新中心建设的重大机遇，按照"5432"发展思路，致力于构建具有北京乃至京津冀特色的机器人产业发展生态，打造具有全球影响力的机器人产业创新策源地和应用示范高地。天津市自2018年以来在机器人产业政策上频繁发力，2018年出台《天津市机器人产业发展三年行动方案（2018—2020年）》《天津市新一代人工智能产业发展三年行动计划（2018—2020年）》等指导性意见，2020 年出台《天津市关于进一步支持发展智能制造的政策措施》，提出"对本市自主品牌机器人等智能装备生产企业，按销售额给予最高 1 000 万元补助"等奖励性政策，以支持本地机器人产业的发展。河北省在发展机器人产业过程中注重以应用推动产业发展，2019 年出台《河北省支持机器人产业发展和应用的若干意见》，指出要开展"机器人+"行动计划，以应用促发展，加速工业转型提质增效。

东北地区工业基础深厚，科研院所研发实力突出，具备雄厚的机器人技术基础。以机器人本体和系统集成为核心的机器人研发机构和生产企业主要分布在沈阳、哈尔滨等城市，如中科院沈阳自动化研究所、哈尔滨工业大学等研究机构，沈阳新松机器人自动化股份有限公司、哈尔滨博实自动化股份有限公司等行业龙头企业。近年来，在各级政府均把以机器人为代表的先进装备制造业作为东北经济未来转型升级关键抓手的背景下，黑龙江、辽宁等省在出台指导产业发展的政策文件时也格外注重围绕机器人产业展开部署，如黑龙江 2018 年出台《黑龙江省人工智能产业三年专项行动计划（2018—2020 年）》，指出要引导具备一定先发优势的机器人骨干企业，率先向同行业和产业链配套环节输出标准化智能工厂整体解决方案，加快制造业智能化转型升级；引导扶持哈工大机器人集团股份有限公司等创新主体做大做强，带动配套产业发展；集聚和培养机器人维护和操作等方面的专业技能人才等。辽宁省2019 年出台《辽宁省建设具有国际竞争力的先进装备制造业基地工程实施方案》，指出要实施"机器人及智能装备子工程"，成立机器人及智能装备工程实施建设指挥部，明确发展重点及主要任务，并列出六大机器人及智能装备重点项目，计划总投资超过 20 亿元。

虽然中西部地区机器人产业发展相对滞后，但各地方政府高度重视机器人产业发展，河南、湖北、重庆等省市均将机器人产业发展提升到战略高度，大力推动当地机器人产业发展。特别是伴随着制造业转型升级的深入，各地格外注重机器人在本区域特色产业智能化转型中的广泛应用，围绕引导本地企业"机器换人"出台指导性意见。河南省 2018 年出台《河南省智能制造和工业互联网发展三年行动计划（2018—2020 年）》，提出实施关键岗位"机器换人"行动、智能装备产业升级行动等多项重点任务。重庆市 2018 年出台《重庆市发展智能制造实施方案（2019—2022 年）》，指出"引导企业更新数字化设备或利用智能化技术改造非数字化设备。重点是针对汽车、电子、装备、材料、消费品行业开展数字化装备普及工程，同时推动全行业企业应用智能搬运机器人等仓储、物流设备提升自动化水平"。

近年来部分主要省市出台的与机器人行业相关的政策见表 1。

表 1 近年来部分主要省市出台的与机器人行业相关的政策

| 区域 | 省市 | 政策名称 | 发布时间 | 发文机构 |
| --- | --- | --- | --- | --- |
| 长三角地区 | 江苏 | 《江苏省机器人产业发展三年行动计划（2018—2020 年）》 | 2018 年 | 江苏省工信厅 |
| | | 《江苏省新一代人工智能产业发展实施意见》 | 2018 年 | 江苏省经信委 |
| | | 《苏南国家自主创新示范区一体化发展实施方案（2020—2022 年）》 | 2020 年 | 江苏省人民政府 |
| | 浙江 | 《浙江省"机器人+"行动计划》 | 2017 年 | 浙江省人民政府 |
| | | 《浙江省打造智能机器人产业高地行动计划（2020—2025 年）》 | 2019 年 | 浙江省工业转型升级领导小组 |
| | 上海 | 《上海市高端智能装备首台突破专项支持实施细则》 | 2019 年 | 上海市经信委、市财政局 |
| | | 《关于建设人工智能上海高地 构建一流创新生态的行动方案（2019—2021 年）》 | 2019 年 | 上海市经信委 |
| | | 《上海市建设 100+ 智能工厂专项行动方案（2020—2022 年）》 | 2020 年 | 上海市经信委、发改委等六部门联发 |
| | 安徽 | 《安徽省机器人产业发展规划（2018—2027 年）》 | 2018 年 | 安徽省人民政府办公厅 |
| | | 《支持机器人产业发展若干政策》 | 2018 年 | 安徽省人民政府 |
| 珠三角地区 | 广东 | 《广东省培育智能机器人战略性新兴产业集群行动计划（2021—2025 年）》 | 2020 年 | 广东省工信厅、发改委等五部门联发 |
| | 深圳 | 《深圳市新一代人工智能发展行动计划（2019—2023 年）》 | 2019 年 | 深圳市人民政府 |
| | | 《深圳市高端装备制造产业发展行动计划（2020—2022 年）》 | 2020 年 | 深圳市工信局 |

（续）

| 区域 | 省市 | 政策名称 | 发布时间 | 发文机构 |
|---|---|---|---|---|
| 京津冀地区 | 北京 | 《北京市机器人产业创新发展行动方案（2019—2022年）》 | 2019年 | 北京市经信局 |
| | | 《"三城一区"知识产权行动方案（2020—2022年）》 | 2020年 | 北京市知识产权局 |
| | 天津 | 《天津市机器人产业发展三年行动方案（2018—2020年）》 | 2018年 | 天津市工信委 |
| | | 《天津市新一代人工智能产业发展三年行动计划（2018—2020年）》 | 2018年 | 天津市人民政府办公厅 |
| | | 《天津市关于进一步支持发展智能制造的政策措施》 | 2020年 | 天津市人民政府办公厅 |
| | 河北 | 《河北省加快智能制造发展行动方案》 | 2018年 | 河北省制造强省建设领导小组办公室 |
| | | 《河北省支持机器人产业发展和应用的若干意见》 | 2019年 | 河北省制造强省建设领导小组办公室 |
| 东北地区 | 辽宁 | 《辽宁省建设具有国际竞争力的先进装备制造业基地工程实施方案》 | 2019年 | 辽宁省人民政府办公厅 |
| | 黑龙江 | 《黑龙江省人工智能产业三年专项行动计划（2018—2020年）》 | 2018年 | 黑龙江省人民政府办公厅 |
| 中西部地区 | 河南 | 《河南省智能制造和工业互联网发展三年行动计划（2018—2020年）》 | 2018年 | 河南省人民政府 |
| | 湖北 | 《湖北省新一代人工智能发展总体规划（2020—2030年）》 | 2020年 | 湖北省人民政府 |
| | 重庆 | 《重庆市发展智能制造实施方案（2019—2022年）》 | 2018年 | 重庆市人民政府 |
| | | 《重庆市以大数据智能化为引领的创新驱动发展战略行动计划（2018—2020年）》 | 2018年 | 重庆市科技委 |

注：根据各地方省市信息整理。

〔撰稿人：中国机器人产业联盟张东方〕

# 国际篇

介绍 2020 年主要国家机器人行业发展情况

2020年美国机器人行业发展情况
2020年日本机器人行业发展情况
2020年德国机器人行业发展情况
2020年韩国机器人行业发展情况
2020年俄罗斯机器人行业发展情况

# 2020年美国机器人行业发展情况

## 一、总体情况

美国作为机器人产业发源地，产业发展一直以来处于全球领先水平。美国机器人类型多、应用范围广，其研究水平居世界前列。美国机器人的智能化技术发展很快，机器视觉、触觉等技术已在航天、汽车工业中得到广泛应用。美国军用机器人、太空机器人等发展也较为迅速，已实际应用于扫雷、布雷、侦察、站岗及太空探测等方面。

目前，美国的机器人公司主要集中在四个地区：硅谷、波士顿、匹兹堡和底特律。相较于其他国家而言，美国本土机器人制造商并不多，工业机器人大多从日本、韩国和欧洲进口。美国更加注重机器人的系统集成，即更加注重机器人的应用，美国拥有优秀的系统集成商，如 ADEPT（爱德普）、American Robot 等。据美国机器人协会统计，除在集成业务中占比最大的汽车行业以外，零售商品包装、食品、医疗、航空、电子等也是机器人的主要应用行业。

美国非常注重前沿技术的创新与应用，对智能技术的研究与应用也更为广泛。与其他国家相比，美国机器人产业的技术更加全面和先进，适应性更强。2020 年 9 月，美国发布第四版机器人路线图，即从互联网到机器人，提出架构与设计实现、移动性、抓取和操作、感知、规划和控制、学习和适应、人机交互、多机器人协作八个重点研究领域。

## 二、美国机器人研发项目介绍

美国机器人研发项目在"太空机器人学""军用自主车辆与系统"和"协作机器人"等关键领域进行了审查，这些项目由美国政府进行管理。作为一项空间机器人研发计划，美国国家宇航局（NASA）一直在推动其火星探测计划（MEP）。MEP 是由美国宇航局资助的探索火星的长期任务。自 1993 年成立以来，MEP 一直在利用各种轨道航天器、登陆器和火星探测器来找寻线索，证明火星上可能存在生命，并且收集火星上的气候资源和自然资源。在 21 世纪初，火星探测任务集中在"跟随水"的目标上，包括火星奥德赛号（2001 年）、火星探测漫游者号（2003 年）、火星勘测轨道器（2005 年）和火星凤凰号着陆器（2007 年）。随后，美国环境保护部通过火星科学实验室的"好奇"号火星车（2011 年）和火星大气与挥发性演化（2013 年）将任务转为搜集火星气候和地质特征的相关资源。

自从美国国家宇航局于 2012 年 12 月 4 日宣布了名为"火星 2020"的火星探测器计划以来，火星探测器一直有特定的目标任务。2013 年 9 月，美国国家宇航局发布"机遇号"火星车计划，由科学家和研究人员开发包括用于储存火星土壤的样本缓存系统等科学仪器。2014 年 7 月，经过公开竞争，最终选定了适合火星探测车的配套仪器。"火星 2020"于 2020 年 7 月 30 日成功发射，2021 年 2 月 18 日在火星杰泽罗陨石坑着陆。火星 2020 计划中的"毅力"号火星车在此前的"好奇"号火星车设计基础上加入了关键的科学仪器，用来探索适合居住的地方。2017 年，美国政府和社会为火星探测计划资助 6.47 亿美元，美国国家宇航局为"火星 2020"提供了 4.08 亿美元的支持，为数据分析等其他项目提供了 2.39 亿美元的资助。2019 年，火星探测计划获得的资金约为 6.045 亿美元，美国国家宇航局为"火星 2020"拨款 3.48 亿美元，为数据分析等其他任务拨款约 2.54 亿美元。

在军事自动化系统方面，美国国防部一直管理着大批无人军事系统和机器人车辆研发项目。自美国国防部部长在 2010 年发布 RDE 焦点规划以来，"自主化"已成为美国国防部的科技重点，美国国防部发布的年度报告介绍了军用自主车辆研发等部门在无人驾驶车辆和自动系统集成等相关项目的进展情况和下一步计划。自动化技术开发分为机器感知、推理和智能（MPRI），人与自动系统交互协作（HASIC）、自动化系统的可扩展编队（STAS）、测试、评估、确认和验证（TEVV）。在自动化技术开发领域确定了七项核心技术，包括传感器/有效载荷、导航/控制、武器、通信/数据管理、自动化、推进/能源和移动。其中传感器和有效载荷的投资占比最大，其次是导航和控制。无人系统技术的最大投资者仍然是美国国防部，2020 年和 2021 年预算金额为 73 亿美元。

2011 年，美国政府启动国家机器人计划（National Robotics Initiative，简称 NRI），开展对于基础机器人的研发工作，随后从 NRI 1.0 升级到了 NRI 2.0。起初，NRI 1.0 的目标是通过创新的机器人研究和应用，加速机器人在美国的开发和使用，研发重点是与人类有共生关系的协作机器人。2016 年美国发布 NRI-2.0，以"无处不在：协作机器人集成"为主旨，聚焦于基础科学、技术和集成系统开展研究，以实现无处不在的协作机器人在生活的方方面面帮助人类为愿景。此外，NRI-2.0 鼓励学术界、产业界、非营利组织和其他机构强强联手，更好地将基础科学、工程、技术开发和产业应用进行有机融合。2019 年，NRI-2.0 预算投入达到 3 500 万美元，为美国联邦政府部门和下属的多家机构的机器人研发项目提供资助，包括国家科学基金会（NSF）、国家宇航局、国家卫生研究所（NIH）、农业部、能源部和国防部等。

NRI-2.0 其中的一个关键领域是"航空机器人"，美国国家宇航局启动了一个名为"Artemis"的月球计划，目标是在2024年之前再次将宇航员送至月球，2024年之后成功完成火星任务。Artemis月球计划是美国国家宇航局、美国商业航空航天机构联合多个国际合作伙伴，例如俄罗斯、加拿大、日本以及欧空局（包括22个国家），共同制定的太空飞行计划，从2020年到2024年，美国政府对该计划投入预算为350亿美元。

### 三、市场特点

北美市场（美国、加拿大和墨西哥）是世界上仅次于我国的第二大工业机器人市场，工业机器人保有量占全球总量的13%。其中美国是北美地区份额最大的国家。2019年，美国汽车行业的机器人使用密度达到1 287台／万人，位列全球第七，基本与德国的机器人使用密度相当。然而由于受汽车行业整体走势低迷等因素影响，2019年美国工业机器人市场销量在连续8年保持增长之后首次出现下降，全年销量为33 339台，同比下降17%。

1. 搬运、上下料仍是美国最重要的工业机器人应用领域

从应用领域看，搬运仍然是美国最重要的工业机器人应用领域。2019年，用于搬运作业的工业机器人销量为15 009台，同比下降9%。其中用于物料搬运的机器人数量最多，有6 231台，虽然与上年相比小幅下降5%，但销量仍占搬运机器人市场总销量的42%；为食品和饮料行业、医药和化妆品行业以及电子电气行业提供包装、拣选和放置等服务的机器人，销量为3 321台，同比下降15%；用于机床行业和塑料成型的搬运机器人销量分别为1 377台和1 349台，同比下降均为17%；用于测量和检测行业的搬运机器人销量与2018年相比实现同比增长41%，虽然只有318台，但预计其在后疫情时期的发展值得期待。

焊接仅次于搬运，位居美国工业机器人应用领域第二位。2019年用于焊接作业的工业机器人销量为7 518台，同比下降29%。其中，点焊机器人从2018年开始超过材料搬运成为最大应用领域后，2019年同比下跌38%，全年总销量为4 564台，占市场总销量的14%，重回市场份额第二的位置；弧焊机器人的销量为2 839台，同比下降9%；其他类型的焊接机器人销量持续低迷，同比下降达68%。但激光焊接机器人销量逆势上涨，同比增长329%。

2. 汽车制造业是美国工业机器人第一大应用行业

从应用行业看，虽然近三年来汽车制造业对工业机器人消费量持续下降，但目前仍然是美国工业机器人最重要的应用行业，2019年工业机器人的销量占美国工业机器人市场总销量的39%。其次是金属加工行业，在市场总销量中的占比为11%，首次取代电子电气行业成为第二大应用行业。此外，塑料和化学制品行业、食品和饮料行业各占7%，与2018年持平。

2019年，美国销往汽车行业的工业机器人数量为12 960台，同比下降15%。其中汽车制造商和汽车零部件供应商对工业机器人的采购再次出现明显分化，趋势与2018年截然相反，其中汽车制造商采购工业机器人数量达到5 403台，同比增长14%；汽车零部件供应商采购机器人数量则大幅下降至7 557台，同比下降28%。电子电气行业的工业机器人销量由2018年的5 284台降至3 460台，同比下降35%。金属加工业的工业机器人销量连续三年保持增长态势，2019年达到历史新高的3 785台，同比增长19%。

3. 多关节机器人销量首次下降，但仍占据榜首

多关节机器人在美国市场的销量在保持了连续三年增长后首次出现下滑，2019年销量为25 137台，同比下降17%，但仍然是美国工业机器人市场销售的主要机型，在美国市场总销量中占比高达75%；其次是SCARA机器人，2019年销量为4 691台，同比下降6%，在美国市场总销量中占比14%，占比高于2018年。直角坐标机器人销量延续上年下滑态势，2019年销量仅为1 864台，同比下降39%，占美国市场总销量的6%。

### 四、发展趋势

在美国机器人协会（RIA）网站上发表的一篇文章中，首次提出了工业5.0的概念，主要强调协作机器人的作用和人工介入的价值。

文章提到，与工业4.0相比，工业5.0旨在将以人为本的理念重新带回到产品开发和生产过程中。将机器人的优势，例如高精度和重载搬运能力等赋能给工人，使得人类能够更轻松地完成繁重或重复性工作，同时实现更好的控制，以及各个生产阶段个性化。

工业4.0重点确保产品质量、生产流程和数据采集相一致性，而工业5.0在致力于实现这些目标的同时更加关注高技能人员与机器人协同工作，从手机到汽车都可以为客户生产出更加个性化的产品。

在工业4.0时代，人类和机器人是独立工作的。他们可能在同一条生产线上工作，但是他们的工作区域划有明确的界限。在工业5.0时代，随着人类和机器人开始并肩甚至一起工作，这种界限划分变得更加模糊。这种类型的机器人被称为协作机器人，它们将完成重型吊装等工作，确保一致性，而技术人员需要发挥其匠人的认知技能。协作机器人将改变人与机器之间的关系。

协作机器人和工业5.0的核心之一在于对人工的高质量要求，而非当前简单的交互模式。应用协作机器人可以让人类和机器人共同完成一项任务，比如，机器人先对音响外壳做粗略的打磨处理，然后再由人工进行细致抛光和现场质量控制。可以说，协作机器人与工业5.0代表了机器人技术和生产模式的新时代。

〔撰稿人：中国机械工业联合会 孙媛媛〕

# 2020年日本机器人行业发展情况

## 一、行业概况

日本是全球最大的机器人生产国之一，拥有世界领先的机器人开发技术。日本机器人以工业机器人为主。1960年工业机器人概念被引入到日本，1980年日本研制出全世界第一台SCARA机器人，并且诞生了发那科公司（FANUC）、安川电机株式会社（YASKAWA）、川崎重工业株式会社（KAWASAKI）、松下电器产业株式会社（Panasonic）、那智不二越集团（NACHI）等全球知名品牌，占据世界工业机器人四大家族中的两家。国际机器人联合会统计年鉴《全球机器人》数据显示，日本是全球第一大工业机器人生产国，2020年其工业机器人供应量约占全球供应量的47%。

从21世纪开始，日本工业机器人便把市场转向海外，成为全球第一的工业机器人生产和出口国。在其出口市场中，亚洲是最大的市场，居第二位的是美洲市场，德国及瑞士本身也是机器人制造强国，因此，欧洲国家对日本机器人产品的依赖性较低。目前，中国是日本机器人在亚洲乃至世界范围内最大的出口国，日本出口到中国的工业机器人在亚洲出口总量中的占比超过60%。

日本的服务机器人同样世界领先，被广泛应用在医疗护理行业，并不断在其他行业催生出新的服务模式。2020年，新冠肺炎疫情的发生使机器人的作用更加凸显，尤其是医疗服务类机器人，推动了日本服务机器人快速增长。

## 二、主要政策举措

2015年，日本政府颁布《新机器人战略》，并据此制定五年计划，旨在使日本成为世界头号机器人创新中心。在制造业领域，日本的目标是大型企业的机器人普及率增长25%，中小企业的机器人普及率增长10%。此外，该行动计划还涵盖农业、基础设施和医疗保健等重要服务部门。其中，仅护理和医疗方面的预算就达到了9.97亿美元，日本希望通过机器人和人工智能的实际应用来推动数字医疗改革。

2020年9月，日本首相菅义伟宣告将成立数字厅。设立数字厅是菅义伟内阁的标志性举措，菅义伟表示，希望借此推进日本政府的信息化和数字化转型，从而引领社会整体的数字化转型。数字厅是首相直辖的数字化转型方面的横向管理机构，也是日本政府摆脱"IT后进国"的期望之所在，将于2021年9月1日正式启动。设立数字厅本身与人工智能没有直接关系，但是作为菅内阁的重点施政方略，将对日本的数字化、人工智能等领域的发展起到很大的促进作用。

## 三、市场特点

根据日本机器人协会（Japan Robot Association, JARA）的数据统计，2020年，日本工业机器人订单数量为191 373台，订单金额为7 255.49亿日元，分别较2019年增长6.3%和8.6%；产量为177 652台，产值为6 587.41亿日元，同比增长2.4%和1.4%；销量为179 074台，同比增长1.9%，销售额为6 576.58亿日元，同比下降0.7%。自2016年来，日本工业机器人产销逐年上涨，2018年达到历史最高值，2019年工业机器人产销则大幅下跌，2020年略有回升。2016—2020年日本工业机器人产销情况见图1。

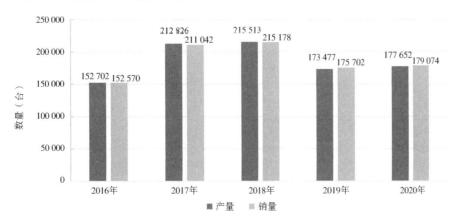

**图1　2016—2020年日本工业机器人产销情况**

注：数据来源于日本机器人协会（JARA）。

1. 工业机器人整体销量略有回升，物料搬运机器人销量依旧最高

日本工业机器人继2019年整体销量大幅下降之后，2020年略有回升，与2019年基本持平。从应用类型来看，洁净室机器人、表面贴装机器人、码垛卸垛机器人和物料搬运机器人销量较2019年有所增加，其他各类工业机器人销量均有所下降。其中增长幅度最大的是洁净室机器人，同比增长45.0%，这主要得益于其出口量的增加。2020年，日本洁净室机器人对外出口数量为10 259台，同比增长81.7%。销量下降最明显的是注塑机器人，同比下降27.4%。

在日本各类工业机器人当中，物料搬运机器人依然销量最高，为45 782台，占总销量的25.6%。其次是装配机器人和焊接机器人，销量分别是33 532台和32 629台，依次占总销量的18.7%和18.2%。在这三类销量较高的机器人当中，只有物料搬运机器人销量同比增加，装配和焊接机器人同比均有所下降。2019—2020年日本各类型工业机器人销售情况见表1。

### 表1 2019—2020年日本各类型工业机器人销售情况

| 产品类别 | 2019年销量（台） | | | 2020年销量（台） | | | 2020年同比增长（%） | | |
|---|---|---|---|---|---|---|---|---|---|
| | 国内 | 出口 | 总计 | 国内 | 出口 | 总计 | 国内 | 出口 | 总计 |
| 注塑机器人 | 3 430 | 3 813 | 7 243 | 2 257 | 3 002 | 5 259 | -34.2 | -21.3 | -27.4 |
| 焊接机器人 | 8 886 | 26 163 | 35 049 | 5 782 | 26 847 | 32 629 | -34.9 | 2.6 | -6.9 |
| 弧焊 | 4 445 | 14 275 | 18 720 | 3 121 | 14 754 | 17 875 | -29.8 | 3.4 | -4.5 |
| 点焊 | 4 321 | 11 631 | 15 952 | 2 581 | 11 873 | 14 454 | -40.3 | 2.1 | -9.4 |
| 激光焊 | 8 | 182 | 190 | 29 | 145 | 174 | 262.5 | -20.3 | -8.4 |
| 其他 | 112 | 75 | 187 | 51 | 75 | 126 | -54.5 | | -32.6 |
| 喷涂机器人 | 625 | 1 491 | 2 116 | 514 | 1 230 | 1 744 | -17.8 | -17.5 | -17.6 |
| 加工机器人 | 2 489 | 7 649 | 10 138 | 1 680 | 7 747 | 9 427 | -9.3 | -10.1 | -9.9 |
| 上下料 | 2 208 | 7 389 | 9 597 | 1 476 | 7 218 | 8 694 | -33.1 | -2.3 | -9.4 |
| 机械切割 | 13 | 47 | 60 | 27 | 22 | 49 | -40.0 | 190.4 | 54.3 |
| 打磨/抛光 | 225 | 156 | 381 | 135 | 453 | 588 | -27.7 | 36.8 | -10.4 |
| 其他 | 43 | 57 | 100 | 42 | 54 | 96 | -2.3 | -5.3 | -4.0 |
| 表面贴装机器人 | 1 296 | 11 493 | 12 789 | 868 | 14 466 | 15 334 | -33 | 25.9 | -19.9 |
| 装配机器人 | 7 843 | 30 767 | 38 610 | 6 505 | 27 027 | 33 532 | -17.1 | -12.2 | -13.2 |
| 一般装配 | 7 357 | 30 146 | 37 503 | 5 920 | 26 304 | 32 224 | -19.5 | -12.7 | -14.1 |
| 其他装配 | 486 | 621 | 1 107 | 585 | 723 | 1 308 | 20.4 | 16.4 | 18.2 |
| 码垛/卸垛机器人 | 1 623 | 1 988 | 3 611 | 1 695 | 2 352 | 4 047 | 4.4 | 18.3 | 12.1 |
| 物料搬运机器人 | 10 259 | 30 524 | 40 783 | 7 272 | 38 510 | 45 782 | -29.1 | 26.2 | 12.3 |
| 洁净室机器人 | 5 216 | 5 646 | 10 862 | 5 496 | 10 259 | 15 755 | 5.4 | 81.7 | 45 |
| 平板显示器 | 113 | 394 | 507 | 123 | 302 | 425 | 8.8 | -23.4 | -16.2 |
| 半导体 | 5 103 | 5 129 | 10 232 | 5 373 | 9 575 | 14 948 | 5.3 | 86.7 | 46.1 |
| 其他 | | 123 | 123 | | 382 | 382 | | 210.6 | 210.6 |
| 其他产品类别 | 2 340 | 3 580 | 5 920 | 1 726 | 3 755 | 5 481 | -26.3 | 4.9 | -7.4 |
| 未分类 | 499 | 8 082 | 8 581 | 557 | 9 527 | 10 084 | 11.6 | 17.9 | 17.5 |
| 合计 | 44 506 | 131 196 | 175 702 | 34 352 | 144 722 | 179 074 | -22.8 | 10.3 | 1.9 |

注：1.资料来源于日本机器人协会（JARA）。
2.统计仅限JARA会员企业，统计数据不包含非JARA会员企业情况。

2. 制造业各行业对工业机器人的需求降低，汽车与电子行业尤为明显

根据日本机器人协会的统计数据，2020年日本制造业各行业对工业机器人的需求量全部降低，其中汽车与汽车零部件、电子与电机这两大行业尤其明显。

尽管汽车与电子行业对工业机器人的需求量明显降低，但依然是需求最大的两个行业，工业机器人消费量分别占日本工业机器人总销量的33.8%和27.2%，占销售总额的33.2%和28.8%。2020年，日本工业机器人在汽车行业的销量最高，为11 595台，同比下降29.6%；在电子行业的销量位居第二，为9 341台，同比下降19.1%。2019—2020年日本制造业各行业对工业机器人需求及行业占比情况见表2。

表2  2019—2020年日本制造业各行业对工业机器人需求及行业占比情况

| 行业类别 | 2019年销量（台） | 2020年销量（台） | 2020年同比增长（%） | 行业分布比例（%） 2019年 | 行业分布比例（%） 2020年 |
|---|---|---|---|---|---|
| 金属制品行业 | 3 313 | 2 067 | -37.6 | 7.4 | 6.0 |
| 机械与装备行业 | 3 628 | 3 133 | -13.6 | 8.2 | 9.1 |
| 建筑与矿业机械 | 155 | 127 | -18.1 | 0.3 | 0.4 |
| 金属加工机械 | 847 | 564 | -33.4 | 1.9 | 1.6 |
| 其他 | 2 626 | 2 442 | -7.0 | 5.9 | 7.1 |
| 电子与电机行业 | 11 543 | 9 341 | -19.1 | 25.9 | 27.2 |
| 电子计算机 | 20 | 55 | 175.0 | 0.0 | 0.2 |
| 家用电机 | 1 516 | 930 | -38.7 | 3.4 | 2.7 |
| 工业电机 | 685 | 627 | -8.5 | 1.5 | 1.8 |
| 通信设备 | 1 227 | 975 | -20.5 | 2.8 | 2.8 |
| 影音设备 | 49 | 18 | -63.3 | 0.1 | 0.1 |
| 电子元件、电子器件、电路 | 4 752 | 4 577 | -3.7 | 10.7 | 13.3 |
| 其他 | 3 294 | 2 159 | -34.5 | 7.4 | 6.3 |
| 精密仪器行业 | 475 | 313 | -34.1 | 1.1 | 0.9 |
| 汽车及汽车零部件行业 | 16 471 | 11 595 | -29.6 | 37.0 | 33.8 |
| 汽车整车制造 | 4 836 | 4 439 | -8.2 | 10.9 | 12.9 |
| 汽车零部件 | 11 635 | 7 156 | -38.5 | 26.1 | 20.8 |
| 其他运输设备行业 | 283 | 152 | -46.3 | 0.6 | 0.4 |
| 食品、饮料与烟草行业 | 944 | 900 | -4.7 | 2.1 | 2.6 |
| 化工产品行业 | 415 | 376 | -9.4 | 0.9 | 1.1 |
| 塑料制品行业 | 1 295 | 1 066 | -17.7 | 2.9 | 3.1 |
| 其他行业 | 3 003 | 2 617 | -12.9 | 6.7 | 7.6 |
| 非制造业 | 423 | 379 | -10.4 | 1.0 | 1.1 |
| 未细分行业 | 2 711 | 2 413 | -11.0 | 6.1 | 7.0 |
| 合计 | 44 504 | 34 352 | -22.8 | 100.0 | 100.0 |

注：1. 资料来源于日本机器人协会（JARA）。
2. 统计仅限JARA会员企业，统计数据不包含非JARA会员企业情况。

3. 工业机器人仍以外销为主，出口比例进一步提高

从近年来日本工业机器人整体出货情况看，日本国内需求量较低，出口占主要市场份额。据日本机器人协会统计，2015—2020年，日本工业机器人海外出口均占市场总额的70%以上，而国内需求占比不足30%。

2020年，日本工业机器人仍以出口为主，而且出口总额和出口比例进一步提高。2020年，日本出口工业机器人144 722台，占日本工业机器人市场总销量的80.8%，占比同2019年相比上升10.3%；出口额为4 895.05亿日元，占市场总销售额的74.4%，同比增长6.9%。

四、国际合作与交流

日本机器人产业属于外向型产业，为大力推动外向型机器人产业的发展，日本政府和产业界采取各种形式，灵活多样地开展机器人行业的国际交流与合作，例如在海外投资设厂、吸引外资在日本设厂、组织参加全球性的机器人相关展会、开展机器人领域的行业交流及国际交流合作项目等。

日本各大知名机器人企业为拓展海外市场，纷纷选择在国外设立海外销售网点，开设工厂，建立研发中心。发那科株式会社在1992年和1997年相继在中国成立北京发那科电机有限公司和上海发那科机器人有限公司。安川电机集团（简称"安川"）于1999年在中国上海成立了安川电机（中国）有限公司。目前，安川在中国的工厂有4家，包括：以生产伺服电动机为主的安川电机（沈阳）有限公司，以生产变频器为主的上海安川电动机器有限公司，以生产机器人为主安川（中国）机器人有限公司以及安川和北京首钢股份投资管理有限公司共同投资的合资公司安川首钢机器人有限公司。精工爱普生公司在全球五大洲32个国家和地区设有生产和研发机构，在57个国家和地区设有营业和服务网点。2009年，爱普

生正式在中国成立机器人（机械手）服务中心和营销总部，全面负责中国地区爱普生工业机器人产品的市场推广、销售、技术支持和售后服务。那智不二越株式会社在全球设有32家子公司，在北京、广州、宁波、沈阳、武汉和重庆等地开设了分公司和销售分支机构，在江苏、广东、上海开设了四家生产基地，并于2016年设立了"上海机器人技术中心"。

此外，日本积极搭建全球性的对话合作平台，组织并参加相关展会、博览会、行业发展大会和学术研讨会等，如举办日本国际机器人展、智能机器人与系统国际学术会议，加入国际机器人联合会并参加世界机器人大会。同时，日本积极同各国开展产学研领域的交流与合作，开展相关国际项目。2019年，日本高校与北京大学正式启动"中日先进制造与机器人国际交流合作项目"。日本东京大学、早稻田大学、大阪大学与北京大学在本科生国际化培养、博士生学术交流、工程博士联合培养及国际科研合作等诸多方面达成共识，标志着中日两国在先进制造与机器人教育领域的合作更加长远。

五、预测与展望

2020年，新冠肺炎疫情在世界各国发生，受其影响，全球机器人安装总量下降2%。新冠肺炎疫情之下，日本制造业各行业对工业机器人的需求量全部降低，工业机器人需求第一的汽车产业曾一度中断供应链，购买需求降低。然而，部分机器人企业却获得了难得的实践机会，新冠肺炎疫情防控加速了日本医疗服务机器人的应用，无人配送等物流机器人迎来发展契机，日本服务机器人快速增长。预计日本机器人市场在2025年将达到490亿美元，2035年将达到910亿美元，其中服务业机器人将占51%左右，增长为工业机器人市场规模的2倍。

近年来，日本国内机器人市场内需增速缓慢，出口量增长迅速。虽然日本汽车制造业以及电子机械产业大量运用机器人进行作业，但由于日本制造基地逐渐转移到海外，加之新冠肺炎疫情造成的汽车行业市场疲软，使得日本机器人外需扩大，今后几年将持续保持这种趋势。国际机器人市场的日益强大给日本机器人外向型发展带来了一定的压力，此外，日本的社会需求和行业内部竞争不断催生出性价比更高的机器人产品，也进一步推动了日本机器人产业的快速发展，日本在机器人研发和生产方面正在迈进一个新的加速期。

〔撰稿人：中国机械工业联合会王丽丽〕

# 2020年德国机器人行业发展情况

## 一、总体情况

德国在机器人与自动化领域的重要性众所周知，其在机器人领域的优势主要集中在技术、研究与应用方面。在工业机器人发展初期，德国政府起到了非常重要的引领作用。20世纪70年代中后期，德国政府强制规定"改善劳动条件计划"，对于一些会接触危险、有毒、有害物的工作岗位实施机器换人计划，为机器人的应用开拓了广泛市场，并推动了工业机器人技术发展。2013年，德国政府推出"工业4.0"战略，将物联网和信息技术引入制造业，打造智能化生产模式。2016年，德国政府发布"PAiCE"技术计划，计划五年内投入5500万美元（约合5000万欧元）资金，重点支持数字产业平台发展，并通过这些平台促进企业间的深度合作。其中面向机器人的项目主要聚焦于服务机器人解决方案的平台搭建，涵盖服务业、物流和制造业等应用领域。作为高科技战略的一部分，德国政府还鼓励工业界和行政管理部门率先应用新的数字技术。

德国企业凭借在工业机器人领域的长期技术积累以及紧跟时代的创新能力，逐渐形成了各具特色的技术创新路线和产品，并构建了核心竞争力。以库卡（KUKA）机器人有限公司等为代表的优秀企业在机器人本体制造、相关技术和服务及系统集成甚至核心零部件制造等多方面拥有显著优势，这些企业抓住了产业价值链上的利润关键点，具备很强的盈利能力。

## 二、德国机器人研发项目介绍

2006年，德国制定了高科技战略，以推动德国成为世界创新领导者。战略目标是将好想法迅速转化为创新的产品和服务。高科技战略的主要框架内容是促进企业、大学和研究机构成为伙伴关系，以便将机构研究和行业专业知识结合起来。"工业4.0"倡议是德国政府高科技战略的一部分，在该倡议中，机器人相关的研发发挥着重要作用，以保持德国在数字设备、工艺和产品的领先地位。为此，德国政府推出了一系列与机器人研发相关并以技术为中心的研究项目。

2009年至2014年间，"AUTONOMIK"计划为围绕制造、物流和装配领域的机器人相关研发项目提供资金支持。AUTONOMIK的技术项目侧重于运用前瞻性的方法推进智能设备和自动化系统的开发和验证测试。通过这个项目，德国政府为其他14个项目提供了总计4800万美元（约合4400万欧元）的资金，涉及来自工业界和学术界的约90个合作伙伴。

以AUTONOMIK项目成果为主要基础，德国编制了

"AUTONOMIK für Industrie 4.0"方案，旨在将信息和通信技术与工业生产技术相融合。从2013年到2017年，有16个项目获得了德国共4800万美元（约合4400万欧元）的资金支持。这些政府资助的项目意图解决如人机交互、工业应用中的3D技术以及系统独立工作等一系列重要的技术问题。

继"AUTONOMIK"和"AUTONOMIK für Industrie 4.0"之后，德国于2016年出台了"PAiCE"方案，该方案的项目持续到2021年，资助资金为5500万美元（约合5000万欧元）。"PAiCE"的科技项目强调促进数字产业平台的开发以及使用这些平台的公司之间开展协作，其中面向机器人的项目侧重于为各种相关领域如服务业、物流和制造领域提供服务机器人解决方案和创建平台。

2018年出台的《高科技战略2025》是德国研发与创新计划的第四版，重点放在"如何把握我们时代的巨大挑战"和"切实提高公民生活质量"上，涵盖健康和护理、可持续及气候保护和能源、零排放智能化交通等7个重点领域。为此，德国联邦政府在2018年投入超过150亿欧元。其中，在健康和护理领域，政府宣布将实施"国家十年"抗癌计划，为"预防和个性化医疗"开发数字解决方案；在可持续及气候保护和能源领域，将大幅减少塑料使用对环境的污染，借助大数据和绿色技术，进一步实现工业温室气体中和化；在零排放智能化交通领域，将推动"安全、网络化清洁交通"的灯塔项目，并支持德国的车用电池生产和合成燃料研究，实施"自动驾驶"行动计划；在经济和劳动力4.0领域，要研究新技术的机遇和风险，例如对数字辅助系统包括数字眼镜、人机协作、外骨骼协助体力劳动，以及更灵活的工作流程或移动工作方面的研究，加强人工智能的应用性开发、人类利用太空的可能性，以及通过3D打印或有效利用资源，智能地设计和使用材料；在安全领域，将开发"全新的整体IT安全解决方案"，其中量子通信将发挥重要作用，同时在自动化系统方面建立若干卓越中心和尖端研究集群。

在《高科技战略2025》中，德国制定了到2025年研发投入占国内生产总值3.5%的目标。在"科技为民"任务的多个项目序列中，机器人相关的"创新共建"项目于2020年启动，一直到2026年，德国联邦教育和研究部（BMBF）每年将提供约8400万美元（约合7000万欧元）的资金支持。

### 三、市场特点

**1. 工业机器人销量与在役机器人情况**

德国是迄今为止欧洲最大的机器人的市场，欧洲市场上38%的在役机器人位于德国。2019年，德国工业机器人的市场销量为20 473台，同比下降23%，在欧洲的销量占比为28%，全球排名第五位。

近几年，德国的机器人年销量一直非常稳定，保持在2万台左右，上下浮动幅度很小。相比较之下，2018年销量26 723台反而显得有些突兀，2019年工业机器人销量又重回2万台左右，表现比较正常。

2019年，德国的工业机器人保有量达到221 547台，比2018年小幅增长3%，位居世界第五，仅次于中国、日本、韩国和美国；制造业机器人密度（每万名工人使用工业机器人数量）为346台/万人，位居世界第四；汽车行业的机器人密度多年来稳居全球前列，2019年高达1 311台/万人。

**2. 工业机器人市场与贸易情况**

2019年，德国机器人和自动化行业的总销售额达到147亿欧元，历史排名居第二，较上年小幅下降2%。其中，集成装配解决方案的销售额最高，2018年达到80亿欧元，同比下降4%；其次是机器人，销售额为40亿欧元，较上年小幅下降2%；机器视觉的销售额小幅增长1%，达到28亿欧元。

自2010年以来，德国机器人和自动化行业的就业人数一直保持增长，2018年突破7万人。随着2019年德国经济周期陷入低迷，招工陷入停顿，就业人数同比略有下降，但仍维持在7万人。目前，德国涉及机器人、自动化以及机器视觉领域的公司总数约有500多家，其中包括少量的大规模企业及部分中等规模的企业，更多的是从事某些特定应用领域的小企业。

2019年，德国工业机器人产量为21 651台，同比下降8%。尽管德国机器人制造商将部分工厂转移到了中国，但2014—2019年，德国工业机器人的产量仍以年均1%的水平保持增长。从进出口情况来看，2019年德国工业机器人出口量为17 445台，比上年下降15%；工业机器人进口量为16 267台，下降幅度高达31%。虽然2019年德国工业机器人进出口量均有所下跌，但由于前几年保持较高水平的增长，2014—2019年，德国机器人进口年均增长率为2%，出口年均增长率为3%。

**3. 搬运、上下料是德国工业机器人最重要的应用领域**

从应用领域看，尽管销量有所下降，搬运、上下料仍是德国工业机器人最重要的应用领域。2019年，用于搬运、上下料的工业机器人销量为13 576台，与上年相比虽下降了14%，但在总销量中的占比仍高达66%。其中，物料搬运仍是第一大应用领域，2019年销量为8 336台，同比下降11%，在总销量中占比41%；其次是塑料成型上下料机器人，2019年销量为1 499台，同比下降19%，在总销量中占比为7%；销量位居第三的是包装、拣选和放置领域的工业机器人，2019年销量为1019台，比2018年下降12%，在总销量中占比为5%。

焊接机器人受其主要应用行业——汽车行业的影响，近年来销量一直呈现波动态势。2019年，焊接机器人销量为2 966台，占德国工业机器人市场总量的14%，同比下降明显，比2018年减少33%。部分原因是因为从2015年到2017年，焊接机器人的年销量一直保持在2 000～3 000台，趋于平稳，而2018年销量激增至4 408台，同比增长达66%，加上汽车行业不景气带来的连锁效应，2019年焊接机器人销量同比明显下降也属正常。在焊接机器人中，销量超过半数的为点焊机器人，2019的销量为1 683台，同比下降34%，在德国工业机器人总销量中的占比为8%；销量紧随其后的是弧焊机器人，2019年销量为1 114台，比2018年历史最高纪录下降34%，在工业机器人总销量中的占比为5%；其他焊接工艺（如等离子、超声波和气焊）的机器人在经历了连续三年的下降后，2019年止跌上涨，销量为108台，同比增长27%；激光焊接机器人市场份额仍旧非常小，2019年销量持续下降至61台，同比下降19%。

2019年，喷涂机器人销量为1 060台，同比下降23%，占德国工业机器人市场总销量的5%。其中，应用于涂胶、密封件的机器人销量为552台，同比增长38%；用于喷漆上釉的机器人销量为401台，同比下降57%；用于其他喷涂领域的机器人销量为107台，同比增长155%。

**4.汽车制造业仍是首要应用行业，金属加工业发展势头强劲**

2019年，汽车行业仍是德国工业机器人最重要的应用行业。在经历了2018年销量激增之后，2019年德国汽车行业用机器人销量回落至原有水平，为10 226台，比2018年下降35%。其中，汽车整车制造是第一大应用行业，2019年采购工业机器人数量为6 507台，同比下降36%，在德国工业机器人市场总销量的占比为64%；汽车零部件制造商采购工业机器人3 719台，比上一年下降33%，占市场总销量的18%。

金属加工业发展势头强劲，已经成为德国工业机器人的第二大应用行业。近年来，金属加工行业采购机器人数量持续上升，2019年采购工业机器人3 683台，同比增长1%，创历史新高，占市场总销量的18%。其中，最大的应用行业是金属制品业，2019年采购工业机器人2 072台，同比下降1%；机械制造业需求上升，2019年采购机器人1 469台，同比增长6%；冶金业（如钢铁厂、铸造厂）应用的机器人数量占市场份额比较少，2019年销量为142台，同比下降23%。

塑料和化工制品业是德国工业机器人第三大应用行业。2019年，该行业采购机器人1 998台，同比下降10%。其中，首要应用行业仍是橡胶和塑料制品业（不包括汽车零部件），工业机器人销量为1 548台，同比下降6%，基本保持平稳；化学品、制药和化妆品制造行业的需求在2018年强劲增长129%之后回落，2019年采购机器人数量为450台，比2018年下降22%。

**5.多关节机器人销量回落，但仍位居各类工业机器人之首**

2019年，德国多关节机器人市场销量为17 081台，同比下降24%，在德国工业机器人市场销量中的占比为83%，仍为德国最重要的工业机器人机型；排名第二的机型是SCARA机器人，2019年销量为1 680台，同比下降18%，占德国工业机器人总销量的8%；其次是直角坐标机器人，销量为1 240台，比2018年下降26%，这是自2015年之后连续第四年销量下跌，在总销量中的占比为6%。并联机器人在德国的应用比较少，2019年销量仅为368台，在德国工业机器人市场总销量的占比仅为2%。

〔撰稿人：中国机械工业联合会孙媛媛〕

# 2020年韩国机器人行业发展情况

## 一、行业概况

韩国在汽车、半导体、电子、机械和化工等主要制造业领域位居世界前列，坚实的制造业基础使韩国成为机器人领域的领跑者。韩国机器人产业起步较晚，但自20世纪80年代以来保持了非常强劲的增长势头。韩国工业机器人的使用密度世界领先，自2010年以来，连续八年保持着龙头地位，直到2018年被新加坡超越，位居全球第二，但韩国工业机器人使用密度仍是世界平均水平的7倍之多。

近年来，韩国公司经历了巨大转型，韩国机器人市场呈现出五大新趋势。

第一，韩国大型企业已将机器人技术视为未来主要的增长引擎。过去，韩国最活跃的机器人制造商是中小企业。近年来，三星集团、LG集团、现代集团、斗山集团、韩华集团和韩国电信公司（KT）等大型企业纷纷宣布将聚焦机器人业务，将其作为企业未来的增长动力。

第二，机器人企业生态系统变得越来越多样化，韩国企业的成功案例越来越多。在韩国，客户和资本市场对机器人的兴趣日渐浓厚，因此，无论是原始设备制造商还是服务提供商，这两大类机器人企业都得到了迅速的发展。

第三，中小型制造企业在机器人应用方面实现重大飞跃。随着机器人应用门槛降低并且更具成本竞争力，韩国制造业中越来越多的中小型企业开始实施以机器人为核心的自动化生产线改造。

第四，韩国机器人产业不断创新发展，并在服务业领域得到独特应用。新冠肺炎疫情防控期间，韩国邮政自动驾驶快递车首次试运行成功。这种无人快递服务不仅为人们提供便利、提高物流效率，还有助于减少交通事故并改善道路行车环境,将成为引领未来邮政物流发展的方向。

第五,韩国政府已成为韩国机器人产业强大而可靠的合作伙伴。韩国政府建立了韩国机器人产业振兴院(KIRIA)和韩国机器人产业协会(KAR)等机构并且颁布一系列重大战略和政策法规为机器人产业提供系统性支持。

## 二、主要政策举措

韩国政府一直高度重视机器人产业的发展,并且对机器人产业的支持呈现出系统化的特点。2019年3月,韩国政府发布机器人制造业蓝图。根据蓝图,韩国将同时发展工业和服务业机器人,利用机器人振兴传统产业,并寻求掌握机器人领域硬件和软件的核心技术。预计到2025年,韩国机器人市场规模将从2018年的5.8万亿韩元增加到20万亿韩元,销售额超过1000亿韩元的机器人企业将从2018年的6家增长至20家。

目前韩国工业机器人在关键零部件上仍然依赖进口。为降低对美国和日本等拥有尖端技术国家的依赖,2019年,韩国第三个机器人发展五年规划提出推动工业机器人核心零部件及软件自主供应。韩国产业通商资源部将在2020年起的7年内,拨款1000亿韩元用于研发机器人核心部件技术,包括智能控制、自主驾驶传感器、智能手臂及软件等。

2020年年底,韩国政府出台有关规划,修改在产业、商业、医疗、公共等4个应用领域与机器人相关的规章制度,以进一步推动机器人产业发展。在医疗领域,韩国机器人产业振兴院院长文全一表示"从2021年起,韩国医疗康复机器人普及事业将从此前以供应商为中心逐渐向以用户为中心转变,灵活使用机器人支援社会弱势群体事业也将全面启动"。此外,韩国还计划引进应对机器人事故的机器人专门保险,编制收集、利用和保护机器人信息的指南等。

## 三、市场特点

根据国际机器人联合会(IFR)统计数据,2019年,韩国工业机器人产量和产值分别为16 727台和4 262亿韩元,与2018年同期相比分别下降46%和40%;保有量与2018年比上升了6%,达到了31.9万台,全球排名第三位;销量为27 873台,同比下降26%,位居全球工业机器人市场第四位,这是自2016年以来韩国工业机器人连续第三年下降;机器人使用密度为885台/万人,位居全球第二位。

从进出口情况来看,2019年,韩国工业机器人进口量和进口额分别为14 321台和5 688亿韩元,分别比2018年上涨9%和6%;出口量为3175台,同比下降52%;出口额为1 681亿韩元,同比增长6%。从出口机器人类型来看,21%是坐标机器人,79%是多关节机器人,与2018年坐标机器人占工业机器人出口总量73%的出口结构形成了巨大反差。2019年韩国机器人出口均价达到5 300万韩元,比2018年出口单价高出一倍多,也是韩国机器人出口总量下降但出口额增加的直接原因。2014—2019年韩国工业机器人生产和市场情况见表1。

表1 2014—2019年韩国工业机器人生产和市场情况

| 项目 | | 2014年 | 2015年 | 2016年 | 2017年 | 2018年 | 2019年 | 2019年同比增长 | 2014—2019年年均复合增长率 |
|---|---|---|---|---|---|---|---|---|---|
| 数量(台) | 生产 | 26 800 | 31 940 | 36 478 | 27 676 | 31 245 | 16 727 | -46% | -9% |
| | 销售 | 24 721 | 38 285 | 41 373 | 39 777 | 37 807 | 27 873 | -26% | 2% |
| | 进口 | 8 562 | 12 308 | 12 352 | 17 149 | 13 122 | 14 321 | 9% | 11% |
| | 出口 | 10 641 | 5 963 | 7 457 | 5 048 | 6 560 | 3 175 | -52% | -21% |
| 金额(百万韩元) | 生产 | 190 034 | 426 248 | 404 284 | 604 148 | 682 075 | 426 204 | -38% | 18% |
| | 销售 | 397 723 | 1 047 276 | 1 255 651 | 1 262 140 | 1 060 526 | 826 929 | -22% | 16% |
| | 进口 | 428 644 | 735 635 | 971 930 | 780 337 | 537 445 | 568 879 | 6% | 6% |
| | 出口 | 220 955 | 114 607 | 120 563 | 122 345 | 158 995 | 168 154 | 6% | -5% |

注:数据来源于国际机器人联合会(IFR)。

1. 电子与汽车行业是韩国工业机器人的主要应用行业

2019年,用于韩国电子领域的机器人有13 516台,同比下降33%,占韩国工业机器人市场总销量的49%。这是自2016年达到29 300台峰值以后连续第三年下降,但其仍是韩国工业机器人最主要的应用行业。汽车行业消费工业机器人6 272台,同比下降43%,占工业机器人市场总销量的23%,是韩国工业机器人第二大应用行业。此外,用于金属加工行业的机器人迅猛增加,与2018年相比销量增长了186%,但基数较小,销量仅1 051台,难以弥补电子和汽车两大行业机器人数量大幅下跌的局势。

2. 搬运领域是韩国工业机器人最主要的应用领域

搬运、焊接、洁净室是韩国工业机器人最主要的三大应用领域,三者的工业机器人消费量约占韩国工业机器人市场总销量的85%。搬运领域是韩国工业机器人最主要的应用领域,2019年,用于搬运领域的工业机器人销量为13 986台,虽然同比下降23%,但是仍然占韩国工业机器人市场总销量的50%。其中，用来做打包、挑拣和运放工作的机器人最多，达到了9 367台，占总销量的34%。焊接领域是工业机器人的第二大领域，2019年，用于焊接领域的工业机器人销量为5 171台，同比下降18%，占总销量的19%。其中，用来做点焊工作的工业机器人有3 278台，约占焊接领域工业机器人的三分之二，其余大部分焊接领域的工业机器人主要应用于弧焊，有1 862台。用于洁净室的工业机器人占总销量的16%，为第三大应用领域，其中有3 042台用于平板显示器的生产，1 089台用于半导体的生产。

**3. 坐标机器人产销下降明显，多关节机器人占比提高**

近年来，坐标机器人在韩国工业机器人中一直有很大的占比，但这一情况在2019年发生了较大转变。2019年，韩国直角坐标机器人产量不足2 400台，较2018年21 220台的产量大幅下降89%，在韩国工业机器人总产量的占比也从2018年的65%下降到14%；销量也同比大幅下降46%，有9 864台。2019年，韩国多关节机器人产量虽然略有下降，但在韩国工业机器人总产量的占比却明显上升，由2018年的27%增长到47%，在各种类型机器人销量都出现不同程度下滑的背景下，多关节机器人销量仍保持了1%的增长，达到15 544台，约占总销量的56%。2014—2019年韩国工业机器人销量（按机器人结构类型划分）见表2。

**表2 2014—2019年韩国工业机器人销量（按机器人结构类型划分）**

| 年份 | 2014年 | 2015年 | 2016年 | 2017年 | 2018年 | 2019年 | 2019年同比增长 | 2014—2019年年均复合增长率 |
|---|---|---|---|---|---|---|---|---|
| 多关节机器人 | 9 900 | 12 938 | 10 976 | 18 439 | 15 369 | 15 544 | 1% | 9% |
| 直角坐标机器人 | 13 736 | 20 557 | 26 410 | 17 701 | 18 174 | 9 864 | -46% | -6% |
| 并联机器人 | 107 | 376 | 406 | 431 | 397 | 204 | -49% | 14% |
| SCARA | 659 | 1 648 | 1 725 | 1 918 | 1 459 | 1 420 | -3% | 17% |
| 其他 | 319 | 2 766 | 1 856 | 1 288 | 2 408 | 841 | -65% | 21% |
| 总计 | 24 721 | 38 285 | 41 373 | 39 777 | 37 807 | 27 873 | -26% | 2% |

注：数据来源于国际机器人联合会（IFR）。

**四、海外合作**

韩国政府非常重视机器人产业的外向型发展，积极从国家战略层面推动并加强与世界各国的交流与合作。2014年韩国制定第二个机器人产业发展五年规划时就明确提出强化国际合作和出口竞争力，抢占海外市场的发展目标。新一轮五年规划打破了以内需为主的保守发展战略，积极扩展包括我国和美国在内的海外市场。

2015年，中韩两国签署了《中韩推进"中国制造2025"与"制造业革新3.0战略"交流合作的谅解备忘录》。中韩双方将在先进制造业、智能制造、机器人开发等领域共同开展战略研究，推动相关领域的合作开发、示范推广及经验交流。2018年，工业和信息化部与韩国产业通商资源部负责人共同出席了第三次中韩产业合作部长级对话。中韩两国将在中韩产业合作部长级对话机制中，增进主管部门交流，促进两国企业合作，推动两国产业合作迈向更高的发展阶段。隶属于韩国产业通商资源部的韩国机器人产业振兴院积极响应会议号召，不断推进与中方的深层交流与合作。2019年，在韩国产业通商资源部的牵头下，韩国机器人产业振兴院、中国检验认证集团韩国有限公司（CCIC KOREA）和上海电器科学研究所（集团）有限公司（SEARI）签署合作协议，充分贯彻落实两国相关部门对相关产业的指示要求，积极推进在机器人产品认证、检测领域的交流与合作。

**五、预测与展望**

自新冠肺炎疫情发生以来，韩国诸多传统产业面临巨大压力。据韩国企业界透露，因新冠肺炎疫情原因，韩国浦项制铁公司、三星集团、LG集团等大型企业正在积极推动机器人流程自动化（Robotic Process Automation，RPA），不断扩充机器人产业从业员工规模。此外，有些韩国企业为了节省人力成本，早已引入RPA机器人员工，为应对新冠肺炎疫情又不同程度地扩大了RPA机器人员工在公司的应用范围。2020年，韩国RPA相关市场规模已达1 000亿韩元（约合人民币5.8亿元）。有预测指出，虽然韩国RPA市场仍处于发展初级阶段，但预计会以每年两倍的速度快速发展。截至2022年，韩国RPA市场规模将达4 000亿韩元（约合人民币23.2亿元）。

新冠肺炎疫情的发生加速了无接触时代的到来，各种各样的无接触解决方案及机器人产品应运而生。韩国科学技术信息通信部长官崔起荣表示，政府将积极培育非接触式产业，大力发展大数据、网络、人工智能等产业。为缓解新冠肺炎疫情影响，韩国政府推出名为"韩版新政"的经济发展规划，计划5年内投入超千亿美元，重点推动数字经济和绿色经济，这将为韩国机器人产业的发展注入一股强大的推动力。

〔撰稿人：中国机械工业联合会王丽丽〕

# 2020年俄罗斯机器人行业发展情况

## 一、总体情况

早在20世纪60年代,苏联就开始研发遥控机器人,并取得了大量的基础研究成果,可以说当时苏联机器人产业发展处于世界较高水平。苏联解体后,俄罗斯继承了苏联在机器人领域的技术和科研成果,为现代机器人产业发展打下了一定的基础。俄罗斯机器人产业发展具有其特殊性,其机器人市场的形成很大程度上取决于军事和紧急状态的需要,而俄罗斯工业对机器人的需求暂时不占主要地位。

当前,俄罗斯政府高度重视智能制造技术对社会的推动作用,将推进机器人产业作为国民经济发展的重要方向,旨在进一步提升俄罗斯在全球的产业竞争力和综合国力。2019年,俄罗斯制造业的工业机器人使用密度是6台/万人,而同期韩国制造业的机器人使用密度是855台/万人,日本是364台/万人,中国是187台/万人,北美地区是153台/万人,说明俄罗斯机器人利用率差距较大,同时也表明俄罗斯机器人市场空间巨大。

2019年,俄罗斯联邦工业和贸易部编制"至2030年前俄罗斯电子工业发展战略规划",分三期实施。其中,2025—2030年俄罗斯将聚焦机器人技术、人工智能、无人驾驶交通工具、神经技术和量子计算等尖端领域。2020年4月,俄罗斯联邦通信与数字化发展部提出俄罗斯机器人将广泛应用于加工业、采矿业、农业、物流业、服务业和租赁业等经济领域。2020年8月,俄罗斯国家标准局批准并发布了10个有关智能制造领域的国家标准,这些标准是在俄罗斯联邦工业和贸易部支持下,由国内制造领域的十几家龙头企业共同编制,目的是推进俄罗斯工业经济数字化进程,开发具有自主知识产权和质量可靠的解决方案,并保证具有普遍的兼容性以进一步促进俄罗斯机器人产业的自主创新。俄罗斯联邦提出的"至2024年俄罗斯数字经济国家发展纲要",旨在加快俄罗斯经济社会对数字技术的推广应用,该纲要包括数字经济发展法律环境建设、数字经济人才队伍建设、信息产业基础建设、信息安全、数字技术、人工智能和数字管理等内容。多家单位参与具体落实,其中俄罗斯联邦工业和贸易部牵头工业研发,俄罗斯风险公司负责组织,俄罗斯新技术研发和商品化发展基金、创新发展基金、信息技术发展基金等机构提供支持。俄罗斯境内27个创新园是信息技术研发及推广应用的实施平台,由俄罗斯经济发展部和俄罗斯联邦工业贸易部提供资金支持。

## 二、市场特点

1. 工业机器人产销概况

根据国际机器人联合会统计数据,2019年,俄罗斯工业机器人市场销量为1 410台,在全球排名第25位。2019年销量同比增长40%,这是自2015年以来连续第5年保持增长。2014—2019年,俄罗斯工业机器人销量年均复合增长率达到了33%,保有量年均增长率为18%。截至2019年,俄罗斯工业机器人保有量达到了6 185台(套),全球排名第32位。2014—2019年俄罗斯工业机器人市场销量及保有量见表1。

表1 2014—2019年俄罗斯工业机器人市场销量及保有量

| 项目 | 2014年 | 2015年 | 2016年 | 2017年 | 2018年 | 2019年 |
| --- | --- | --- | --- | --- | --- | --- |
| 年销量(台) | 339 | 347 | 358 | 711 | 1 007 | 1 410 |
| 保有量(台) | 2 694 | 3 032 | 3 366 | 4 028 | 4 994 | 6 185 |

注:数据来源于国际机器人联合会。

2. 产品应用

搬运与焊接依然是俄罗斯工业机器人最主要的应用领域。2019年,搬运领域工业机器人销量为529台,同比增长32%,占俄罗斯工业机器人市场总销量的38%;焊接领域工业机器人销量为420台,同比增长74%,占总销量的30%。从保有量来看,截至2019年底,搬运领域机器人占机器人保有总量的34%,焊接领域机器人占机器人保有总量的36%。2014—2019年俄罗斯工业机器人市场销量(按应用领域分类)见表2。

表2 2014—2019年俄罗斯工业机器人市场销量（按应用领域分类）

| 应用领域 | 销量（台） | | | | | | 2019年同比增长（%） | 2014-2019年年均增长率（%） |
|---|---|---|---|---|---|---|---|---|
| | 2014年 | 2015年 | 2016年 | 2017年 | 2018年 | 2019年 | | |
| 搬运 | 158 | 85 | 134 | 233 | 402 | 529 | 32 | 27 |
| 焊接 | 81 | 203 | 66 | 245 | 242 | 420 | 74 | 39 |
| 喷涂 | 11 | | 7 | 22 | 19 | 30 | 58 | 22 |
| 加工 | 11 | | | 37 | 38 | 40 | 5 | 29 |
| 其他 | 78 | 59 | 151 | 174 | 306 | 391 | 28 | 49 |
| 总计 | 339 | 347 | 358 | 711 | 1 007 | 1 410 | 40 | 33 |

注：数据来源于国际机器人联合会。

金属加工和汽车制造是俄罗斯工业机器人最主要的两大应用行业。2019年，金属加工行业的机器人销量最高，为401台，同比增长149%，占总销量的28%；汽车行业的机器人销量位居第二，为360台，同比下降8%，占总销量的26%；食品与饮料行业位居第三，机器人年销量为95台，同比增长164%；橡胶与塑料行业为83台，虽然在总销量中占比不高，但是与去年相比，销量增长近4倍。2014—2019年俄罗斯工业机器人市场销量（按应用行业分类）见表3。

表3 2014—2019年俄罗斯工业机器人市场销量（按应用行业分类）

| 行业名称 | 销量（台） | | | | | | 2019年同比增长（%） | 2014-2019年年均增长率（%） |
|---|---|---|---|---|---|---|---|---|
| | 2014年 | 2015年 | 2016年 | 2017年 | 2018年 | 2019年 | | |
| 制造业 | 265 | 309 | 144 | 558 | 650 | 1 025 | 58 | 31 |
| 食品饮料 | 15 | | 13 | | 36 | 95 | 164 | 45 |
| 木材加工 | | | 11 | | | | | |
| 橡胶、塑料 | 26 | 23 | 24 | 40 | 17 | 83 | 388 | 32 |
| 金属加工 | 46 | 26 | 44 | 160 | 161 | 401 | 149 | 54 |
| 电子、电器 | 3 | | | 11 | | | | |
| 汽车 | 147 | 213 | 13 | 262 | 390 | 360 | -8 | 20 |
| 其他运输设备 | 1 | | | | | | | |
| 其他制造业分支 | 16 | 47 | 50 | 85 | 46 | 86 | 87 | 40 |
| 建筑 | 4 | | | | | | | |
| 教育与研发 | 16 | | | 23 | | 50 | 117 | 26 |
| 其他非制造业分支 | | | | 112 | 7 | 30 | 329 | |
| 其他 | 54 | 38 | 214 | 41 | 327 | 305 | -7 | 41 |
| 总计 | 339 | 347 | 358 | 711 | 1 007 | 1 410 | 40 | 33 |

注：数据来源于国际机器人联合会。

### 三、新产品研发成果

俄罗斯机器人市场需求潜力巨大，而且与日俱增。当前俄罗斯工业领域原有生产设备亟待更新，新设备也迫切需要投资生产，为此俄罗斯政府积极推动实施工业生产现代化和自动化计划。近年俄罗斯机器人产业新产品研发成果如下：

1. 仓储机器人

俄罗斯洛纳维机器人公司开发的首款仓储机器人将基于智能平台自动运行，运载货物能力达到1.5t。据研发者介绍，相对于国外同类产品，此款俄罗斯产仓储机器人具有更高的载货能力，且其一次充电后的续航时间也更长。

2. 医疗机器人

2016年6月，中俄投资基金和斯科尔科沃基金会签署了一项协议，在中国建设医疗机器人中心，在中国生产医疗机器人。该项目由俄罗斯科学院发起，俄罗斯的斯科尔科沃创新中心、我国陕西省西安市某家医疗公司参与，该研究中心将从事科学研究、实验设计、软件开发和机器人生产。

3. 导航机器人

俄罗斯彼尔姆机器人公司，主要负责研发导航机器人，该产品可以进行简单沟通和回答人们的问题以及翻译材料，也会记住曾经沟通过的人的名字和脸部特征。

4. 教育机器人

据俄罗斯机器人协会提供的信息，教育培训是俄罗斯服务机器人最大的消费领域。俄罗斯教育培训机器人，包括乐高、具有神经接口的教育学习工具、用于飞行员技能训练的无人机、用于测试无人驾驶运动算法的移动平台以及高校使用的教学机器人等。俄罗斯ROBBO机器人公司开发、生产和销售教育领域的机器人，在俄罗斯市场取得成功，并已进入欧洲市场，可以提供成套的机器人产品。莫斯科州立技术大学研制提供教育领域解决方案，是一个多功能机器人的教育综合体（六轴机器人）。

5. 协作机器人

俄罗斯在AI方面拥有大批科学家，科研基础雄厚。俄罗斯在协作系统的研发方面具有丰富的经验。俄罗斯某家机器人公司主要研发认知技术，首先攻克自动驾驶技术，依靠深度的机器学习和视觉技术掌握识别物体的精确性。俄罗斯这家认知技术公司准备推出新一款的无人驾驶汽车。

6. 太空机器人

2021年3月，俄罗斯国家航天集团旗下的中央机械制造研究所（TsNIIMash）和"能源"火箭航天集团公司，宣布开始研制俄罗斯第一个可进行太空行走的人形机器人"Teledroid"。该机器人将安装在国际空间站的一个机械臂上以保证具有广泛的移动范围。它可以通过舱内航天员实时操控，使用动作传感器捕捉，同时也具备独自工作的能力。Teledroid的主要工作目标是开发进一步探测宇宙和行星所必需的航天机器人技术和人工智能技术。

四、国际合作

为促进机器人产业的迅速发展，俄罗斯积极在全球范围内开展合作。俄罗斯机器人协会通过加入国际机器人联合会(IFR)，与全球机器人最有影响的行业组织建立了联系。俄罗斯又先后同韩国、日本、德国、美国和中国等国家的机器人行业组织建立了合作关系，开展产业信息交流及项目对接。并且，俄罗斯在国际机器人联合会的支持和指导下，每年举办国际机器人产业发展研讨会，并积极参加在中国举办的世界机器人大会，通过多渠道多形式推动机器人产业的国际合作。

中俄两国机器人领域互补性强。当前，两国机器人产业合作稳步推进，中俄机器人行业组织间的交流机制被纳入中俄两国总理定期会晤委员会工业合作分委会装备制造合作备忘录。俄罗斯机器人产业在教育培训、人工智能高端人才队伍、协作系统等方面具有其独特的优势，目前俄罗斯正积极探索与中国在机器人方面的互利合作。俄罗斯托木斯克理工大学已经与中国建立了合作关系，中俄双方开始就机械电子模块、工业机器人以及无人机等方面开展教育培训合作。此外，基于人工智能和深度机器学习在协作机器人发展过程中的重要性，中俄两国的科学家开始在协作机器人领域开展卓有成效的合作。"中俄丝路创新园"是两国政府战略层面的合作项目之一，陕西省政府与俄罗斯直接投资基金、中俄投资基金、俄罗斯斯科尔科沃创新中心代表共同签署了《关于合作开发建设中俄丝绸之路高科技产业园的合作备忘录》。目前，俄罗斯机器人产业市场虽然规模不大，但随着俄罗斯经济复苏、产业政策驱动以及市场需求的日益增加，中俄机器人产业合作前景广阔。

〔撰稿人：中国机械工业联合会 高立红〕

中国机器人工业年鉴 2021

统计资料

公布我国工业机器人产量及产品进出口数据

2020年中国工业机器人月度产量情况
2015—2020年中国工业机器人年度产量完成情况
2020年工业机器人产品进口情况
2020年工业机器人产品出口情况

## 2020年中国工业机器人月度产量情况

| 月份 | 累计销量（套） | 同比增长（%） | 当月销量（套） | 同比增减（%） |
| --- | --- | --- | --- | --- |
| 1—2 | 21 292 | -19.4 | | |
| 3 | 34 645 | -8.2 | 17 241 | 12.9 |
| 4 | 54 602 | 4.0 | 19 257 | 26.6 |
| 5 | 72 619 | 6.7 | 17 794 | 16.9 |
| 6 | 93 794 | 10.3 | 20 761 | 29.2 |
| 7 | 115 976 | 10.4 | 21 170 | 19.4 |
| 8 | 136 873 | 13.9 | 20 663 | 32.5 |
| 9 | 160 715 | 18.2 | 23 194 | 51.4 |
| 10 | 183 447 | 21.0 | 21 467 | 38.5 |
| 11 | 206 851 | 22.2 | 23 635 | 31.7 |
| 12 | 237 068 | 19.1 | 29 706 | 32.4 |

注：数据来源于国家统计局月度快报。

## 2015—2020年中国工业机器人年度产量完成情况

| 年份 | 工业机器人产量（万台/套） | 同比增速（%） |
| --- | --- | --- |
| 2015 | 3.3 | 21.7 |
| 2016 | 7.24 | 30.4 |
| 2017 | 13.0 | 81.0 |
| 2018 | 14.8 | 6.4 |
| 2019 | 17.7 | -3.1 |
| 2020 | 21.2 | 20.7 |

注：1. 数据来源于国家统计局年度统计公报。
2. 年度统计公报数据与月度统计快报数据由统计口径不同导致存在差异。

# 2020年工业机器人产品进口情况 -1

| 月份 | 多功能工业机器人 | | 搬运机器人 | | 喷涂机器人 | | 电弧焊接机器人 | |
|---|---|---|---|---|---|---|---|---|
| | 数量（台） | 金额（万美元） | 数量（台） | 金额（万美元） | 数量（台） | 金额（万美元） | 数量（台） | 金额（万美元） |
| 1—2 | 10 015 | 14 318.3 | 4 064 | 4 823.1 | 65 | 636.5 | 9 | 328.7 |
| 1—3 | 16 794 | 23 277.0 | 6 176 | 7 448.4 | 136 | 1 734.1 | 18 | 495.1 |
| 1—4 | 23 383 | 30 912.9 | 9 940 | 9 215.3 | 190 | 2 178.9 | 43 | 655.7 |
| 1—5 | 28 882 | 37 947.4 | 12 100 | 10 179.8 | 264 | 3 535.5 | 47 | 765.5 |
| 1—6 | 36 313 | 46 741.6 | 13 657 | 11 161.5 | 318 | 4 489.5 | 53 | 778.1 |
| 1—7 | 42 043 | 53 949.8 | 15 332 | 12 402.1 | 442 | 6 092.3 | 71 | 873.2 |
| 1—8 | 46 406 | 59 587.9 | 17 107 | 13 390.3 | 515 | 7 010.2 | 106 | 1 084.9 |
| 1—9 | 53 447 | 69 647.0 | 19 876 | 14 572.3 | 552 | 7 768.4 | 108 | 1 093.6 |
| 1—10 | 59 268 | 77 123.9 | 21 754 | 15 624.7 | 637 | 8 897.7 | 117 | 1 141.0 |
| 1—11 | 65 645 | 85 744.2 | 23 402 | 16 515.8 | 695 | 9 529.9 | 126 | 1 230.4 |
| 1—12 | 74 035 | 97 299.4 | 26 474 | 18 257.6 | 844 | 11 060.8 | 153 | 1 323.2 |

注：数据来源于海关总署。

# 2020年工业机器人产品进口情况 -2

| 月份 | 集成电路工厂专用的自动搬运机器人 | | 激光焊接机器人 | | 电阻焊接机器人 | | 其他工业机器人 | |
|---|---|---|---|---|---|---|---|---|
| | 数量（台） | 金额（万美元） | 数量（台） | 金额（万美元） | 数量（台） | 金额（万美元） | 数量（台） | 金额（万美元） |
| 1—2 | 204 | 1 524.1 | 14 | 98.7 | 2 | 22.1 | 385 | 1 931.5 |
| 1—3 | 466 | 3 191.7 | 14 | 98.7 | 2 | 22.1 | 622 | 2 294.2 |
| 1—4 | 614 | 4 722.2 | 19 | 175.9 | 3 | 42.7 | 858 | 2 808.6 |
| 1—5 | 845 | 6 625.3 | 24 | 208.2 | 6 | 55.1 | 1 022 | 3 205.9 |
| 1—6 | 1 027 | 8 271.7 | 29 | 281.4 | 6 | 55.1 | 1 159 | 3 600.5 |

（续）

| 月份 | 集成电路工厂专用的自动搬运机器人 | | 激光焊接机器人 | | 电阻焊接机器人 | | 其他工业机器人 | |
|---|---|---|---|---|---|---|---|---|
| | 数量（台） | 金额（万美元） | 数量（台） | 金额（万美元） | 数量（台） | 金额（万美元） | 数量（台） | 金额（万美元） |
| 1—7 | 1 188 | 9 818.5 | 29 | 281.4 | 10 | 66.4 | 1 300 | 3 993.2 |
| 1—8 | 1 317 | 11 587.2 | 29 | 281.4 | 10 | 66.4 | 1 452 | 4 603.5 |
| 1—9 | 1 498 | 13 447.2 | 30 | 314.5 | 10 | 66.4 | 1 544 | 5 257.7 |
| 1—10 | 1 749 | 15 623.1 | 32 | 330.8 | 10 | 66.4 | 1 766 | 5 585.7 |
| 1—11 | 2 054 | 17 945.8 | 34 | 1 346.1 | 11 | 73.2 | 1 968 | 6 274.0 |
| 1—12 | 2 253 | 19 903.0 | 38 | 1 540.5 | 11 | 73.2 | 2 192 | 6 837.1 |

注：数据来源于海关总署。

# 2020年工业机器人产品出口情况 -1

| 月份 | 多功能工业机器人 | | 搬运机器人 | | 喷涂机器人 | | 电弧焊接机器人 | |
|---|---|---|---|---|---|---|---|---|
| | 数量（台） | 金额（万美元） | 数量（台） | 金额（万美元） | 数量（台） | 金额（万美元） | 数量（台） | 金额（万美元） |
| 1—2 | 6 716 | 2 510.6 | 2 295 | 1 595.0 | 248 | 496.6 | 42 | 164.9 |
| 1—3 | 9 729 | 4 719.1 | 3 373 | 2 374.8 | 291 | 671.5 | 111 | 303.4 |
| 1—4 | 12 982 | 6 421.3 | 4 165 | 3 380.5 | 349 | 816.6 | 174 | 410.8 |
| 1—5 | 25 693 | 7 967.4 | 4 879 | 4 080.7 | 368 | 929.7 | 202 | 466.4 |
| 1—6 | 50 395 | 9 590.1 | 5 579 | 4 647.4 | 416 | 1 011.9 | 277 | 584.7 |
| 1—7 | 52 561 | 11 253.8 | 9 801 | 5 282.7 | 466 | 1 216.4 | 295 | 627.3 |
| 1—8 | 55 660 | 13 462.4 | 10 874 | 6 193.6 | 536 | 1 898.3 | 358 | 698.5 |
| 1—9 | 59 917 | 14 753.5 | 11 554 | 7 241.6 | 548 | 1 954.8 | 395 | 781.2 |
| 1—10 | 61 764 | 15 826.1 | 12 478 | 8 099.6 | 586 | 2 069.7 | 422 | 955.1 |
| 1—11 | 64 452 | 17 709.4 | 13 736 | 8 901.3 | 595 | 2 116.9 | 459 | 1 011.0 |
| 1—12 | 67 726 | 19 799.4 | 16 044 | 10 212.7 | 60 667 | 2 420.4 | 514 | 1 217.5 |

注：数据来源于海关总署。

## 2020年工业机器人产品出口情况-2

| 月份 | 集成电路工厂专用的自动搬运机器人 | | 激光焊接机器人 | | 电阻焊接机器人 | | 其他工业机器人 | |
|---|---|---|---|---|---|---|---|---|
| | 数量（台） | 金额（万美元） | 数量（台） | 金额（万美元） | 数量（台） | 金额（万美元） | 数量（台） | 金额（万美元） |
| 1—2 | 11 | 94.0 | 2 | 3.7 | 33 | 11.8 | 1 009 | 528.9 |
| 1—3 | 17 | 131.2 | 8 | 50.7 | 45 | 55.0 | 1 490 | 916.4 |
| 1—4 | 34 | 201.2 | 22 | 167.9 | 58 | 65.6 | 2 522 | 1 139.2 |
| 1—5 | 49 | 221.2 | 22 | 167.9 | 61 | 66.0 | 2 881 | 1 374.3 |
| 1—6 | 67 | 255.7 | 86 | 202.9 | 64 | 71.4 | 3 727 | 1 719.2 |
| 1—7 | 87 | 318.0 | 105 | 208.7 | 71 | 119.9 | 4 148 | 2 391.3 |
| 1—8 | 97 | 341.7 | 129 | 398.2 | 76 | 127.1 | 4 462 | 2 900.2 |
| 1—9 | 116 | 368.7 | 134 | 401.5 | 87 | 131.7 | 4 907 | 3 291.1 |
| 1—10 | 129 | 398.4 | 144 | 416.5 | 91 | 138.2 | 8 325 | 3 612.3 |
| 1—11 | 149 | 445.2 | 156 | 466.8 | 103 | 181.1 | 10 018 | 4 035.5 |
| 1—12 | 166 | 506.7 | 788 | 472.8 | 171 | 218.9 | 10 513 | 4 567.0 |

注：数据来源于海关总署。

# 中国机器人工业年鉴 2021

## 附录

公布机器人相关行业组织、中国机器人产业联盟成员单位名录，对中国机器人工业主要行业组织进行简要介绍

**机器人相关行业组织名录**

**中国机器人产业联盟成员单位名录**

　理事长单位

　执行理事长单位

　副理事长单位

　理事单位

　成员单位

**中国机器人工业主要行业组织简介**

　中国机器人产业联盟

　北京智能机器人产业技术创新联盟

　天津市机器人产业协会

　天津市智能制造产业技术创新战略联盟

　吉林省机器人协会

　江苏省机器人专业委员会

　湖北省机器人产业创新战略联盟

　广东省机器人协会

　深圳市机器人协会

　广州工业机器人制造和应用产业联盟

　重庆市机器人与智能装备产业联合会

　成都市机器人产业技术创新联盟

　青岛市机器人产业协会

　苏州市机器人产业协会

# 机器人相关行业组织名录

单位名称：中国机械工业联合会机器人分会（中国机器人产业联盟）
地　　址：北京市东城区东四西大街46号
邮　　编：100711
电　　话：010-85171495
传　　真：010-85171495
网　　址：http://cria.mei.net.cn/
E - mail：cria@mei.net.cn

单位名称：北京智能机器人产业技术创新联盟
地　　址：北京市海淀区北三环中路31号生产力大楼B座813室、803室、804室
邮　　编：100088
电　　话：010-82003642
传　　真：010-82003293
E - mail：zhouhuibjpc@126.com

单位名称：天津市机器人产业协会
地　　址：天津市西青区天津理工大学机械工程学院403室
邮　　编：300382
电　　话：17720078219
E - mail：tjapip@163.com

单位名称：天津市智能制造产业技术创新战略联盟
地　　址：天津市河西区体院北环湖中道9号
邮　　编：300060
电　　话：022-23015618
网　　址：http://www.tabletdriller.com/
E - mail：automanager@188.com

单位名称：吉林省机器人协会
地　　址：吉林省长春市绿园区西新工业集中区集智路888号
邮　　编：130000
电　　话：0431-82003278
传　　真：0431-82003266
E - mail：lin.ding@snl-rob.com

单位名称：济南市机器人与高端装备产业协会
地　　址：山东省济南市经十路历城区舜泰广场10号楼三层
邮　　编：250101
电　　话：0531-88257086
网　　址：http://www.jnsjqrcyxh.com/
E - mail：gdzbxh@163.com

单位名称：青岛市机器人产业协会
地　　址：山东省青岛市高新区新悦路67号
邮　　编：266114
电　　话：18605322273
网　　址：http://qdria.com/
E - mail：qdjqrxh@163.com

单位名称：湖北省机器人产业创新战略联盟
地　　址：湖北省武汉市东湖新技术开发区流芳园横路16号奋进智能产业园
邮　　编：430212
电　　话：13018008462
传　　真：027-86699359
E - mail：1041697458@qq.com

单位名称：湖北省智能制造协会
地　　址：湖北省武汉市东湖新技术开发区光谷软件园F1栋
邮　　编：430073
电　　话：027-87774868
传　　真：027-87774228
网　　址：http://whimsa.org.cn/
E - mail：whimsa@163.com

单位名称：江苏省机器人专业委员会
地　　址：江苏省南京市鼓楼区中山北路49号机械大厦29层
邮　　编：210008
电　　话：025-86630029
传　　真：025-86630029
网　　址：http://www.jssjxgyw.com

单位名称：苏州市机器人产业协会
地　　址：江苏省苏州市相城区澄阳路116号阳澄湖国际科创园2号楼217室
邮　　编：215131
电　　话：0512-65839131
传　　真：0512-65839131
E – mail：szrobot2019@163.com

单位名称：浙江省机器人产业发展协会
地　　址：浙江省杭州市余杭区南湖景秀湾西侧之江实验室新园区
邮　　编：311121
电　　话：0571-58005075
传　　真：0571-58005074
网　　址：http://www.zria.org.cn/
E – mail：zria@zria.org.cn

单位名称：广东省机器人协会
地　　址：广东省广州市黄埔区开泰大道38号5层西侧
邮　　编：510535
电　　话：020-39344209
传　　真：020-39387677
网　　址：http://www.gdsjqr.com/
E – mail：gdsjqr@126.com

单位名称：深圳市机器人协会
地　　址：广东省深圳市南山区西丽街道深圳大学城学苑大道1068号
邮　　编：518055
电　　话：0755-86392542
传　　真：0755-86392299
网　　址：http://www.szrobot.org.cn/
E – mail：szrobot@siat.ac.cn

单位名称：广州工业机器人制造和应用产业联盟
地　　址：广东省广州市黄埔区新瑞路2号主楼2层
邮　　编：510000
电　　话：020-32385332
传　　真：020-82496513
网　　址：http://www.gzrobots.com/
E – mail：gzrobots@126.com

单位名称：东莞市机器人产业协会
地　　址：广东省东莞市松山湖高新技术产业开发区研发五路1号林润智谷5栋306室
邮　　编：523808
电　　话：0769-22231985
传　　真：0769-22231985
网　　址：http://www.dgria.cn/
E – mail：dg_robotic@163.com

单位名称：重庆市机器人与智能装备产业联合会
地　　址：重庆市沙坪坝区西永微电子产业园区管委会大楼5层
邮　　编：401332
电　　话：023-65326065
网　　址：http://www.ccria.org/
E – mail：ccria@ccria.org

单位名称：成都市机器人产业技术创新联盟
地　　址：四川省成都市青羊区体育场路2号西星大厦
邮　　编：610015
电　　话：028-86740619
传　　真：028-86740619
E – mail：357684082@qq.com

# 中国机器人产业联盟成员单位名录

## 理事长单位

单位名称：沈阳新松机器人自动化股份有限公司
地　　址：辽宁省沈阳市浑南区全运路33号
电　　话：4008008666
网　　址：https://www.siasun.com/
E – mail：market@siasun.com

## 执行理事长单位

单位名称：中国机械工业联合会
地　　址：北京市东城区东四西大街 46 号
电　　话：010-65173303
网　　址：https://www.siasun.com/
E - mail：renshi@cmif.org.cn

## 副理事长单位

单位名称：库卡机器人（上海）有限公司
地　　址：上海市松江区小昆山镇昆港公路 889 号
电　　话：021-57072688
网　　址：http://www.kuka-robotics.com/
E - mail：eva.shi@kuka.com

单位名称：上海 ABB 工程有限公司
地　　址：上海市浦东新区康新公路 4528 号
电　　话：021-61056666
网　　址：http://www.abb.com/
E - mail：0111@cn.abb.com

单位名称：埃夫特智能装备股份有限公司
地　　址：安徽省芜湖市鸠江经济开发区万春东路 96 号
电　　话：4000528877
网　　址：http://www.efort.com.cn/
传　　真：0553-5635270

单位名称：安川电机（中国）有限公司
地　　址：上海市黄浦区湖滨路 222 号领展企业广场一座 22 层
电　　话：4008213680
网　　址：http://yaskawa.com.cn/
E - mail：customer@yaskawa.com.cn

单位名称：固高科技（深圳）有限公司
地　　址：广东省深圳市南山区科技园南区高新南七道深港产学研基地西座 2 层 W211 室
电　　话：0755-26970839（总机）
网　　址：http://www.googoltech.com.cn/
E - mail：googol@googoltech.com

单位名称：广州瑞松智能科技股份有限公司
地　　址：广东省广州市黄埔区瑞祥路 188 号
电　　话：020-66309188
网　　址：http://www.risongtc.com/
E - mail：marketing@risongtc.com

单位名称：广州数控设备有限公司
地　　址：广东省广州市萝岗区观达路 22 号
电　　话：4000512028
网　　址：http://www.gsk.com.cn/
E - mail：gsk001@126.com

单位名称：国机智能科技有限公司
地　　址：广东省广州市黄埔区科学城新瑞路 2 号
电　　话：020-32388303
网　　址：http://www.sinomach-it.com/
E - mail：gmeri@gmeri.com

单位名称：哈尔滨博实自动化股份有限公司
地　　址：黑龙江省哈尔滨市开发区迎宾路集中区东湖街 9 号
电　　话：0451-87617799
网　　址：http://www.boshi.cn/
E - mail：gaoyan@gmeri.com

单位名称：哈工大机器人集团股份有限公司
地　　址：黑龙江省哈尔滨市开发区哈平路集中区大连北路与兴凯路交口
电　　话：4000479995
网　　址：http://www.hrgwenlv.com/
E - mail：lvsh@hitrobotgroup.com

单位名称：湖南中南智能装备有限公司
地　　址：湖南省长沙市雨花区振华路机器人聚集区智庭园 2 栋
电　　话：0731-89928216
网　　址：http://www.zeqp.net/
E - mail：market@zeqp.net

单位名称：江苏汇博机器人技术股份有限公司
地　　址：江苏省苏州市吴中区方洲路 128 号
电　　话：4001141377
网　　址：http://www.huiborobot.com/
E - mail：market@huiborobot.com

单位名称：库卡机器人（上海）有限公司
地　　址：上海市松江区小昆山镇昆港公路889号
电　　话：4008208865
网　　址：http://kuka.robot-china.com/
E – mail：cn-rob-info@kuka.com

单位名称：南京埃斯顿机器人工程有限公司
地　　址：江苏省南京市江宁经济开发区燕湖路178号
电　　话：4000253336
网　　址：http://www.estun.com/

单位名称：南京熊猫电子装备有限公司
地　　址：江苏省南京市栖霞区经天路7号B211室
电　　话：025-84236755
网　　址：http://www.panda-fa.com/
E – mail：recruit@panda-fa.com

单位名称：欧德神思软件系统（北京）有限公司
地　　址：北京市朝阳区建国路89号院16号楼6层616室
电　　话：010-85888936
网　　址：http://www.3s-software.com.cn/
E – mail：info@codesys.cn

单位名称：青岛海尔机器人有限公司
地　　址：山东省青岛市黄岛区云台山路1000号质检院C区
电　　话：0532-55774068
网　　址：http://www.haier.net/cn/
E – mail：haierqyg@haier.com

单位名称：三菱电机自动化（中国）有限公司
地　　址：上海市徐汇区虹桥路1386号三菱电机自动化中心
电　　话：021-23223030
网　　址：http://www.mitsubishielectric-fa.cn/
E – mail：yejing.liu@meach.cn

单位名称：上海ABB工程有限公司
地　　址：上海市浦东新区康新公路4528号
电　　话：021-61056666
网　　址：https://new.abb.com/cn/
E – mail：walle-xiaogeng.chen@cn.abb.com

单位名称：上海发那科机器人有限公司
地　　址：上海市宝山区富联路1500号
电　　话：021-50327700
网　　址：https://www.shanghai-fanuc.com.cn/

单位名称：上海新时达机器人有限公司
地　　址：上海市嘉定区思义路1560号
电　　话：13122129270
网　　址：https://steprobots.robot-china.com/
E – mail：dinghao@steprobots.com

单位名称：苏州汇川技术有限公司
地　　址：江苏省苏州市吴中区越溪友翔路16号
电　　话：0571-82635788
网　　址：http://www.inovance.cn/
E – mail：taojun@inovance.cn

单位名称：唐山开元电器集团有限公司
地　　址：河北省唐山市高新技术开发区庆南西道92号
电　　话：0315-3206060
网　　址：http://www.kaiyuan-group.com/
E – mail：sales@tsmi.cn

单位名称：威腾斯坦（杭州）实业有限公司
地　　址：浙江省杭州市余杭区天目山西路355号
电　　话：0571-88695852
网　　址：http://www.wittenstein.cn/
E – mail：info@wittenstein.cn

单位名称：西安航天精密机电研究所
地　　址：陕西省西安市长安区航天西路108号
电　　话：029-85618898
网　　址：http://www.sainengrobot.com/
E – mail：cangsong171@vip.163.com

单位名称：中国科学院深圳先进技术研究院
地　　址：广东省深圳市南山区西丽大学城学苑大道1068号
电　　话：0755-86392288
网　　址：http://www.siat.ac.cn/
E – mail：info@siat.ac.cn

单位名称：杭州凯尔达机器人科技股份有限公司
地　　址：浙江省杭州市萧山区萧山经济技术开发区长鸣路778号
电　　话：0571-83789557
网　　址：http://www.robotweld.cn/

# 理 事 单 位

单位名称：爱普生（中国）有限公司
地　　址：北京市朝阳区建国路 81 号华贸中心 1 号楼 5 层
电　　话：010-85221199
网　　址：http://www.epson.com.cn/robots/
E - mail：yinxinran@ecc.epson.com.cn

单位名称：安徽巨一科技股份有限公司
地　　址：安徽省合肥市包河区繁华大道 5821 号
电　　话：0551-62249023
网　　址：http://www.jee-cn.com/
E - mail：sales.at@jee-cn.com

单位名称：配天机器人技术有限公司
地　　址：安徽省蚌埠市龙子湖区东海大道 6525 号
电　　话：4009900909
网　　址：http://robot.peitian.com/

单位名称：安徽省微云机器人有限公司
地　　址：安徽省芜湖市鸠江区电子产业园 F 座 6 层
电　　话：0553-5880388
E - mail：369498978@qq.com

单位名称：遨博（北京）智能科技有限公司
地　　址：北京市海淀区农科院西路 6 号海青大厦 10 层
电　　话：010-88595859
网　　址：http://www.aubo-robotics.cn/
E - mail：info@aubo-robotics.cn

单位名称：宝鸡中集高科置业有限责任公司
地　　址：陕西省宝鸡市陈仓区西虢大道 27 号
电　　话：0917-6268886
E - mail：luanfengchen@163.com

单位名称：北京航空航天大学
地　　址：北京市海淀区学院路 37 号
电　　话：010-82317114
网　　址：https://www.buaa.edu.cn/

单位名称：北京和利时机器控制技术有限公司
地　　址：北京市大兴区地盛中路 2 号院
电　　话：010-58981000
网　　址：http://www.hollysys.com/

单位名称：北京机械工业自动化研究所有限公司
地　　址：北京市西城区德胜门外校场口 1 号
电　　话：010-82285506
网　　址：http://www.robotschina.com/
E - mail：irc@riamb.ac.cn

单位名称：北京进化者机器人科技有限公司
地　　址：北京市朝阳区北苑路 170 号 6 号楼 8 层 801 室
电　　话：010-59424115
E - mail：cwwh123@163.com

单位名称：北京精密机电控制设备研究所
地　　址：北京市丰台区南大红门路 1 号
电　　话：010-88520124
E - mail：www-2001@163.com

单位名称：北京康力优蓝机器人科技有限公司
地　　址：北京市海淀区清河永泰园甲 1 号建金商厦 607 室
电　　话：010-62702988
网　　址：http://www.uurobot.com/
E - mail：cong.liu@uurobot.cn

单位名称：北京石油化工学院
地　　址：北京市大兴区清源北路 19 号
电　　话：010-81292693
网　　址：http://www.bipt.edu.cn/
E - mail：wdjkevin@128.com

单位名称：北京天智航医疗科技股份有限公司
地　　址：北京市海淀区永泰庄 1 号中关村东升国际创业园 7 号楼 2 层
电　　话：010-82156660
网　　址：http://cn.tinavi.com/
E - mail：info@tinavi.com

单位名称：北京新松融通机器人科技有限公司
地　　址：北京市丰台区丰台科技园汉威广场四区 3 号楼 2 层
电　　话：010-83686110

网　　址：http://www.siasunrt.com/
E‐mail：info@siasunrt.com

单位名称：北京梆梆安全科技有限公司
地　　址：北京市海淀区学院路30号科大天工大厦A座20层1-3室
电　　话：4008881881
网　　址：http://www.bangcle.com/
E‐mail：service@bangcle.com

单位名称：北京中技克美谐波传动股份有限公司
地　　址：北京市顺义区天竺空港工业区B区裕华路甲21号
电　　话：010-80492902
网　　址：http://www.ctkmhd.com/
E‐mail：service@ctkmhd.com

单位名称：大连机床集团有限责任公司
地　　址：辽宁省大连市开发区双D港辽河东路100号
电　　话：0411-87549888
网　　址：http://www.dmtg.com/
E‐mail：wln_dmtg@163.com

单位名称：电装（中国）投资有限公司
地　　址：北京市朝阳区东三环北路5号1幢518室
电　　话：010-65908337
网　　址：http://www.denso.com.cn/
E‐mail：nianjian@cn.denso.com

单位名称：东莞市尔必地机器人有限公司
地　　址：广东省东莞市塘厦镇林村社区博建街4号
电　　话：0769-82960238
网　　址：http://www.lbdrobot.com/
E‐mail：2851149373@qq.com

单位名称：东莞市李群自动化技术有限公司
地　　址：广东省东莞市松山湖高新技术产业开发区新竹路4号新竹苑17幢1单元101室
电　　话：0769-27231381
网　　址：http://www.qkmtech.com/
E‐mail：shiyu.chen@qkmtech.com

单位名称：斗山液压机械（江阴）有限公司
地　　址：江苏省江阴市滨江西路1209号
电　　话：0510-86035266
E‐mail：chunya.zhang@doosan.com

单位名称：菲尼克斯（中国）投资有限公司
地　　址：江苏省南京市江宁经济技术开发区菲尼克斯路36号
电　　话：025-52121888
网　　址：http://www.phoenixcontact.com.cn/

单位名称：福迪威西特传感工业控制（天津）有限公司
地　　址：天津市开发区微电子工业区微五路28号
电　　话：022-23900700
网　　址：http://www.fortive.com/
E‐mail：Jie.Li@scgap.com

单位名称：工业和信息化部计算机与微电子发展研究中心
地　　址：北京市海淀区紫竹院路66号
电　　话：010-88558457
网　　址：http://www.cstc.org.cn/

单位名称：广东博智林机器人有限公司
地　　址：广东省佛山市顺德区北滘镇碧桂园社区泮浦路1号A1栋2层A2-05室
电　　话：0757-29916796
网　　址：http://www.bzlrobot.com/
E‐mail：BDR@countrygarden.com.cn

单位名称：广东产品质量监督检验研究院
地　　址：广东省广州市黄埔区科学大道10号
电　　话：020-89232806
网　　址：https://gqi.org.cn/
E‐mail：gqi@gqi.org.cn

单位名称：广东嘉腾机器人自动化有限公司
地　　址：广东省佛山市顺德区杏坛镇德进路2号
电　　话：0757-22236778
网　　址：http://jtrobots.com/
E‐mail：caiwu@jtrobots.com

单位名称：广东科捷龙机器人有限公司
地　　址：广东省中山市石岐区民营科技园民盈路8号
电　　话：0760-88780533
网　　址：http://www.kjlrobot.com/
E‐mail：kjl@kjlrobot.com

单位名称：广东利迅达机器人系统股份有限公司
地　　址：广东省佛山市顺德区陈村镇广隆工业园仙涌大道2号
电　　话：0757-23838123

网　　址：http://www.lxdrobotics.com/
E‑mail：1145353650@qq.com

单位名称：广东省机械工程学会
地　　址：广东省广州市先烈中路100号13号楼101室
电　　话：020-38732721
网　　址：http://www.gdmes.org/

单位名称：广东拓斯达科技股份有限公司
地　　址：广东省东莞市大岭山镇大塘朗创新路2号
电　　话：0769-83050999
网　　址：http://www.topstarltd.com/
E‑mail：sdliu@topstarltd.com

单位名称：广东鑫泰科技集团有限公司
地　　址：广东省广州市番禺区钟村街谢村谢石公路狮江工业区
电　　话：020-34631106
网　　址：http://www.xintaikeji.com/
E‑mail：18925008880@139.com

单位名称：广州市昊志机电股份有限公司
地　　址：广东省广州市经济技术开发区永和经济区江东街6号
电　　话：020-62257588
网　　址：http://www.haozhihs.com/
E‑mail：guolin@haozhihs.com

单位名称：国工信（沧州）机器人有限公司
地　　址：河北省沧州市运河区高新技术产业开发区运河园区内渤海路南侧车间4层
电　　话：15690260270
E‑mail：820197870@qq.com

单位名称：国机智能技术研究院有限公司
地　　址：北京市朝阳区北沙滩1号院37号楼4层、5层
电　　话：010-82890686-803
网　　址：http://www.sinomiti.com/
E‑mail：liling@sinomiti.com

单位名称：国际精密集团有限公司
地　　址：香港特别行政区九龙湾宏照道39号企业广场三期23层5-6室
电　　话：00852-26885920
网　　址：http://www.ipegroup.com/
E‑mail：ipehk@ipehk.com.hk

单位名称：海安经济技术开发区管理委员会
地　　址：江苏省海安市迎宾路199号
网　　址：http://www.haiankfq.gov.cn/

单位名称：哈尔滨工业大学科学与工业技术研究院
地　　址：黑龙江省哈尔滨市南岗区一匡街2号哈工大科学园C1栋
电　　话：0451-86414422
网　　址：http://robot.hit.edu.cn/
E‑mail：liujiao406@126.com

单位名称：哈默纳科（上海）商贸有限公司
地　　址：中国（上海）自由贸易试验区泰谷路88号5层501室
电　　话：021-62375656
E‑mail：haiyan.chen@hds.co.jp

单位名称：海航量子智能（深圳）投资有限公司
地　　址：广东省深圳市南山区南山街道科园路1001号深圳湾创业投资大厦3901室
电　　话：0898-69961099
网　　址：http://www.hnaqi.com/
E‑mail：rl_chen@hnair.com

单位名称：杭州得润宝油脂股份有限公司
地　　址：浙江省杭州市临安区青山湖街道天柱街80号
电　　话：0571-63786204
网　　址：http://www.derunbao.com/
E‑mail：drb@derunbao.com

单位名称：杭州高博智能机器有限公司
地　　址：浙江省杭州市经济技术开发区白杨街道6号大街452号2幢B2201-B2210室
电　　话：0571-85046811
网　　址：http://www.golbint.com/
E‑mail：jhw@golbint.com

单位名称：杭州晟泉智能控制有限公司
地　　址：浙江省杭州市滨江区杭州市滨文路12号5幢一层
电　　话：18758190669
网　　址：http://www.hzsqsmart.com/
E‑mail：hzsq9999@126.com

单位名称：杭州娃哈哈集团有限公司研究院
地　　址：浙江省杭州市上城区清泰街160号
电　　话：0571-86032866
网　　址：http://www.wahaha.com.cn/
E－mail：whh@wahaha.com.cn

单位名称：杭州新剑机器人技术股份有限公司
地　　址：浙江省临安市昌化工业园区（昌化镇双塔村）
电　　话：0571-63666625
网　　址：http://www.seenpin.com/
E－mail：ceo@seenpin.com

单位名称：合肥泰禾智能科技集团股份有限公司
地　　址：安徽省合肥市经济技术开发区桃花工业园拓展区方兴大道与玉兰大道交口
电　　话：0551-68588882
网　　址：http://www.chinataiho.com/
E－mail：thsorter@chinataiho.com

单位名称：河南森源电气股份有限公司
地　　址：河南省许昌市建安区魏武路南段西侧
电　　话：0374-6108328
网　　址：http://www.hnsyec.com/
E－mail：hnsyzqb@163.com

单位名称：湖北泓润智能系统有限公司
地　　址：湖北省荆门市东宝区工业园泉水大道与新台东路交汇处
电　　话：0724-6505330
网　　址：http://www.hongrunrobot.com/
E－mail：hbhr@chl.com.cn

单位名称：湖北荣屹昊机器人科技有限公司
地　　址：湖北省武汉市东湖新技术开发区光谷大道111号光谷芯中心二期2-01幢5层2室
电　　话：15527772770

单位名称：华夏幸福（北京）股权投资管理有限公司
地　　址：北京市丰台区东管头1号1号楼1-143室
电　　话：18330656699
E－mail：gongsilianxiren@cfldcn.com

单位名称：华育昌（肇庆）智能科技研究有限公司
地　　址：广东省肇庆市鼎湖区桂城站前大道创客商务中心C单元8室
电　　话：0758-2698267
E－mail：1013517046@qq.com

单位名称：黄石市科威自控有限公司
地　　址：湖北省黄石市经济技术开发区金山街道金山大道188-4号
电　　话：0714-3802747
网　　址：http://www.kwzk.com/
E－mail：1414721726@qq.com

单位名称：机科发展科技股份有限公司
地　　址：北京市海淀区首体南路2号
电　　话：010-88301424
网　　址：http://www.mtd.com.cn/
E－mail：zhangxn@mtd.com.cn

单位名称：机械工业仪器仪表综合技术经济研究所
地　　址：北京市西城区广安门外大街甲397号
电　　话：010-63490344
网　　址：http://www.tc124.com/

单位名称：江苏北人智能制造科技股份有限公司
地　　址：江苏省苏州市苏州工业园区青丘巷1号
电　　话：0512-62886222
网　　址：http://www.br-robot.com/
E－mail：jin.yu@br-robot.com

单位名称：江苏德罗智能科技有限公司
地　　址：江苏省盐城市射阳县人民西路
电　　话：0515-89211188
网　　址：http://www.idero.cn/
E－mail：yuliuyu@idero.cn

单位名称：江苏金猫机器人科技有限公司
地　　址：江苏省邳州市炮车街道墩集村滨湖大道018号
电　　话：0516-69869997
网　　址：http://www.goldencatrobot.com/
E－mail：372370130@qq.com

单位名称：江苏锦明工业机器人自动化有限公司
地　　址：江苏省江阴市南闸街道观山村东盟工业园区观山路2号
电　　话：0510-86838993
网　　址：http://www.jinmingglass.com/
E－mail：dandan.xia@jinmingglass.com

单位名称：江阴纳尔捷机器人有限公司
地　　址：江苏省江阴市徐霞客镇峭璜路 9 号
电　　话：0510-86578168
E-mail：475838767@qq.com

单位名称：金子电线电讯（苏州）有限公司
地　　址：江苏省苏州市吴中区甪直镇吴淞路 11 号
电　　话：0512-65010478
网　　址：http://www.kaneko-cord.cn/
E-mail：knkcw@126.com

单位名称：巨轮智能装备股份有限公司
地　　址：广东省揭阳市揭东经济开发区 5 号路中段
电　　话：0663-3269366
网　　址：http://www.greatoo.com/
E-mail：greatoo@greatoo.com

单位名称：快克智能装备股份有限公司
地　　址：江苏省常州市武进高新技术产业开发区凤翔路 11 号
电　　话：0519-86225606
网　　址：https://www.quick-global.com/
E-mail：283859990@QQ.COM

单位名称：昆山华恒焊接股份有限公司
地　　址：江苏省昆山市开发区华恒路 100 号
电　　话：0512-81866666
网　　址：http://www.huahengweld.com/
E-mail：info@huahengweld.com

单位名称：莱恩精机（深圳）有限公司
地　　址：广东省深圳市龙岗区宝龙社区宝荷大道 76 号智慧家园 B 座 406 室
电　　话：0755-28968867
网　　址：http://www.lenseiki.com/
E-mail：lenguohaihui@163.com

单位名称：雷虎机器人工业有限责任公司
地　　址：浙江省余姚市经济开发区滨海新城兴滨路 28 号
电　　话：15910601997
网　　址：http://www.robohero.net/
E-mail：yangchen@zzinv.com

单位名称：伦茨（上海）传动系统有限公司
地　　址：中国（上海）自由贸易试验区临港新片区临港新城江山路 2989 号
电　　话：021-38280200
网　　址：http://www.lenze.com/
E-mail：lenze@lenze.cn

单位名称：美国 ATI 工业自动化有限公司北京代表处
地　　址：北京市朝阳区阜通东大街 1 号院 3 号楼 17 层 3 单元
电　　话：010-8479 8766
网　　址：http://www.ati-ia.com/
E-mail：china@ati-ia.com

单位名称：不二越（中国）有限公司
地　　址：中国（上海）自由贸易试验区美柱北路 317 号森历大厦第二层 F 部位
电　　话：021-69152200
网　　址：https://www.nachi.com.cn/
E-mail：shuangshuang.zhao.fa@nachi.com

单位名称：南京市计量监督检测院
地　　址：南京市栖霞区马群大道 10 号
电　　话：025-85405822
网　　址：http://www.njsjly.com/

单位名称：南通诺博特机器人制造有限公司
地　　址：江苏省海门市滨江街道珠海路 111 号
电　　话：0513-82292198
网　　址：http://www.ntjkjx.com/
E-mail：jkjx@ntjkjx.com

单位名称：南通振康焊接机电有限公司
地　　址：江苏省海门市正余镇双烈村
电　　话：18912899102
网　　址：http://www.zhenkang.com/
E-mail：1552978994@qq.com

单位名称：宁波海天驱动有限公司
地　　址：浙江省宁波市北仑区小港小浃江中路 518 号 1 幢 1 号
电　　话：0574-86188265
网　　址：http://www.haitiandrive.com/

单位名称：宁波中大力德智能传动股份有限公司
地　　址：浙江省慈溪市新兴产业园区新兴一路 185 号
电　　话：4009002896
网　　址：http://www.zd-motor.com/
E-mail：zd002896@163.com

单位名称：宁国市裕华电器有限公司
地　　址：安徽省宁国市振宁路 31 号
电　　话：0563-4183769
网　　址：http://www.ngyh.com/
E-mail：853852257@qq.com

单位名称：欧地希机电（上海）有限公司
地　　址：中国（上海）自由贸易试验区西里路 55 号 12 层 1226 室
电　　话：021-58828633
网　　址：http://www.otc-china.com/
E - mail：mao@otcsh.com.cn

单位名称：秦川机床工具集团股份公司
地　　址：陕西省宝鸡市渭滨区姜谭路 22 号
电　　话：0917-3670665
网　　址：http://www.qinchuan.com/
E - mail：qinchuan@qinchuan.com

单位名称：青岛宝佳自动化设备有限公司
地　　址：山东省青岛市高新区新悦路 67 号
电　　话：0532-58759281
网　　址：http://www.qdbaojia.com/
E - mail：583395737@qq.com

单位名称：青岛科捷机器人有限公司
地　　址：山东省青岛市高新区锦荣路 321 号
电　　话：0532-84854183
网　　址：http://www.kingerobot.com/
E - mail：wangxiaotonghi@163.com

单位名称：青岛诺力达智能科技有限公司
地　　址：山东省青岛市高新区广贤路 81 号
电　　话：18353228577
网　　址：http://www.nuolida.com/
E - mail：hr@nuolida.com

单位名称：青岛欧开智能系统有限公司
地　　址：山东省青岛市胶州经济技术开发区长江路 208 号
电　　话：0532-58966811
网　　址：http://www.oakechina.com/
E - mail：ctg@oakechina.com

单位名称：清能德创电气技术（北京）有限公司
地　　址：北京市大兴区荣昌东街甲 5 号 3 号楼 3 层 301-2 室
电　　话：010-83682922
网　　址：http://www.tsino-dynatron.com/
E - mail：hr@tsino-dynatron.com

单位名称：三一集团有限公司
地　　址：湖南省长沙市经济技术开发区三一路三一工业城三一行政中心 3 层
电　　话：0731-84031888
网　　址：www.sanygroup.com/
E - mail：chenyk5@sany.com.cn

单位名称：厦门荷银投资管理有限公司
地　　址：福建省厦门市火炬高新区软件园科讯楼
电　　话：0592-5118061
网　　址：http://www.jafbank.com/
E - mail：851741822@qq.com

单位名称：厦门至慧机器人有限公司
地　　址：福建省厦门市湖里区湖里大道 8 号联昌大厦 5A 单元
电　　话：13950120038
网　　址：http://www.smtrobot.com/
E - mail：15960806079@163.com

单位名称：山东科曼智能科技有限公司
地　　址：中国（山东）自由贸易试验区烟台片区开发区长江路 77 号内 802 号
电　　话：0535-6371286
网　　址：http://www.comarvel.com/
E - mail：15615089270@163.com

单位名称：陕西诺贝特自动化科技有限公司
地　　址：陕西省西安市高新区锦业一路 70 号
电　　话：029-84504762
网　　址：http://www.obotr.com/
E - mail：190192475@qq.com

单位名称：上海电器科学研究所（集团）有限公司
地　　址：上海市普陀区武宁路 505 号
电　　话：021-62574990
网　　址：http://www.seari.com.cn/
E - mail：chengc@seari.com.cn

单位名称：上海电气集团股份有限公司中央研究院
地　　址：上海市黄浦区蒙自路 360 号
电　　话：021-26027700
网　　址：https://www.shanghai-electric.com/
E - mail：g-030-001@shanghai-electric.com

单位名称：上海高威科电气技术有限公司
地　　址：上海市静安区市北工业园江场三路 173 号 6 层
电　　话：021-66300101
网　　址：http://www.gowell.qianyan.biz/
E - mail：gowell001@163.com

单位名称：上海工程技术大学
地　　址：上海市长宁区仙霞路 350 号

电　　话：021-62750183
网　　址：http://www.sues.edu.cn/
E‐mail：xqh_2019@yeah.net

单位名称：上海国缆检测中心有限公司
地　　址：上海市宝山区山连路 558 号 101 室
电　　话：021-65493333
网　　址：http://www.ticw.com.cn/
E‐mail：ewec@ticw.com.cn

单位名称：上海荷福人工智能科技（集团）有限公司
地　　址：上海市长宁区虹桥路 2535 号 2 楼 A 区 119 室
电　　话：021-63907288
网　　址：https://www.hefujituan.com/
E‐mail：ziruiwang@hefujituan.com

单位名称：上海迦凤汽车零部件有限公司
地　　址：上海市嘉定区外冈镇长泾村 580 号
电　　话：021-59586149
网　　址：http://www.jaf-harness.com/
E‐mail：402835174@qq.com

单位名称：上海交通大学
地　　址：上海市徐汇区华山路 1954 号
电　　话：021-54740000
网　　址：http://www.sjtu.edu.cn/
E‐mail：xjsheng@sjtu.edu.cn

单位名称：上海科姆特自动化控制技术有限公司
地　　址：上海市黄浦区打浦路 1 号 1604-1605 室
电　　话：021-63900088
网　　址：http://www.shcomtech.cn/
E‐mail：mandyli@comtech.com.cn

单位名称：上海纳博特斯克传动设备有限公司
地　　址：中国（上海）自由贸易试验区福山路 388 号 17 层 1706 室
电　　话：021-33632200
网　　址：http://www.nabtesco-motion.cn/
E‐mail：public@nabtesco-motion.cn

单位名称：上海沃迪智能装备股份有限公司
地　　址：上海市金山区亭卫公路 5899 号
电　　话：021-37901188
网　　址：http://www.triowin.com/
E‐mail：info@triowin.com

单位名称：上海禹昌信息科技有限公司
地　　址：上海市闵行区元江路 5500 号第 1 幢 5827 室
电　　话：021-64138225
网　　址：http://www.onegohome.com/
E‐mail：245692089@qq.com

单位名称：上汽通用汽车有限公司
地　　址：中国（上海）自由贸易试验区申江路 1500 号
电　　话：021-28902890
网　　址：http://www.saic-gm.com/
E‐mail：lan_pan@saic-gm.com

单位名称：深圳认知者机器人科技有限公司
地　　址：广东省深圳市前海深港合作区前湾一路 1 号 A 栋 201 室
电　　话：13594393736
E‐mail：2016247621@qq.com

单位名称：深圳市安泽智能机器人有限公司
地　　址：广东省深圳市南山区中山园路 1001 号 TCL 国际 E 城 F2 栋 5 层、6 层
电　　话：0755-86638383
网　　址：http://www.anzer.com.cn/
E‐mail：info@anzer.com.cn

单位名称：深圳市博科系统科技有限公司
地　　址：广东省深圳市南山区西丽街道百旺信高科技工业园二区 5 栋 4 层
电　　话：0755-82805236
网　　址：http://www.bokexitong.com/
E‐mail：bkxitong@163.com

单位名称：深圳市鼎泰智能装备股份有限公司
地　　址：广东省深圳市宝安区燕罗街道广田路 90 号新中泰物流园 A 区办公楼 3 层办公室
电　　话：0755-27269884
网　　址：http://www.dingtai-cnc.com/
E‐mail：dingtaisale@163.com

单位名称：深圳市福士工业科技有限公司
地　　址：广东省深圳市龙岗区坂田岗头市场风门坳工业区 3 栋 3 层
电　　话：0755-33287799
网　　址：http://www.fujisan.com.cn/
E‐mail：Market@contmp.com

单位名称：深圳市佳士科技股份有限公司
地　　址：广东省深圳市坪山新区青兰一路 3 号
电　　话：0755-29651666
网　　址：http://www.jasic.com.cn/
E‐mail：jasicmarket@jasic.com.cn

单位名称：深圳市金大精密制造有限公司
地　　址：广东省深圳市宝安区沙井街道壆岗工业区环镇路12号C栋
电　　话：13923794698
网　　址：http://www.kimdaipm.com/
E－mail：fd02@kimdaipm.com

单位名称：深圳市智流形机器人技术有限公司
地　　址：广东省深圳市宝安区华丰国际机器人产业园F栋
电　　话：0755-88886666
网　　址：http://www.imanifoldtech.com/
E－mail：tu.zhuoying@imanifold.cn

单位名称：沈阳金刚工业自动化有限公司
地　　址：辽宁省沈阳市经济技术开发区中德大街1号
电　　话：18609835003
E－mail：544021946@qq.com

单位名称：沈阳远大智能高科机器人有限公司
地　　址：辽宁省沈阳市经济技术开发区开发大路27号
电　　话：024-25162600
网　　址：http://www.ydznrobot.com/
E－mail：wgg1015.happy@163.com

单位名称：时代集团公司（山东时代新纪元机器人有限公司）
地　　址：山东省济南市高新区新泺大街1768号齐鲁软件大厦B座A216室
电　　话：0531-87169173
网　　址：http://www.timecnbot.com/
E－mail：liyuhong@timegroup.com.cn

单位名称：史陶比尔（杭州）精密机械电子有限公司
地　　址：浙江省杭州市经济技术开发区白杨街道围垦街123号
电　　话：0571-86912161
网　　址：https://www.staubli.com.cn/
E－mail：l.ma@staubli.com

单位名称：四川成焊宝玛焊接装备工程有限公司
地　　址：四川省成都市成华区龙潭工业园成致路15号
电　　话：028-84216448
网　　址：http://www.cbwee.com/
E－mail：867634830@qq.com

单位名称：四川国软科技集团有限公司
地　　址：四川省成都市金牛高新技术产业园区金凤凰大道666号66号楼
电　　话：028-87627580
网　　址：http://grsofter.com/
E－mail：421017294@qq.com

单位名称：四川嘉逸聚信自动化技术有限公司
地　　址：四川省广安市邻水县鼎屏镇渝邻大道123号
电　　话：0826-5091811
网　　址：http://www.grandroyalgroup.com/
E－mail：mail@grandroyalgroup.com

单位名称：苏州工业园区工业技术学校
地　　址：江苏省苏州市苏州工业园区独墅湖科教创新区松涛街208号
电　　话：0512-69178088
网　　址：http://www.sipits.cn/
E－mail：lyj@sipits.cn

单位名称：苏州科宝光电科技有限公司
地　　址：江苏省常熟市唐市镇常昆工业园
电　　话：0512-52579988
网　　址：http://www.cableplus-sz.com/
E－mail：acc@cableplus-sz.com

单位名称：苏州罗伯特木牛流马物流技术有限公司
地　　址：江苏省苏州市苏州工业园区金田路2号东景工业坊20栋
电　　话：0512-62798247
网　　址：http://www.i-cow.cn/
E－mail：info@i-cow.com

单位名称：苏州绿的谐波传动科技股份有限公司
地　　址：江苏省苏州市吴中区木渎镇木胥西路19号
电　　话：0512-66566009
网　　址：http://www.leaderdrive.com/
E－mail：sales@leaderdrive.com

单位名称：苏州双金实业有限公司
地　　址：江苏省苏州市高新区嵩山路478号
电　　话：0512-65355893
网　　址：http://www.szshuangjin.com/
E－mail：1611834089@qq.com

单位名称：苏州天准科技股份有限公司
地　　址：江苏省苏州市高新区浔阳江路 70 号
电　　话：0512-62396413
网　　址：http://www.tztek.com/
E – mail：470922204@qq.com

单位名称：唐山市拓叉达科技有限公司
地　　址：河北省唐山市高新区庆丰道 122 号
电　　话：0315-5772226
网　　址：http://www.toyoda-net.com/
E – mail：info@toyoda-net.com

单位名称：天津工业自动化仪表研究所有限公司
地　　址：天津市河西区体院北环湖中道 9 号
电　　话：022-23015600
网　　址：http://www.tabletdriller.com/
E – mail：Tipai@163.com

单位名称：天津晟华晔机器人有限公司
地　　址：天津市北辰区天津医药医疗器械工业园京福公路东侧优谷新科园 1-3 号楼
电　　话：13641083897
网　　址：http://www.tjshyrobot.com/
E – mail：530259383@qq.com

单位名称：天津犀灵智联机器人技术有限公司
地　　址：天津市经济技术开发区信环西路 19 号泰达服务外包产业园 8 号楼 2 层
电　　话：13261887420
E – mail：checht@sina.com

单位名称：网之易信息技术（北京）有限公司
地　　址：北京市海淀区西北旺东路 10 号院中关村软件园西区 7 号楼 C 座 1 层
电　　话：010-82558163
E – mail：dianzishangwubu@service.netease.com

单位名称：潍坊天颐机器人联合研究院有限公司
地　　址：山东省潍坊市潍城区潍坊胜利石化机械有限公司院内
电　　话：0536-2800286
E – mail：512641767@qq.com

单位名称：无锡鑫宏业线缆科技股份有限公司
地　　址：江苏省无锡市锡山经济技术开发区合心路 17 号
电　　话：0510-68780888
网　　址：http://www.xhycable.com/
E – mail：rszy@xhycable.com

单位名称：武汉奋进智能机器有限公司
地　　址：湖北省武汉市东湖新技术开发区流芳园横路 16 号奋进智能产业园
电　　话：027-82667777
网　　址：http://www.fenjin.com/fj/
E – mail：fenjin@fenjin.com

单位名称：武汉工控工业技术研究院有限公司
地　　址：湖北省武汉市江岸区江大路 26 号
电　　话：027-62437787
网　　址：http://www.whgkyjy.cn/
E – mail：zxgc001@qq.com

单位名称：武进国家高新技术产业开发区
地　　址：江苏省常州市武进区海湖路特 1 号
电　　话：0519-86220177

单位名称：西门子（中国）有限公司
地　　址：北京市朝阳区望京中环南路七号
电　　话：4006162020
网　　址：https://new.siemens.com/cn/zh.html/
E – mail：nea.ac.info.cn@siemens.com

单位名称：现代重工（中国）投资有限公司
地　　址：中国（上海）自由贸易试验区浦明路 898 号海航大厦 8 楼 A 单元
电　　话：021-20332000
网　　址：http://www.hhichina.com/
E – mail：chenpeiling@hhichina.com

单位名称：新昌县海纳人和轴承有限公司
地　　址：浙江省绍兴市新昌县羽林街道初丝湾南路 2 号 3 号楼 D 座
电　　话：13967596989
网　　址：http://www.zjhnrh.com/
E – mail：2365379890@qq.com

单位名称：新乡经开东发发展有限公司
地　　址：河南省新乡市经济技术开发区纬三路智能制造产业园办公楼 9 层
电　　话：0373-3686302
网　　址：http://www.xxjkdffzyxgs.com/
E – mail：xxjkgdzb@163.com

单位名称：雄克精密机械贸易（上海）有限公司
地　　址：上海市闵行区春东路 420 号 1 号楼
电　　话：021-54420007
网　　址：http://www.cn.schunk.com/
E – mail：info@schunk.cn.com

单位名称：研扬科技（苏州）有限公司
地　　址：江苏省苏州市苏州工业园区星汉街5号腾飞新苏工业坊B幢2层
电　　话：0512-67625700
网　　址：http://www.aaeon.com/cn/
E‑mail：lucyfang@aaeon.com.cn

单位名称：亿嘉和科技股份有限公司
地　　址：江苏省南京市雨花台区安德门大街57号5幢
电　　话：025-8168166
网　　址：http://www.yijiahe.com/
E‑mail：yijiahe@yijiahe.com

单位名称：长安徕斯（重庆）机器人智能装备有限公司
地　　址：重庆市北碚区水土高新园云汉大道69号
电　　话：023-63171666
网　　址：http://www.cr-robotics.com/
E‑mail：cr@cr-robotics.com

单位名称：长春禹衡光学有限公司
地　　址：吉林省长春市高新技术产业开发区飞跃东路333号
电　　话：0431-85543700
网　　址：http://www.yu-heng.cn/
E‑mail：sales@yu-heng.cn

单位名称：长沙雨花经济开发区管理委员会
地　　址：湖南省长沙市雨花区万家丽南路二段18号
电　　话：0731-85079666
网　　址：http://www.hnhky.gov.cn/

单位名称：浙江瓿达科技有限公司
地　　址：浙江省杭州市滨江区长河街道南环路1568号寰诺大厦908-916室
电　　话：0571-28801808
网　　址：http://www.buddharobot.com/

单位名称：浙江钱江机器人有限公司
地　　址：浙江省温岭市温西工业园区二号路
电　　话：4001008551
网　　址：http://www.qj-robot.com/
E‑mail：sales@qj-robot.com

单位名称：浙江瑞宏自动化科技有限公司
地　　址：浙江省嘉兴市经济技术开发区曙光路228号
电　　话：0573-83993730
网　　址：http://www.evermore-tools.com/
E‑mail：everrobot_RH@163.com

单位名称：浙江万丰科技开发股份有限公司
地　　址：浙江省嵊州市三江街道官河南路999号
电　　话：0575-86939566
网　　址：http://www.wfauto.com.cn/
E‑mail：jinlan.lv@wfjyjt.com

单位名称：浙江万马集团特种电子电缆有限公司
地　　址：浙江省杭州市临安区太湖源镇金岫村
电　　话：0571-63786395
网　　址：http://www.wanmacable.com/
E‑mail：john.wang@wanmagroup.com

单位名称：天津智通机器人系统有限公司
地　　址：天津市武清区京滨工业园京滨睿城15号楼
电　　话：022-59681830
网　　址：http://www.inter-smart.com/
E‑mail：lanfengjun@inter-smart.com

单位名称：中兵容和（北京）科技有限公司
地　　址：北京市海淀区北三环中路44号14号平房12号
电　　话：010-52970869
网　　址：http://www.sdkbj.cn/
E‑mail：308997628@qq.com

单位名称：中国电器科学研究院股份有限公司
地　　址：广东省广州市海珠区新港西路204号第1栋
电　　话：020-89050888
网　　址：http://www.cei1958.com/
E‑mail：cei@cei1958.com

单位名称：中国电子科技集团公司第二十一研究所
地　　址：上海市徐汇区虹漕路30号
电　　话：021-64367300
网　　址：http://www.sh-motor.com.cn/

单位名称：中国机械进出口（集团）有限公司
地　　址：北京市西城区阜成门外大街一号
电　　话：010-68991000
网　　址：http://www.cmc.com.cn/
E‑mail：cmc@cmc.gt.cn

单位名称：中国科学院沈阳自动化研究所
地　　址：辽宁省沈阳市沈河区南塔街114号

电　　话：024-23970505
网　　址：http://www.sia.cn/
E‑mail：siamaster@sia.cn

单位名称：中国石化润滑油有限公司北京研究院
地　　址：北京市海淀区安宁庄西路6号44幢
电　　话：010-62846487
E‑mail：chenmh.lube@sinopec.com

单位名称：中国移动通信有限公司研究院
地　　址：北京市西城区宣武门西大街32号
网　　址：http://www.gtigroup.org/
E‑mail：admin@gtigroup.org

单位名称：中建材凯盛机器人（上海）有限公司
地　　址：上海市松江区泗泾镇希旺工业园区1幢60号
电　　话：021-51987988
网　　址：http://www.shemt.com/
E‑mail：service@shemt.com

单位名称：中信重工开诚智能装备有限公司
地　　址：河北省唐山市国家高新技术产业开发区学院北路1686号
电　　话：4000135666
网　　址：http://www.ekaicheng.com/
E‑mail：service@ekaicheng.com

单位名称：重庆德新机器人检测中心有限公司
地　　址：重庆市北碚区方正大道256号
电　　话：023-68315860
网　　址：http://www.crri.com.cn/
E‑mail：dexinrobot@163.com

单位名称：重庆工程学院
地　　址：重庆市双桥经济开发区龙水湖西湖大道76号
电　　话：023-62846626
网　　址：http://www.cqie.edu.cn/

单位名称：重庆机器人有限公司
地　　址：重庆市江北区港桥支路5号2幢
电　　话：023-63076830
网　　址：http://www.cqrobotics.com/
E‑mail：sales.as@cqrobotics.com

单位名称：北京微链道爱科技有限公司
地　　址：北京市门头沟区石龙经济开发区永安路20号3号楼A-6099室

电　　话：010-82564200
网　　址：https://www.welinkirt.com/
E‑mail：rcq@welinkirt.com

单位名称：重庆市永川工业园区凤凰湖管理委员会机关工会委员会
地　　址：重庆市永川区凤凰湖工业园凤凰大道777号
电　　话：023-49588667

单位名称：珠海飞马传动机械有限公司
地　　址：广东省珠海市南屏科技工业园屏北一路16号
电　　话：0756-8916006
网　　址：http://www.zhsima.com/
E‑mail：sec@zhsima.com

单位名称：珠海格力智能装备有限公司
地　　址：广东省珠海市九洲大道中2097号珠海凌达压缩机有限公司1号
电　　话：0756-8948104
网　　址：http://www.gree-ie.com/
E‑mail：gree_aem@cn.gree.com

单位名称：淄博纽氏达特行星减速机有限公司
地　　址：山东省淄博市高新区尊贤路5888号
电　　话：0533-6288333
网　　址：http://www.newstart.cn/

单位名称：江苏哈工联合精密传动有限公司
地　　址：江苏省扬州市江邗区科技园路8号
电　　话：0514-82263001
网　　址：http://hgjm.wxlc.net/
E‑mail：jshgih@163.com

单位名称：聚和（天津）智能制造有限公司
地　　址：天津市宝坻区九园工业园区北环路6号
电　　话：022-59000888
网　　址：http://www.juhezdh.com/
E‑mail：953676112@qq.com

单位名称：3M中国有限公司
地　　址：上海市长宁区兴义路8号万都大厦38层
电　　话：021-62753535
网　　址：https://www.3m.com.cn/

单位名称：深圳市优必选科技股份有限公司
地　　址：广东省深圳市南山区学苑大道1001号南山智园C1栋16层、22层

电　　话：0755-83474428
网　　址：http://www.ubtrobot.com/
E－mail：avery.lu@ubtrobot.com

单位名称：上海羿弓精密科技有限公司
地　　址：上海市徐汇区龙兰路277号东航滨江中心T1栋7层
电　　话：021-50701029
网　　址：http://www.wingbow.com.cn/
E－mail：info@wingbow.com.cn

单位名称：广州市精谷智能科技有限公司
地　　址：广州市番禺区石楼镇珠江路80号3层
电　　话：020-84656848
网　　址：http://www.accuglen.com/
E－mail：accuglen@accuglen.com

单位名称：江西奥基德信精密制造有限公司
地　　址：江西省九江市湖口县高新技术产业园区
电　　话：17879020171
网　　址：http://www.oggi3d.com/
E－mail：3508981669@qq.com

单位名称：湖北斯微特传动有限公司
地　　址：湖北省武汉市东湖新技术开发区金融港一路7号光谷智慧园1号楼602室
电　　话：027-85356020
网　　址：http://www.swtdrive.com/
E－mail：domini_k@126.com

单位名称：烟台艾迪艾创机器人科技有限公司
地　　址：中国（山东）自由贸易试验区烟台片区烟台经济技术开发区长江路356号-5号
电　　话：0535-6939785
E－mail：18805352036@163.com

单位名称：苏州赛腾精密电子股份有限公司
地　　址：江苏省苏州市吴中经济开发区东吴南路4号
电　　话：0512-65627778
网　　址：http://www.secote.com/
E－mail：2853051168@qq.com

单位名称：山东德晟机器人股份有限公司
地　　址：山东省济南市天桥区新材料产业园新工业示范园7号
电　　话：0531-88076027
网　　址：http://www.sddsrobot.com/
E－mail：desheng@sddsrobot.com

单位名称：成都卡诺普机器人技术股份有限公司
地　　址：四川省成都市成华区华泰路42号
电　　话：028-84203568
网　　址：http://www.crprobot.com/
E－mail：crp_robot@126.com

单位名称：创泽智能机器人集团股份有限公司
地　　址：山东省日照市经济开发区太原路71号
电　　话：4006935088
网　　址：http://www.chuangze.cn/

单位名称：江苏泰隆减速机股份有限公司
地　　址：江苏省泰兴市大庆东路88号
电　　话：4000004728
网　　址：http://www.tailong.com/
E－mail：87662416@163.com

单位名称：杭州景业智能科技股份有限公司
地　　址：浙江省杭州市滨江区信诚路857号悦江商业中心35001室
电　　话：0571-86655912
网　　址：http://www.boomy.cn/
E－mail：service@boomy.cn

单位名称：武汉职业技术学院
地　　址：湖北省武汉市洪山区关山大道463号
电　　话：027-87766779
网　　址：https://www.wtc.edu.cn/

单位名称：特斯联科技集团有限公司
地　　址：北京市朝阳区新源南路8号启皓北京西塔11层
电　　话：010-85240200
网　　址：http://www.tslsmart.com/
E－mail：communication@tslsmart.com

# 成员单位

单位名称：埃莫运动控制技术（上海）有限公司
地　　址：上海市徐汇区桂平路391号2号楼1706室
电　　话：021-61210395
网　　址：http://www.elmomc.cn/
E - mail：irisw@elmomc.com

单位名称：安徽鸿森智能装备股份有限公司
地　　址：安徽省滁州市苏滁现代产业园14栋
电　　话：0550-3959555
网　　址：http://www.ihongs.com/
E - mail：hszn@ihongs.com

单位名称：安徽纪兴源科技股份有限公司
地　　址：安徽省淮南市经济技术开发区田东路88号
电　　话：0554-3315607
网　　址：http://www.jxuv.com/
E - mail：1270126663@qq.com

单位名称：安徽南斗星仿真机器人科技有限公司
地　　址：安徽省芜湖市繁昌县经济开发区
电　　话：18914748787
E - mail：1102752822@qq.com

单位名称：安徽三众智能装备有限公司
地　　址：安徽省合肥市高新区玉兰大道3号中航工业园综合服务楼4层
电　　话：0551-62555588
网　　址：http://www.tse-cn.com/
E - mail：zll@tse-cn.com

单位名称：安徽协同轴承股份有限公司
地　　址：安徽省黄山市歙县经济技术开发区
电　　话：0559-6527102
网　　址：http://www.co-cb.com/
E - mail：2880725662@qq.com

单位名称：奥林特电缆科技股份有限公司
地　　址：江苏省仪征市经济开发区沿江大道科研2路2号
电　　话：0514-83635988
网　　址：http://www.onitl.com/
E - mail：office@onitl.com

单位名称：北京博创兴盛科技有限公司
地　　址：北京市海淀区知春路7号致真大厦C座24层2405室
电　　话：010-57132820
E - mail：liud@up-tech.com

单位名称：北京大呈机器人科技有限公司
地　　址：北京市大兴区荣昌东街6号亦创机器人创新园7层
电　　话：010-87164394
网　　址：http://www.unimate.vip/
E - mail：7762950752@qq.com

单位名称：北京恩易通达技术发展有限公司
地　　址：北京市海淀区西小口路66号中关村东升科技园-北领地C-7号楼2层209室
电　　话：010-82687355
网　　址：http://www.nenetsystem.com/
E - mail：info@nenetsystem.com

单位名称：北京钢铁侠科技有限公司
地　　址：北京市海淀区农科院西路6号海青大厦A座9层
电　　话：010-56221717
网　　址：http://www.artrobot.com/
E - mail：bd@artrobot.com

单位名称：中机恒通环境科技有限公司
地　　址：北京市海淀区玲珑路中关村互联网文化创意产业园20号楼2层
电　　话：4009656886
网　　址：http://www.hengtbj.com/
E - mail：meixuena@hengtbj.com

单位名称：北京华见机器人技术有限公司
地　　址：北京市海淀区知春路128号1号楼3层301-006室
电　　话：4000000000
网　　址：http://www.veniibot.cn/

单位名称：北京华章图文信息有限公司
地　　址：北京市西城区百万庄南街1号
电　　话：010-88378998
网　　址：http://www.hzbook.com/
E－mail：yuexiang@hzbook.com

单位名称：北京惠众智通机器人科技股份有限公司
地　　址：北京市大兴区凉水河二街8号院15号楼601室
电　　话：010-53582800
网　　址：http://www.pr-robotics.com/
E－mail：xuwz@pr-casic.com

单位名称：北京诺信泰伺服科技有限公司
地　　址：北京市通州区环科中路17号11B
电　　话：010-56298855
网　　址：http://www.nortiontech.com/
E－mail：motec885@163.com

单位名称：北京石头世纪科技股份有限公司
地　　址：北京市海淀区黑泉路8号宝盛广场C座4层北
电　　话：010-53241660
网　　址：http://www.roborock.com/
E－mail：service@roborock.com

单位名称：北京新联铁集团股份有限公司
地　　址：北京市海淀区高粱桥斜街59号院2号楼305室
电　　话：010-62142100
网　　址：http://www.sheenline.com/
E－mail：bjxlt@shenzhou-gaotie.com

单位名称：北京宣爱智能模拟技术股份有限公司
地　　址：北京市海淀区上地信息产业基地三街1号楼2层C段221室
邮　　编：100085
电　　话：010-51666656
网　　址：http://www.bjxa.com/
E－mail：liushihua@bjxa.com

单位名称：北京研华兴业电子科技有限公司
地　　址：北京市海淀区上地信息产业基地上地六街七号
电　　话：010-62984346
网　　址：http://www.advantech.com.cn/

单位名称：北京翼辉信息技术有限公司
地　　址：北京市海淀区中关村翠湖科技园12号楼
电　　话：010-56082456
网　　址：http://www.acoinfo.com/
E－mail：acoinfo@acoinfo.com

单位名称：北京云迹科技有限公司
地　　址：北京市海淀区北四环西路67号7层702室
电　　话：010-57111112
网　　址：http://www.yunjichina.com.cn/
E－mail：yunjichina@yunji.ai

单位名称：北京智同精密传动科技有限责任公司
地　　址：北京市大兴区经海三路29号1幢D座
电　　话：010-87227704
网　　址：http://www.chietom.com/
E－mail：info@chietom.com

单位名称：北京中航诚达科技有限公司
地　　址：北京市丰台区刘庄子119号14号楼221室
电　　话：13911439071
E－mail：12345678910@139.com

单位名称：北京中兴北斗应用技术股份有限公司
地　　址：北京市海淀区清河小营（雄师机械厂）2幢032号
电　　话：13311582855
E－mail：714163943@qq.com

单位名称：不莱梅贝克（上海）工业自动化技术有限公司
地　　址：上海市嘉定区南翔镇银翔路515号508室
电　　话：021-69956095
网　　址：https://www.blumenbecker.com/cn/
E－mail：china@blumenbecker.com

单位名称：常州光洋轴承股份有限公司
地　　址：江苏省常州市新北区汉江路52号
电　　话：0519-85158888
网　　址：http://www.nrb.com.cn/
E－mail：sales@nrb.com.cn

单位名称：常州吉泽智能科技有限公司
地　　址：江苏省常州市新北区创业西路22号
电　　话：18921075775
E－mail：603134394@qq.com

单位名称：常州铭赛机器人科技股份有限公司
地　　址：江苏省常州市武进区湖塘镇常武中路18号科教城铭赛科技大厦
电　　话：4000519665
网　　址：http://www.mingseal.com/
E－mail：market@mingseal.com

单位名称：辰星（天津）自动化设备有限公司
地　　址：天津市经济技术开发区南海路156号通厂29号

电　　话：022-65181003
网　　址：http://www.tjchenxing.com/
E‑mail：public@tjchenxing.com

单位名称：成都普天电缆股份有限公司
地　　址：四川省成都市郫都区新航路18号
电　　话：028-87877000
网　　址：http://www.cdc.com.cn/
E‑mail：cdc@cdc.com.cn

单位名称：成都市机器人产业技术创新联盟
地　　址：四川省成都市体育场路2号西星大厦
电　　话：028-86740619
E‑mail：357684082@qq.com

单位名称：成都一家大能机器人技术有限公司
地　　址：中国（四川）自由贸易试验区成都高新区天府大道中段1388号1栋9层969室
电　　话：18384257907
E‑mail：xuebing.liao@veniibot.com

单位名称：楚天科技股份有限公司
地　　址：湖南省长沙市国家级宁乡经济开发区楚天科技工业园
电　　话：0731-87938288
网　　址：http://truking.com/
E‑mail：truking@truking.com

单位名称：大金氟化工（中国）有限公司上海分公司
地　　址：上海市静安区南京西路1468号中欣大厦37层
电　　话：021-22139700
网　　址：http://www.daikinchem.com.cn/

单位名称：大连德昌线缆有限公司
地　　址：辽宁省大连市经济技术开发区淮河中三路3号
电　　话：0411-87310018
网　　址：http://www.techtroncable.com/
E‑mail：techtron@techtroncable.com

单位名称：大连光洋科技集团有限公司
地　　址：辽宁省大连市经济技术开发区天府街1-2-2号1层
邮　　编：116699
电　　话：0411-82179333
E‑mail：1310101842@qq.com

单位名称：大连佳林设备制造有限公司
地　　址：辽宁省大连市金普新区拥政街道夏金线67号
电　　话：13500789939
网　　址：http://www.dljialin.com/
E‑mail：wj@dljialin.com

单位名称：大连瑞翔机电设备有限公司
地　　址：辽宁省大连市沙河口区锦云南园9号1单元1层
电　　话：0411-83664819
网　　址：http://www.reshinedl.com/
E‑mail：weiguohongdl@sina.com

单位名称：大族环球科技股份有限公司
地　　址：北京市大兴区凉水河二街8号院17号楼2层216室
电　　话：010-87532800
网　　址：http://www.hans-glo.net/
E‑mail：237933112@qq.com

单位名称：莱茵检测认证服务（中国）有限公司
地　　址：北京市大兴区荣华南路15号院4号楼3层301室、12层1203室
电　　话：010-65666660
网　　址：http://www.tuv.com/greater-china/cn/

单位名称：德凯质量认证（上海）有限公司
地　　址：上海市静安区江场三路250号3层301室
电　　话：021-60567666
网　　址：http://www.dekra.com/
E‑mail：lillian.chen@dekra.com

单位名称：德州走四方高级技工学校
地　　址：山东省德州市经济开发区崇德一大道太阳谷大学城
电　　话：0534-5087880
网　　址：http://www.dzzsfjgxx.com/

单位名称：地利营养配餐科技（黑龙江）有限公司
地　　址：黑龙江省哈尔滨市高新技术开发区科技创新城创新创业广场2号楼科技一街629号E607室
电　　话：18611100181
网　　址：http://web.tansent.com/77291/
E‑mail：18611100181@163.com

单位名称：东莞富强电子有限公司
地　　址：广东省东莞市东坑镇东坑科技路136号1号楼101室
电　　话：0769-83882225
E‑mail：quincy88_kuang@foxlink.com

单位名称：广东安拓普聚合物科技有限公司
地　　址：广东省东莞市同沙科技园广汇工业区 2 号楼 B2 区、D 区、E2 区
电　　话：0769-38802055
网　　址：http://www.atpchem.com/
E‑mail：info@atpchem.com

单位名称：东莞市机器人产业协会
地　　址：广东省东莞市松山湖研发五路 1 号林润智谷 5 号楼 306-307 室
电　　话：0769-22231985
网　　址：http://www.dgria.cn/
E‑mail：dg_robotic@163.com

单位名称：东莞沃德检测有限公司
地　　址：广东省东莞市松山湖高新技术产业开发区工业北路 6 号
电　　话：0769-22891258
网　　址：http://www.worldtest.cn/
E‑mail：marry.li@worldtest.cn

单位名称：杜尔涂装系统工程（上海）有限公司
地　　址：上海市青浦区白鹤镇鹤泰路 198 号
电　　话：021-39791000
网　　址：http://www.durr.com.cn/
E‑mail：david.he@durr.com.cn

单位名称：恩斯克投资有限公司
地　　址：江苏省昆山市花桥镇恩斯克路 8 号
电　　话：0512-57963000
网　　址：http://www.nsk.com.cn/

单位名称：福建帝傲数码科技有限公司
地　　址：福建省福州市鼓楼区铜盘路软件大道 89 号福州软件园 D 区 39 号楼 A 栋
电　　话：0591-83335519
E‑mail：27133083@qq.com

单位名称：冈本工机（常州）有限公司
地　　址：江苏省常州市钟楼开发区星港路 65-9 号
电　　话：0519-83903053
网　　址：http://www.okamoto-kouki.com.cn/
E‑mail：huang@okamoto-china.com

单位名称：歌尔股份有限公司
地　　址：山东省潍坊市高新技术产业开发区东方路 268 号
电　　话：0536-3051234
网　　址：http://www.goertek.com/
E‑mail：ir@goertek.com

单位名称：工启机器人（深圳）有限公司
地　　址：广东省深圳市龙岗区南湾街道丹竹头社区恋珠东一巷 9 号 B 栋 501 室
电　　话：0755-85218366
网　　址：http://www.gongqirobot.cn/
E‑mail：sales@gongqirobot.com

单位名称：中国电子产品可靠性与环境试验研究所
地　　址：广东省广州市增城区朱村街朱村大道西 78 号
电　　话：020-87236881
网　　址：https://www.ceprei.com/

单位名称：广州艾可机器人有限公司
地　　址：广东省广州市番禺区石楼镇石清公路 78 号 B 栋
电　　话：18027291382
网　　址：http://www.iclean.cc/
E‑mail：accountant001@iclean.cc

单位名称：广东奥讯智能设备技术有限公司
地　　址：广东省梅州市梅江区江南梅水路归读一品（金沙花园）丽景 A 座 103 号店
电　　话：13076381288
E‑mail：314793288@qq.com

单位名称：广东加华美认证有限公司上海分公司
地　　址：上海市徐汇区宜山路 889 号 4 号楼 1 楼 B 单元
电　　话：021-33688282
网　　址：http://www.csagroup.org/
E‑mail：csa.sh@csagroup.org

单位名称：广东科杰机械自动化有限公司
地　　址：广东省江门市蓬江区永盛路 61 号
电　　话：0750-3500201
网　　址：http://www.kejiegroup.com/
E‑mail：info@kejiegroup.com

单位名称：广东天机智能系统有限公司
地　　址：广东省东莞市松山湖园区工业西三路 6 号 3 栋
电　　话：0769-22892095
网　　址：http://www.tianjizn.com/
E‑mail：kuanghu@tianjizn.com

单位名称：广东天机机器人有限公司
地　　址：广东省东莞市松山湖园区工业西三路6号3栋402室
电　　话：0769-22892095
网　　址：http://www.tianjirobot.com/
E‐mail：kuanghu@tianjizn.com

单位名称：广东威灵电机制造有限公司
地　　址：广东省佛山市顺德区北滘镇工业园十五、十六、十七区
电　　话：0757-26339999
E‐mail：ir@midea.com

单位名称：广东长盈精密技术有限公司
地　　址：广东省东莞市松山湖高新技术产业开发区工业西三路6号
电　　话：0769-22236311
E‐mail：yuanmeihua@ewpt.com

单位名称：广濑（中国）企业管理有限公司
地　　址：中国（上海）自由贸易试验区富特西一路139号1405室
电　　话：021-63913355
网　　址：http://www.hirose.com/
E‐mail：pauline_he@hirose-gl.com

单位名称：广西智拓科技有限公司
地　　址：广西壮族自治区柳州市柳北区杨柳路7号沙塘工业园北部生态新区办公楼6楼611室
电　　话：13217720916
E‐mail：zt-robot@liugong.com

单位名称：广州达意隆包装机械股份有限公司
地　　址：广东省广州市黄埔区云埔一路23号
电　　话：020-82266688
网　　址：http://www.tech-long.com/
E‐mail：xie@tech-long.com

单位名称：广州工业机器人制造和应用产业联盟
地　　址：广东省广州市黄埔区科学城新瑞路2号
电　　话：020-32385332
网　　址：http://www.gzrobots.com/
E‐mail：gzrobots@126.com

单位名称：广州广电计量检测股份有限公司
地　　址：广东省广州市天河区黄埔大道西平云路163号
电　　话：020-38699960
网　　址：http://grgtest.com/
E‐mail：grgtest@grgtest.com

单位名称：广州明珞装备股份有限公司
地　　址：广东省广州市黄埔区开源大道11号C3栋101室、201室
电　　话：020-66356688
网　　址：http://www.minotech.cn/
E‐mail：gongchun@minotech.cn

单位名称：广州市西克传感器有限公司
地　　址：广东省广州市天河区珠江西路15号18层
电　　话：020-28823600
网　　址：http://www.sickcn.com/
E‐mail：info@sick.net.cn

单位名称：广州市万世德智能装备科技有限公司
地　　址：广东省广州市花都区新华镇华兴工业区
电　　话：020-66809333
网　　址：http://www.vanta.cn/
E‐mail：380865300@qq.com

单位名称：广州致远电子有限公司
地　　址：广东省广州市天河区思成路43号ZLG立功科技大厦
电　　话：020-28267825
网　　址：http://www.zlg.cn/
E‐mail：chenxiuchun@zlg.cn

单位名称：国人机器人（天津）有限公司
地　　址：天津市宝坻区口东工业园区广仓道19A号
电　　话：13920439619
E‐mail：2210447092@qq.com

单位名称：汉高股份有限公司
地　　址：上海市浦东新区祝桥镇果园公路189号
电　　话：021-28915222
网　　址：http://www.henkel-vrm.com/
E‐mail：coco.luo@henkel.com

单位名称：杭州安脉盛智能技术有限公司
地　　址：浙江省杭州市滨江区西兴街道阡陌路482号B楼17-18层
电　　话：0571-81990800
网　　址：http://www.aimsphm.com/

E‑mail：info@aimsphm.com

单位名称：杭州非白三维科技有限公司
地　址：浙江省杭州市余杭区仓前街道文一西路1378号1幢E901、E903室
电　话：0571-28956099
网　址：http://www.blackboxcv.cn/
E‑mail：153196152@qq.com

单位名称：杭州匠龙机器人科技有限公司
地　址：浙江省杭州市钱塘新区临江街道经六路2977号
电　话：17681865368
网　址：http://www.jolog.com.cn/
E‑mail：jologrobot@jolog.com.cn

单位名称：杭州原动科技有限公司
地　址：浙江省杭州市西湖区三墩镇灯彩街567号8幢2101室
电　话：13735800628
E‑mail：Annie0171@163.com

单位名称：航天新长征大道科技有限公司
地　址：辽宁省大连市甘井子区信达街31号航天大厦1602室
电　话：0411-39427938
网　址：http://www.htdadao.net/
E‑mail：office@htdadao.net

单位名称：合肥磐石自动化科技有限公司
地　址：安徽省合肥市肥西经济开发区云湖路与集贤路交口西南侧
电　话：0551-63497811
网　址：http://www.hfpanshikj.com/
E‑mail：xufl@hfpanshikj.com

单位名称：合肥赛摩雄鹰自动化工程科技有限公司
地　址：安徽省合肥市经济开发区桃花工业园拓展区
电　话：4000551065、0551-63846888
网　址：http://www.hfxykj.com/
E‑mail：panshu@saimo.cn

单位名称：河南龙昌机械制造有限公司
地　址：河南省焦作市修武县东周大道周庄段路西
电　话：0371-89910659
网　址：http://www.lcmj.com/
E‑mail：lcmj@lcmj.com

单位名称：郑州市轩明职业培训学校有限公司
地　址：河南省郑州市金水区黄河路124号教学楼1层
电　话：0371-53365916
网　址：http://www.zzxmedu.cn/
E‑mail：sever@hnxmsy.com.cn

单位名称：湖南镭目科技有限公司
地　址：湖南省长沙市经济技术开发区泉塘街道枫树路349号
电　话：0731-88702057
网　址：http://www.ramon.com.cn/
E‑mail：hncw@ramon.com.cn

单位名称：湖南长高高压开关集团股份公司
地　址：湖南省长沙市望城经济技术开发区金星北路三段393号
电　话：0731-88585095
网　址：http://www.changgaogroup.com/
E‑mail：cgjt@changgaogroup.com

单位名称：华测检测认证集团股份有限公司
地　址：广东省深圳市宝安区新安街道兴东社区华测检测大楼1号楼101室
电　话：0755-33683666
网　址：http://www.cti-cert.com/
E‑mail：info@cti-cert.com

单位名称：华夏芯（北京）通用处理器技术有限公司
地　址：北京市大兴区荣京东街3号1幢14层1单元1206室
电　话：010-82449456
网　址：http://www.hxgpt.com/
E‑mail：info@hxgpt.com

单位名称：济南大学
地　址：山东省济南市槐荫区南辛庄西路336号
电　话：0531-89736314
网　址：http://www.ujn.edu.cn/
E‑mail：webmaster@ujn.edu.cn

单位名称：嘉兴市工业领域生产性服务业促进中心
地　址：浙江省嘉兴市南湖区由拳路309号紫御大厦6层
电　话：13857383255

E‐mail：26257642@qq.com

单位名称：江苏丰尚智能科技有限公司
地　　址：江苏省扬州市高新技术产业开发区华声路1号
电　　话：0514-85828888
网　　址：http://www.famsungroup.com/
E‐mail：1005146666@qq.com

单位名称：江苏亨通线缆科技有限公司
地　　址：江苏省苏州市吴江区七都镇亨通大道88号
电　　话：0512-63802613
网　　址：http://www.htgd.com.cn/
E‐mail：htxl@htgd.com.cn

单位名称：江苏华途数控科技有限公司
地　　址：江苏省句容市句容经济开发区科技新城科技大道1号路3号楼
电　　话：13912105734
E‐mail：2491269213@qqq.com

单位名称：江苏三棱智慧物联发展股份有限公司
地　　址：江苏省南京市江宁区秣周东路12号悠谷4号楼5层
电　　话：025-87159600、18112927802
网　　址：http://www.slicity.com/
E‐mail：xuhuayong@slicity.com

单位名称：泰兴市产品质量综合检验检测中心（泰兴市食品安全检验检测中心）
地　　址：江苏省泰兴市泰兴镇阳江路中段
电　　话：0523-82363302
E‐mail：jsrtc2009@163.com

单位名称：江苏中科院智能科学技术应用研究院
地　　址：江苏省常州市武进区科教城三一路智能苑
电　　话：0519-86339802
网　　址：http://www.arist.ac.cn/
E‐mail：arist@arist.ac.cn

单位名称：江苏准信自动化科技股份有限公司
地　　址：江苏省南通市高新区金桥西路270号
电　　话：0513-82590100
网　　址：http://www.zunsion.com/
E‐mail：zhangyu@zunsion.com

单位名称：江西合力泰科技有限公司
地　　址：江西省吉安市泰和县工业园区
电　　话：0796-8979666
网　　址：http://www.holitech.net/
E‐mail：yuanxiaoping@holitech.net

单位名称：杰克缝纫机股份有限公司
地　　址：浙江省台州市椒江区三甲东海大道东段1008号
电　　话：0576-88177793
网　　址：http://www.chinajack.com/
E‐mail：ir@chinajack.com

单位名称：京瓷（中国）商贸有限公司
地　　址：天津市经济技术开发区翠园别墅3号
电　　话：022-28459388
网　　址：http://www.kyocera.com.cn/
E‐mail：jing_lan@kyocera.com.cn

单位名称：康力电梯股份有限公司
地　　址：江苏省汾湖高新技术产业开发区康力大道888号
电　　话：0512-63290000
网　　址：http://www.canny-elevator.com/
E‐mail：chenjianchun@canny-elevator.com

单位名称：柯马（上海）工程有限公司
地　　址：上海市松江区泗泾工业园区九干路1353号
电　　话：021-37616222
网　　址：http://www.comau.com/
E‐mail：jasmine.gong@comau.com

单位名称：科沃斯商用机器人有限公司
地　　址：江苏省苏州市吴中经济开发区越溪街道友翔路18号3幢
电　　话：0512-66567108
网　　址：http://www.ecovacs-c.com/
E‐mail：xiaoli.zeng@ecovacs.com

单位名称：昆山西诺巴精密模具有限公司
地　　址：江苏省昆山市周市镇长江北路928号10号厂房
电　　话：0512-57750070
网　　址：http://www.xinuoba.cn/
E‐mail：kavin@china-aloi.com

单位名称：昆山信昌电线电缆有限公司
地　　址：江苏省昆山市花桥镇新生路 528 号
电　　话：0512-57699518
网　　址：http://www.hwatek.com/
E‐mail：caihong_xu@hwatek.com

单位名称：凌云光技术股份有限公司
地　　址：北京市海淀区翠湖南环路 13 号院 7 号楼 7 层 701 室
电　　话：010-52348500
网　　址：http://www.lusterinc.com/
E‐mail：sanhongxu@lusterinc.com

单位名称：鲁班嫡系机器人（深圳）有限公司
地　　址：广东省深圳市龙岗区横岗街道六约社区勤富路 30 号 C 栋 501 室
电　　话：0755-28319521
网　　址：http://www.robotics-robotics.com/
E‐mail：ma_jy@robotics-robotics.com

单位名称：洛阳维斯格轴承有限公司
地　　址：中国（河南）自由贸易试验区洛阳片区高新区金鑫路 2 号
电　　话：0379-63082858
网　　址：http://www.lyvsg.com/
E‐mail：info@lyvsg.com

单位名称：洛阳沃德福机器人科技有限公司
地　　址：河南省洛阳市西工区红山工业园区纬六路 6 号
电　　话：0379-64911371
E‐mail：779114980@qq.com

单位名称：马鞍山雨山经济开发区
地　　址：安徽省马鞍山市雨山区九华西路 1500 号
电　　话：0555-7117755
E‐mail：949784913@qq.com

单位名称：南京固华智能科技有限公司
地　　址：江苏省南京市六合区雄州街道西陈村陈吕路 16 号
电　　话：025-57500569
网　　址：http://www.ghzhineng.com/
E‐mail：njguhua@126.com

单位名称：南京理工大学
地　　址：江苏省南京市玄武区孝陵卫街道孝陵卫街 200 号
电　　话：025-84303051
网　　址：http://www.njust.edu.cn/

单位名称：南通慧幸智能科技有限公司
地　　址：江苏省南通市永兴大道 388 号 6 幢
电　　话：0513-89089121
网　　址：http://www.wissing.cc/
E‐mail：sharon@wissing.cn

单位名称：宁波容合电线有限公司
地　　址：浙江省余姚市泗门镇泗北村惠康路 1 号
电　　话：0574-62136602
网　　址：http://www.rohecable.com/
E‐mail：chenggeng2020@163.com

单位名称：宁波伟立机器人科技股份有限公司
地　　址：浙江省余姚市朗霞街道巷桥路 48 号
电　　话：0574-58221608
网　　址：http://www.welllih.com/
E‐mail：financial@welllih.com

单位名称：宁乡经济技术开发区
地　　址：湖南省宁乡市宁乡经济技术开发区金洲大道金洲大桥西端创业服务大楼 10 层
电　　话：0731-87859699
E‐mail：562825330@qq.com

单位名称：欧姆龙自动化（中国）有限公司
地　　址：中国（上海）自由贸易试验区爱都路 253 号 4 号楼 4 层
电　　话：021-60230333
网　　址：http://www.fa.omron.com.cn/
E‐mail：wyyao@gc.omron.com

单位名称：齐鲁工业大学
地　　址：山东省济南市西部新城大学科技园
电　　话：0531-89631131
网　　址：http://www.qlu.edu.cn/
E‐mail：sonntag@126.com

单位名称：启特动力（上海）有限公司
地　　址：上海市普陀区金沙江路 1999 号 613 室

电　　话：13681985398
E‐mail：guwl@stengg.com

单位名称：秦皇岛丰泰自动化设备制造有限公司
地　　址：河北省秦皇岛市经济技术开发区巫山路7号3楼305室
电　　话：0335-8569188
E‐mail：fengtai@fengtaigs.com

单位名称：青岛北洋天青数联智能股份有限公司
地　　址：山东省青岛市高新技术产业开发区锦荣路123号5号楼
电　　话：0532-87012167
网　　址：http://www.qdbytq.com/
E‐mail：bytq@qdbytq.com

单位名称：青岛高新技术产业开发区管理委员会高端智能制造事业部
地　　址：山东省青岛市高新技术产业开发区智力岛路1号创业大厦
电　　话：029-82020962

单位名称：人本股份有限公司
地　　址：浙江省温州市经济技术开发区滨海五道515号
电　　话：0577-86556100
网　　址：http://www.cugroup.com/
E‐mail：service@cugroup.com

单位名称：日静减速机制造（常州）有限公司
地　　址：江苏省常州市武进高新技术产业开发区凤栖路28号
电　　话：0519-81663637
E‐mail：zhengken@nissei-gtr.co.jp

单位名称：瑞博泰克自动化设备（苏州）有限公司
地　　址：江苏省昆山市千灯镇玉溪路38号
电　　话：18018182088
网　　址：http://www.robotec-co.com/
E‐mail：jenny_zhang@funwick.com

单位名称：瑞孚化工（上海）有限公司
地　　址：中国（上海）自由贸易试验区加太路39号1幢楼六层66室
电　　话：021-63598216-8508
E‐mail：gyin@shrieve.com

单位名称：瑞霆贸易（上海）有限公司
地　　址：上海市徐汇区龙吴路1500号2幢106室
电　　话：021-59883978-8012
网　　址：http://www.gtadtc.com/
E‐mail：windieewang_@zfgta.com.tw

单位名称：睿翱工业自动化贸易（上海）有限公司
地　　址：中国（上海）自由贸易试验区新金桥路1088号2608-2609室
电　　话：021-61005018
网　　址：http://www.reer.it/
E‐mail：lzhang@reerchina.com

单位名称：厦门星原融资租赁有限公司
地　　址：中国（福建）自由贸易试验区厦门片区（保税区）象屿路97号厦门国际航运中心D栋8层03单元
电　　话：0592-2263417
网　　址：http://www.xmlease.com/
E‐mail：kangqf@xmlease.com

单位名称：山东布洛尔智能科技有限公司
地　　址：山东省济南市章丘区明水经济技术开发区城东工业园丰年大道666号
电　　话：0531-83322088
网　　址：buluo99.1688.com/
E‐mail：2339434823@qq.com

单位名称：山东国兴智能科技股份有限公司
地　　址：山东省烟台市经济技术开发区香港路18号
电　　话：0535-6958707
网　　址：http://www.sdgxzn.com/
E‐mail：844976141@qq.com

单位名称：山东帅克机械制造股份有限公司
地　　址：潍坊市坊子区兴国路以东双羊街
电　　话：0536-7523366
E‐mail：shkjx@163.com

单位名称：山东泰开机器人有限公司
地　　址：山东省泰安市高新技术开发区
电　　话：0538-5088201
网　　址：http://www.tk-robot.cn/
E‐mail：tk2016@126.com

单位名称：山东中煤工矿物资集团有限公司
地　　址：山东省济宁市国家高新技术产业开发区开源路北11号
电　　话：0537-2395689
网　　址：http://www.zhongmeijt.com/
E – mail：zhongmeijt@163.com

单位名称：陕西渭河工模具有限公司
地　　址：陕西省宝鸡市岐山县蔡家坡镇新建路008号
电　　话：0917-8583501
网　　址：http://www.weihetools.com.cn/
E – mail：weihe702bgs@163.com

单位名称：上海宾通智能科技有限公司
地　　址：上海市闵行区东川路555号乙楼4085室
电　　话：021-64359166
网　　址：http://www.bitorobotics.com/
E – mail：wenxiaoyu@bitorobotics.ltd

单位名称：上海波创电气有限公司
地　　址：上海市浦东新区周浦镇康沈路2868号3幢1层B119室
电　　话：021-50312147
网　　址：http://www.botrong.com/
E – mail：jxtang@botrong.com

单位名称：上海枫丹柏合投资管理有限公司
地　　址：上海市黄浦区宁波路595号406室
电　　话：021-62893186
网　　址：http://www.fontainburg.com/
E – mail：44034799@qq.com

单位名称：上海华虹集成电路有限责任公司
地　　址：中国（上海）自由贸易试验区碧波路572弄39号
电　　话：021-51315000
网　　址：http://www.shhic.com/
E – mail：zhangcan@shhic.com

单位名称：上海华括自动化工程有限公司
地　　址：上海市浦东新区秀浦路2388号10幢3层
电　　话：021-61183149
E – mail：jingjing.ge@hk-robotics.com

单位名称：上海节卡机器人科技有限公司
地　　址：上海市闵行区剑川路610号33-35幢

电　　话：021-80392665
网　　址：http://www.jaka.com/
E – mail：marketing@jaka.com

单位名称：上海力克精密机械有限公司
地　　址：上海市金山区张堰镇振凯路288号D区
电　　话：021-57220903

单位名称：上海洛倍智能科技有限公司
地　　址：上海市普陀区武宁路505号
电　　话：021-69981678
网　　址：http://www.robabc.com/
E – mail：hr@robabc.com

单位名称：上海三竹机电设备有限公司
地　　址：上海市松江区小昆山镇崇南公路435弄90号房K座
电　　话：021-67626758
网　　址：http://www.sunchu.com.cn/
E – mail：info@sunchu.com.cn

单位名称：上海天祥质量技术服务有限公司
地　　址：中国（上海）自由贸易试验区张杨路707号二层西区
电　　话：021-53397600
网　　址：http://www.intertek.com/
E – mail：rhea.zhu@intertek.com

单位名称：上海英格尔认证有限公司
地　　址：上海市徐汇区中山西路2368号801室
电　　话：021-51114700
网　　址：http://www.icasiso.com/
E – mail：songshuhua@icasiso.com

单位名称：深圳果力智能科技有限公司
地　　址：广东省深圳市南山区高新南七道018号高新工业村R3B栋4层A02室
电　　话：0755-26918115
网　　址：http://www.glitech.com/
E – mail：yliu@glitech.com

单位名称：深圳华南数控系统有限公司
地　　址：广东省深圳市南山区高新南一道017号万德莱大厦北座411室
电　　话：0755-82784916
网　　址：http://www.dmaxtech.cn/

E - mail: amyye@dmaxtech.cn

单位名称：深圳诺铂智造技术有限公司
地　　址：广东省深圳市宝安区建安路正昌达数码科技园A栋3层
电　　话：13410071520
网　　址：http://www.sz-cnc.com.cn/
E - mail: 1484546242@qq.com

单位名称：深圳市北测检测技术有限公司
地　　址：广东省深圳市宝安区奋达高新科技园E栋2楼
电　　话：0755-36995508
网　　址：http://www.ntek.org.cn/
E - mail: jenny@ntek.org.cn

单位名称：深圳市华科天信科技有限公司
地　　址：广东省深圳市坪山新区坑梓梓横西路49号B601室
电　　话：0755-86323375
网　　址：http://www.szhtt.com.cn/
E - mail: sales@szhtt.com.cn

单位名称：深圳市佳顺智能机器人股份有限公司
地　　址：广东省深圳市龙华新区福城街道茜坑新村老围一区182号
电　　话：4007006846
网　　址：http://www.casun.cn/
E - mail: vip@casun99.com

单位名称：深圳市踢踢电子有限公司
地　　址：广东省深圳市宝安区石岩镇石龙社区汇龙达工业园C栋4层
电　　话：0755-82501271
网　　址：http://www.ttmotor.com.cn/

单位名称：深圳市正德智控股份有限公司
地　　址：广东省深圳市龙岗区坪地街道康明路8号正德科技园
电　　话：0755-36518326
网　　址：http://www.maintexpt.com/
E - mail: 506329088@qq.com

单位名称：深圳威洛博机器人有限公司
地　　址：广东省深圳市光明新区玉塘街道玉律社区大洋一路17号
电　　话：0755-33953121
网　　址：http://www.w-robot.com/

E - mail: 104082086@qq.com

单位名称：史丹利百得精密制造（深圳）有限公司
地　　址：广东省深圳市宝安区石岩街道水田社区捷和工业城B栋
网　　址：http://www.stanleyblackanddecker.com/
E - mail: caroline.tao@sbdinc.com

单位名称：四川阿泰因机器人智能装备有限公司
地　　址：四川省成都市天府新区华阳街道天府大道南段846号
电　　话：028-85679032
网　　址：http://www.artigent.cn/
E - mail: zongjingban@artigent.cn

单位名称：四川福德机器人股份有限公司
地　　址：四川省绵阳市高新区火炬西街南段10号
电　　话：18628163218
网　　址：http://www.fdrobot.com/
E - mail: houminuo@fdrobot.com

单位名称：四川省机械研究设计院（集团）有限公司
地　　址：四川省成都市武侯区人民南路三段30号
电　　话：028-85925000
网　　址：http://www.ccjys.com/
E - mail: sccjys@126.com

单位名称：苏州UL美华认证有限公司
地　　址：江苏省苏州市苏州工业园区澄湾路2号
电　　话：0512-68086400
网　　址：http://intranet.ul.com/
E - mail: ruby.zhu@ul.com

单位名称：博众精工科技股份有限公司
地　　址：江苏省苏州市吴江经济技术开发区湖心西路666号
电　　话：0512-63414949
网　　址：http://www.bozhon.com/
E - mail: boozhong@bozhon.com

单位名称：苏州工业园区东茂工业设备有限公司
地　　址：江苏省苏州市苏州工业园区东环路1408号1幢1605室
电　　话：18915587680、0512-67240129
网　　址：http://www.dongmao-drive.com/
E - mail: info@arcsecondrobo.com

单位名称：苏州巨佳电子科技有限公司
地　　址：江苏省苏州市苏州工业园区星湖街 218 号生物纳米园 A4 楼
电　　话：0512-62861566
网　　址：http://www.gfocustech.com/
E－mail：yzhao@gfocustech.com

单位名称：苏州朗高电机有限公司
地　　址：江苏省苏州市吴中区胥口镇繁丰路 608 号
电　　话：0512-66931569
网　　址：http://www.lego-motors.com/
E－mail：lego@lego-motors.com

单位名称：新代科技（苏州）有限公司
地　　址：江苏省苏州市苏州工业园区春辉路 9 号
电　　话：0512-69008860
网　　址：http://www.syntecclub.com.tw/
E－mail：syntec@syntecclub.com.cn

单位名称：太阳电线（苏州）有限公司
地　　址：江苏省苏州市苏州工业园区唯新路 93 号
电　　话：0512-62891228
网　　址：http://www.taiyocabletic.com/
E－mail：aiping.chen@cn.tcapgroup.com

单位名称：太原市申海机械设备股份有限公司
地　　址：山西省太原市晋源区滨河西路北瓦窑村北外环 1 号
电　　话：0351-5245632
网　　址：http://www.tyshenhai.com/
E－mail：fushengyang@126.com

单位名称：唐山英莱科技有限公司
地　　址：河北省唐山市高新技术产业开发区唐山科技中心 21 层
电　　话：0315-5915695
网　　址：http://www.intelligentlaser.cn/
E－mail：support@intelligengtlaser.cn

单位名称：唐山智能电子有限公司
地　　址：河北省唐山市开平区现代装备制造工业区电瓷道 7 号
电　　话：0315-3175636
网　　址：http://www.tszn.com/
E－mail：3253187102@qq.com

单位名称：天津彼洋机器人系统工程有限公司
地　　址：中国（天津）自由贸易试验区航空路 278 号
电　　话：022-24929697
网　　址：http://www.beyond-automation.com/
E－mail：by_auto@163.com

单位名称：天津海之星水下机器人有限公司
地　　址：天津市经济技术开发区天津泰达中小企业园 4 号楼一层 107 号厂房
电　　话：022-66877807
网　　址：http://www.oceaneerstar.com.cn/
E－mail：634738719@qq.com

单位名称：深之蓝海洋科技股份有限公司
地　　址：天津市经济技术开发区睦宁路 45 号津滨发展通厂 7 号厂房
电　　话：022-25317619
网　　址：http://www.deepinfar.com/
E－mail：info@deepinfar.com

单位名称：天津市机器人产业协会
地　　址：天津市武清区汽车产业园云景道 1 号汽车大厦 315 室
电　　话：022-22902290
E－mail：tjapip@163.com

单位名称：天津远为创业投资合伙企业
地　　址：天津市滨海新区华苑产业区开华道 20 号南开科技大厦
电　　话：021-62560903
E－mail：joanzhaocpa@163.com

单位名称：魏德米勒电联接（上海）有限公司
地　　址：中国（上海）自由贸易试验区韩城路 101 号 63 号厂房 A 部位
电　　话：021-22195008
网　　址：http://www.weidmueller.com.cn/
E－mail：josie.zhu@weidmueller.com

单位名称：浙江珂斯顿机器人科技有限公司
地　　址：浙江省瑞安市东山街道开发区大道 2725 号
电　　话：0577-58900055
网　　址：http://www.ksats.com/
E－mail：csh@yaacoo.com

单位名称：无锡信捷电气股份有限公司
地　　址：江苏省无锡市滨湖区胡埭工业园北区刘塘路9号
电　　话：0510-85134136
网　　址：http://www.xinje.com/
E - mail：xinje@xinje.com

单位名称：芜湖哈特机器人产业技术研究院有限公司
地　　址：芜湖市鸠江区电子产业园E座1层
电　　话：0553-5621999
网　　址：http://www.hitrobot.com.cn/
E - mail：hit-hr@hitrobot.com.cn

单位名称：芜湖赛宝机器人产业技术研究院有限公司
地　　址：中国（安徽）自由贸易试验区芜湖片区神舟路17号
电　　话：0553-5775202
网　　址：http://www.ahceprei.com/
E - mail：2462481917@qq.com

单位名称：武汉华中数控股份有限公司
地　　址：湖北省武汉市东湖开发区华工科技园
电　　话：027-87180001
网　　址：http://www.huazhongcnc.com/
E - mail：office@hzncc.com

单位名称：武汉金石兴机器人自动化工程有限公司
地　　址：湖北省武汉市东湖新技术开发区光谷大道特1号国际企业中心三期2栋3层01室
电　　话：4008855262
网　　址：http://www.jqrxy.com/
E - mail：598010576@qq.com

单位名称：武汉市精华减速机制造有限公司
地　　址：湖北省武汉市黄陂区祁家湾车站路18号
电　　话：027-61720156
网　　址：http://www.wh-jinghua.com/
E - mail：aiq727@163.com

单位名称：西安星球通智能装备技术有限公司
地　　址：陕西省西安市高新区天谷七路996号西安国家数字出版基地C座
电　　话：029-81884819
网　　址：http://www.xqtai.com/
E - mail：xqt@xqtai.com

单位名称：襄阳市招商局
地　　址：湖北省襄阳市樊城区七里河路2号
电　　话：0710-3718515
网　　址：http://zsj.xiangyang.gov.cn/
E - mail：xfzsbgs@163.com

单位名称：新亚电子股份有限公司
地　　址：浙江省乐清市北白象镇温州大桥工业园区
电　　话：0577-62866888
网　　址：http://www.xinya-cn.com/
E - mail：xinya@xinya-cn.com

单位名称：研祥智能科技股份有限公司
地　　址：广东省深圳市南山区高新中四道31号研祥科技大厦
电　　话：0755-86255886
网　　址：http://www.evoc.cn/
E - mail：gnzhan@evoc.cn

单位名称：扬州鸿睿电缆科技有限公司
地　　址：江苏省扬州市北郊菱塘工业集中区
电　　话：0514-85856488
网　　址：http://www.hrrobotcable.com/
E - mail：ccm0228@126.com

单位名称：一飞智控（天津）科技有限公司
地　　址：天津市经济技术开发区南海路156号通厂24号
电　　话：022-59860797
网　　址：http://www.efy-tech.com/
E - mail：liyiquan@efy-tech.com

单位名称：元启工业技术有限公司
地　　址：山东省青岛市高新技术产业开发区盘谷创客空间D座208室
电　　话：0532-86025899
E - mail：zhongyingchao@techen.cn

单位名称：八环科技集团股份有限公司
地　　址：浙江省台州市路桥区峰江街道园区北路39号
电　　话：0576-82415829
网　　址：http://www.bahuan.com/
E - mail：bahuan@bahuan.com

单位名称：恒丰泰精密机械股份有限公司
地　　址：浙江省温州市经济技术开发区滨海一道1489号

电　　话：0577-86119398
网　　址：http://www.cnhtr.com/
E－mail：sales@cnhtr.com

单位名称：浙江卡迪夫电缆有限公司
地　　址：浙江省平湖市新仓镇金沙路599号
电　　话：18117529690
E－mail：baolingling@cardiffcable.cn

单位名称：浙江来福谐波传动股份有限公司
地　　址：浙江省嵊州市甘霖镇工业园区
电　　话：18305757555
网　　址：http://www.zjlaifual.com/
E－mail：zjlaifu@126.com

单位名称：浙江联宜电机有限公司
地　　址：浙江省东阳市横店电子产业园区
电　　话：0579-86622113
网　　址：http://www.linix.com.cn/
E－mail：309@linix.com.cn

单位名称：浙江环动机器人关节科技有限公司
地　　址：浙江省玉环市机电产业功能区盛园路1号
电　　话：0576-87239827
网　　址：http://www.gearsnet.com/
E－mail：faxiangxie@gearsnet.com

单位名称：浙江硕实机械有限公司
地　　址：浙江省绍兴市柯桥区滨海工业区思源路876号
电　　话：0575-81198008
网　　址：http://www.shuoshijx.com/
E－mail：zjss_wq@163.com

单位名称：浙江兆龙互连科技股份有限公司
地　　址：浙江省湖州市德清县新市镇士林工业区
电　　话：0572-8475258
网　　址：https://www.zhaolong.com.cn/
E－mail：dmb@zhaolong.com.cn

单位名称：镇江经济技术开发区
地　　址：江苏省镇江市镇江大港金港大道98号
电　　话：0511-83375206
E－mail：zolo.chen@126.com

单位名称：郑州欧田机器人智能科技股份有限公司
地　　址：河南省郑州市郑州航空港经济综合实验区四港联动大道东侧25号中部国际电子商务产业园10号楼203室
电　　话：15093189597
E－mail：2280744166@qq.com

单位名称：中国表面工程协会
地　　址：北京市西城区黄寺大街23号北广大厦1203室
电　　话：010-64873301
网　　址：http://www.csea1991.org/
E－mail：csea@csea1991.org

单位名称：中国船舶重工集团南方有限公司
地　　址：广东省深圳市罗湖区人民南路国际贸易中心大厦35层
电　　话：15927569851
E－mail：wzy576@126.com

单位名称：中国大恒（集团）有限公司北京图像视觉技术分公司
地　　址：北京市海淀区苏州街3号大恒科技大厦北座12层1201室
电　　话：010-82828878
网　　址：http://www.daheng-image.com/
E－mail：guojj@daheng-imaging.com

单位名称：中国航空综合技术研究所
地　　址：北京市朝阳区京顺路7号
电　　话：010-84142067
E－mail：fzqzswbj@163.com

单位名称：中国科学院电工研究所
地　　址：北京市海淀区中关村北二条6号
电　　话：010-82547001
网　　址：http://www.iee.ac.cn/
E－mail：office@mail.iee.ac.cn

单位名称：中国石化润滑油有限公司润滑脂分公司
地　　址：天津市滨海新区汉沽化工街5号
电　　话：022-67905206
E－mail：zhuhy@sinopec.com

单位名称：中航光电科技股份有限公司
地　　址：中国（河南）自由贸易试验区洛阳片区周山路10号

电　　话：0379-63011031
网　　址：http://www.jonhon.cn/
E‐mail：market@jonhon.cn

单位名称：中科天芯科技（北京）有限公司
地　　址：北京市朝阳区北沙滩 1 号院 36 号楼 3 层 304 室
电　　话：15600773202
E‐mail：wangying@cspctech.net

单位名称：中新融创资本管理有限公司
地　　址：北京市东城区建国门内大街 8 号 1 幢 2 层 1-27 室
电　　话：18311382225
网　　址：http://www.zxrc.com.cn/
E‐mail：wangchangru@zxrc.com.cn

单位名称：重庆贝烁科技有限公司
地　　址：重庆市九龙坡区科园三路 1 号 6-4 号
电　　话：13883200670
网　　址：http://www.b-source.com.cn/
E‐mail：b-source@163.com

单位名称：重庆帝勒金驰通用机械股份有限公司
地　　址：重庆市巴南区花溪工业园区康超路 1 号巴山摩托一期
电　　话：023-68950789
网　　址：http://www.bashantongji.com/
E‐mail：2502703771@qq.com

单位名称：重庆海浦洛自动化科技有限公司
地　　址：重庆市北碚区云顶路 182 号
电　　话：023-63221216
网　　址：http://www.hyprogroup.com/
E‐mail：lair@hyprogroup.com

单位名称：重庆两江机器人融资租赁有限公司
地　　址：重庆市江北区两路寸滩保税港区管理委员会综合大楼 8-2-131 室
电　　话：023-67199948
E‐mail：195449580@qq.com

单位名称：重庆门罗机器人科技有限公司
地　　址：重庆市北碚区方正大道 92 号、94 号
电　　话：13678476656
网　　址：http://www.menlorobot.com/
E‐mail：dq@lx167.com

单位名称：重庆市巴南区经济园区开发建设管理委员会
地　　址：重庆市巴南区界石镇富成路 88 号
电　　话：023-66215613
网　　址：http://www.bnjjyq.com/
E‐mail：316110547@qq.com

单位名称：珠海市钧兴机电有限公司
地　　址：广东省珠海市斗门区乾务镇珠峰大道南 6 号
电　　话：0756-3971888
网　　址：http://www.khgears.com/
E‐mail：caiding.zhou@khgears.com

单位名称：住友重机械减速机（中国）有限公司
地　　址：天津市东丽经济开发区三经路 7 号
电　　话：022-24993501
网　　址：http://www.sumitomodrive.com/
E‐mail：zhijuan.liu@shi-g.com

单位名称：北京万创兴达科技有限公司
地　　址：北京市朝阳区豆各庄镇久文路 6 号宇达创意中心 58 号楼 503 室
电　　话：010-53674975
网　　址：http://www.wcxd-robot.com/
E‐mail：liqq_09@sina.com

单位名称：上海海美投资控股有限公司
地　　址：上海市宝山区上大路 668 号 258I 室
电　　话：021-52160140
网　　址：http://www.haimeigroup.com/
E‐mail：rachellyang@163.com

单位名称：北京慧闻科技（集团）有限公司
地　　址：北京市朝阳区高碑店乡半壁店村惠河南街 1132 号 A 区 2 层 201 室
电　　话：010-59231356
网　　址：http://www.ibenrobot.com/
E‐mail：1292412291@qq.com

单位名称：宝视纳视觉技术（北京）有限公司
地　　址：北京市海淀区永泰庄北路 1 号天地邻枫 5 号楼 2 层 206 室
电　　话：010-62952828
网　　址：http://www.baslerweb.com/cn/
E‐mail：finance@baslerweb.cn

单位名称：重庆杰者服饰工贸有限公司
地　　址：重庆市九龙坡区九龙园区蟠龙大道68号34幢附219号
电　　话：15902308990
网　　址：http://www.cnziwei.com/
E‐mail：52161123685@qq.com

单位名称：乐金电子（中国）有限公司
地　　址：北京市朝阳区西大望路1号1号楼11层1201室
电　　话：010-65631355
网　　址：http://www.lg.com/
E‐mail：meiling01.piao@lge.com

单位名称：唐山松下产业机器有限公司
地　　址：河北省唐山市高新技术开发区庆南道9号
电　　话：4006125816
网　　址：http://www.tsmi.com.cn/
E‐mail：sales@tsmi.cn

单位名称：菲洛博迪机器人技术有限公司（FERROBOTICS）
地　　址：奥地利共和国林茨市阿尔滕堡街66c科技园4号
电　　话：+43-720-108107-01
网　　址：http://www.ferrobotics.com/
E‐mail：office@ferrobotics.at

单位名称：湖南乐迈思智能科技有限公司
地　　址：湖南省长沙市望城区白箬铺镇金峙村
电　　话：15111007682
E‐mail：215889898@qq.com

单位名称：海宁哈工现代机器人有限公司
地　　址：浙江省海宁市海宁经济开发区高新路51号
电　　话：0573-87222601
网　　址：http://www.hg-hyundai.com/
E‐mail：hgxd@hg-hyundai.com

单位名称：佛山市诺迪精密模具有限公司
地　　址：广东省佛山市顺德区伦教常教旧广珠路（A）S12号
电　　话：0757-27723988
网　　址：http://www.fsnuodi.com/
E‐mail：pur@fsnuodi.com

单位名称：江苏航鼎智能装备有限公司
地　　址：江苏省南京市江宁区吉印大道1888号（江宁开发区）
电　　话：025-52115993
网　　址：http://www.aero-apex.com/
E‐mail：daijialong@aero-apex.com

单位名称：广东省机器人创新中心有限公司
地　　址：广东省广州市黄埔区开泰大道38号二层、五层西侧
电　　话：020-89859483
网　　址：http://www.gric.org.cn/
E‐mail：info@gric.org.cn

单位名称：通标标准技术服务（上海）有限公司
地　　址：上海市徐汇区宜山路889号
电　　话：021-61402666
网　　址：http://www.sgsgroup.com.cn/
E‐mail：crystal.li@sgs.com

单位名称：北京仁合智德新能源技术有限公司
地　　址：北京市顺义区南法信镇金关北二街3号院1号楼303室
电　　话：13011002751
网　　址：http://www.rhbjzd.com/
E‐mail：renhezhide@163.com

单位名称：甘肃电气装备集团工业机器人有限公司
地　　址：甘肃省天水市秦州区长开路6号
电　　话：0938-8371058
E‐mail：287988994@qq.com

单位名称：梧桐树资本管理有限公司
地　　址：香港特别行政区
电　　话：4001548168
网　　址：http://wtszb.com/
E‐mail：zkzsjj@126.com、gaoyu365@188.com

单位名称：斗山创新（深圳）有限公司
地　　址：广东省深圳市南山区西丽街道曙光社区TCL国际E城G4栋B403室
电　　话：0755-85272687
网　　址：http://www.doosanmobility.com/
E‐mail：china.dmi@doosan.com

单位名称：成都瑞迪智驱科技股份有限公司
地　　址：四川省成都市双流区西航港大道中四段 909 号
电　　话：028-85751225
网　　址：http://www.reachgroup.cn/
E - mail：reach@reachmachinery.com

单位名称：上海马桥人工智能创新试验区建设发展有限公司
地　　址：上海市闵行区元江路 5500 号 1 幢
电　　话：021-54292703
E - mail：mqrgzn@shmh.gov.cn

# 中国机器人工业主要行业组织简介

## 中国机器人产业联盟

中国机器人产业联盟（China Robot Industry Alliance，CRIA，简称"联盟"）于 2013 年 4 月 21 日由中国机械工业联合会牵头在北京成立，并于 2021 年 6 月成立中国机械工业联合会机器人分会，是一个由积极投身于机器人事业，从事机器人产业研究开发、生产制造、应用服务的企事业单位、大专院校、科研机构、用户单位及其他相关机构自愿组成的非营利性社会团体，是我国机器人产业全国性产、学、研、用行业协同工作平台。目前已有成员单位 470 余家。

联盟依托中国机械工业联合会成熟的行业工作体系，紧紧围绕我国机器人行业发展的特点、重点、难点问题开展工作，坚持"接地气、讲真话、办实事、重实效"的工作作风，围绕中心，凝聚力量，通过统筹行业资源，拓展应用行业合作渠道等，加快机器人产业化发展进程，服务国民经济转型升级的迫切需要。其工作内容包括：贯彻落实政府部门相关产业政策和要求；收集、统计产业基础信息和数据，研究我国机器人产业现状、发展趋势和面临的困难与问题，并及时反映联盟成员的愿望和诉求，提出政策建议，为政府部门制定产业政策提供决策依据；促进联盟成员在技术、市场、知识产权等领域的交流合作与自律，协同推进我国机器人产业链的有序发展；大力推动我国机器人行业与用户行业之间的深入合作，加速机器人技术与产品在各行业中的普及应用。

在合作方面，联盟与国际机器人联合会（IFR）、德国机器人协会、日本机器人协会、台湾智慧机器人与自动化协会等国家和地区的机器人行业组织建立了合作关系。联盟将积极推动中国机器人行业与国际机器人同行之间的深入合作与交流，合作共赢，共同促进我国机器人产业的发展。

联 系 人：杨茜
联系电话：010-85153208
电子邮箱：cria@mei.net.cn
地　　址：北京市东城区东四西大街 46 号
邮　　编：100711

## 北京智能机器人产业技术创新联盟

2014 年 9 月 25 日，北京智能机器人产业技术创新联盟（简称"联盟"）在北京市科学技术委员会指导下，由机科发展科技股份有限公司、中国科学院自动化研究所、北京机械工业自动化研究所、清华大学、北京航空航天大学、北京理工大学等北京地区智能机器人领域骨干企业、高校科研院所发起，是具有独立社会团体法人资格的创新型产学研相结合的合作组织。联盟秘书处设在北京生产力促进中心。

联盟以产业技术创新需求为基础，突破产业发展的关键技术，搭建共性技术平台，引导和推动产业链构建，凝聚和培育创新人才，进行技术成果推广和产业化应用；研究区域内智能机器人行业状况，针对影响行业发展的问题和需求制定发展战略；营造取长补短、合作共赢、协同进步的发展环境；为成员搭建一个国内外信息交流、技术合作、资源共享的服务平台；组织成员进行技术标准、基础技术和共性技术的研究开发；在成员中推广设计理念、制定技术标准、进行新技术的应用及具有典型意义和广泛影响的示范工程，打造北京智能机器人的联盟品牌。通过对智能机器人领域基础和共性技术的协作创新，推动自主知识产权成果转化，提升行业自主创新能力，提升行业市场竞争力，推动北京地区智能机器人领域全产业链创新发展，推动技术成果辐射全国。

联 系 人：李丽
联系电话：13810908340
传　　真：010-82003293
电子邮箱：lilibjpc@126.com
地　　址：北京市海淀区北三环中路31号生产力大楼B座813室、803室、804室
邮　　编：100088

## 天津市机器人产业协会

天津市机器人产业协会是经天津市科学技术局批准，于2015年10月10日在天津市民政局登记成立的非营利性的专业性社团组织。天津市机器人产业协会目前拥有会员单位121家，协会会员主要由天津市的高校、科研院所、事业单位、机器人企业以及机器人产业服务机构组成，现任会长单位为天津新松机器人自动化有限公司。协会产业布局涉及机器人本体、机器人零部件以及机器人集成等领域。协会分别设有理事会、专家委员会，下设秘书处，由秘书长、兼职以及专职人员14人组成，通过前期调研建立天津市机器人产业协会公共服务平台为天津市机器人产业提升提供优质的服务，让会员单位在产学研合作、上下游企业对接、资源信息共享等方面获得帮助。

协会也是政府和企业之间沟通的桥梁，近年来协会参与天津市工信局机器人与智能制造政策的定制与咨询，天津市科技局智能制造专项的组织，行业十四五规划编制等工作。

联 系 人：孙向征
联系电话：17720078219
电子邮箱：tjapip@163.com
地　　址：天津市西青区天津理工大学机械工程学院403室
邮　　编：300382

## 天津市智能制造产业技术创新战略联盟

天津市智能制造产业技术创新战略联盟（简称"联盟"）于2013年5月7日成立，是由从事智能制造产业研究开发、生产制造、应用服务的企事业单位、大专院校、科研机构及其他相关机构自愿组成的非营利性社会团体。

联盟设有理事会和专家委员会，聘请中国科学院姚建铨院士担任专家委员会主任。

联盟坚持以国家相关政策为指导，以市场为导向，以企业为主题，通过产、学、研、用相结合的方式，整合及协调产业资源，提升联盟内智能制造企业的研发、生产制造、维修服务水平，促进智能制造产业链快速健康发展。收集、统计产业信息，掌握智能制造产业发展情况，研究存在的问题，并向政府有关部门提出政策建议，搭建企业与政府间的沟通桥梁；促进联盟成员间的资源共享，组织重大共性技术的研究，促进智能制造产业链上下游的密切合作；加快天津市智能制造产业相关标准的制定和修订工作；搭建天津市智能制造产业信息交流、教育培训、展览展示等平台。

联 系 人：陈颖
联系电话：13682011967
电子邮箱：10136047@qq.com
传　　真：022-23015625
地　　址：天津市河西区体院北环湖中道9号
邮　　编：300060

## 吉林省机器人协会

吉林省机器人协会于2015年6月3日成立，由吉林省从事机器人与人工智能相关理论研究、设备设计、制造、应用的院校、科研机构和生产、销售的企事业单位以及从事相同性质经济活动的经济组织组成。

协会坚持资源整合、创新、共赢的工作原则，以国家产业政策为指导，以市场为导向，以企业为主体，搭建产、学、研、用的平台，提升协会成员的研究开发、生产制造、集成应用和维修服务水平，提升机器人在各个领域的应用

水平，实现客户成员价值。

协会围绕机器人全产业链开展工作，涵盖人才服务、技术咨询、项目信息发布、赛事举办、展会论坛和一站式平台6个模块，为工业机器人、教育机器人、服务机器人和特种机器人等提供全方位服务，配合机器人厂商做产品应用推广、协助系统集成商进行机器人应用选型和提供技术支持，为机器人的最终客户提供技术培训和技术人才，组织机器人行业论坛，举办机器人大赛，加速吉林省机器人产业发展。

联 系 人：丁琳
联系电话：0431-82003278
传　　真：0431-82003266
电子邮箱：lin.ding@snl-rob.com
地　　址：吉林省长春市绿园区西新工业集中区集智路888号
邮　　编：130000

## 江苏省机器人专业委员会

江苏省机器人专业委员会是面向江苏省境内从事机器人研发、生产、服务等活动的产业链企业以及相关单位自愿组成的行业非营利性社团组织，专业委员会接受江苏省工业和信息化厅的业务指导，受江苏省机械行业专委会的领导和监督管理。

江苏省机器人专业委员会以服务会员企业、促进会员发展、维护会员合法权益为宗旨，按照市场化途径运作，实现会员自我管理、自我完善、权利平等、资源共享。通过整合、集聚国内外创新资源，构建产业链合作体系，加快突破核心技术，联合培养人才，壮大骨干企业集群，提升专委会成员在机器人相关领域的研究、开发、制造和服务水平，促进行业协调、持续和健康发展。

联 系 人：王琼
联系电话：025-58328539
电子邮箱：wangqiong@estun.com
地　　址：江苏省南京市鼓楼区中山北路49号机械大厦
邮　　编：210000

## 湖北省机器人产业创新战略联盟

湖北省机器人产业创新战略联盟（简称"联盟"）是由积极投身机器人事业，从事机器人产品研发、生产制造、应用服务的企事业单位、院校、科研机构及相关机构自愿组成的非营利性社会团体。联盟成立于2015年9月31日，目前已有成员单位80多家，秘书处设立在武汉奋进智能产业园，秘书处所在地即联盟所在地。

联盟的宗旨是以产业政策为指导，践行社会主义核心价值观，遵纪守法，以市场需求为牵引，以创新驱动发展为主线，以合作共赢为目标，有效整合及协调政、产、学、研、用资源，充分发挥各自优势，通过对机器人核心技术的研究及自主创新，形成具有自主知识产权的产业标准和专利技术，加快创新成果转化，带动重大应用示范，提升机器人技术在各个领域的应用水平，完善湖北机器人产业链，促进湖北机器人产业的持续健康发展。同时，通过协同合作，降低风险和成本，提高竞争实力，实现共赢共荣。

联盟的主要任务是贯彻落实产业政策，促进联盟成员在技术、市场、知识产权等领域的合作交流，开展行业自律，避免重复建设，搭建机器人产业信息交流、应用推广、技术创新、教育培训、合作服务平台，促进资源有效利用，推动湖北机器人产业与其他产业的合作，加速机器人技术与产品的推广应用。

联 系 人：魏绍炎
联系电话：13018008462
传　　真：027-86699359
电子邮箱：1041697458@qq.com
地　　址：湖北省武汉市东湖新技术开发区流芳园横路16号奋进智能产业园
邮　　编：430212

## 广东省机器人协会

广东省机器人协会于2015年5月16日成立，是广东省人工智能与机器人领域的公共服务平台，由华南理工大学、广东工业大学、广东省科学院、广州瑞松智能科技股份有限公司、巨轮（广州）机器人与智能制造有限公司、广州数控设备有限公司、广州视源电子科技股份有限公司、珠海格力智能装备有限公司和科大讯飞股份有限公司等省内从事人工智能与机器人相关理论研究、设备设计、制造、应用的大专院校、科研机构和生产、销售的企事业单位以及从事相同性质经济活动的经济组织等自愿发起组建的全省性、专业性、非营利性并具有独立法人资格的社会团体。

协会的发展目标是打造政、产、学、研、贸、融、媒"七位一体"的生态发展平台。

愿景：智造美好生活，引领未来世界。

使命：汇聚产业力量，成就世界级产业集群。

价值观：服务，共享，共成长。

联 系 人：任玉桐

联系电话：020-39344209

传　　真：020-39387677

电子邮箱：gdsjqr@126.com

地　　址：广东省广州市黄埔区开泰大道38号5层西侧

## 深圳市机器人协会

深圳市机器人协会（SRA）由中国科学院深圳先进技术研究院于2009年9月发起成立，是国内最早成立的机器人行业协会。协会由在深圳市从事机器人行业的企业、研发机构及产业链上下游相关单位自愿组成的非营利行业性社团法人。深圳市机器人协会伴随着深圳机器人产业的发展和机器人企业的壮大而成长，会员包括工业机器人、服务机器人、教育机器人、特种机器人等领域的企业超过580家，会员产值近1 000亿元，是机器人领域会员个数和产值规模最大的地方性协会。协会依托中国科学院深圳先进技术研究院的科研资源，下设人工智能专家委员会和青年专家委员会，常年为政府、企业和第三方机构提供技术支持、产业对接等咨询服务。

联 系 人：杨小彬

联系电话：0755-86392542

传　　真：0755-86392299

电子邮箱：xb.yang@siat.ac.cn

地　　址：广东省深圳市南山区西丽深圳大学城学苑大道1068号

邮　　编：518055

## 广州工业机器人制造和应用产业联盟

广州工业机器人制造和应用产业联盟（简称"联盟"）是在广州市工业和信息化局的指导下，于2013年由广州汽车集团股份有限公司、广州数控设备有限公司、国机智能科技有限公司、广州智能装备产业集团有限公司、中国电器科学研究院有限公司等十二家单位共同发起成立的广州首家在民政局注册的联盟类社会团体。联盟集产、学、研、用、金为一体，现有会员单位178家，会员主要覆盖广州地区及珠江三角洲区域机器人的整个产业链，包括上游关键零部件，中游机器人本体、智能专用设备和系统集成，下游机器人应用的企业、科研院所、高等院校、金融机构和行业服务机构等。

联盟的主要任务是建设合作平台，促进会员单位之间的多方面合作，例如联合申报项目、科技成果转化、共建实验室、开展技术攻关、申请知识产权、制定标准、培养人才等，推广工业机器人普及应用；调研广州地区机器人及智能装备产业情况，向政府有关部门反映工业机器人及智能装备制造和应用产业的发展状况、存在的困难和问题；通过规范和约束行业有序发展，依法维护行业内及各联盟成员的合法权益；在行业内形成示范带动作用。

联盟下设专家委员会，聘请蔡鹤皋院士担任专家委员会主任，目前已有专家342位。至今已为政府部门和联盟内企业开展了多项评审、咨询及论证等服务。

联 系 人：陈文燕（秘书）

联系电话：020-32385332

传　　真：020-82496513

电子邮箱：gzrobots@126.com

地　　址：广东省广州市黄埔区新瑞路2号主楼2层

邮　　编：510000

## 重庆市机器人与智能装备产业联合会

重庆市机器人与智能装备产业联合会（简称"联合会"）前身是重庆市机器人与智能装备产业联盟，由重庆市经济与信息化委员会于2013年5月发起成立，是全国第一家省级机器人行业协会组织。中国科学院重庆绿色智能技术研究院、重庆长安工业（集团）有限责任公司、重庆大江美利信压铸有限责任公司任联合会轮值会长单位。2016年4月28日，联合会正式在重庆市民政局完成备案注册。

联合会致力于通过整合机器人与智能装备产业领域的优质资源，为政府、产业园区、科研机构和产业内企业提供产业发展、政策研究、市场调研、供需对接、规划咨询、产业延伸、招商引资、人才培养、项目申报、成果转换、科技孵化、国际交流、宣传推广、商务合作、企业融资及教育培训等集孵、产、学、研、用及金融为一体的全产业链服务，从而促进机器人与智能装备产业在重庆地区的快速发展。

联 系 人：寇双
联系电话：18996224365、023-65326065
传　　真：023-65326065
电子邮箱：ccria@ccria.org
地　　址：重庆市沙坪坝区西永微电子产业园管委会大楼5层
邮　　编：401332

## 成都市机器人产业技术创新联盟

成都市机器人产业技术创新联盟（Chengdu Robot Industry Technology Innovation Alliance，CRITIA）成立于2014年8月，是由成都市科学技术局授牌，成都市科学技术推广中心（原成都科学技术服务中心）、成都自动化研究会汇同成都地区从事机器人产业研究开发、生产制造、应用服务的众多产学研机构联合发起成立的产业技术创新联盟，秘书处设在成都市科学技术推广中心。

截至2020年底，CRITIA已有会员单位60余家。CRITIA致力于探究机器人产业前沿技术、对接市场需求、聚集产业链技术创新要素、打造机器人产业生态圈及加快将成都建成国内重要的机器人研发基地。CRITIA汇集了成都优秀的产业资源，充分发挥产、学、研、金、介、用的创新服务链机制，围绕标准研制与推广、区域合作、成果对接、项目咨询、新技术新产品推广、国际化、人才和培训等多方面开展服务。

联 系 人：陈老师
联系电话：028-86740619、18227686788
电子邮箱：357684082@qq.com
地　　址：四川省成都市青羊区体育场路2号西星大厦
邮　　编：610015

## 青岛市机器人产业协会

青岛市机器人产业协会成立于2020年9月28日，是在青岛市工业和信息化局指导下，由青岛宝佳自动化设备有限公司、青岛海尔机器人有限公司、青岛新松机器人自动化有限公司、青岛星华智能装备有限公司、青岛科捷机器人有限公司和青岛丰光精密机械股份有限公司共6家机器人相关企业共同发起成立，集聚了青岛市机器人上下游企业80余家。

青岛市机器人产业协会是青岛机器人行业的自律性行业组织，其宗旨是：在青岛市工业和信息化局的直接领导下，以合作发展为宗旨，以培育挖掘市场需求为纽带，以优势互补、资源整合为手段，积极有效整合产、学、研、用、政、金各方力量，充分发挥政府引导、市场主导、技术支撑、企业主体、金融杠杆的多方叠加效应，努力推进青岛市机器人产业的集聚和深化发展，使青岛市成为全国机器人产业与技术的重要基地，并立足青岛、面向山东、走向全国。

联 系 人：管宁
联系电话：18605322273
电子邮箱：qdjqrxh@163.com
地　　址：山东省青岛市高新区新悦路67号
邮　　编：266114

## 苏州市机器人产业协会

苏州市机器人产业协会（Suzhou Robot Industry Assoiation）是在苏州市从事机器人相关产业的研发、制造、销售、检测、认证及教育培训等单位自愿组成的全市性、行业性、非营利性社会团体，于2019年11月正式揭牌成立。

协会由苏州大学相城机器人与智能装备研究院、苏州博众精工科技有限公司、苏州绿的谐波传动科技股份有限公司、苏州汇博机器人技术股份有限公司、苏州博田自动化技术有限公司、苏州协同创新医用机器人研究院、苏州康多机器人有限公司和苏州傲特敏机器人技术服务有限公司等单位共同发起成立。目前协会会员单位有99家,覆盖机器人零部件、本体、系统集成和产业服务平台等产业链各环节,集聚了一批已在国内外形成影响力的苏州机器人企业。

协会以"加强自身建设、做好企业服务、促进行业发展"为宗旨,积极发挥政府与企业之间的桥梁纽带作用,整合产、学、研、用、政、金各方资源,促进行业的技术交流与合作,推动苏州机器人产业链协同发展,提升行业整体创新能力,加大机器人应用推广力度,全面助力苏州机器人产业高质量发展。

联 系 人:薛芮
联系电话:0512-65839131、13472870305
传　　真:0512-65839131
电子邮箱:10269093@qq.com
地　　址:江苏省苏州市相城区澄阳路116号阳澄湖国际科创园2号楼217室
邮　　编:215131

# IM 智能制造

广告

智能制造全媒体是机械工业信息研究院下属智能制造领域权威媒体，是集纸媒、数字媒体、会议活动及增值服务于一体的全媒体推广服务平台。自1994年创办之时起，智能制造全媒体平台与相关管理部门、行业协会、国内外制造企业、科研机构及大专院校开展了广泛合作，整合最新科研成果，挖掘优秀企业实践，致力于为广大读者提供适应我国产业生态的智能制造理论、技术、产品与应用，推进我国制造业数字化、智能化进程。

近年来，智能制造全媒体根据时代发展和受众需求，不断丰富产品形式和内容组织方式，改进用户体验，提升信息综合服务能力，实现从传统纸媒到全媒体平台的转型，在业内形成广泛影响力。

**线下活动**
展览　会议
培训　工业游学

**数字媒体**
网站：智造网
微博：智造、智造圈
微信：智能制造IMS
视频：讲堂、直播、论坛
其他平台：头条、快手、抖音
易览云展会
九州云播

**增值服务**
DM/EDM
市场与产业研究
咨询服务

**纸媒**
《智能制造》杂志

机械工业信息研究院产业与市场研究所（电气媒体中心）
地址：北京市西城区百万庄大街22号 9层东厅
电话：010-88379146　88379136
投稿网址：tougao.idnovo.com.cn

# 中国战略性新兴产业研究与发展系列

## 中国战略性新兴产业发展蓝皮书

  中国战略性新兴产业研究与发展系列图书是国家出版基金资助的重点图书。该系列图书涵盖了中国战略性新兴产业中的新能源、新材料、新一代信息技术产业、生物、节能环保产业、新能源汽车、高端装备制造产业和相关服务业中的若干个分领域。图书为16开本，图文混排，面向国内外公开发行。

  由国家主管部门、行业管理机构、各主要行业协会及相关研究院所的知名研究人员、行业专家及出版专家组成图书编委会，相关产业领域的专家顾问、产业研究人员、行业管理部门专家执笔精心编纂。

### 图书定位：

  为政府、行业、企业领导制定政策、规划及决策等提供指导，为工程技术人员提供参考。

### 内容特点：

  图书阐述了国外相关产业的最新发展动态，结合我国的具体现状，从战略高度为我国新兴产业发展提供具有现实和可操作性的指导建议。在内容上，保持了科学性和普及性的有机统一，既具有一定的思想理论深度，又具有易懂实用的特点。

### 读者定位：

  各级政府和行业决策规划管理人员，企业决策者、技术、管理及市场人员，投资、证券及咨询机构人员，科研院所研究人员。